全国旅游信息化
培训指定教材

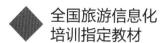

# Tourism Information Management
## *Theory and practice*

# 旅游信息化管理
## ——理论与实务

陆均良 沈华玉 朱照君 [著]

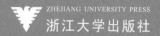

ZHEJIANG UNIVERSITY PRESS
浙江大学出版社

**图书在版编目(CIP)数据**

旅游信息化管理:理论与实务 / 陆均良,沈华玉,
朱照君著. —杭州:浙江大学出版社,2014.5

ISBN 978-7-308-11088-4

Ⅰ.①旅… Ⅱ.①陆… ②沈… ③朱… Ⅲ.①旅游业
—信息管理—高等学校—教材 Ⅳ.①F590

中国版本图书馆 CIP 数据核字(2013)第 020757 号

**旅游信息化管理——理论与实务**

陆均良 沈华玉 朱照君 著

| | | |
|---|---|---|
| 责任编辑 | 葛 娟 | |
| 封面设计 | 续设计 | |
| 出版发行 | 浙江大学出版社 | |
| | (杭州市天目山路 148 号 邮政编码 310007) | |
| | (网址:http://www.zjupress.com) | |
| 排 版 | 杭州中大图文设计有限公司 | |
| 印 刷 | 浙江省良渚印刷厂 | |
| 开 本 | 710mm×1000mm 1/16 | |
| 印 张 | 26.75 | |
| 字 数 | 480 千 | |
| 版 印 次 | 2014 年 5 月第 1 版 2014 年 5 月第 1 次印刷 | |
| 书 号 | ISBN 978-7-308-11088-4 | |
| 定 价 | 68.00 元 | |

# 前　言

　　旅游业作为我国战略性支柱产业,近年来发展迅猛。在现阶段,旅游业在快速发展过程中遇到的最大瓶颈就是管理,也正是因为管理的问题,许多旅游目的地以及旅游景区近年来游客的满意度呈下降趋势。为了提升旅游业的服务品质,寻求科学管理已成为旅游发展的主要趋势,信息化管理,通过信息通信技术对旅游业流程、信息进行优化和整合管理,被公认为是最有效的科学手段。本书将围绕旅游业的信息化管理,综合分析其原理、应用及发展,系统性的对旅游业各环节的信息化管理进行介绍,并结合了众多的应用案例介绍。

　　旅游信息化是什么? 旅游信息化管理又是什么? 信息化管理有哪些内容? 旅游信息化管理涉及哪些范围? 旅游信息化管理技术基础又是什么? 旅游企业的信息化管理有哪些? 旅游信息化管理产生的新业态又是什么? 现在旅游信息化管理有哪些新需求、新技术? 所有这些都是我们从事旅游管理工作的人需要去知道的,也许本书会给出你需要的答案。

　　本书第一章作为导论,介绍了旅游信息化管理的发展现状,同时分析了旅游信息化的发展趋势。第二章介绍了旅游信息化基础知识,主要向读者展现了信息、信息管理、信息系统、信息网络以及通信技术等知识。第三章是旅游信息化管理的概论,在这里介绍了信息化管理的战略意义,信息化管理的范围及内容,旅游信息化与管理创新等内容。第四章介绍了政府部门信息化建设及旅游政务,主要介绍行业管理信息化、公共服务信息化以及电子政务的概念及内容。第五章介绍了旅游企业信息化建设与电子商务,重点围绕企业经营管理的信息化、客户服务的信息化以及电子商务的概念及相关内容。第六章介绍了旅游目的地信息化管理,围绕目的地的信息化建设,重点介绍了目的地信息系统的概念,以及目的地营销系统概念,对目的地的网络营销也进行了简要介绍。第七章是旅游饭店经营的信息化管理,在介绍了饭店信息化建设的基本概念后,主要介绍了饭店管理信息系统、饭店电子商务系统等内容。第八章为旅行社经营的信息化管理,重点介绍了旅行社管理信息系统和旅行社电子商务概念及内容。第九章为旅游景区信息化管理,同样介绍了景区管理信息系统以及景区电子商务的概念。第十章是旅游信息化管理中的新技术应用,重点介绍旅游业对信息化建设的新需求、物联网技术应用、云计算技术应用、移动互联网技术应用以及GPS精准定位技术及应用,最后介绍了旅游信息化管理的新业态,即智慧旅游的概念及内容。

本书内容的第二章、第四章、第五章、第六章、第九章由厦门大学的沈华玉老师编写,第七章由浙江广厦建设职业技术学院朱照君老师和陆均良老师一起编写,第一章、第三章、第八章由浙江大学的陆均良老师编写,第十章由陆均良老师和沈华玉老师共同完成。全书最后由陆均良老师负责统稿。

本书可作为旅游管理类专业的课程教材或相关从业人员的自学教材,也可作为旅游信息化技能的培训教材,或作为旅游信息化项目研究的参考资料。同时本书内容对旅游企业管理者、旅游政务人员、旅游营销策划人员、旅游电子商务从业人员以及从事旅游信息化项目开发的各类服务商,也具有重要的指导意义。

最后感谢教育部、国家旅游局、浙江省旅游信息中心相关领导对本书内容所提出的宝贵意见。同时感谢南京金陵饭店集团、开元国际饭店管理公司、浙江省饭店协会、温州市旅游局、千岛湖旅游管委会、杭州绿云科技有限公司的具体内容指导。也感谢浙江大学研究生王新丽、孙高建等对本书内容的整理所做的工作。

由于本书作者知识有限,再加上时间匆促,书中难免有不妥之处。敬请读者提出宝贵意见,联系方式:zdljl55@zju.edu.cn.我们希望以后的再版能更加完善。

陆均良<br>2013 年 2 月于浙江大学求是园

# 目　录

# 1 导 论

【本章要点】

- 旅游信息化的基本概念
- 旅游信息化管理的发展现状
- 信息通信中的硬件与软件
- 信息通信技术与旅游业
- 旅游信息化的发展趋势与展望

【课前案例】

## 为旅游插上智慧翅膀

据山东省旅游局旅游信息中心主任闫向军介绍,2009 年年底,山东省旅游局被正式指定为科技部国家高技术研究发展计划(简称 863)——"基于高可信网络的数字旅游服务系统开发及示范"课题单位,负责该课题在省级目的地数字旅游开发的示范工作。这是中国旅游业第一个 863 项目。该项目将山东省作为课题的试点区域,从 2010 年 6 月开始实施,通过整合旅游产业链各类要素的旅游信息资源,以互联网、电视终端和移动终端三网融合为平台,构建集旅游宣传营销、旅游指南服务、旅游产品预订、旅游服务保障、旅游市场监管等多功能于一体,覆盖省市县企业的全方位的旅游信息化服务体系,为旅游消费者、旅游经营者和旅游管理者提供准确、及时、全面、便捷、互动的旅游信息服务,为山东省建设智能化旅游目的地提供技术支撑。

863 项目的完成、推广将不断创新山东省旅游网络营销方式和旅游信息服务模式,利用各种新技术、新渠道,包括手机、微博、社交网站、网络视频、网络游戏等新兴网络媒体,开展多样化网络营销,利用智能手机、iPad 等移动智能终端与互联网载体融合,构建移动智慧旅游信息服务体系,从而提高旅游业公共信息服务水平,提高游客服务满意度。

为了突破瓶颈,山东省今年将大力推进旅游企业信息化建设,扶持和培育100家"智慧旅游信息化示范企业",引导和鼓励各类旅游企业,尤其是5星级宾馆、5A级景区、全国百强旅行社提升信息化水平。山东省旅游局将制订各类旅游企业信息化建设标准,组织开发线路发布预订系统、酒店销售管理系统、旅游景区动态监测和游客评价系统等。

可以预见,随着在全国范围内的推广和应用,863项目在传播旅游信息、网络宣传营销、电子商务合作、旅游产业发展等方面,必将发挥越来越重要的作用。也意味着我国旅游信息化建设正向纵深发展,越来越体现信息技术与旅游产业的高度融合。

(资料来源:根据 http://www.toptour.cn/detail/info61692.htm 整理。)

信息技术的发展以及在旅游业的应用已成为现代旅游发展的契机,尤其是信息通信技术产业和旅游业被公认为是全球经济中最有活力的两个行业,通过信息通信技术实现旅游的信息化管理,为旅游发展插上了腾飞的翅膀,同时实现了旅游业和信息产业的共同发展。在现代旅游中,通过信息通信技术,旅游者可以了解到越来越多的旅游资源信息和知识;同样,旅游企业也可以了解到越来越多的游客需求。信息通信技术推动了旅游者和旅游企业的信息互动,实现了旅游活动的精细化管理与服务,从这个意义上讲,基于信息通信技术的信息化管理,为旅游可持续发展提供了有力的管理工具,也是每个旅游企业所面临的机遇与挑战,更是每个旅游从业人员的机遇与挑战。本章我们将认识关于旅游信息化的基本概念及其发展状况。

# 1.1 旅游信息化管理的基本概念

自从出现互联网和移动互联网以来,全球经济的网络化发展十分迅速。旅游业也不例外,借助信息通信技术,旅游已成为国民经济的支柱产业,旅游信息化浪潮也一浪高过一浪。许多旅游企业,尤其是旅游集团企业或连锁企业构建集成信息系统正步入快速扩展时期。当然,大多数小规模企业也纷纷构建信息网站,实现局部的信息化管理,积极参与全球化的市场竞争。调查研究表明,旅游实现信息化管理后产生的经济效益十分明显,同时给社会信息化和人们的生活带来的影响也是巨大的。尤其是信息化给企业和整个旅游产业注入了发展动力,因此,系统地学习和了解旅游信息化管理,对旅游职业生涯的发展意义重大。

### 1.1.1 旅游信息化的概念及内容

旅游信息化是围绕旅游产业结构,积极利用信息通信技术,并整合各类旅游信息资源,使之成为旅游业发展的生产力,并推动旅游产业发展和管理水平上升的过程。旅游信息化的目标是使用先进的信息技术,建成可使任何人、在任何地方、使用任何平台、在任何时间都可任意存取旅游企业信息的集成式信息系统。旅游信息化管理的过程也是旅游业不断创新和提升竞争力的过程。在介绍旅游信息化概念以前,我们先了解一下关于信息化的概念。

(一)信息化的概念

信息化是 20 世纪 60 年代末由日本最先提出来的。1963 年,梅卓忠夫在其所著《信息产业论》一书中首先向人们描绘了"信息革命"和"信息化社会"的前景。当时他就预见到信息技术的发展和广泛应用将会引起一场全面的社会改革,并将人类推入"信息化社会"。

随着时间的推移,"信息化"的内涵和外延不断发展丰富。许多学者对信息化进行了专门研究,形成了以下几个有代表性的观念:

从技术方面来看,信息化是以信息资源开发利用为核心,以网络技术、通信技术等方式为依托的一种新技术扩散。

从过程方面来看,信息化是在社会和经济活动中普遍采用信息技术开发和利用信息资源,以此来推动经济持续发展和社会文明进步的过程。

从组成要素来看,信息化可以由信息基础设施、信息技术与信息产业、信息技术应用、信息技术人才等要素所组成。

我们也可以从狭义和广义的角度定义信息化的概念:

狭义的信息化,就是指社会生产工具的信息化,即在国民经济各部门和社会活动各领域,普遍实现由手工劳动和机械化操作向基于现代信息技术的智能工具操作的转变。

广义的信息化,是指通过使国民经济各部门和社会生活各领域的广大劳动者普遍掌握基于信息技术的智力工具,充分开展和利用信息资源,从而大大提高社会整体活动的能力,是国家综合实力增强的主要技术指标。信息化也反映了人民生活质量显著改善、社会物质文明和精神文明得到高度发展的进化过程。

(二)旅游信息化概念及内容

具体来说,旅游信息化是把旅游景点、景区、旅游饭店、旅行社、旅游交通、购物环境等与旅游有关的要素信息整合起来的过程,通过信息技术或信息系统,让经营管理人员和旅游消费者能轻松、便利地获取这些信息。旅游信息化的作用还可以对企业结构形式、甚至旅游产业结构形式产生变革作用,促使旅游产业具有更高的生产率,使旅游经济呈现更强的发展势头。因此,旅游信息化对旅游业的未来发展以及提升旅游经济在国民经济中的地位将起到非常重要的战略作用。

### 1. 旅游信息化的内容

从前面的旅游信息化概念可以看出,旅游信息化涉及的内容可以非常广泛。我们从构成旅游产业的结构要素来看,旅游产业必须有旅游消费者,这是旅游产业的主体;其次是旅游资源,即可供旅游消费者游览、休闲的地方,包括休闲农业和乡村旅游等,这是旅游产业的客体;最后是各种类型的服务企业,如旅游饭店、旅游交通、旅游中介商或代理机构、旅行社等,这是旅游产业的媒体。围绕这三种实体的类型,旅游信息化可以有三方面的内容构成,第一是旅游信息化服务,这是针对旅游消费者,但也可以针对部分旅游企业;第二是旅游资源信息化,这是针对所有的旅游资源,包括可观赏的人文资源,目前我国对旅游资源信息化做得还很不够;第三是旅游信息化管理,这是针对旅游企业(也含旅游目的地)、旅游交通、旅游行业管理、旅游产业流程以及休闲服务等媒体。本课程的旅游信息化主要指第三个内容,即旅游的信息化管理以及与其相关的旅游信息化服务。

### 2. 旅游信息化管理与旅游信息化服务

随着信息技术和网络的迅猛发展和普及,企业的生存和竞争环境发生了根本的变化。旅游业要想在市场竞争中立于不败之地,信息化建设是当务之急,这里我们简要说明关于旅游信息化管理和信息化服务的一些概念。

旅游信息化管理是指企业在其制定的信息战略的指导下,采用先进的管理理念,通过信息系统对企业信息资源进行深度开发、综合分析和广泛利用,不断提高生产、经营、决策、管理的效率和水平的过程。它不仅反映了信息技术应用的过程,也反映了旅游管理信息化的过程,在该过程中涉及信息技术的管理、信息系统的管理、信息资源的管理。旅游企业需要制定正确的信息战略来指导信息化管理的实现,在进行具体的信息系统建设项目之前,从企业战略的角度加以考虑,重在内部的流程管理。一个企业的信息化管理能否取得成功,除了相关的技术因素之外,更大的因素将取决于能不能将先进的管理理念同企业的具体业务良好地结合。这主要取决于一个企业的信息技术应用能力、研发能力和现代经营的理念。

旅游信息化服务是在网络时代,围绕"服务"提出的管理思想,结合客户互动需要而提出的一种理念,是一种广义概念。旅游属于服务性行业,强调的是服务,企业对客户(旅游消费者)不能是管理,只能是一种服务。为了与信息化管理概念统一,我们把企业内部管理者和员工使用信息系统也认定为信息系统向企业内部顾客(即饭店管理者和员工)提供的服务,让他们能够方便地获取信息以实现管理和服务。这样,从信息化服务的广义含义来看,信息化管理是信息化服务的一部分内容,技术系统一方面向员工和管理者提供服务,另一方面向企业客户提供互动服务,企业员工和企业客户都是技术系统的服务对象,两者都是在企业集成信息系统的支持下实现的。从信息化服务的狭义概念来看,信息化管理是信息化服务的基础,只有在完善的信息系统和良好的信息化管理模式前提下,信息化服务才得以开展,真正实现企业的电子化服务或敏捷服务。因此,旅游信息化服务可为企业经营创造竞争优势,黏住客户。下面是企业信息服务和信息化服务的概念解释。

(1)信息服务是一种以信息为内容的具体服务;而信息化服务侧重企业提供服务过程中信息技术的支持程度,它包含信息服务等一系列过程的信息关联。除了信息,信息化服务还包含很多其他类型的服务,如一卡通服务、电子导游服务、网上预订和投诉服务、客房迷你吧消费自动入账服务等,这些服务都是与信息密切相关的。所以信息服务和信息化服务包含的概念范围是完全不同的,信息服务是具体的一个系统或服务内容,而信息化服务包括所有的信息服务及实现过程。

(2)信息化服务是在企业信息系统集成的基础上提供电子化服务的过程,它可能是以数字化的信息为内容的服务,如视频点播系统提供的数字信息服务,或通过信息技术和电脑设备实现的上网服务;而信息服务所支持的系统不一定是网络化的,它可以是一个不联网的系统,缺少信息的共享,所以不属于信息化服务。与信息服务相比,信息化服务对企业信息系统的集成和网络通讯方面的要求更高。

(三)旅游信息化对经营的影响

旅游信息化对企业经营的影响是最直接的,也是最让社会受益的,企业可以低成本的获取网络业务,对旅游经济发展具有现实指导意义。世界旅游组织商务理事会(WTOBC)预计,今后几年间世界主要旅游客源地约四分之一的旅游产品订购都将通过互联网进行,这足以说明旅游信息化对未来旅游渠道产生的影响。从企业经营的角度看,这些影响主要是服务效率提升、客户满意度提升以及企业形象提升。

1.服务效率提升

旅游信息化是通过各类信息技术实现的,信息技术的应用大大提高了企业处理信息的能力,很多以前通过手工操作的服务被信息化服务取代。

由于信息系统和 IT 设备处理信息的能力是人所无法比及的,因此旅游信息化的实施不仅改善了服务质量,而且显著地提高了服务效率,提升了顾客的满意度。

目前很多旅游目的地或企业通过计算机网络系统实现一卡多用、一卡多能,旅游消费者在同一个企业的不同消费点、甚至不同的服务企业都可以实行一卡消费,系统会自动通过客人的智能卡对客人消费的餐费、购物费用、电话费、洗衣费、客房饮料费、传真费、酒吧饮料费等费用进行一次性结账管理。这种便利的刷卡消费不仅可以减少票据传送,更是方便了旅游者的各种消费,减少了旅游者支付现金的各种麻烦。旅游者在安排观光旅游或商务旅行行程时,可以通过因特网和预订网站自主查询信息,在较短时间内足不出户就可以收集到相关旅游目的地饭店的地理位置、环境设施、服务项目和价格等详细信息,了解其他消费者在旅游目的地的消费经历和感受。旅游者还可以在网上与旅游目的地通过互动快速的交换信息,用较低的成本获得目的地更详细的信息。

2.客户满意度提升

客户满意度的提升必须倡导个性化服务。个性化服务是一对一地提供有针对性、差异性和灵活性的服务,它从尊重人的个性需求出发,是人性化的体现,是当今人们倡导的服务模式。西方的服务模式已经完成了从标准化服务模式向个性化服务模式的转变。与西方旅游个性化服务模式悠久的历史相比,目前我国正处于从标准化服务模式向个性化服务模式过渡的时期。虽然个性化服务这一理念在旅游业越来越流行,但是我国国内的企业还是说得多、做得少,或者只是做了些皮毛,其中的根本原因就是提供服务的信息系统不够完善。

旅游个性化服务的开展需要员工的参与,但是仅仅依靠员工的努力是不够的,它的实现离不开信息技术。可以说,旅游信息化的实施是旅游个性化服务得以实现的技术支持和基础。如饭店通过网络预订和前台接待系统收集顾客信息,利用数据库技术建立详尽的顾客信息库,如顾客的地址、E-mail、生日、口味、最爱的菜、最喜欢的颜色、宗教信仰等,在春节或顾客生日时给顾客发一封由总经理签名的贺卡或 E-mail,等到顾客再次光顾时根据顾客的消费特点提供针对性服务,安排顾客入住到其喜爱的楼层,确定给何人赠送何种报纸杂志等。又如借助饭店视频点播系统,客人可以根据自己的兴趣,在不借助录像机、影碟机、有线电视等条件下,直接通过电视自由地点播视频节目和查询相关信息,具有良好的互动性,这些都体现了个性化服务的特色。

3. 企业形象提升

旅游信息化是适应信息时代要求,运用全流程电子化的企业信息系统。如采用4C(指客户、成本、便利、沟通,即以客户为中心)模式,实现个性化营销战略,将营销、信息化和电子商务紧密结合,采用扁平化的组织结构,为客户提供快速、优质服务的现代信息服务企业流程。旅游信息化从网络建设到软件配套,各个服务环节都经过精心设计,构成了完美服务的企业形象。但我国大多数的中小规模旅游企业的旅游信息化工作还刚刚开始,有许多信息化的任务需要去完成。就Intranet(内部网)的使用来说,中国大多数旅游企业使用Intranet的范围还相当有限。大多数的中小型旅游企业还没有自己的独立域名,这说明我国旅游企业独立运用域名开展电子商务的还不多。旅游信息化的发展为我国旅游业发展带来了难得的机遇,在旅游目的地不断增加,旅游企业间竞争加剧的情况下,我国旅游企业应适应时代的发展潮流,积极引入信息技术开展信息化服务,利用信息技术和网络创造竞争优势。对于小规模旅游企业,也可以利用信息化结合自己的服务特色形成核心竞争力,提升自己的网络形象,同样可以抢占市场先机。

## 1.1.2 旅游信息化对社会发展的影响

旅游信息化对信息化社会发展的影响是巨大的。信息化不但改变了旅游企业的经营模式和管理模式,而且改变了旅游者获取信息的方式、获取服务的方式,同时改变了整个社会相互间的沟通方式。由于无处不在的网络,使人们的交流和互动超越了当地社区的范围,可以与全球各个角落的虚拟社区进行互动和沟通。而我们的旅游者分布在各个不同社区,分布在社会的各个阶层,这就要求我们的社会具有更高的信息化环境,旅游信息化促使社会的进一步信息化,成为智慧城市的重要组成部分。

(一)旅游信息化的社会作用

随着旅游进入平民百姓的生活,我国旅游将进入大发展时期。因此旅游信息化不但与旅游企业和旅游管理机构密切相关,还带动了相关产业的发展和信息化,并且还与参与旅游的每个游客相关,通过参与可以提高我们每个人对信息化的认识和理解,从而促进信息化社会的发展。具体来说,旅游信息化对信息化社会的影响有以下几方面。

1. 构建社会环境下的网络体系

信息化对社会环境下的每个人所在的地点和时间都变得越来越不重要了,只要网络存在,就可以远程操作处理具体的事务,尤其适合处理旅游事务。如在家里查询旅游地信息、进行旅游预订操作等。这就要求我们的社会必须有网络基础设施,构成完整的社会网络体系,这是信息化社会的基础设施。社会的网络设施不但可以推进旅游的信息化,还可以构建虚拟社区,通过电子论坛实现不同区域社区的相互交流,如交流旅游体验、结伴旅游等。

### 2.促进文明社会建设

信息化网络能促进社会文明建设。由于旅游者习惯于网络交流,习惯于利用网络开展旅游咨询以及利用网络预订旅游服务产品,这有利于我们社会的精神文明建设。整个网络就像一个大的社区,在这里不但可以网络旅游,还可以讨论各种话题,购买任何东西,成为一个全球性大集市。旅游信息化使人们获取旅游知识、社会知识更加方便,从而形成了一种网络文化,这种网络文化不但促进社会信息化的进步,也促进了社会文明的进步。

### 3.提高全民素质

旅游信息化涉及企业、管理机构以及全民大众。每个人在生活中都会参与旅游,在信息化环境下需要利用网络去了解旅游信息,了解旅游目的地信息,甚至利用网络去预订自己喜欢的旅游产品。这些都要求我们每个人要学会网络操作,适应现在的网络文化。因此,旅游信息化对提高全民素质将有很大的推动作用。

### 4.信息化对社会、经济的威胁

凡事都有两个方面,旅游信息化有好的一面,也有负面影响。旅游信息化在促进社会信息化的同时,也存在对社会、经济的威胁因素。社会上存在那些反社会、不道德的欺诈团伙以及无赖的黑客等,利用信息网络发表他们的言论,或组织相关的恐怖活动进行社会破坏,出现非法和不道德的行为在信息网络上泛滥的情况。因此,在旅游信息化推广的同时,或者整个社会信息化推广的同时,需要防范这些威胁对社会发展产生负面影响。旅游信息化需要信息透明化和互动,同时让信息网络系统变得聪明,有利于社会的文明和健康发展。

### (二)旅游信息化促进社会发展

著名的未来学大师约翰·奈斯比特在其鸿篇巨制《大趋势》中曾预言:"电信通信、信息技术和旅游业将成为21世纪服务行业中经济发展的原动力。"从国外发达地区的情况来看,这个预言已经变成了现实。这三者的紧密结合促成了旅游业的信息化,形成一种巨大的驱动力,赋予了旅游业无限的生机和活力。我国近几年的旅游发展也足可以说明,旅游信息化不但促进旅游业的健康发展,更对社会的发展做出了很大的贡献。目前旅游业的经济收入已多年保持8%的增长率,十一五期间旅游年增长率预计平均达到

10%。据测算,旅游收入每增加1元,第三产业产值就增加10.2元;旅游业每增加1个直接就业人员,社会间接就业人数可增加5个以上。实践已经证明,旅游信息化促进社会发展主要体现在以下几方面:

- 旅游信息化促进旅游经济增长;
- 旅游信息化增加社会就业范围;
- 旅游信息化促进社会更加和谐;
- 旅游信息化促进人类文明进步;
- 旅游信息化有利于人们沟通了解。

## 1.1.3　旅游信息化对信息化市场和人们生活的影响

旅游信息化不但对社会信息化产生重要影响,而且对信息化市场发展以及人们生活同样产生重大影响。如现在旅游网络中介的发展就是最好的说明,基本上每个省、每个城市和每个旅游目的地都有旅游信息的综合网站或门户网站,许多旅游目的地也有丰富的商务网站,帮助游客预订旅游服务产品。这些网站为广大旅游者提供了丰富的旅游信息市场,这是我们在日常生活中有目共睹的,也是现代人生活不可缺少的一种市场。

（一）对信息化市场的影响

所谓信息化市场,是人们通过网络去了解社会生活环境的情况信息,包括各类产品信息所形成的网络窗口,即各种形形色色的门户网站或综合性网站。信息化市场的表现形式主要是基于互联网的信息网站,使人们了解商品而不必去具体的商品市场。随着信息技术的发展,尤其是互联网的快速发展,旅游的网上市场发展十分迅速。目前旅游中介网站构成的市场就是一个证明,如上海的携程旅行网(www.ctrip.com)、艺龙旅行网以及同程网等就是一个旅游中介网,这是旅游产品信息化市场发展的最好说明,因为这些旅行网自己并没有旅游实业,靠的就是信息服务。旅游信息化程度越高,旅游信息量越大,则旅游信息化市场越兴旺。在旅游信息化市场的带动下,其他行业的信息化市场建设也在迅速发展,如中国义乌小商品市场的网上商城(www.yiwu88.cn),成为全球最大的小商品信息化市场。这些中介通过发展网上服务,把产品在网上进行信息化展示,提供令人信任的一站式服务,给消费者带来了价值增值,由此获得了市场份额。调查研究表明,旅游最适合开展信息化市场,因为旅游服务产品几乎没有物流,重要的是能在网上进行产品展示和与消费者进行信息互动,由此实现了旅游在网上的服务延续和延伸,即实现了无干扰的服务传输。

我国旅游网站于1996年出现,目前具有一定旅游资讯能力的网站已超万家。其中专业旅游网站有 1000 余家,主要包括地区性网站、专业网站和门户网站的旅游频道三大类。这些数据虽然还是 2010 年的数据,但足以说明旅游信息化市场发展的势头。在这三类信息网站中,地区性网站主要是当地景点、景区风光的介绍,总体实力较差,信息量较少,适合已有目的地旅游动机的人群查询。专业旅游网站主要进行旅游中介业务,不但提供完善的信息,还开展预订业务,包括传统旅行社建立的网站和专业电子商务网站两类,前者有中青旅网、国旅网等。康辉还开通了国内第一家出境旅游网站(介绍出境旅游报名参团、办理护照、签证、边防、海关等知识);后者中比较成功的有携程旅游网、艺龙网、去哪儿网、同程网等。旅游频道出现在各大综合性网站中,如新浪网、搜狐网以及中国雅虎网等,它们的旅游频道给旅游消费者了解旅游信息提供了极大的方便,也是旅游信息化市场很重要的一个方面。

在许多旅游网络中介开始盈利并取得可观收益的时候,也对其他行业的信息化市场建设产生了很大的推动作用,如中国化工网、中国服装网、中国鞋网、中国纸业网、中国五金网、保健食品网、温州眼镜网、中国包装网和中国蔬菜网等信息市场网站相继出现。这些行业信息网站的出现,给整个信息化市场的发展带来了蓬勃生机,也是整个社会步入信息化时代的重要标志,给未来全面进入电子商务时代打下了坚实的基础。

(二)对人们生活的影响

旅游信息化的基础是网络,由于网络的无处不在,迫使人们积极通过网络去了解旅游信息。更有甚者,许多旅游企业开展网络服务的优惠,让消费者通过网络获取旅游产品能得到更大的实惠和折扣。这样,人们为了能获得更多的价值,不得不去适应网络环境,由此改变了人们的日常生活。如利用网络了解新闻,利用网络了解旅游资源,利用网络预订票务和住宿,甚至利用网络开展购物。如携程旅行网和艺龙旅行网等都有积分奖励,用奖励方式鼓励消费者通过网络去获取信息化产品,这就是现代人的一种生活。

1. 对生活方式的影响

由于旅游信息化建立了一个规模庞大、四通八达的网络通讯系统,因而信息已成为最有效、最有价值的资源,并改变了人们传统的生活方式。第一,通过网络体系,人类的观念大大地流通、渗透、互相影响,这将有利于人们按照共同利益协调行为。第二,网络技术的发展,使人们的生活方式发生很大变化,如通过网络体系处理各种资料和信息,通过网络了解新闻、新的旅游地及产品、发表自己的旅游感受等,由此形成了一种网络文化,并进一步的影响人类的生活方式和理念,促使人类走向精神文明。

2.对学习和工作方式的影响

通过网络,人们的访友、购物、会议、娱乐等许多事情都可能通过网络进行,甚至现在的学习和工作方式都已经离不开网络,如通过网络的个性化教育、远程教育等,都给我们的学习提供了网络环境。又如大学里的网络选课、多媒体教育、网络作业等都是信息化教育和学习的主要方式。现在的工作环境也与信息化网络密切相关,如通过网络的产品设计、网页设计、程序设计都与网络联系起来。又如旅游管理的内容也与信息网络密不可分,网上游容量申报、境外客人户口申报、企业经营报表上传等都需要通过网络。即使是饭店管理中的部门与部门之间的数据交换、办公会议的通知等都是通过网络来实现的,平时日常工作的内容都已经与网络联系起来,信息化对我们未来工作的网络环境将提出更高的要求。

3.对人际交往的影响

现在的年轻人,人际交往中使用最多的方式就是网络。不管是学习交流、工作交流还是生活中的交流,都在信息化网络环境的影响下发生着变化。由于网络交流的便捷性和快速性,人们之间的距离感越来越小,地球也变得越来越小,在网络的环境里,地球将成为一个名副其实的地球村。在信息化的影响下,人们传统的信件少了,电子邮件多了;人们面对面交流的时间少了,用 QQ、MSN 即时通信的联系多了;平时的工作会议少了,用网络会议、视频会议以及办公自动化系统的会议交流和谈论的形式多了;同样,亲朋好友之间传统问候的方式少了,用网络问候送去一首歌、送一束鲜花的形式多了。总之,现代人相互之间的交往利用网络的越来越多,而且已越来越离不开信息化的网络环境。

## 1.2　我国旅游信息化发展现状

我国旅游业是一个竞争性很强的行业。由于旅游产品的可模仿性强,导致了产品层面同质化竞争非常严重,因此只有提升服务的质量和水平,才能增强企业的竞争力。从当前消费者的需求来看,旅游者希望通过一个窗口获取旅游过程中所涉及的食、宿、行、游、购、娱等各种服务,这种一站式的消费诉求要求旅游企业(旅行社、宾馆、旅游景点等)提供综合化的信息服务,这也是现代旅游业发展信息化的趋势,而这种信息化必须依靠强大的信息网络来支撑。专家指出,利用信息化手段提高旅游业的营销和管理水平,为旅游者提供一条龙式的综合化服务,是当前旅游业发展提升核心竞争力的主要途径。

**11**

### 1.2.1　我国旅游信息化发展的阶段

中国旅游业经过 30 多年的发展,已经成为国民经济新的增长点,实现了从旅游资源大国向世界旅游大国的历史性跨越,并正在成为国民经济的重要支柱产业。正如奈斯比特在《大趋势》中的预言:"电信通讯、信息技术和旅游业将成为 21 世纪服务行业中经济发展的原动力"。那么这三者的结合即旅游业信息化将融合为一种更大的驱动力,不仅给电信通讯、信息技术等提供更广阔的舞台,同时也更赋予旅游业发展以无限的生机和活力。信息技术最早应用于我国旅游企业是在 20 世纪 80 年代初期,但真正提出旅游信息化概念和建设是在 20 世纪 90 年代。信息技术融合旅游业已经经历了以下几个发展阶段。

(一)旅游信息化启动阶段(1993—1997 年)

这一时期,以国家"三金工程"("金桥"、"金卡"、"金关")的启动为标志,正式拉开了国民经济信息化的序幕,随即确立了"推动信息化工程实施,以信息化带动产业发展"的指导思想,在各领域、各地区、各部门相继形成了推进信息化发展的浪潮。此时,部分旅游企业如高星级旅游饭店、大型国际旅行社已开始启动信息系统的建设,旅游信息化的主要功能是沟通和提升管理与服务的效率。

(二)旅游信息化展开阶段(1998—2002 年)

这一时期,以"首次全国信息化工作会议"召开为标志,界定了国家信息化的含义和国家信息化体系六要素,提出了符合国情的信息化发展总体思路,充实和丰富了我国信息化建设的内涵。会上通过的《国家信息化"九五"规划和 2010 年远景目标》成为我国信息化建设发展的里程碑。全国的信息化工作从解决应急性的热点问题,步入有组织、有计划地为国民经济发展和社会进步的正常轨道。在这期间,国家"金旅"工程全面启动,出现了旅游目的地信息系统,星级饭店信息化已全面展开,部分旅游景区(A 级景区)已开始信息系统的规范化建设,旅游信息化的主要功能是整合,减少信息孤岛。

(三)旅游信息化发展阶段(2003 年至今)

这一时期,国家发展计划委编制了《国民经济和社会发展第十个五年计划信息化重点专项规划》,这是我国第一个国家信息化规划,是规划和指导全国信息化建设的纲领性文件。《专项规划》全面分析了信息化面临的国内外形势,回顾和总结了我国信息化建设的成就和问题,提出了"十五"期间推进信息化的发展方针、发展目标、主要任务和政策措施。

2005 年,国家导游网络管理系统竣工;2007 年 11 月 1 日,建设部"数字旅游服务示范工程"课题检查汇报会在北京召开,课题组完成了《风景名胜区数字旅游服务数据标准》、《旅游目的地资源营销平台建设技术标准》等六个标准草案,形成了以数字旅游服务信息化标准为纽带的一系列标准。2008 年,旅游业信息化管理水平得到了进一步提高。国家旅游局先后组织完成了旅游电子商务标准(草案)和饭店信息管理标准(草案)两部旅游信息化领域国家标准的草案编撰工作,对国家旅游局官方网站进行了改版,开通了 12301 旅游服务热线,初步完成了中国旅游卡试点工作。同时,配合科技部黄山数字旅游现代服务业建设,国家旅游局信息中心草拟了旅游地理信息规范、旅游遥感信息规范、旅游卫星定位信息规范等多项行业规范。到2010 年,我国旅游信息化建设和智慧旅游建设进入了高速发展时期,以旅游信息化为基础的智慧旅游建设全面启动,旅游信息化的主要功能是解决效能和效益问题。

## 1.2.2 我国旅游目的地的信息化建设

我国旅游目的地综合信息系统的应用,一方面可以更好地了解旅游者的个性特征及需求偏好,更好地对客源市场进行统计分析和细分;另一方面,借助于旅游目的地综合信息系统的普及应用,能非常便捷高效地提供与旅游相关的全方位信息,其功能集查询、检索、预订等于一身,为旅游者提供了极大的便利和保障。根据艾瑞市场咨询的资料整理显示,网民了解旅游信息的主要渠道是通过亲朋好友介绍、媒体广告和上网查询,其所占比例分别为 69.3%、69% 和 66.7%,只有 31.4% 的网民直接向旅行社查询相关旅游信息。目的地信息化建设的主要表现形式有以下几方面。

(一)依托电子商务平台,强化目的地信息系统化

浙江省杭州市是这一做法的典型。依托其作为国家"九五"电子商务应用试点城市和"十五"国家电子商务应用示范城市的优势,杭州旅游目的地信息化建设走在全国的前列,先后完成了基于城市信息化和旅游电子商务为主要内容的城市流通领域试点工程,其中包括西湖博览会网站(中英文版)的开通和使用、"点点通"智能多媒体网络终端的设计和应用、安全支付体系的研究及"一卡通"的实践、杭州旅游咨询服务中心的建设、电子商务法规管理办法的研究、城市电子商务基本模式研究等内容。建立的面向食品饮料行业的 B2B 电子商务与现代物流应用示范工程通过了国家验收。一些全国性联盟网站如携程旅行网、同程网等也对杭州住宿订房电子商务化起到了促进作用。西湖博览会、杭州旅游网等旅游公共平台也已具备一定规模,实现了杭州目的地信息系统化处理和展示。杭州国家电子商务试点和

示范工程的建设,为其旅游目的地信息化建设创造了条件,在取得明显的经济效益与社会效益的同时,已产生良好的旅游信息化应用示范作用。

(二)通过信息技术应用,促使目的地营销网络化

广东省在这方面有一定的经验。广东目的地营销系统平台以"活力广东"为标志,非常注重网络信息及时更新,对旅游业的活动信息、旅游新闻等要求实施网络发布,并对基于旅游目的地营销系统承建的"活力广东"2004旅游网上博览会进行了实时直播报道。"活力广东"旅游网上博览会的另一大特色是区域互动,与粤港澳、珠三角、9+2地区进行了多方合作,在旅游安全、诚信、旅游电子商务等几个层面上重点研发,对消除信息孤岛,达成信息共享做出了积极的尝试。

同时,广东省南海市作为中国的第一个目的地营销系统建设城市,所建立的目的地营销系统将信息化技术的"应用性"作为重点考虑的问题,可充分支持南海旅游局的目的地营销任务。首先,它可强有力地支持网络营销。如作为南海目的地营销系统组成部分的南海旅游网,可自我管理网站,收集、编辑发布信息,生成南海电子地图,接受和处理网上投诉等,该网站同时可将南海旅游企业纳入网络化营销中,企业可在该网上建立自己的企业级旅游营销系统,实现发布、编辑、更新企业信息,进行网上交易。其次,可支持传统的营销手段:电子触摸屏、游客信息中心、电话中心以及出版物的制作等,这是和中国现有的所有旅游网站不同的地方。信息技术的应用大大提高了营销效率,如旅游城市宣传册的制作周期可从过去的1~2个月缩短到1~2周。同时,网络传播没有地域限制,南海作为一个非主要的旅游城市,在不明显提高营销费用的情况下,第一次有机会将其营销范围从珠三角地区扩展到全国,乃至全世界。

(三)借助信息网络平台,推进目的地旅游信息化

海南作为全国旅游大省,在打造"国际旅游岛"的背景下,以"深化'区域旅游电子商务应用服务平台'应用,全面推进旅游行业电子商务应用,用信息技术打造海南旅游精品"为指导思想,旅游目的地信息化建设步伐也不断加快。自2006年5月16日推出了114号码百事通业务,实现了"足不出户,一个电话就办完一件事"的梦想以来,2006年11月又开通了为海南省旅游局进行旅游服务质量监督的旅游百事通专席,为净化海南旅游环境,提供优质旅游服务创造了条件。

2008年,海南省启动"海南旅游景点电子门票系统"项目,推出"天涯印象"和"三亚印象"两个自由行产品,游客在套票包含的景区和项目上可以直接刷卡消费。目前,海南省的地图由纸质化向电子化、信息化转变,第一批

电子化地图已经做出,人们只要通过网络就能详细了解到旅游地图信息。在三亚,全球眼已广泛用在城市交通、治安监控上,给中外游客增加了安全感。下一步,全球眼将走进三亚的重点景区,便于旅游管理部门进行网上宣传、管理、监督、取证、救援等工作,同时也使旅客享受到虚拟游览以及其他信息服务。

2009 年 6 月 8 日,海南自助旅游网等 10 家强势旅游网站正式联盟,并发布《联盟宣言》。联盟的诞生,为建设海南国际旅游岛宏图大业,担当起了独特的角色和重要的使命。建设国际旅游岛,做好旅游公共服务基础设施是基本保障。海南旅游公共服务平台开发包括:①旅游管理综合数据库;②旅游信息化共享平台 TGIS;③空间数据输入与转换子系统;④属性数据输入;⑤图形及属性编辑子系统;⑥空间数据库管理子系统;⑦空间查询与空间分析子系统;⑧制图与输出子系统等部分。海南省已有 13 个国际旅游岛公共服务体系基础设施及旅游要素国际化改造项目,列入 2009 年国家新增投资资金计划。这些项目资金总额为 5.27 亿元。这些项目包括:海南游客到访中心服务系统,按国际旅游惯例,在海口、三亚各建一个集展示、旅游咨询、旅游集散和调度、电子商务、自助游导游体系、数字采集、市场监测、危机处理和紧急救援于一体的综合性游客到访中心,总投资 5000 万元。在海口美兰机场、秀英港码头、新港码头、火车站,三亚凤凰机场、码头、亚龙湾、博鳌亚洲论坛会址、兴隆旅游度假区等公共场所建立 16 个海南省区域度假咨询服务系统,为到海南旅游度假的中外游客提供全面的信息服务。

## 1.2.3　我国旅游信息化现状分析

旅游信息化经过十多年的应用与发展,已经取得了巨大的成就,成为旅游业发展的强大推动力,回顾旅游信息化的发展路程,可以总结出以下的基本现状。

(一)旅游信息化基础管理工作初见成效

国家、省、市三级旅游信息化管理体系初步建立,旅游信息化规划、管理和组织工作正在有效推进,全国行业管理数据体系基本形成,旅游信息化管理由办公自动化和面向行政管理的职能逐步发展为整个旅游行业的信息化。各类旅游信息化标准规范的制定及推广应用逐步展开,《旅游电子商务标准(草案)》和《饭店信息管理标准(草案)》两部旅游信息化领域国家标准完成申报,旅游地理信息、旅游遥感信息、旅游卫星定位信息等多项行业标准陆续出台。旅游信息化基础理论及应用研究工作稳步推进,国家 863 重点科研项目《基于高可信网络的数字旅游服务开发及示范系统》取得初步成果,应用示范效果获得一致好评。

(二)旅游电子政务稳步推进

电子政务是旅游信息化的重要方面。以内部办公网络和业务管理系统为代表的信息化应用得到迅速普及与推广,各级旅游行政管理部门内部信息发布、公文处理等功能基本实现,办公效率显著提升,行政成本有效降低。电子政务典型的系统包括旅行社监管系统、导游管理系统、景区管理系统、饭店统计管理系统、统计与财务系统、假日旅游预报系统等,这些行业管理系统在各级政府内稳定运行,旅游管理体系逐步规范,行政管理能力逐步加强。另外,各级旅游政务网站陆续开通,政务公开、办事指南和在线服务功能等进一步完善,服务型旅游政府形象正在逐渐形成。

(三)旅游在线服务市场快速崛起

我国近年来网络预订渠道快速发展,在线旅游市场急剧增长,旅游电子商务市场已初具规模。2009年旅游在线预订的用户规模为3024万人,同比增长77.9%;网上旅游预订市场规模为38.9亿元,同比增长32.3%。在线旅游市场产业链不断演变,航空公司、酒店、旅行社等产业链上游供应商积极利用网站开展在线直销业务,并寻求第三方电子商务平台等途径加大直销力度。各大在线服务商的市场角色日益分化,企业在品牌定位、业务方向和盈利模式上的差异化发展趋势逐渐呈现。以网络为新媒介的渠道更加丰富,媒体价值得到有效释放,网络口碑传播对于旅游营销的影响日益突显,旅游网络营销平台呈现蓬勃发展态势,垂直搜索类网站、旅游点评网站等新生业态不断涌现,在线服务市场进入高速发展时期。

(四)旅游公共信息服务建设取得阶段性成果

旅游公共服务同样是旅游信息化的重要方面。以目的地资讯网站、旅游服务热线、旅游咨询中心、多媒体互动信息屏等为代表的旅游公共信息服务基础设施建设普遍展开,信息服务渠道日益丰富。目的地网站功能由简单的信息发布向集信息查询、投诉受理、产品推介于一体的旅游综合信息服务转变,信息涵盖内容和表现形式更为多样;12301旅游服务热线工程逐步实施,已完成全国31个省区市的安装调试工作,大部分省份12301热线已实现开通,12301工程的基础性建设工作基本完成,逐步转入完善和运营阶段,以统一接入号码、规范化流程为广大游客提供旅游咨询、旅游提示、旅游投诉等服务。旅游公共信息服务已成为贯穿旅游过程的重要环节。

在取得成绩的同时,旅游信息化发展仍存在较多制约因素,主要包括:信息化管理尚处于初级阶段,多数地区的旅游信息化主管部门在机构设置、人员配备和资金投入等方面尚显不足,旅游信息化的相关的法规标准相对滞后,旅游管理机构对行业信息化建设的导向作用尚不明显;行业信息化发展整体滞后,行业中占据较大比例的中小型旅游服务企业信息化程度较低,目的地营销体系组织松散,缺乏导向,难以适应不断变化的旅游市场的需求;信息化建设所需的资金与人才严重缺乏,面向新型旅游产业化发展所需的生产性信息技术服务能力不足,信息资源开发与利用缺乏良性的循环机制,政府和企业有效互动不足、尚未形成合力。

## 1.3　信息通信技术与旅游业

信息通信技术与旅游业都是 21 世纪的朝阳产业,信息通信技术的发展伴随着旅游业的发展,旅游业的发展同样也伴随着信息通信技术的发展。进入 21 世纪,旅游业的发展越来越依赖于信息通信技术,出现了智慧饭店、智慧旅行社、智慧景区等新概念。

### 1.3.1　信息通信技术的发展

（一）信息通信技术（Information and Communication Technologies，ICT）的概念

ICT 的概念最早由英国电信提出,其对 ICT 服务的核心阐述是"CT（通信技术）与 IT（信息技术）相结合,ICT 促成了超越时空的快速信息交换"。我们可以从企业管理和应用的角度对信息通信技术下这样的定义:信息通信技术是指能帮助企业实现战略的竞争优势,管理企业所有信息资源,并能处理企业与相关利益团体之间、客户之间的互动沟通关系和商务,使企业实现其经营目标的一切电子工具,包括硬件、软件、电子通信和群件组合的集合。

硬件:各种物理实物设备。包括各种类型的计算机、输入设备、输出设备、移动设备等;

软件:在硬件上运行的,控制其发挥作用的指令程序。包括各种系统软件、应用软件、数据库软件、通信软件和协议;

电子通信:能实现远距离信号传输的设备或者技术。包括计算机网络、电话、传真、移动手机、电子会议、卫星等;

群件组合:能让群体沟通交流、协调配合的通信手段。包括电子邮件、语音信箱、视频技术、服务器集群、负载均衡技术等。

简单来说,信息通信技术是信息技术与通信技术的结合。IT 技术注重的是工作流、业务流,CT 技术注重的是交流、沟通,IT 技术和 CT 技术融合

的 ICT 服务,为企业提供的不再是简单的通信管道或信息渠道,而是集网络通信、可管理服务、无线数据和语音、视频会议、应用托管、软件及系统维护、安全、外包等一体化的信息和通讯技术融合的服务。也有学者定义为信息通信技术是促进企业内部和企业间信息流通的机制和技术的结合。未来,信息通信技术的概念还在不断发展和完善,它包含了电子商务开展所需的一切技术。

20 世纪 70 年代以来信息通信技术的快速发展和 20 世纪 90 年代以来互联网的迅速普及,给整个社会带来了变革的同时,也给所有企业都带来了深远的影响。在这么一个信息化、数字化和网络化的时代,如何保持并扩大自己的市场份额,在全球范围内扩展自己,并获得竞争优势是所有企业所面临的一大难题。信息通信技术能够支持企业的发展战略,使企业更有效率地管理其资源,加强企业内外的沟通交流,促进企业实现全球化营销,创造可持续的竞争优势。特别是网络技术的迅猛发展,缩短了时空距离,方便了人们之间的沟通交流。目前,信息通信技术已成为了企业制定战略时的一个重要考虑因素,它既为企业的发展带来了机遇,同时也提出了挑战。此外,信息通信技术的发展,在很大程度上也促进了电子商务的兴起与迅猛发展。反过来,电子商务的技术需求也促进了信息通信技术的发展。

(二)信息通信技术发展的阶段

从 60 年代的单计算机通信,到今天基于互联网的全球通信,半个世纪以来,信息通信技术的发展一共经历了四个阶段,每个阶段都对应数据处理的不同阶段,也都对企业通信的发展带来了不同程度的影响。

1. 面向终端的单机通信阶段(第一代)

这一代只能以单计算机为中心进行通信,计算机以中、小型机为主,而且一般只有大型企业使用这种通信。该阶段还没有出现微型计算机,时间在 20 世纪的 60 年代。这时的数据处理以人工方式为主,没有数据库,数据也不能共享。

2. 多台同种计算机的通信阶段(第二代)

这时出现了分组交换数据网,能够实现多台同种计算机通信,已经有计算机协议出现,但这些协议还很不规范,但比单机通信阶段前进了一大步,时间在 20 世纪的 60 年代末和 70 年代。这时候微型计算机已开始出现,并应用在通信网络中,这时对应的数据处理以文件系统为主,数据有一定的共享,但共享度不高。

这个阶段的信息通信技术主要用于企业内部的管理与协调,并且已开始用于航空公司、饭店等,主要用于订票和预留客房、排房等业务管理。

3. 多台异种计算机的互联通信(第三代)

该阶段属于网络互联阶段,有成熟的计算机协议支持,能够实现多台异种计算机之间的通信。ISO 开放式的七层标准协议成为支持第三代通信的关键技术,时间在 20 世纪 70 年代末至 80 年代初。在这个阶段,信息通信技术的主要目标是帮助企业提高生产与服务水平,支持企业内外部的沟通,提高其经营创新能力和企业竞争力。

这时数据处理出现了数据库,管理信息系统成为数据处理的主要技术系统形式。数据共享、数据冗余度低以及数据与程序高度独立是这一阶段的主要特征。

4. 以网络计算为基础的互联通信(第四代)

自 20 世纪 90 年代以来,信息通信技术进入了网络阶段,普适计算、无处不在的计算(如蓝牙技术)成为网络互联的基本技术,信息通信的发展趋势是以任何形式的信息进行交换,基于开放的信息通讯得到进一步加强。在这个阶段,出现了很多基于互联网的信息通信新技术,如企业内部网和外部网等计算技术,它们给企业的发展带来了多方面的变革,为企业的进一步发展壮大创造了技术条件和机会。

## 1.3.2 旅游业中的信息通信与网络

信息通信技术与网络是旅游业信息化管理与服务的基础技术,有了这些技术,旅游业中的供需各方可以便捷地交流,企业各种业务也可以便捷地处理和实现。具体来说,信息通信技术与网络创造了全球化的市场和在线贸易,消费者能利用它们买到一些以前很难买到的产品和服务;企业能利用它们方便地与利益相关者进行沟通,传递数据资料;供应商与消费者之间能直接进行沟通,消除了中介的不利因素,并节约了成本。总之,利用网络旅游消费者能以更快捷且低成本的方式获取服务,而企业则在提高工作效率的同时降低了经营成本。在今天的旅游企业中,只有把这些新的技术与平台充分利用起来,不断地改进产品与服务,才能在未来更加激烈竞争的市场中存活下来,并求得发展空间。

(一)信息通信中的硬件

信息通信中的硬件是组成网络通信的物理设备,它是整个系统发挥作用的基础与平台。在旅游行业的信息通信应用中,主要包括以下一些硬件系统和类型。

1. 小型计算机和超级微机

小型计算机在旅游饭店中应用得比较普遍,小型计算机与大型机相比,体积小、价格低，且具有较强的集中处理能力和通信能力，因此在旅游管理信息系统等很多领域，小型计算机被广泛应用，尤其是旅游集团企业。

超级微机，也称为工作站，它的应用特点是数据处理速度快，存储量大，具有强大的网络互联功能，适合于分布式处理，因此在图形、动画等多媒体领域有较多的应用。

2. 个人电脑和移动电脑

个人电脑，也即 PC 机，它是利用大规模集成电路技术，由若干块集成电路芯片组装而成的，具有完整功能的微型计算机。它体积小、功能完整、使用方便，是目前商用、家用和个人使用最为广泛的电脑。

移动电脑指的是一些尺寸小、携带方便的个人电脑，根据电脑尺寸的大小，它又可以分为膝上型电脑、笔记本电脑和掌上电脑等。如普遍使用的 iPad 等平板电脑都属于移动电脑类型。

3. 视频终端、文传终端和自助终端

视频终端为身处异地的人们进行面对面交流提供了一种可行的方式。它可以将会议内容、参会者的一举一动，生动、清晰地传达给会议各方，这不仅有利于加强沟通，同时还能减少交通费用，并为企业经营快速做出决策提供了帮助。

客户可以根据自身的需求，方便地利用自助终端来为自己服务，如饭店大堂的触摸屏就是这样的一种自助终端。利用自助终端，企业可以为客户提供 24 小时全天候的自助服务，这不仅能够提高企业的经营效率，而且还能增强客户对企业服务的满意度。

4. 键盘、鼠标、扫描仪、条码阅读器

这四种设备都是属于输入设备，输入设备的主要功能就是将原始信息提供给计算机，其中键盘和鼠标是最常见的输入设备，在此就不再赘述了。扫描仪是利用光电感应原理将静态的图形、图像和字符的点阵信息传入计算机的设备；条形码阅读器则是通过光学原理将条码扫描并翻译成相应的信息输入计算机的设备，在旅游电子检票方面有较为广泛的应用。

5. 只读光盘、磁带机、各类打印机

只读光盘是目前使用最广泛的光盘载体，其存储容量一般约为 650MB。光盘上的信息是在制造时由厂家根据用户要求写入的，写好后就永久保留在光盘上，以后只能读出而不能写入信息。磁带机一般作为数据备份设备，在数据安全管理方面应用较为广泛。

打印机主要有针式打印机、激光打印机和喷墨打印机等几种。这三种打印机各有各的特点，针式打印机结构简单，成本较低，但分辨率不太高；激光打印机分辨率高、速度快、质量高,但成本稍高;喷墨打印机的处理过程较激光打印更简单,而质量与其相近,成本较低。

6.移动设备、互动数码设备、U盘存储设备等

移动设备最主要的特点就是具有便携性,它能提高沟通的效率,使沟通能随时随地地进行。如手提电脑、掌上机(PDA)、平板电脑等都是最常用的移动设备。

U盘也称为优盘,闪存盘,是目前应用最为广泛的移动存储设备,采用USB接口技术与计算机相连接。它的使用非常方便,且价格较为实惠,容量也已经从最初的几兆上升到了目前的4G、8G、16G等,能基本满足一般的文件传输与存储需求。

7.集线器、路由器、交换器、防火墙设备等

这几种设备都属于企业内网络设备。集线器(HUB)是一个具有多个连接端口的设备,它是一种能够提供多端口服务的特殊形式的中继器。交换器(switch)是用来连接多网段的一种网络连接设备。路由器(router)能连接多个逻辑上分开的网络,实现网络间信息的传输,它具有判断网络地址和选择路径的功能,能在不同的网络间建立灵活的连接。防火墙是一种处于企业内部与外界网络之间的、能控制网络内外的信息交流并加强网络安全防范的访问控制机制,它能够保护内部网的数据安全不被破坏,防止内部网的敏感数据被窃取。

8.蓝牙设备、无线接收设备、手机或对讲机等

这几种设备都属于无线移动通信设备。蓝牙设备是一种能实现10米距离之内无线通信的新设备,它提供了一种无需线路连接的更方便、更自由的连接方式。一旦开启后,它能够持续扫描周围的环境,搜索相互兼容的计算机或者其他移动设备,建立起连接后实现咨询浏览、图片传输等功能。无线接收设备可以实现较远距离的信息接收,如红外线接收设备、Wi-Fi接收设备等,这些在旅游业中尤其是景区的信息化管理中都有应用。

(二)信息通信中的软件

对于一个信息通信网络而言,单单有硬件系统却没有软件,这个系统是无法正常运行起来的,无功能可言。软件是在硬件设备上运行的,能帮助用户解决各种问题,完成各种任务要求的指令集合,它和硬件相结合才能使整个系统发挥出应有的强大功能。旅游业中的软件主要有以下一些应用类型。

1.数据管理类软件

这类软件主要包括数据库、数据库管理系统以及数据仓库。其中,数据

库是用来存放企业经营数据的,而数据库管理系统则是建立、操作、管理、维护数据库的平台。数据仓库是随着数据应用的高要求而发展起来的最新技术,它能对原始数据进行组合与分析,从中挖掘出有价值的信息。这类软件目前都是网络化使用并实现管理。

### 2.文字处理类软件

所有的企业几乎都离不开文字处理工作,因此这类软件是企业中最基本的软件,最常见此类软件就是 Microsoft Word,用于管理企业经营中的电子文档。

### 3.电子表格类软件

电子表格类的软件也是最基本的软件,它们的主要功能就是对数据进行汇总、运算、排序等操作。此外,表格还是一种常用的显示数据结果的工具。最常见的电子表格类软件就是 Microsoft Excel。

### 4.图像、图片处理类软件

旅游企业为了要生动形象地展示自己的产品与服务,必然使用到图像处理类的软件对原始图像进行效果上的加工处理。处理后的图片可以运用到企业网站中去,最常见的此类软件就是 Photoshop。

### 5.电子邮件和通讯类软件

旅游企业需要与顾客、供应商等所有的利益相关者进行沟通,交换相关信息,同时也联络感情。电子邮件和其他通讯类的软件就是满足企业此类需求的,它们是企业与各方相关者进行互动所使用的常用工具类软件。

### 6.财务管理类软件

企业首先是一个经济组织,需要实现自己的经济目标才能生存下去,并逐步发展。财务管理类软件能够帮助企业收集、分析、处理各种财务数据信息,帮助企业掌握与其运营相关的销售、利润等方面的情况。如用友、金蝶等财务软件。

### 7.前台接待类软件(如饭店接待系统、旅行社接待系统等)

旅游服务往往有前台和后台之分,前台指直接与客户相关的部门与服务。前台的接待业务往往是顾客进入企业后,企业为顾客所提供的第一步面对面服务,因此它对于企业而言是十分重要的环节。接待业务是否快速、准确、热情,能决定企业在顾客心目中的第一印象的好坏,也就是说它能决定潜在的客人能否成为实际的顾客。因此前台接待类软件对于旅游企业而言是非常重要的,它的质量和性能都会对企业的经营效益产生巨大的影响。

### 8.后台管理类软件(人力资源管理系统、工程设备管理等)

后台是指与客户没有直接关联的部门与服务。在旅游企业中,后台系统是支持前台经营的重要系统,它能保障前台各部门为客人提供满意的服务。由此可见,后台管理类软件对于旅游企业而言也是至关重要的。比如人力资源管理系统可以为企业提供训练有素的、合格的服务和管理人员。而工程设备管理则主要对企业中的能源和设备进行管理与维修。这些后台管理类软件都为旅游企业的成功运营发挥着各自不可替代的作用。

9. 系统类软件(如 Windows 系列等)

系统类软件对于计算机系统而言是必需的,它主要用来管理计算机系统的硬件资源、软件资源和数据,协调各部件、各系统,使它们能一起有效地工作。系统软件包括很多不同的种类,最常见的就是操作系统软件,如 Windows 系列等。操作系统的选择对系统的性能至关重要,如安全性能、处理效率性能以及通讯能力等。

10. 工具类软件(压缩软件、防病毒软件、磁盘管理类软件等)

这类软件所包含的范围比较广,包含了所有在企业运营中所需要用到的工具,比如用于缩小文件大小的压缩软件,用于防止病毒攻击的防病毒软件,以及用于整理磁盘空间的磁盘管理类软件等。尽管它们不是企业的核心软件,却是企业必须要使用的日常工具软件。

11. 知识类软件(专家系统、知识工作系统、数据挖掘等)

在当今的知识经济时代,知识已经越来越受到企业的重视,知识管理也成为企业越来越倾力关注的一项重要工作。因此知识类的软件在企业中的作用越来越大,地位也在逐渐提高。比如其中的专家系统能帮助一般企业员工像行业专家一样解决专业领域的问题;知识工作系统能使知识在整个企业范围内得到收集、传播与共享;数据挖掘则能从数据库中深入挖掘出隐藏着的有意义的商务信息。

12. 网站类软件(发布、分析、商务处理等软件)

互联网的高速发展使得网络应用在企业中已经基本普及了。旅游企业为了更好地传递企业的信息,掌握更大的自主权,往往会建立自己的网站。这就需要用到很多网站类的软件,这些软件需要包含发布、分析、搜索信息以及进行商务处理等方面的功能。

(三)旅游业的信息通信与网络

信息通信除了丰富的软件以外,还需要多种类型的应用网络支持。信息通信与网络在旅游业中应用的巨大作用是显而易见的,简单来说,它能加强旅游企业与消费者之间的沟通,提高效率,节省时间和降低成本。而且在未来,通信与网络将会朝着更加低成本、快捷、便携、大容量和多功能的方向发展。

旅游业中的网络除了局域网、城域网和广域网的应用外,为了满足电子商务发展的需要,还包括互联网、内部网和外部网等应用。尽管它们的形式不一,但它们的主要作用都是一样的,那就是为人们提供一个无阻碍的、安全的和低成本的跨越时空的信息交流平台。

1. 因特网(Internet)

因特网在旅游业中应用最为普遍,主要用于营销、服务和与客户互动,在线处理旅游中的咨询、预订等服务,是目前旅游业中使用最为普遍的网络。

因特网的概念最早出现于 20 世纪 60 年代,用于当时美国的国防系统,1994 年正式命名为因特网。如今,随着时间的推移,因特网已经发展成为了一个覆盖全球的计算机网络体系,它以一种简单而低成本的方式将全球数亿的计算机连接起来,集各个领域的信息资源为一体,供网络用户共享。因特网具有平等、自由和开放的特性。任何一个用户都可以通过自己的计算机自由接入因特网,跨越空间访问网络上其他用户的共享资源,而不必关心其地理位置。另外,因特网的费用低廉且功能强大。因特网上的信息不仅容量大,而且可以以图片、声音、影像等多种形式表现,同时其信息流动不受时空限制。

由此可以看到,具有共享性、开放性和协作性的因特网已经成为了传递旅游信息的最理想选择。随着它的不断发展完善,其在旅游方面的应用领域也在不断地扩大。目前它主要的应用领域包括:电子邮件、文件传输、远程登录、万维网、电子公告牌、新闻组、搜索引擎、电子商务、在线聊天、IP 电话等。

2. 内部网(Intranet)

内部网是利用互联网技术构建的企业内部网络,是一种开放性的网络环境,便于与互联网交换数据,实现数据资源的共享,是企业电子商务开展的基础平台。

企业内部网是使用互联网技术创建的企业内部私有网络,它为企业内部人员提供了一个信息交流和资源共享的开放平台,同时它通过在内部网外围创建防火墙的方式,来阻止外部用户访问企业的敏感数据和机密资料。企业内部网的传输速度一般比互联网要快很多,它使得分散在各地的分支机构及各部门员工可以共享企业的信息资源,加强内部沟通与交流。同时由于外部人员在未获得许可的情况下,是没有权限进入内部网的,因此它很好地克服了互联网在安全保密方面的不足,使得企业的机密信息不会外泄。企业员工可以根据自己的需要从内部网中准确及时地获取信息,这不仅降低了内部通信的成本,同时也有助于企业推进无纸化办公的进程。企业还可以利用内部网进行在线员工培训,这种方式不但可以帮助企业节省费用开支,而且提高了培训的便利性,同时有利于提高员工工作群体的生产力。

由于其高效的性能和低廉的成本费用,目前企业内部网被广泛地应用于企业内部的网络建设,实现信息发布、员工交流与互动、数据库开发、应用软件升级、电子商务等方面。在所有这些应用方面,内部网是企业网络建设的首选。

### 3.外部网(Extranet)

外部网是企业外部的并且与企业有业务关联的网络,如企业与税务系统关联,则税务系统的网络对企业来说就是外部网;企业与合作伙伴的关联,则合作伙伴的网络就是企业的外部网;企业要开展电子商务,则选择的VPN虚拟专用网就是企业的外部网。外部网同样采用互联网相关技术构建。

企业外部网可以看作是企业内部网的扩展和延伸,它把内部网的技术应用到了企业与企业之间。其主要目的就是为了实现企业与其合作伙伴之间的业务沟通与交流。它既不像互联网那样是对大众开放的,也不像内部网那样只允许企业内部人员进入。它是一个半开放的网络,位于互联网和内部网之间,只对一些经过选择的合作企业开放。与内部网一样,外部网的外围也建有防火墙,通过防火墙进行访问控制。那些未经授权的不相关人员是无法进入企业外部网的,因此与外部网的信息交流也是安全的。它既满足了企业与外部合作伙伴的沟通交流需要,同时又使得企业的信息不会外泄给未经授权的用户,也不会招致大量的外来攻击。

总的来说,互联网是企业与客户或消费者进行联系的平台,内部网是企业内部员工和管理者沟通交流的平台,而外部网是企业与授权的合作伙伴开展互动的平台。互联网、内部网、外部网三者都是企业构建电子商务系统的基本网络,它们之间相互可以无缝交换数据、无缝处理业务,是业务协同的主要网络平台。最近几年移动互联网的出现和普及,为移动商务和基于位置的移动服务奠定了技术基础,已成为旅游信息化中主要的信息通信网络形式。

## 1.4　我国旅游信息化建设的趋势分析

信息技术是人类历史上发展最快的一门技术,它的发展对旅游信息化显得越来越重要。自从 20 世纪 80 年代我国出现旅游信息系统以来,旅游信息化成为旅游发展过程中不断深化的一种应用。没有一家旅游企业已经完全信息化了，信息化是一个永无止境的技术应用，它不断扩展、不断深化，不断产生新的技术系统。我国政府高度重视旅游产业及旅游信息化发展，《国务院关于加快发展旅游业的意见》中提出"将旅游业培育成国民经济的战略性支柱产业和人民群众更加满意的现代服务业"的战略目标，明确指出要"以信息化为主要途径，提高旅游服务效率"。各级旅游行政管理机构充分认识到旅游信息化工作的重要性和紧迫性，并做出了具体指示和安排，为"十二五"期间旅游信息化的快速发展奠定了坚实基础。

从总体上来说，旅游信息化的发展趋势，正在从旅游信息化管理迈向旅游信息化服务，从数字旅游向智慧旅游发展。具体发展趋势可以从以下几点来说明。

## 1.4.1　信息化管理向信息化服务发展

随着现代化信息技术的迅猛发展和普及，企业的生存和竞争环境发生了根本的变化。企业要想在市场竞争中立于不败之地，信息化建设是当务之急，由于历史的原因和网络的原因，信息化管理是当时企业获取竞争优势的首选，目的是提高管理效率。但仅有信息化管理是不行的，还需要信息化服务，因为只有满意的服务才是企业立足之本。

企业的信息化管理是指在其制定的信息战略的指导下，采用先进的管理理念，通过信息系统对企业信息资源进行深度开发、综合分析和广泛利用，不断提高生产、经营、决策、管理的效率和水平的过程。企业需要制定正确的信息战略来指导信息化管理的实现，在进行具体的信息系统建设项目之前，从企业战略的角度加以考虑，重在内部管理。企业的信息化管理能否取得成功，除了相关的技术因素之外，更大的因素将取决于能不能将先进的管理理念同企业的具体实际良好地结合。信息化管理是企业自身实现现代化的必由之路，只有通过信息化管理，才能提高企业的管理力度、研发能力和经营水平。而信息化服务是一个广义概念，任何企业都可以把信息化管理看作是信息化服务的一部分，两者都是在企业集成信息系统的支持下实现的。从信息化服务的狭义含义来看，信息化管理是信息化服务的基础，只有在完善的信息系统和良好的信息化管理模式前提下，信息化服务才得以开展，真正实现企业的敏捷服务，也为企业经营创造竞争优势。

在现阶段，旅游企业的信息化服务主要利用信息系统以及企业的信息网站。随着信息技术的进步、无线网络的普及，旅游信息化服务主要还有以下一些应用。

- 基于网络的互动信息屏咨询系统应用；
- 基于位置的移动服务应用；
- 基于移动互联网的电子分销系统；
- 基于云计算平台的旅游信息系统；
- 无处不在的电子地图及智慧导游。

以上服务设施或服务系统不是一个孤立的系统，它们都可以与企业的管理信息系统交换数据实现无缝连接，是在大网络环境下提供信息服务，否则就谈不上信息化服务，因此移动网络是信息化服务实现的技术基础。

## 1.4.2　信息系统与互联网高度融合

自从 1994 年互联网问世以来，互联网的应用呈爆炸式发展，旅游业也是一样，互联网给旅游业创造了飞速发展的机遇。不管是企业为客户提供服务，还是企业与企业之间的业务协作，都与现代的互联网有关。旅游信息系统从传统的局域网发展到广域网，基于互联网的信息系统已经逐渐成为旅游业的主流。如基于 Web 的饭店管理信息系统、基于 Web 的办公自动化系统、基于 Web 的旅行社组接团系统、基于 Web 的网络订房系统、基于 Web 的目的地营销系统等，这些系统的开发与应用都与互联网高度融合。在旅游电子商务开展方面，企业与企业之间的业务交换逐渐采用基于互联网的信息系统。因此，旅游信息化所采用的各种信息系统，不管是企业的管理信息系统，还是政府的电子政务系统，都采用了基于网络的 . net 架构，使这些信息系统与互联网融合在一起，提供更为便利的管理与服务。其应用主要表现以下几个方面。

- 企业协作型信息系统的互联网应用；
- 移动服务型系统的互联网应用；
- 旅游投诉处理系统的互联网应用；
- 办公自动化信息系统的互联网应用；
- 电子政务系统的互联网应用；
- 电子导游和电子地图系统中的互联网应用；
- 旅游电子分销系统的互联网应用。

## 1.4.3　基于 3G/4G 的移动服务日趋成熟

未来的个性化旅游，以及深层次的自游行、网络旅游等新的旅游方式，都离不开基于无线网络的移动服务。3G/4G 网络的出现，给旅游业信息化的发展带来了机遇，出现如视频动态、视频导游、旅游营销通、电子实景地图、景区移动导览等新的服务,游客可以及时了解景区人流量、天气状况等信息,便利的移动服务给游客获取信息、了解景区带来智慧体验感觉,这是旅游信息化未来的主要发展趋势。

(一)3G 在旅游业中的主要应用

随着 3G 网络的日趋成熟,旅游业利用 3G 网络通信开展的服务越来越多。旅游饭店、旅游景区以及旅游目的地等机构利用 3G 开展营销和管理,利用视频通信宣传企业的旅游产品。如酷宝科技公司开发的"移动快线"可以下载景区的实景信息,可以获取景区的交通地图,也可以预订和支付景区的电子门票。杭州的联蓝得信息科技公司开发的"乐游游"实现了景区的智慧导览和智慧导游。可见,3G 通信在旅游业信息化中的应用主要表现如下。

- 景区的电子导览、电子导游、电子导航服务;
- 景区的生态环境实时管理与预警服务;
- 旅游饭店的产品视频化服务;
- 旅行社的视频化管理与服务;
- 旅游电子商务中交易的确认服务;
- 旅游企业的视频营销服务。

(二)移动服务推进旅游业的发展

移动服务在旅游业中的应用主要用于营销、产品展示、咨询服务、预订确认、电子导游等服务,旅游企业需要根据自己的产品特点确定是否开展移动服务。有些企业可能不需要传输视频信息,就意味着不需要建立 3G 式的移动服务,只要一般文字传输实现移动服务。在旅游业中,3G 移动服务主要适合以下一些旅游企业。

- 3G 与 GIS 结合,形成移动 GIS,可为景区的环境管理提供服务;
- 3G 与旅游目的地的 DIS 相结合,形成移动型电子地图,可为目的地提供服务;
- 3G 与饭店的信息网站相结合,可为饭店提供实时预订服务;
- 3G 与 GPS 相结合,形成掌上型 GPS,可为旅游交通企业提供服务;
- 3G 与旅行社导游系统相结合,形成视频式导游,为旅行社企业团队管理提供服务。

随着 3G 通信技术的成熟,将有更多的旅游服务与 3G 相结合,产生更多的旅游通讯服务产品,移动式的旅游服务将是未来旅游信息化的主要方向。

## 【本章小结】

本章首先讨论了旅游信息化管理的基本概念和研究范围,由于旅游是一个大众化的服务行业,涉及社会中每个公民的利益,因此旅游信息化管理将会对社会发展、对每个公民的生活以及对旅游企业的发展产生重要影响。尤其是对旅游企业的发展战略、企业的市场竞争力、企业的组织结构、企业的人力资源战略以及企业的创新能力产生积极的影响。本章围绕信息技术应用、信息通信技术发展、旅游业信息通信方式等进行了详细叙述。

　　本章还对旅游信息化管理的发展及现状进行了详细介绍,介绍了旅游信息化涉及的相关组织、相关企业,对旅游信息化发展的趋势进行了简单分析,指出基于移动互联网应用的移动服务将是今后旅游信息化中的主要内容。

## 【关键概念】

| | | | |
|---|---|---|---|
| 信息化 | 旅游信息化 | 信息化管理 | 企业战略 |
| 信息技术战略 | 信息资源战略 | 经营模式 | 商务模型 |
| 信息通信技术 | 移动服务 | 电子导游 | 电子商务 |

## 【复习与思考题】

　　1.试结合当前旅游业的发展情况,叙述信息化管理的重要意义体现在哪里?

　　2.什么是信息化? 你如何理解信息化的概念?

　　3.什么是旅游信息化? 什么是旅游信息化管理? 旅游信息化管理的主要作用又是什么?

　　4.试叙述旅游信息化管理的客观性和必然性?

　　5.旅游信息化管理对企业的战略意义体现在哪里? 对旅游业发展的战略意义又体现在哪里?

　　6.试比较旅游管理信息系统、旅游信息化管理、旅游电子商务系统的课程区别在哪里? 他们各自的课程特点是什么? 学习这些课程对旅游就业的指导意义又是什么?

　　7.旅游信息化管理涉及哪些范围? 有哪些内容?

　　8.旅游信息化管理与旅游信息化服务的含义是什么? 区别在哪里?

　　9.试分析旅游信息化管理的应用价值? 其知识重点是什么?

　　10.试叙述旅游的经营模式与商务模型概念,它们之间存在怎样一种关系?

　　11.信息技术战略的内涵是什么? 它是如何支持企业扩展战略的?

　　12.试叙述旅游信息化的发展趋势? 除了课本中介绍的以外,还有哪些发展趋势?

13.什么是信息通信技术?它在旅游业中有哪些应用?

14.如何利用信息通信技术提升服务质量?请用你身边发生的事举例说明。

15.旅游业与信息技术存在怎样的关系?为什么说他们的融合相互促进了发展?举例说明。

16.信息通信技术在旅游业的应用,是如何实现旅游产业的转型升级?

## 【课后案例】
## 锦江国际集团大力发展电子商务经济

### (一)基本情况

上海锦江国际锦江国际集团是中国规模最大的综合性旅游企业集团之一。集团注册资本20亿元,目前有员工5万余名,品牌价值172亿元。

上海锦江国际集团以酒店管理与投资、旅行服务及相关运输服务为主营业务,控股(或间接控股)"锦江酒店"(2006HK)、"锦江股份"(600754,900934)、"锦江投资"(600650,900914)、"锦江旅游"(900929)4家上市公司。

近年来,上海锦江国际集团与美国万豪、希尔顿、洲际,加拿大费尔蒙特,法国索菲特等世界著名酒店集团以及日本三井,JTB,美国 YELLOW ROADWAY,英国 HRG,瑞士理诺士等20多家全球知名企业集团建立了广泛的合资合作关系,合资组建了锦江德尔互动有限公司、州际(中国)有限公司、锦江费尔蒙特酒店管理公司和锦江国际理诺士酒店管理学院等。2010年,集团为了大力发展电子商务经济,成立了锦江国际电子商务有限公司,专门重视旅游电子商务业务开发。

### (二)基本业务

上海锦江国际集团的核心基本业务有三大块:锦江酒店、客运物流和锦江旅游,所有业务都是围绕旅游展开。

#### 1.锦江酒店

以"锦江酒店"和"锦江股份"为主体,拥有锦江国际酒店管理公司及其华东、北方、华中、南方、西北、西南六大区域性公司;专业从事星级酒店和"锦江之星"连锁经济型旅馆以及餐饮业的投资与经营管理。2009年,"锦江酒店"与美国德尔集团联手,成功收购美国州际酒店与度假村集团。截至2011年12月,"锦江酒店"拥有酒店861家,客房总数达12.5万余间/套,覆盖全国31个省(市、自治区)、近150个城市(其中,"锦江之星"经济型连锁酒店750家,客房总数9万间/套),名列全球酒店集团300强第12位;合资经营"肯德基"、"吉野家"等著名餐饮品牌,中、西快餐列上海第一;拥有中瑞合作锦江国际理诺士酒店管理学院及上海锦江国际旅游管理学院,从事中、高级酒店管理专业人才培训。

**2.锦江客运物流**

以"锦江投资"为主体,从事客运、物流产业。所属锦江汽车服务公司拥有 10,000 辆中、高档客车,列上海同业中综合接待能力第一;与美国 YELLOW ROADWAY 公司合资经营锦海捷亚国际货运公司,国内、外网点近百家,其无船承运业务位于全国第一;与日本三井集团合资经营锦江国际低温物流有限公司,打造超低温仓储物流冷链。"锦江投资"列入中国上市公司成长性百强企业。

**3.锦江旅游**

以"锦江旅游"为主体,拥有上海国旅、上海锦旅、上海旅行社等多家国际、国内旅行社。业务涵盖出境旅游、入境旅游、国内旅游、会务奖励旅游各个方面;设有网点分公司、会务旅游分公司、票务中心等,营业网点 67 家;合资经营"上海锦江国际 HRG 商务旅行有限公司"和"上海锦江国际 JTB 会展有限公司"。"锦江旅游"作为中国旅行社行业的龙头企业之一,列全国百强旅行社第 3 位和上海地区首位。

**(三)基本思路**

旅游电子商务已成为旅游业发展中的必然趋势,我国旅游电子分销商如携程、艺龙等电子商务的快速发展给传统旅游企业带来了巨大挑战,如果传统企业自身不努力发展电子商务,就会失去旅游市场的控制权。上海锦江国际就是在这样的形势下成立了电子商务公司,立足自身的业务优势大力发展电子商务经济。

成立后的锦江国际电子商务公司首先开展规划,通过电子商务整合集团所有的主业务,图 1-1 是锦江国际旅游电子商务业务整合的基本框架。

在业务整合框架的基础上,公司对电子商务系统的功能需求进行了具体规划,这些功能需求主要围绕锦江酒店、锦江客运、锦江旅游以及餐饮等业务展开,结合目前锦江现有的管理信息系统、信息网站以及管理体系,同时,根据电子商务开展的技术要求和安全体系要求,形成了如图 1-2 所示的锦江国际电子商务平台的技术框架结构,在此基础上再进一步开展数据架构,形成锦江国际电子商务的中央数据库。

在图 1-2 的技术框架中,系统共划分成 5 个层面。界面技术层,主要是应用操作层面,主要应用了呼叫中心技术、移动服务技术、网站技术、分销管理技术等;应用服务层主要是各种信息技术系统,主要包括客户关系管理系

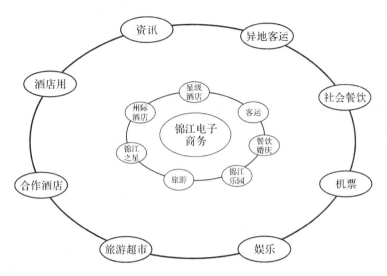

图 1-1　锦江国际集团电子商务业务整合框架

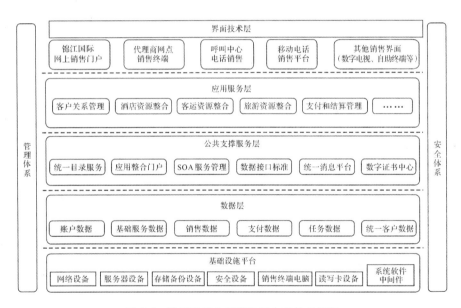

图 1-2　锦江国际电子商务平台的技术框架

统、酒店资源管理系统、客运资源管理系统、旅游资源管理系统、支付结算管理系统以及所有的前台运行管理系统等;公共支撑服务层主要是电子商务的公共服务管理,包括统一目录服务、门户网站整合服务、SOA服务、数据统一接口、统一消息平台服务以及数字证书服务等;数据层主要是电子商务的资源和业务数据仓库,包括统一客户数据、账户数据、基础服务数据、销售数据、支付数据等数据库;基础设施层主要是网络及计算机设备等,包括网络设备、服务器设备、存储和备份设备、销售终端电脑、读写卡设备以及软件中间件等。

### (四)商务运作

锦江国际电子商务的规划设计,是锦江国际集团内部资源的一次集约化整合,是大力发展电子商务经济的重大举措,它有助于形成集团资源整合的协同效应,也传递出锦江国际集团打造旅游电子商务新平台的战略意图,即借助该平台整合其线上和线下资源,并进一步推动整体业务信息化水平的升级和旅游业务的网络渠道扩张,从而实现真正的旅游一站式服务。

经过近2年的系统开发设计,2012年4月24日,锦江国际集团的电子商务平台正式上线,即旗下的电商平台所属"锦江旅行十"(www.jinjiang.com)、"锦江礼享十"、"锦江e卡通"正式全面运行。锦江国际电商平台将成为锦江国际集团酒店、旅游、客运、餐饮等业务在线营销渠道与业务运营平台。锦江集团旗下的多家星级饭店、锦江之星、百时快捷、金广快捷等酒店以及上海国旅、锦旅、上海旅行社的所有旅游线路,均可通过这一平台预订。同时,锦江集团下属的客运、租车业务也将全部纳入其中。锦江国际集团将借助该平台,整合线上和线下的所有资源,进一步推动整体业务信息化水平的升级和旅游业务的网络渠道扩张,实现真正的旅游一站式服务。

锦江国际电商平台的上线,给旅游业、在线旅游市场产生怎样的影响?

"作.为一家大型旅游集团和上海的老牌国企,锦江国际集团线下的运作始终受人力成本、推广成本、营业场所成本等方面的制约,不但会增加成本控制的风险,而且会导致业务流量上升缓慢。而OTA电子商务平台的启动将能大大缓解以上两个问题。"KTBS资深旅游策划张若煜对记者表示,"锦江国际进入电商领域,可能掀起当下旅游OTA领域的一股巨浪狂潮,也将成为其他旅游OTA企业的战略主防对象。"

许多业界人士认为,锦江国际电商平台的上线,意味着传统企业自身电子商务跨入新的发展时期。也有不少分析师对锦江电商是不是真的对OTA构成威胁持不同意见。中国旅游研究院产业所杨彦锋博士就认为,"锦江国际的一站式服务和OTA的一站式服务非常不同。一个是OTA代理平台,一个是自身的产业整合,是品牌商,但品牌商总是难以替代平台商的,平台始终是属于自己的,OTA的对象更广。"但两者的发展可以为在线旅游市场找到新的平衡点。

艾瑞咨询旅游行业分析师王亭亭分析认为,"目前中国的酒店业,资源很分散,锦江电商这次整合自己旗下大量的酒店,包括星级的和经济型的酒店,让自己酒店的管理水平上升,这对提升自己和其他OTA、分销商的对接能力,更好的分销自己的产品的作用是不言而喻的,对整体酒店行业也是一个利好的消息。"但与此同时,王亭亭也坦言,该平台上线对全行业的带动作用是有限的,因为中国的酒店太多,太分散,不可能都像锦江国际集团这样大举推动电商化。

更多的业内人士认为锦江的这个整合,仅仅是一个启动,后续要做的东西还有很多,他们更关注后续锦江电商的具体动作。

"锦江转型规划后的行动更重要。在产品线上需要做到有所取舍,围绕核心用户的核心需求展开。外延服务交给专业合作伙伴也是一种方式。大而全的模式不一定会成功。"资深旅游业内人士侯涛分析指出。

**(五)电商价值**

锦江国际电商的价值在于利用内部机会,应对外部挑战,支撑集团和各事业部战略的实现。电子商务平台通过统一、实时和集中的信息,可帮助锦江国际集团和各事业部及时了解客户、营销、产品、IT及业务运营的实际状况,根据内外部的变化,制定及时、有效的应对措施,提升整体管理水平。

电子商务可利用现代技术手段和现代管理理念,帮助集团向现代服务业转型,通过提升产品/服务品质、品牌形象和价值来增强集团的竞争优势,通过获得对各类资源的可见性更好地帮助实现集团管控效率和管理水平的提升,通过协助更好地利用各类资源、最大化各类资源的利用率协助集团实现资源的集成联动、发挥协同优势,通过支持轻资产策略(管理输出、社会资源整合等方式)的实现来提高集团的资产回报率,通过开拓直销渠道加强集团在旅游产业价值链中的影响力与话语权。

从中远期看,电子商务平台可整合更多的外部资源,承担旅游业发展的社会责任,为利益相关方带来更多价值。

1.对消费者:为消费者提供高品质的旅游平台

● 通过品质保证,吸引全社会追求品质的客户;

● 创造良好的客户体验,树立消费者首选的品质旅游平台形象,打造国外消费者心目中中国旅游代表企业的品牌形象。

2.对集团:帮助集团成为行业引领者

通过建立直销模式、大力发展会员、整合营销等手段,建立集团的核心竞争力,在旅游行业中扩大领先优势,引领旅游行业的发展,成为"行业引领者"。

3.对行业:成为旅游行业的标准制定者和产业整合者

● 依靠电商平台的吸引力,制定相应的运营和管理标准,要求进入电商平台的企业遵循,对提供相当品质的产品供应商实行平台认证准入,成为"标准制定者";

● 依靠自身的行业引领地位和电商平台的吸引力,通过加盟合作、兼并收购、管理输出等方式,整合社会各类旅游资源和企业,成为"产业整合者"。

4. 对政府和行业主管部门:成为政府和行业主管部门的行业信息风向标和技术创新中心

● 基于电商平台的海量信息,为政府和行业主管部门提供增值服务,成为政府/行业主管部门的行业信息风向标,帮助提升行业管理水平,引导行业转型与发展;

● 紧跟政府鼓励的发展方向和激励政策,将领先技术率先应用于旅游业,打造技术创新中心,如云计算等。

从行业角度来看,此次推出的锦江国际电商平台将不再仅仅是旅游酒店以及简单的"机票+酒店"度假产品的展示和预订平台,更是与锦江国际集团各项线下旅游业务的网络接口,包括国内、出境、入境等旅游服务业都可以利用此网络平台分步骤、有计划地实现实时在线的产品发布与预订、客户服务与信息交互。锦江国际集团将通过该平台在综合性旅游业务上多年积累的雄厚实力,辅以锦江国际电商平台领先的网络技术能力,推出各阶层消费者所喜闻乐见的在线产品与服务。同时,锦江国际电商平台亦将有效地推动锦江国际集团整体品牌形象的提升,并能为集团旗下各实体产业的经营提供有力的支持。可以预想,未来锦江国际电商平台将成为锦江国际集团各项旅游业务不可或缺的在线营销渠道与业务运营平台。

(资料来源:作者根据锦江国际电子商务公司提供的材料和网络新闻整理。)

## 案例分析与思考

1. 上海锦江国际集团大力发展电子商务战略说明了什么?

2. 锦江国际的电子商务业务框架整合了哪些内容?可产生怎样的竞争优势?

3. 锦江国际电子商务的技术框架有哪些技术特点?采用了哪些新技术?

4. 请查看锦江集团的所有网站,结合本案例内容,叙述每个网站的商务特色。

5. 锦江国际集团的电子商务平台上线给我国旅游业发展以及我国在线旅游市场产生怎样的影响?它折射出我国旅游电子商务发展怎样的理念?

# 2 旅游信息化基础知识

【本章要点】

- 信息与信息管理
- 旅游信息与旅游信息系统
- 信息管理及其相关技术
- 信息技术与网络应用及概念
- 通信技术应用及概念

【课前案例】

## 乐游游电子导游中的智慧服务

乐游游手机导游软件是一款便捷实用的手机导游软件,基于互联网和云计算技术开发,为游客提供大规模的语音导游数据下载、旅游电子商务和分布式在线咨询、旅游交友等服务。主导产品手机导游包括真人超长语音,精确到景点内部的讲解点,讲解点由经纬度实地勘测后确定。系统完全实现了移步换景、人到声起的智慧服务,让游客一边欣赏旅途风光,一边了解景点的人文历史、传说故事,提高了旅游质量和体验效率。软件借助 3G 智能手机的 GPS、图像识别功能,实现自助导游的新旅游模式,使游客获得全新的深入体验。全面满足游客的随性游玩的各种需求,其中还包括购买景点门票,预订住宿,查看餐饮,娱乐推荐,结交同游者、微博咨询、投诉、即时分享等个性化功能。

小张是自由行的爱好者,她利用假期从深圳来到了杭州灵隐寺旅游,刚到灵隐寺景区大门口,小张的智能手机就收到一条短信。小张打开一看,短信提醒她可以下载一个免费的手机导游"乐游游"。

她点击短信里面的链接下载了该软件,然后循着软件里的行程地图很快找到杭州的灵隐寺景区。下载好景区语音包后,软件就能基于她的位置信息,和真人导游一样跟随她一路给她讲解景点,让她深入了解灵隐寺景点的历史、佛教和人文知识。一路上,小张在飞来峰的大肚弥勒像前了解了大肚弥勒佛的由来,在大雄宝殿外听到了对大雄宝殿外观、内部结构等的详实介绍,在药师殿内仔细地端详了东方琉璃世界的药师佛……这一路的游览都让小张深深感受到如同带了一位免费的导游。尤其是对于乐游游手机导游软件的语音讲解功能使用真人超长语音、自动 GPS 感应语音讲解,无需手动触发,自动完成景区内大小景区的详细讲解,让她在感叹杭州美景的同时,更加体验到了杭州"文明城市"的便捷服务、高科技智慧、友善和谐的人文环境。

小张带着"乐游游",除了免费导游外,还可以通过这个软件扫描某尊雕塑、某个景物标示牌上的二维码,获得多媒体展示,形象生动地了解具体景物。从视觉、听觉各方面了解完景区景物后,这些多媒体展示会保存到她的游览历史中,供她游玩之后细细回味,并且能够将杭州的美景放入她的手机里带回家中与朋友分享。

一路上,小张的眼睛看景点风景,耳朵听语音讲解,拍二维码看视频介绍,拍照发微博,玩得不亦乐乎,对景点也了解得比预想的多很多,获取了丰富的旅游知识。有了乐游游,不只是简单的走马观花,而是深入了解了景区的历史文化和人文精神,让小张一个景点不落的游览完景区。

游览完景区后,小张继续使用乐游游手机导游软件,在周边模块里,小张发现"乐游游"对杭州的景点、餐饮、购物、娱乐等做了全方位 360 度的介绍,为游客全面地做了一份现成的目的地的旅游攻略。小张在餐饮栏的介绍里找到了杭州最具代表性的杭州餐馆,其中有杭帮菜代表性餐馆"楼外楼",也有杭州人最爱去的平价餐厅"外婆家",也有不少平易近人的杭州小吃介绍……小张从中找了一家餐厅,吃到了很多杭州代表性美食。吃完饭后小张打算找家咖啡厅见见多年未见的老朋友,但是初到杭州的她对周围的一切并不熟悉,这时她又想到了"乐游游"。打开乐游游手机导游软件,进入娱乐栏,小张找到了一家地理位置优越、价格公道的咖啡厅,在这里小张和朋友叙旧谈天,聊得非常愉快。

在接下去的几天里,小张使用乐游游手机导游软件,又去参观游览了杭州雷峰塔、新湖滨、断桥等代表性景点,也品尝到了杭州最具代表性的餐饮美食。"乐游游"还带小张去了杭州的购物场所,买到了价格公道、品质上乘的杭州特产。

结束杭州旅程回到温暖的家之后,小张坐到电脑前登陆乐游游网站,根据她在行程中发的微博时间、地点对她的游玩过程可以做自动的整理,也可以在那里发表自己的旅游感想。

乐游游手机导游软件不仅适合于自助游游客,同样也能够适用于团队游游客。旅行团使用该软件,能够减轻导游的工作量,做到与真人导游一样的景点详细讲解,同时还能提升旅行团的服务品质。"乐游游"的自动语音讲解功能,有效地避免了导游在景区内使用扩音喇叭的繁杂,提高了景区内环境和游客听讲解的质量,提升了旅游行业的品质和文明。

乐游游手机导游软件具有五大功能:第一,语音讲解,根据游客精确位置自动播放语音讲解;第二,多媒体介绍,可利用软件扫描二维码观看具体多媒体介绍;第三,旅游微博,边玩边拍照边发微博,看看谁也喜欢这里,谁在找游伴;第四,攻略介绍,查看目的地最地道美食、最实惠购物点、最休闲场所;第五,优惠预定,提供景点门票、酒店的优惠预定。

市面上同类导游产品也很多,乐游游之所以能够从中脱颖而出吸引游客、旅行社的眼球离不开它独特的优势。首先,乐游游的景区语音包可以事先使用 wifi 下载在手机中,当游客到达景点后无需使用手机下载数据,耗费游客手机流量,避免产生巨大的手机话费。想去哪个景点就下载哪个景点,游览完景点可以把语音包从手机内删除,不占手机空间。其次,乐游游的语音讲解使用真人超长语音,贴近游客生活。在景区内能够做到自动语音播报,无需手动操作,做到移步换景、人到声起、人走声落,讲解点十分详实,每个景区基本做到8—9个讲解点以上的详细讲解。再次,乐游游的地图为离线地图,随着您的语音包一同下载,在景区内查看地图无需耗费游客的流量费,也不会产生上网慢、地图无法加载的问题。并且游览景点在地图上表示明确,只要跟着地图走,游客一定不会在陌生的景区内走丢。再次,乐游游手机导游软件集合了目的地攻略、旅游微博、二维码扫描等功能,一个手机导游软件能够有多种功能,便于游客使用,也增加了游客对软件的喜爱度。

乐游游手机导游软件涵盖功能强大,帮助游客解决旅途中的各种烦恼。带上"乐游游",获取智慧服务,体验新一代信息技术带给我们的快乐!

随着互联网和电子商务的应用,人们利用手机或坐在电脑前,只需要手指一点就能实现各种旅游服务的搜索和预订。旅游中的"食、住、行、游、购、娱"等环节都离不开信息,无论从旅游者角度,还是旅游供应商角度,信息是整个旅游活动和旅游过程的核心,如何通过信息化手段让旅游者更加方便、快捷和低成本地获取信息或实现信息互动显得非常重要。

## 2.1　信息与旅游信息

随着旅游者需求的多样化,"走街串巷"不仅仅局限于某个国家或某个地区,通过信息的发布和互换旅游者可以轻松实现跨区域旅行。据中投顾问发布的《2012—2016 年中国旅游业市场投资分析及前景预测报告》,2011年,国内出游人数达 26.4 亿人次,国内旅游收入 19306 亿元,入境旅游人数13542 万人次,国际旅游外汇收入 485 亿美元。未来 10 年间,中国旅游业可保持年均约 10.4% 的增长速度,到 2020 年,中国将成为世界第一大旅游目的地国和第四大客源输出国[①]。这些旅游数据充分说明我国旅游发展的良好势头。

### 2.1.1　信息概述

信息(Information)是用文字、数字、符号、语言、图像等介质来表示事件、事物、现象等的内容、数量或特征,从而向人们(或系统)提供关于现实世界新的事实和知识,作为生产、建设、经营、管理、分析和决策的依据。

(一)信息的构成要素

一般来说,信息需要有以下六个方面的要素构成,包括信源、语言符号、载体、信道、信宿和媒介。第一,信源是指信息的主体,可以是各种客观存在,信息总是一定主体的信息,总要反映一定的客观存在,没有信源或者说无主体的信息是不存在的,掌握信息首先要了解信源,不了解信源就不可能掌握信息的内涵。第二,任何信息都是通过一定的语言符号来表达的,语言符号可分为自然语言和人工语言。自然语言是在客观事物之间长期交流和发展中形成的,以不同的形式和符号,按照某种客观存在的规则而构成的,包括人类的语言、表情、动植物和其他客观事物之间交流信息的形式等。人工语言是人类为了表达、交流、传递和理解信息的需要而创造出来的一些符号,如文字、各种符号、编码等。第三,信息必须附着在一定的物质之上,通过这个物质载体进行储存、加工、传递和反馈。第四,信道指信息在收发双方之间传递的通道。第五,信宿是信息的归宿,指信息的接收者。第六,任何信息都离不开传递,不能传递就不能称之为信息,信息传递要通过一定的媒介,语言、载体、信道都属于信息传递的媒介形式。

---

① 中国投资咨询网,http://www.ocn.com.cn/reports/2006116lvyouye.htm.

（二）信息的特点

1.信息与载体的不可分性

信息不是物质运动本身,而是物质的运动变化及相互作用、相互联系的一种特定表现形式,是以物质载体为媒介的物质运动状态的再现。世界上没有游离于物质载体之外的信息,而载体也不能决定和影响信息所要表达的内容。如邮寄一封信,信息是人的思维通过文字这种载体表达出来,再通过信封、邮票、运输工具等传递,达到将思维传递给对方的目的的信的内容。可见,信息离开物质载体就无法传递,而信息的内容又与物质载体无关。

2.信息的客观性与价值性

信息不是物质,只是物质的产物,即先有信息反映的对象,然后才有信息。无论借助于何种载体,信息都不会改变其所反映对象的属性,因此,信息具有客观性。如气象预报无论是通过广播、电视、报纸,还是通过其他别的载体,反映的都是自然世界的客观变化。信息是一种特殊资源,具有使用价值。收集、加工、传递信息的目的在于提高活动效益。信息的价值性有赖于对信息进行正确的选择、理解和使用,只有在与某种有目的的活动相联系时,其价值才能体现出来。

3.信息的时效性

信息的时效性是信息的重要特征,是指信息从发出、接收到进入利用的时间间隔及其效率,信息的时效性与信息的价值性密不可分。任何有价值的信息,都是在一定的条件下起作用的,如时间、地点、事件等,离开一定的条件,信息将会失去应有的价值。从某种意义上讲,信息的价值取决于信息的时效性,特别是反映客观事物某种发展趋势、动向的信息,时效性越强,信息的价值越大,反之,信息就会失去作用。因此,信息价值的大小取决于信息的时效性。

4.信息的可开发性与共享性

虽然信息是一种客观存在,但它的质量高低、适用程度和效用大小则取决于信息资源的利用度,取决于对无效信息的过滤、有效信息的获取以及提炼信息的水平等。经过筛选、整理、概括、归纳、扩充,可以使信息更精练,含量更丰富,价值更高。信息能够同时为多个使用者所利用,信息扩散后,信息载体本身所含的信息量并没有减少。通过传递,信息迅速为大多数人接收、掌握和利用,并会产生出巨大的社会效应。正因为信息的这一特性,社会才为保护信息开发者的合法权益,补偿其在开发整理某些信息过程中付出的代价,制定了专利制度和知识产权制度。

## 2.1.2 旅游信息概述

关于旅游信息的定义,国内学者还没有一个具体的界定,在百度等相关搜索工具中也难以查询到相关的信息。但可以肯定的是,旅游信息是对所有旅游活动、旅游资源、旅游行为、旅游经济现象等客观事物的反映,是旅游企业在日常经营管理、旅游行政部门在日常行政管理、旅游者在旅游前、旅游中和旅游后收集、分析处理之后,对最终的旅游相关决策产生影响的所有信息的综合。

(一)旅游信息的特点

1.交叉综合性

旅游活动本身就涉及吃、住、行、游、购、娱等方方面面,涉及多个行业,而且需要多个环节的综合才能实现一次完美的旅游。因而,旅游信息的涉及面也很广泛,呈现综合性和交叉性的特点,包括旅游者、旅游目的地、旅游酒店、旅行社、交通、景区景点等信息。具体来说,旅游者信息包括旅游者的年龄、性别、职业、收入等;旅游资源信息包括自然旅游资源信息和人文旅游资源信息。

2.动态性

旅游信息会随着旅游活动的变化而变化,由于旅游活动中的吃、住、行、游、购、娱六要素会随着时间、地点等不同而不同,导致与六要素相关的旅游信息也处在不断变化之中。此外,旅游者需求会随着时代的不同而不同,现在旅游者越来越注重个性化和特色化,导致很多旅游活动必须根据消费需求的变化而进行动态的调整,从而满足现有消费者的需求。最后,旅游行业内部的企业也在不停地变化,比如:某个城市前几年高星级酒店的数量不多,而消费需求却比较大,但随着更多高星级酒店的建成,必然让现有的市场供求出现变化,导致企业的经营和营销策略被迫进行转变,而相应的旅游信息也会改变。

3.规律性

虽然旅游信息具有综合交叉和动态性,但在某些方面还是具有一定的规律性,比如:旅游旺季的时候,旅游信息量会比较大,旅游者对旅游信息的需求量也较大,反之,旅游淡季时,旅游者对旅游信息的需求量比较小。此外,旅游者对旅游信息的要求也是具有一定的规律性,在出游前,旅游者都会先到旅行社或网站搜索旅游目的地相关的信息(小吃、特色商品、住宿、景点等),对搜索的信息进行分析评价,以决定去哪些景点、住哪儿、买哪些东西等。

4.使用性和及时性

旅游信息是旅游相关部门经过分析整理,将有用的信息通过不同载体进行传播,以实现自己的经营目的或经济效益,因而,旅游信息必须以使用性为前提。旅游信息产生之后,可以通过不同的载体,提供给需要信息的消费者,让他们从旅游信息中得到好处。旅游信息过时了就是无效的,比如:国庆节出游路线和价格,国庆节过后这些信息就过时而且毫无价值,所以,旅游相关企业和旅游相关政府部门都会每天或每隔一段时间更新旅游信息,以便旅游者能够查询到有价值的信息,为旅游决策提供帮助。

(二)旅游信息的类型

旅游信息按照使用主体可以分为旅游政府部门信息、旅游企业信息、旅游者信息、旅游目的地信息;按照加工的程度来分,有一次旅游信息、二次旅游信息与三次旅游信息;按照旅游过程中的构成要素,旅游信息可以分为吃的信息、住的信息、行的信息、游的信息、购的信息、娱的信息等;按照旅游信息的载体,旅游信息包括文字型旅游信息、图片型旅游信息、视频型旅游信息、语音型旅游信息;按照旅游信息的时效性,可以分为常规性旅游信息和及时性旅游信息。

(三)旅游信息的作用

一般来说,旅游信息对于旅游者出游、旅游政府部门管理、旅游企业经营都有极大的作用,尤其是旅游企业,因为旅游是一个信息依赖非常强的行业。具体信息作用主要有以下几点:第一,激发旅游者动机且有助于旅游决策,对于旅游决策来说,离开旅游信息就无法进行,只有在准确、及时的旅游信息基础上,人们才有可能做出让自己满意的旅游决策;第二,有利于捕捉消费者的旅游需求,为产品的开发提供科学依据;第三,便于旅游企业进行科学的管理决策,旅游企业高层管理者根据报表分析,能够迅速找出经营的问题,给出解决方案;第四,旅游政府部门,可以根据市场信息对旅游市场的现状进行分析,便于采取相应的宏观调控策略;第五,旅游景区景点可以根据环境信息,采取有效的措施保护景区生态环境,确保景区的生态效率处于一定的期望水平,如:控制景区人数等。

## 2.2 信息管理

信息管理是人类为了有效地开发和利用信息资源,以现代信息技术为手段,对信息资源进行计划、组织、使用和控制的管理活动,简单地说,信息管理就是人对信息资源和信息活动的管理。信息管理是指在整个管理过程中,人们收集、加工和输入、输出的信息的总称。信息管理的过程包括信息收集、信息传输、信息加工、信息储存和信息使用。

## 2.2.1 信息管理的内涵

信息管理的目标是实现信息资源的合理开发与有效利用[1]。它既包括微观上对信息内容的管理(信息的组织、检索、加工服务等),又包括宏观上对信息机构和信息系统的管理。通过制定完善的信息管理制度,采用现代化的信息技术,保证信息系统有效运转的工作过程。因此信息管理既有静态管理,又有动态管理,但更重要的是动态管理。它不仅仅要保证信息资料的完整状态,而且还要保证信息系统在"信息输入—信息输出"的循环中正常运行,保证信息的合用状态。

信息管理的内涵主要有以下几个关键点:第一,信息管理涉及信息活动相关的各种要素;第二,对信息的管理是保证信息的资源化,使信息为组织需要所用;最后,信息管理的最终目标是实现信息、物质、能源三大资源的统一利用。

## 2.2.2 信息管理的对象

信息管理的对象包括信息资源和信息活动两大类,具体概念如下。

1. 信息资源

它是信息生产者、信息、信息技术的有机体。信息管理的根本目的是控制信息流向,实现信息的效用与价值。但是,信息并不都是资源,要使其成为资源并实现其效用和价值,就必须借助"人"的智力和信息技术等手段。因此,"人"是控制信息资源、协调信息活动的主体,是主体要素,而信息的收集、存储、传递、处理和利用等信息活动过程都离不开信息技术的支持。没有信息技术的强有力作用,要实现有效的信息管理是不可能的。由于信息活动本质上是为了生产、传递和利用信息资源,信息资源是信息活动的对象与结果之一。信息生产者、信息、信息技术三个要素形成一个有机整体——信息资源,是构成任何一个信息系统的基本要素,是信息管理研究的重要对象之一。

2. 信息活动

它是指人类社会围绕信息资源的形成、传递和利用而开展的管理活动

---

[1] 互动百科,http://www.hudong.com/wiki/%E4%BF%A1%E6%81%AF%E7%AE%A1%E7%90%86.

与服务活动。信息资源的形成阶段以信息的产生、记录、收集、传递、存储、处理等活动为特征,目的是形成可以利用的信息资源。信息资源的开发利用阶段以信息资源的传递、检索、分析、选择、吸收、评价、利用等活动为特征,目的是实现信息资源的价值,达到信息管理的目的。单纯地对信息资源进行管理而忽略与信息资源紧密联系的信息活动,信息管理的研究对象是不全面的。

### 2.2.3 信息管理的基本要求及制度要求

管理活动的基本职能"计划、组织、领导、控制"仍然是信息管理活动的基本职能,只不过信息管理的基本职能更有针对性。

(一)信息管理的基本要求

1. 及时

所谓及时,就是信息管理系统要灵敏、迅速地发现和提供管理活动所需要的信息。这里包括两个方面:一方面,要及时地发现和收集信息。现代社会的信息纷繁复杂、瞬息万变,有些信息稍纵即逝,无法追忆。因此信息的管理必须最迅速、最敏捷地反映出工作的进程和动态,并适时地记录下已发生的情况和问题。另一方面要及时传递信息。信息只有传输到需要者手中才能发挥作用,并且具有强烈的时效性。因此,要以最迅速、最有效的手段将有用信息提供给有关部门和人员,使其成为决策、指挥和控制的依据。

2. 准确

信息不仅要求及时,而且必须准确。只有准确的信息,才能使决策者做出正确的判断。失真以至错误的信息,不但不能对管理工作起到指导作用,相反还会导致管理工作的失误。

为保证信息准确,首先要求原始信息可靠。只有可靠的原始信息才能加工出准确的信息。信息工作者在收集和整理原始材料的时候,必须坚持实事求是的态度,克服主观随意性,对原始材料认真加以核实,使其能够准确反映实际情况。其次是保持信息的统一性和唯一性。一个管理系统的各个环节,既相互联系又相互制约,反映这些环节活动的信息有着严密的相关性。所以,系统中许多信息能够在不同的管理活动中共同享用,这就要求系统内的信息应具有统一性和唯一性。因此,在加工整理信息时,要注意信息的统一,也要做到计量单位相同,以免在信息使用时造成混乱现象。

(二)信息管理的制度要求

没有完善的信息管理制度,任何先进的方法和手段都不能充分发挥作用。为了保障信息管理系统的有效运转,我们必须建立一整套信息管理制度,作为信息工作的章程和准则,使信息管理规范化。建立完善的信息管理制度主要包括以下几个方面。

**1. 建立原始信息收集制度**

一切与组织活动有关的信息,都应准确毫无遗漏地收集。为此,要建立相应的制度,安排专人或设立专门的机构从事原始信息收集的工作。在组织信息管理中,要对工作成绩突出的单位和个人给予必要的奖励,对那些因不负责任造成信息延误和失真,或者出于某种目的胡编乱造、提供假数据的人,要给予必要的处罚。

**2. 规定信息渠道**

在信息管理中,要明确规定上下级之间纵向的信息通道,同时也要明确规定同级之间横向的信息通道。建立必要的制度,明确各单位、各部门在对外提供信息方面的职责和义务,在组织内部进行合理的分工,避免重复采集和收集信息。

**3. 提高信息的利用率**

信息的利用率,一般指有效的信息占全部原始信息的百分率。这个百分率越高,说明信息工作的成效越大。反之,不仅在人力、物力上造成浪费,还使有用的信息得不到正常的流通。因此,必须加强信息处理机构和提高信息工作人员的业务水平,健全信息管理体系,通过专门的训练,使信息工作人员具有识别信息的能力。同时,必须重视用科学的定量分析法,从大量数据中找出规律,提高科学管理水平,使信息充分发挥作用。

**4. 建立灵敏的信息反馈系统**

信息反馈是指及时发现计划和决策执行中的偏差,并且对组织进行有效的控制和调节,如果对执行中出现的偏差反应迟钝,在造成较大失误之后才发现,这样就会给工作带来损失。因此,组织必须把管理中的追踪检查、监督和反馈摆在重要地位,严格规定监督反馈制度,定期对各种数据、信息作深入地分析,通过多种渠道,建立快速而灵敏的信息反馈系统。

## 2.2.4 信息管理的模式

根据对众多公司的信息应用和开发历史的研究,会发现主要存在四种典型的信息管理模式:信息独裁,只有极少数人有权获得信息;信息无政府状态,人人都可以构建自己的信息系统,处于混乱状态;信息民主,信息流可以自由流动,但处于可控状态;信息大使,超出了单个机构的范围;信息更加民主化,在企业边界建立了信息"大使馆"。

1. 信息独裁

信息独裁是指信息特权集中在少数人手里,尽管少数高级经理人能够得到一些有用的信息,但常常需要通过昂贵的信息系统——经理信息系统(EIS)才能获取。这种 EIS 系统非常复杂,难以程序化,而且使用不方便,严重和深层的问题还在于:由于所有决策是由少数人做出,诸多员工的智慧未被利用。此外,还有一种比较微妙的信息独裁模式,即企业管理人员和其他业务经理们并没有什么 EIS 系统,但企业培养和训练了一批高手,在他们的电脑里安装了专门的报告、分析和统计软件。这种被称为"信息中心"的概念把信息的利用扩大到更多的业务人员,但是,不知不觉中,这些技术精英们变成了另一种形式的信息独裁者。

在这两种信息独裁模式中,中下层员工都被剥夺了信息享有权,这样就产生了两种人:信息特权阶层和信息隔离阶层。信息隔离阶层可能被施加更多的压力,要求做出更好的工作业绩,但是在不赋予他们信息知情权的情况下难度很大。于是他们可能会发动信息叛乱,要求建立自己的数据管理系统。这就是造成数据过载的基础。

2. 信息无政府状态

信息无政府状态源于个人或部门把所需的信息均纳入自己的掌握之中。其结果是各自为政的数据"领地"或"地下"数据库的迅速产生。由于这些"地下"数据库建立在互不兼容的软硬件平台和应用的基础上,根本无法连通,这种无政府状态下固有的混乱等缺点对内部沟通和企业赢利造成了严重的破坏。与历史上许多短命的无政府状态事件相似,信息无政府状态往往只是一个短暂的狂欢过程。建立自己的地下数据库的部门对解决方案也只能有瞬间的满意,因为一旦高层管理人员收到来自不同部门数据不一致的报告,就会盘问数据的真实性。这样这些来路不明的地下数据库早晚会被统一。

3. 信息民主

许多公司逐渐明白,企业内的所有员工共享信息可以使信息极大增值。他们也明白,为了使企业行为更加敏捷和高效,不能把大多数员工拒于信息之门的外面,而让他们一味盲目工作。咀嚼数字、各自为政、分散的信息分析模式将逐渐让位于信息民主。后者通过向员工提高准确的信息,下放决策权而赋予企业更快更敏捷的行动能力。根据调查显示,民主化和授权的程度越大,信息的价值也就越大。而越倾向于打破机构界限,信息的价值也就越大。这与德鲁克的观点一致,即决策应该在组织的最下层做出,并尽可能接近这一决策的执行人。

### 4. 信息大使

信息民主并不需要局限在企业的防火墙里，通过因特网，信息民主可以通过企业外网延伸到客户、供应商和合作伙伴。含有商务智能的企业外网应该是一个安全的网站，企业外的用户、可以获取和分析信息。由于它们代表公司和外界交流的前沿阵地，所以称之为信息大使。有远见的企业利用电子商务建立信息大使，目的是为企业外部用户提供获取、分析和共享相关信息的手段。利用这种信息大使，客户、供应商和合作伙伴也会使自己的业务更加智能化。企业外网主要在以下三个应用领域形成：供应链型外网、用户关系型外网以及信息中介型外网。

## 2.3 旅游信息系统

旅游信息系统（Tourism Information System，TIS）是为旅游管理部门、旅游公司、旅行社、宾馆饭店等旅游机构提供的计算机管理系统，是一种决策支持系统，它具有信息系统的各种特点。在旅游信息系统中，其存储和处理的信息主要表现为描述旅游资源相关的空间数据与旅游业相关的大量属性数据及多媒体数据。

### 2.3.1 旅游信息系统的定义

旅游信息系统的定义由两方面构成，一方面，旅游信息系统是一门学科，属于管理信息系统一个分支，它引用信息技术学科的概念，面向管理，并利用系统的观点、数学的方法和采用计算机应用的一门新兴的交叉学科，是描述、存储、分析、输出和使用旅游信息的理论和方法的一门新兴交叉学科；另一方面，旅游信息系统是一个社会性系统，它利用计算机硬件、软件、网络通信设备，以旅游数据为基础，采用管理和地理模型结合的分析方法，适时提供多种空间的和动态的旅游信息，为旅游管理部门和企业提供决策和向社会提供旅游服务的人机综合性系统，并可支持高层人员决策、中层控制、基层运作的技术型系统。

目前，旅游信息系统也存在运作型信息系统和管理型信息系统，前者主要是经营运作管理，后者主要是旅游的综合性管理。

### 2.3.2 旅游信息系统的特征及功能

#### 1. 旅游信息系统的特征

旅游信息系统的外观表现为计算机软硬件系统，其内涵却是由计算机程序和旅游数据组织而成的旅游信息模型,其具有以下三个方面的特征:①具有采集、存储、管理、统计分析和输出多种旅游信息的能力,具有空间性和动态性;②由计算机系统支持进行旅游数据管理,并由计算机程序模拟常规的或专门的旅游信息分析方法,作用于旅游数据,产生有用信息,完成人们手工难以完成的任务;③计算机系统的支持是旅游信息系统的重要特征,因而使得旅游信息系统能快速、精确、综合地对复杂的旅游信息进行动态分析。当具有一定旅游知识的用户使用旅游信息系统时,他所面对的数据不再是毫无意义的,而是把客观旅游世界抽象为模型化的旅游信息,用户可以按应用目的观测这个现实世界模型各个方面的内容,取得自然过程的分析和预测的信息,用于管理和决策。

2. 旅游信息系统的功能

一个逻辑缩小的、高度信息化的旅游系统,从视觉、计量和逻辑上对旅游系统在功能方面进行模拟,信息的流动以及信息流的结果完全由计算机程序的运行和数据的变换来模拟。旅游者或旅游管理部门可以在旅游信息系统支持下提取旅游系统各个不同侧面、不同层次的空间和时间特征信息,也可以快速地模拟旅游自然过程的演变或思维过程的结果,进行预测或判断,选择优化方案,用于管理与决策。具体来说,旅游信息系统具有以下五个功能:

(1)数据处理功能,包括对各种形式的原始数据的收集、输入、传输、存储、加工处理和输出,这是旅游管理信息系统的基本功能;

(2)预测功能,即运用数学、统计或模拟等方法,根据过去的历史数据预测未来的趋势情况;

(3)计划功能,即合理安排各职能部门的计划,并按照不同的管理层提供相应的计划报告;

(4)控制功能,根据各职能部门提供的数据,对计划的执行情况进行监控、检查,比较执行与计划的差异,并分析其原因,辅助管理人员及时用各种方法加以控制;

(5)辅助决策功能,即运用数学模型,及时推导出有关问题的最优解,辅助各级管理人员进行管理决策。

## 2.3.3 旅游信息系统的结构

旅游信息系统的结构是指旅游信息系统各个组成部分所构成的框架结构。由于存在对各个组成部分的不同理解,于是就形成了不同的系统结构方式,其中,最主要的有概念结构、层次结构、功能结构和软件结构等。

1.旅游信息系统的概念结构

旅游信息系统从概念上看是由四大部件组成,即信息源、信息处理器、信息用户和信息管理者,它们之间的关系如图 2-1 所示。图 2-1 中,信息源是信息的产生地;信息处理器是进行信息传输、加工、保存等任务的设备;信息用户是信息的使用者,它应用信息进行决策;信息管理者负责信息系统的运行和管理,在运行中负责信息系统运行的管理和协调。

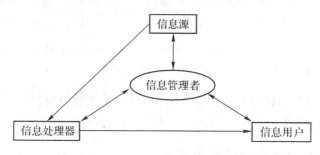

图 2-1　旅游信息系统概念结构

2.旅游信息系统的层次结构

旅游信息系统是为管理决策服务的,管理纵向可以分为基层(作业处理)、中层(管理控制)和高层(战略与决策)三个层次,因此,旅游信息系统也可以纵向分为三个子系统。此外,管理按职能分为人事、财务、市场营销等多个部门,因而,在旅游信息系统横向可分为市场销售子系统、财务子系统、人事管理子系统、信息管理子系统和其他子系统等,每个子系统都支持从基层管理到高层管理的不同层次的管理需求。一般来说,基层管理所处理的数据量很大、加工方法固定,而高层管理所处理的数据量较小、加工方法灵活,但比较复杂。

3. 旅游信息系统的功能结构

任何一种信息系统,从信息技术的角度考虑,都要有信息的输入、处理和输出等功能。在功能设计方面,必须能对信息进行存储、传输、增加、删除、修改、统计、检索等。从业务角度来看,旅游管理信息系统应该支持整个组织在不同层次上的各种管理功能,各种管理功能之间又有各种信息联系,构成一个有机的、系统的业务功能结构。图 2-2 列举了一般酒店前台管理信息系统的功能结构。

4. 旅游信息系统的软件结构

旅游信息系统的软件结构主要涉及系统的程序结构、数据结构等,这些程序和数据存放在哪里,哪些是共享的,哪些是专用的,怎样去管理和维护,

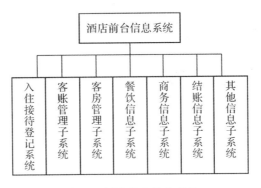

图 2-2　酒店前台信息系统

这是系统管理员和设计人员关心的一种结构,限于篇幅,这里就不再详述,读者可以作为作业自己去分析软件结构的组成和特点。

### 2.3.4　旅游信息系统研究现状

随着数字化技术的快速发展,社会经济的各种业务处理、信息收集和汇总分析都广泛使用了计算机,旅游业也不例外。旅游业和信息技术的结合,将极大地提高旅游业的服务水平、经营水平和管理水平。当前,国内外学者对旅游信息系统的研究已经取得了较大的成果,孙雷、李心颖(2012)分析了GIS 的技术优势及 TGIS 在旅游信息服务中的主要作用,并以三亚为例,探讨了基于 Supermap IS. net 的旅游信息服务 WebGIS 平台的开发[①]。董琳瑛、翟征博、陈曦(2012)采用 Visual Basic 6.0 和地理信息系统组件MapObjects,实现了地图显示、编译、查询、鹰眼图浏览、简单分析等功能,建立了旅游地选择子系统、旅游地综合信息查询子系统等查询系统,为沈阳市的公共交通、旅游环境、出行查询等方面提供信息服务[②]。舒永钢(2012)综合应用旅游地理学、管理统计学、信息科学和行为科学等专业的理论与方法,针对目前旅游信息系统建设从使用者为中心的视角对普通 WebGIS 使用者在休闲旅游信息搜寻时的行为特征与影响因素进行深入的分析研究,并以某市旅委"旅游在线"的信息化建设项目为例,结合 WebGIS 技术层面因素对旅游目的地网站整合 WebGIS 电子地图提出技术框架与方案建议,

---

　　① 孙雷、李心颖:《基于 WebGIS 的三亚旅游信息系统的开发研究》,《科技视界》,2012(19):10—11.

　　② 董琳瑛、翟征博、陈曦:《沈阳市旅游信息查询系统》,《计算机系统应用》,2012(07):26—31.

为后继的二期项目建设提供理论与实践支持①。余芳(2012)从流量及用户群、功能结构、对象类型、平台特色、系统结构等六大角度,对境内外 18 家旅游目的地的信息平台进行案例分析,得出现有旅游目的地营销信息系统在满足旅游者信息需求中的优势与不足,并构建了基于旅游者信息需求的TDMIS 理论模型②。王青山(2012)在传统旅游信息系统的基础上,构建面向移动互联网的基于 GIS 技术的旅游信息系统 M-TIS,对系统进行架构设计、平台设计和功能设计,以期能为旅游业信息管理能力的提高提供理论支持③。此外,很多学者在 GIS 的基础上,对各个城市的旅游信息系统或者旅游资源信息系统进行了设计与构建,为城市旅游信息化的发展提供了科学借鉴。

其他如电子政务,旅游电子政务利用信息系统也取得了非常大的进步,各地旅游目的地机构都采用了信息系统实现了信息化管理,为游客和旅游企业提供了敏捷的服务。进入 2010 年,我国的旅游电子政务正在向智慧管理迈进。

## 2.4　网络与互联网

事实上,网络的时代早已来临,只是限于连接速率和费用的问题,很多人并没有能够真正地利用、享受它。如今,各种各样的连接方式和越来越快的连接速率使得人们能够很好地享受宽带网(Broadband Networking)所带来的冲击和给我们生活、学习、工作方式带来的冲击。

### 2.4.1　网络与互联网的概念

1. 网络的概念

网络(network),简单地说,就是用物理链路将各个孤立的工作站或主机相连在一起,组成数据链路,从而达到资源共享和通信的目的。凡将地理位置不同,并具有独立功能的多个计算机系统通过通信设备和线路连接起来,且以功能完善的网络软件(网络协议、信息交换方式及网络操作系统等)实现网络资源共享的系统,可称为计算机网络,简称网络。

---

① 舒永钢:《WebGIS 旅游信息搜索功用研究及应用》,浙江工商大学出版社 2012 年版。

② 余芳:《基于旅游者信息需求的旅游目的地营销信息系统构建研究》,浙江工商大学出版社 2012 年版。

③ 王青山:《基于移动互联网技术环境下旅游信息系统的构建》,《硅谷》,2012(02):182—183.

"网络"一词还有以下多种含义,第一,流量网络(flow network),也简称为网络(network),一般用来对管道系统、交通系统、通讯系统建模。有时特指计算机网络(computer network),或特指其中的互联网(Internet)由有关联的个体组成的系统,如:人际网络、交通网络、政治网络。第二,由节点和连线构成的图,表示研究诸对象及其相互联系。有时用的带箭头的连线表示从一个节点到另一个节点存在某种顺序关系。在节点或连线旁标出的数值,称为点权或线权,有时不标任何数。用数学语言说,网络是一种图,一般认为它专指加权图。网络除了数学定义外,还有具体的物理含义,即网络是从某种相同类型的实际问题中抽象出来的模型,习惯上就称其为类型网络,如开关网络、运输网络、通信网络、计划网络等。总之,网络是从同类问题中抽象出来的用数学中的图论来表达并研究的一种模型。第三,抽象意义上的网络。如城市网络、交通网络、交际网络等。

本书所涉及的网络是指计算机网络,是用于信息管理获取信息的一种网络。

2. 互联网的概念

互联网(Internet)是指国际互联网,是1994年由美国发起成立的一种网络,开始仅是用于科研,1994年命名为Internet后就成为一种商业网络,它可以把广域网、局域网及单机按照一定的通讯协议互联成广泛的国际计算机网络。互联网可以实现信息共享、信息查询、互动交流、文件传输、电子邮件、电子商务以及企业协同广泛的商务,人们可以与远在千里之外的朋友相互发送邮件、共同完成一项工作、共同娱乐或共同开发信息产品。随着互联网技术的普及,已成为信息系统运行的基础平台,互联网也成为人们工作、生活、娱乐不可缺少的平台。

## 2.4.2 网络和互联网发展历程

在1946年世界上第一台电子计算机问世后的十多年时间内,由于价格很昂贵,电脑数量极少。早期所谓的计算机网络主要是为了解决这一矛盾而产生的,其形式是将一台计算机经过通信线路与若干台终端直接连接,我们也可以把这种方式看作最简单的局域网雏形,目的是让人们可以利用网络使用计算机。

1. 网络的发展历程

网络的发展经历了四个大阶段:第一阶段是远程终端连接,起源于20世纪60年代早期,面向终端的计算机网络:主机是网络的中心和控制者,终端(键盘和显示器)分布在各处并与主机相连,用户通过本地的终端使用远程的主机,只提供终端和主机之间的通信,子网之间无法通信;第二阶段是计算机网络阶段(局域网),开始于 20 世纪 60 年代中期,多个主机互联,实现计算机和计算机之间的通信,包括通信子网、用户资源子网,端用户可以访问本地主机和通信子网上所有主机的软硬件资源,可以进行电路交换和分组交换;第三阶段是计算机网络互联阶段(广域网、Internet),1981 年国际标准化组织(ISO)制订,开放体系互联基本参考模型(OSI/RM),不同厂家生产的计算机之间实现互连,并且 TCP/IP 协议诞生;第四阶段是信息高速公路(高速、多业务、大数据量)的网络计算阶段(进入 21 世纪),拥有宽带综合业务数字网、ATM 技术、ISDN、千兆以太网,并且具有交互性,包括网上电视点播、电视会议、可视电话、网上购物、网上银行、网络图书馆等高速、可视化的特征,这时网络已无处不在。

2. 互联网的发展简史

在 1950 年末,通信研究者认识到需要允许在不同计算机用户和通信网络之间进行常规的通信,这促使了分散网络、排队论和封包交换的研究。1960 年,美国国防部国防前沿研究项目署(ARPA)出于冷战考虑建立的 ARPA 网引发了技术进步,并使其成为互联网发展的中心。1973 年,ARPA 网扩展成互联网,第一批接入的有英国和挪威的计算机,1974 年,ARPA 的鲍勃·凯恩和斯坦福的温登·泽夫提出 TCP/IP 协议,定义了在电脑网络之间传送报文的方法。1983 年 1 月 1 日,ARPA 网将其网络核心协议由 NCP 改变为 TCP/IP 协议。

1986 年,美国国家科学基金会(National Science Foundation,NSF)对 ARPA 网进行了改造,用于建立大学之间互联的骨干网络 NSFnet,这是互联网历史上重要的一步。在 1994 年,NSFnet 转为商业运营,定名为 Internet。1995 年,随着网络对商业的开放,互联网中成功接入的比较重要的其他网络包括 Usenet、Bitnet 和多种商用 X.25 网络。

其间,经过一个十年,互联网成功地容纳了原有的计算机网络中的大多数(尽管像 FidoNet 的一些网络仍然保持独立)。这一快速发展要归功于互联网没有中央控制,以及互联网协议非私有的特质,前者造成了互联网有机的生长,而后者则鼓励了厂家之间的兼容,并防止了某一个公司在互联网上称霸。由此,Internet 成为最有商用意义的互联网。

3. 中国 Internet 的发展

我国的 Internet 的发展以 1987 年通过中国学术网 CANET 向世界发出第一封 E-mail 为标志,并在后几年形成了四大主流网络体系,即:中科院的科学技术网 CSTNET;国家教育部的教育和科研网 CERNET;原邮电部的

CHINANET 和原电子部的金桥网 CHINAGBN，1994 年我国正式加入 Internet 大家庭。

我国 Internet 发展大致分为三个阶段：第一阶段为 1987 年至 1993 年，也是研究试验阶段，在此期间，中国一些科研部门和高等院校开始研究互联网技术，并开展了科研课题和科技合作工作，但这个阶段的网络应用仅限于小范围内的电子邮件服务；第二阶段为 1994 年至 1996 年，同样是起步阶段，1994 年 4 月，中关村地区教育与科研示范网络工程进入 Internet，从此中国被国际上正式承认为有 Internet 的国家，之后，Chinanet、CERnet、CSTnet、Chinagbnet 等多个 Internet 网络项目在全国范围相继启动，Internet 开始进入公众生活，并在中国得到了迅速的发展，至 1996 年底，中国 Internet 用户数已达 20 万，利用 Internet 开展的业务与应用逐步增多；第三阶段从 1997 年至今，是 Internet 在我国发展最为快速的阶段，国内 Internet 用户数在 1997 年以后基本保持每半年翻一番的增长速度，截至 2012 年 6 月，我国互联网用户数已超 5 亿，成为世界上互联网用户最多的国家。

互联网的发展对国民经济产生了重大影响，所有的软件业发展、通信业发展基本都围绕互联网展开。尤其是我国电子商务的发展，互联网已基本成为电子商务网，企业的经营、企业之间的合作以及企业的对客服务都与互联网技术密切关联，互联网的发展是国民经济发展的基础和动力。

### 2.4.3 网络及互联网的安全

网络安全是一门涉及计算机科学、网络技术、通信技术、密码技术、信息安全技术、应用数学、数论、信息论等多种学科的综合性学科。经过多年的发展，互联网已经在社会的各个层面为全人类提供便利。电子邮件、即时消息、视频会议，网络日志(blog)、网上购物等已经成为越来越多人的一种生活方式；而基于 B2B,B2C 等平台的电子商务，跨越洲际的商务会谈以及电子政务等等，为商业与政府办公创造了更加安全、更加快捷的环境。但是随之而来的不全是正面的影响，垃圾邮件、网络蠕虫病毒、恶意代码、恶意程序等等也影响着人们对网络的正常使用，互联网的安全问题已成为重要的社会问题。

1. 病毒

互联网给病毒传播提供了非常快速迅捷的通道，计算机感染病毒，病毒的破坏能力也因为网络的四通八达而迅速蔓延。最近几年，因为微软公司视窗操作系统和浏览器 Internet Explorer 的安全漏洞，已经使全球多家公司蒙受巨额经济损失和上亿台计算机丢失数据。现在的计算机病毒比 20 世纪的更具有伪装性和感染能力,而且从被动传播向主动进攻转化。它们甚至具有了部分人工智能,可以判断目标计算机是否已经感染,是否有防病毒监控程序,甚至可以主动终止这些监控进程。因此,网络病毒已成为互联网安全的最大威胁。

2. 恶意代码

恶意代码是嵌入网页的脚本,一般使用 Javascript 编写,受影响的也是微软视窗系统的 Internet Explorer 浏览器。它们在未经浏览者同意的情况下自动打开广告,开启新页面,严重影响浏览者的正常访问。除此之外,它们还通过系统调用修改浏览器的默认主页,修改注册表,添加系统启动程序,设置监视进程等。普通用户对这些代码基本束手无策,极端的办法是重新安装操作系统。

3. 恶意程序

恶意程序是从恶意代码发展出来的一种基于插件技术的计算机程序,不同的是它们可能根本不需要可执行文件,只需要若干的动态链接库文件(文件后缀是.dll),就可以借助 windows 系统正常工作。这类程序可能是用户无意识地安装到系统中,也可能是被自动安装的。它被安装到系统中,随操作系统启动,一般这类程序除了工作进程还会有守护进程,如果发现主进程被删除或者重命名,守护进程会自动生成一份新的拷贝,所以很难卸载,即使表面上卸载掉了,下一次系统启动还会重新出现。恶意程序从表现上看不算是病毒,因为它并没有破坏性,不会危及系统,只是出于某种商业目的,属于商业行为。但是它严重影响了计算机用户的使用,而且如果编写不当,很容易导致系统运行变慢、性能下降,甚至给黑客留下后门。所以大部分软件把他们当成病毒处理。

## 2.4.4 网络与互联网的应用情况

2012 年上半年,中国网民平均每周上网时长是 19.9 小时,网民对互联网已有一定的依赖性,即时通信用户维持较高的增速,继续保持中国网民第一大应用的领先地位。此外,网络视频以及网络购物、网上支付等电子商务类应用的用户规模增幅明显,这几类应用在手机端的发展也较为迅速。

第一,即时通信第一大应用的地位更加稳固。即时通信在中国网民中的使用率在 2011 年底超过八成,至 2012 年 6 月底,这一数字继续提升至82.8%,用户人数达到 4.45 亿,半年增长率达到 7.2%。手机上网的进一步普及,尤其是智能终端的推广,以及手机聊天工具的创新,使得即时通信作为中国网民第一应用的地位更加稳固。

第二，手机超越台式电脑成为中国网民第一大上网终端。中国网民实现互联网接入的方式呈现出全新格局，在 2012 年上半年，通过手机接入互联网的网民数量达到 3.88 亿，相比之下台式电脑为 3.80 亿，手机成为了我国网民的第一大上网终端。

第三，网上银行和网上支付应用增速加快。网上银行和网上支付用户规模在 2012 年上半年的增速分别达到 14.8％和 12.3％，截至 2012 年 6 月底，两者用户规模分别为 1.91 亿和 1.87 亿，较 2011 年底的用户增量均超过 2000 万人。此外，手机在线支付的发展速度也十分突出，截至 2012 年 6 月底，使用手机在线支付的网民规模为 4440 万人，较 2011 年底增长约 1400 万人。

第四，微博进入平稳增长期，手机微博用户增长保持强劲势头。至 2012 年 6 月底，中国网民使用微博的比例已经过半，用户数增速低至 10％以下，增速的回落意味着微博已走过早期数量扩张的阶段。然而微博在手机端的增长幅度仍然明显，手机微博用户数量由 2011 年底的 1.37 亿增至目前的 1.70 亿，增速达到 24.2％。

第五，手机网络视频用户增幅明显。网络视频用户规模继续稳步增长，2012 年上半年通过互联网收看视频的用户增加了约 2500 万人。而手机端视频用户的增长更为强劲，使用手机收看视频的用户超过一亿人，在手机网民中的占比由 2011 年底的 22.5％提升至 27.7％。

第六，网络购物用户增长趋于平稳。截至 2012 年 6 月底，网络购物用户规模达到 2.1 亿，网民使用率提升至 39.0％，较 2011 年底用户增长 8.2％。从 2011 年开始，网络购物的用户增长逐渐平稳，未来网购市场规模的发展，将不仅依托于用户规模的增长，还需要依靠消费深度的不断提升来驱动。

第七，IPv6 地址数大幅增长，全球排名升至第三位。截至 2012 年 6 月底，我国拥有 IPv6 地址数量为 12499 块/32，相比上年底增速达到 33.0％，在全球的排名由 2011 年 6 月底的第 15 位迅速提升至第 3 位。由于全球 IPv4 地址数已于 2011 年 2 月分配完毕，因而自 2011 年开始我国 IPv4 地址数量基本没有变化，当前 IP 地址的增长已转向 IPv6①。

## 2.5 通信技术与物联网

人类通信的历史源远流长，从古代的烽火台到现代的多媒体通信，至少

---

① 数据全部来源于第 30 次中国互联网络发展状况调查统计报告，http://www.isc.org.cn/zxzx/ywsd/listinfo－21627.html，2012 年 7 月。

有数千年的历史。人类通信的革命性变化是从把电作为信息载体后发生的,其显著性标志是 1844 年莫尔斯发明电报和 1876 年贝尔取得电话发明专利。电话、电报从其发明的时候起,就开始改变人类的经济和社会生活。但是,只有在以计算机为代表的信息技术进入商业化以后,特别是互联网技术进入商业化以后,才完成了近代通信技术向现代通信技术的转变,通信的重要性日益得到增强。

## 2.5.1　通信技术概述

1. 通信技术的概念

通信技术,一般是指电信,国际上称为远程通信。随着电信业务从以话音为主向以数据为主转移,交换技术也相应地从传统的电路交换技术逐步转向给予分株的数据交换和宽带交换,以及适应下一代网络基于 IP 的业务综合特点的软交换方向发展。信息传输技术主要包括光纤通信,数字微波通信,卫星通信,移动通信以及图像通信。

2. 通信技术的发展

通信技术和通信产业是 20 世纪 80 年代以来发展最快的领域之一,不论是在国际还是在国内都是如此,这是人类进入信息社会的重要标志之一。通信就是互通信息,从这个意义上来说,通信在远古的时代就已存在。人之间的对话是通信,用手势表达情绪也可算是通信,以后用烽火传递战事情况是通信,快马与驿站传送文件当然也属于通信,现代的通信一般都指计算机通信。

纵观通信技术的发展分为以下三个阶段:第一阶段是语言和文字通信阶段,在这一阶段,通信方式简单,内容单一;第二阶段是电通信阶段。1837年,莫尔斯发明电报机,并设计莫尔斯电报码,1876 年,贝尔发明电话机。这样,利用电磁波不仅可以传输文字,还可以传输语音,由此大大加快了通信的发展进程。1895 年,马可尼发明无线电设备,从而开创了无线电通信发展的道路;第三阶段是电子信息通信阶段。从总体上看,通信技术实际上就是通信系统和通信网的技术。通信系统是指点对点通信所需的全部设施,而通信网是由许多通信系统组成的多点之间能相互通信的全部设施。而现代的主要通信技术有数字通信技术,包括程控交换技术、信息传输技术、通信网络技术、数据通信与数据网、ISDN 与 ATM 技术、宽带 IP 技术、接入网与接入技术等。

3. 数字通信技术

数字通信技术也称计算机通信技术,是现代网络的核心技术。数字通信系统通常由用户设备、编码和解码、调制和解调、加密和解密、传输和交换设备等组成。发信端来自信源的信号必须先经过信源编码,并对这些信号进行加密处理,以提高其保密性;为提高抗干扰能力需再经过信道编码,然后对数字信号进行调制,变成适合于信道传输的已调载波信号并送入信道。在收信端,对接收到的已调载波信号经解调得到基带数字信号,然后经信道解码、解密处理和信源解码等恢复为原来的信号,送到信宿。

数字通信技术与传统通信相比,有以下几个优点:

第一,抗干扰能力强。电信号在信道上传送的过程中,不可避免地要受到各种各样的电气干扰,在模拟通信中,这种干扰是很难消除的,使得通信质量变坏。而数字通信在接收端是根据收到的"1"和"0"这两个数码来判别的,只要干扰信号不是大到使"有电脉冲"和"无电脉冲"都分不出来的程度,就不会影响通信质量。

第二,保密性好。模拟通信传送的电信号,加密比较困难。而数字通信传送的是离散的电信号,很难听清。为了密上加密,还可以方便地进行加密处理。加密的方法是,采用随机性强的密码打乱数字信号的组合,即使传输时被人窃收到加密后的数字信息,在短时间内也难以破译。

第三,通信设备的制造和维护简便。数字通信的电路主要由电子开关组成,很容易采用各种集成电路,体积小、耗电少。

第四,能适应各种通信业务的要求。各种信息(电话、电报、图像、数据以及其他通信业务)都可变为统一的数字信号进行传输,而且可与数字交换结合,实现统一的综合业务数字网。

第五,便于实现通信网的计算机管理。数字通信的缺点是数字信号占用的频带比模拟通信要宽。一路模拟电话占用的频带宽度通常只有 4 千赫,而一路高质量的数字电话所需的频带远大于 4 千赫。但随着光纤等传输媒质的采用,数字信号占用较宽频带的问题将日益淡化,数字通信将向超高速、大容量、长距离方向发展,新的数字化智能终端将产生。

## 2.5.2 物联网概述

### 1. 物联网的定义

物联网(The Internet of Things)的概念是在 1999 年提出的,即通过射频识别(RFID)、红外感应器、全球定位系统、激光扫描器等信息传感设备,按约定的协议,把任何物品信息与互联网连接起来,进行信息交换和通讯,以实现智能化识别、定位、跟踪、监控和管理的一种网络。简而言之,物联网就是"物物相连的互联网"。

这有两层意思：第一，物联网的核心和基础仍然是互联网，是在互联网基础上的延伸和扩展的网络；第二，其用户端延伸和扩展到了任何物品与物品之间，通过相互感知进行信息交换和通信。智能感知、识别技术与普适计算、泛在网络的融合应用，被称为继计算机、互联网之后世界信息产业发展的第三次浪潮。物联网被视为互联网技术的应用拓展，应用创新是物联网发展的核心，以用户体验为核心的创新是物联网发展的灵魂。

2. 物联网的特征

第一，它是各种感知技术的广泛应用。物联网上部署了海量的多种类型传感器，每个传感器都是一个信息源，不同类别的传感器所捕获的信息内容和信息格式不同。传感器获得的数据具有实时性，按一定的频率周期性采集环境信息，并不断更新数据。

第二，它是一种建立在互联网上的泛在网络。物联网技术的重要基础和核心仍旧是互联网，通过各种有线和无线网络与互联网融合，将物体的信息实时准确地传递出去。在物联网上的传感器定时采集的信息需要通过网络传输，由于其数量极其庞大，形成了海量信息，在传输过程中，为了保障数据的正确性和及时性，必须适应各种异构网络和协议。

第三，物联网不仅仅提供了传感器的连接，其本身也具有智能处理的能力，能够对物体实施智能控制。物联网将传感器和智能处理相结合，利用云计算、模式识别等各种智能技术，扩充其应用领域。从传感器获得的海量信息中分析、加工和处理出有意义的数据，以适应不同用户的不同需求，发现新的应用领域和应用模式，如智慧管理、智慧服务就是物联网的具体应用。

3. 物联网的体系架构和技术架构

物联网的体系架构有以下几个方面：第一，私有物联网，一般面向单一机构内部提供服务。可能由机构或其委托的第三方实施和维护，主要存在于机构内部（On Premise）内网（Intranet）中，也可存在于机构外部（Off Premise）；第二，公有物联网，基于互联网（Internet）向公众或大型用户群体提供服务，一般由机构（或其委托的第三方，少数情况）运维；第三，社区物联网，向一个关联的"社区"或机构群体（如一个城市政府下属的各委办局，包括公安局、交通局、环保局、城管局等）提供服务，可能由两个或以上的机构协同运维，主要存在于内网和专网（Extranet/VPN）中；第四，混合物联网，是上述的两种或以上的物联网的组合，但后台有统一运维实体。

而物联网的技术结构主要包括感知层、网络层和应用层。第一，感知层，感知层是物联网的皮肤和五官识别物体，用于采集信息。感知层包括二维码标签和识读器、RFID 标签和读写器、摄像头、GPS、传感器、终端、传感器网络等,主要是识别物体,形成相应的信息,与人体结构中皮肤和五官的作用相似。第二,网络层,网络层是物联网的神经中枢和大脑信息传递和处理。网络层包括通信与互联网的融合网络、网络管理中心、信息中心和智能处理中心等。网络层将感知层获取的信息进行传递和处理,类似于人体结构中的神经中枢和大脑。第三,应用层,应用层是物联网的"社会分工"与行业需求结合,实现广泛智能化。应用层是物联网与行业专业技术的深度融合,与行业需求结合,实现行业智能化,这类似于人的社会分工,最终构成人类社会。

4. 物联网在旅游业的应用

物联网技术应用于旅游产业起步于 2009 年,由杭州黄龙饭店打造全球第一家智慧酒店并于 2010 年重新开业。目前,传感器技术、RFID 技术、精准定位技术等物联网相关技术已运用到旅游景点、旅行社、购物商场,实现了真正意义上的智慧旅游,为旅游消费者提供更为便捷、温馨、安全的服务,使游客体验了智慧服务的个性化。出现了从旅游地点的选取、旅游线路的规划、旅店的订购到参观景点导航的一体化服务的全方位纳入物联网技术体系的智慧目的地,实现真正意义上的旅游目的地信息资源的整合,便利了游客对信息的获取和对目的地的服务感知。实践证明,物联网技术的应用真正消除了旅游目的地的信息孤岛现象,使景区信息、游客信息、酒店信息等相互流通,提升了服务。

利用物联网技术发展智慧旅游的领域十分广泛,主要集中在发展智慧景区、智慧旅店和智慧旅行社,使信息系统向智慧型系统发展,包括智慧酒店管理系统、景区 RFID 智慧票系统、景区智慧远程视频监控系统、智慧交通引导服务系统、智慧导游系统和智慧旅行社系统等。

第一,智慧酒店管理系统。通过联网技术随时随地预订酒店,包含无线智慧酒店系统,订房信息系统等。景区 RFID 智慧门票系统通过 RFID 技术,对景区的门票的防伪、销售和检票进行智慧处理,包括防伪系统和检票系统等。

第二,智慧导游系统。包括显示交互子系统、无线数据传输子系统、GPS 定位子系统和智慧解说词系统等。景区智慧远程视频监控系统:整合摄像机、视频服务器,使所有摄像头都 IP 化,实现对景区环境和游客进行实时监控,便于安全、适时疏散和安全预警。系统包含数据采集系统、图像分析系统和智慧信息传递系统等。

第三,智慧旅行社系统。主要利用现在的移动互联网、GPS 定位技术、无线通信设备以及其他相关技术,建立相应的客户数据库和景点数据库,便于快速确定旅游线路和查询旅游信息,实现行程中的智慧导览和智慧导购。

## 【本章小结】

本章主要对旅游信息化的基础知识进行介绍,从最简单的信息和旅游信息的概述开始,随后对信息管理的内容、对象、基本要求和模式进行了介绍;在此基础上,对旅游信息系统的概念、技术和表现形式进行介绍,并对旅游信息系统的基本概念及相关技术进行了梳理,重点对旅游信息系统特征、结构和研究现状等内容进行了回顾,由浅入深地对旅游信息化相关的基础知识进行了逐一介绍。最后,本章对旅游信息化中的网络和通信技术概念进行了介绍,包括网络与互联网概述、发展历程、安全和应用情况,并对通信技术和物联网的相关情况进行概要性介绍。

## 【关键概念】

| | | | | |
|---|---|---|---|---|
| 信息 | 旅游信息 | 信息管理 | 数据库 | 数据仓库 |
| 网络 | 互联网 | 网络通信 | 信息系统 | 物联网 |
| 内部网 | 外部网 | 旅游信息系统 | | |

## 【复习与思考题】

1. 信息的定义及构成要素有哪些?
2. 信息的特点有哪些? 旅游信息的特点有哪些?
3. 简述旅游信息化的定义与特点。
4. 简述旅游信息化的类型。
5. 结合实际,举例说明旅游信息化的作用有哪些。
6. 简述信息管理的内涵及对象。
7. 简述信息管理的基本要求和制度要求。
8. 简述信息管理的模式及几种模式的优劣?
9. 简述旅游信息化建设的概念及内容。
10. 结合实例,谈谈旅游信息化的表现形式有哪些。
11. 结合实例,论述旅游信息化对企业的作用有哪些。
12. 结合实际,论述当前我国各地旅游信息化存在的主要问题有哪些。
13. 简述旅游信息系统的特征和功能。
14. 简述旅游信息系统的概念结构、层次结构、功能结构。
15. 简述网络与互联网的定义,谈谈两者的区别与联系。
16. 简述网络与互联网的发展历程? 什么是移动互联网。

17. 在当前社会,网络与互联网面临的主要安全问题有哪些?

18. 结合身边的实例,论述我国网络与互联网的应用状况。

19. 简述通讯技术的发展历程。

20. 简述数字通讯技术的优点有哪些。

21. 简述信息通信技术与旅游业的关系。

22. 简述数据库技术在信息化建设中的作用。

23. 结合实例,论述通信技术在旅游业中是如何发挥作用的。

24. 作为一个旅游服务企业,应如何利用信息通信技术改变自己的经营服务模式?并创造市场的竞争优势?

25. 通信网络与物联网有怎样的联系和区别?

## 【课后案例】

### 台湾喜来登饭店前台管理及整合

台北喜来登饭店特别斥资 3000 万元,大手笔更新旧有封闭的 IT 架构及系统,除了主机平台的转换之外,许多辅助业务的管理信息系统也做了全面的更新,其中,用来作住房及宴会厅订位的饭店管理系统(PMS)更改为 Opera 系统。采用这套饭店管理系统,不但使台北喜来登的订房作业提高了效率,更重要的是,透过 Opera 系统,得以与喜达屋总部的"全球在线订房"实现链接,并与 5000 万笔房客数据的数据库相连接。

通过共享喜达屋总部的数据库,可以让台北喜来登更进一步掌握客户的信息,共享客户资源。比如:一个商务人士来台入住台北喜来登时,只要他曾经住过全球任何一家喜达屋的连锁饭店,在台北喜来登就可"秀"出这个旅客的所有数据,包含饮食的偏好,个人住房的特殊要求,甚至曾有过的抱怨或赞美。而这个系统也会自动整合记录每个旅客累积消费后可享的优惠,第一线服务人员,只需按照系统显示的信息,给旅客该有的折扣或服务。

1. TMS 关照客人也惠及管理阶层

台北喜来登饭店看到餐饮服务对饭店营收比重逐渐增加的趋势,针对中式餐饮的复杂性,除了既有的点菜管理系统(POS),也成立中央订位中心,不论是中餐厅、西餐厅甚至是日本料理,只要一通电话,全数餐厅都可接受订位。

喜来登的餐厅有超过 50 个 POS 结账点,客户透过 POS 点餐,可自动通知厨房正确的点菜信息,提高点菜准确率,也加快了出菜速度,甚至客人更改菜单导致账款有出入时,只需要透过 POS 的结账系统,便可快速精确地完成结账服务。

虽然客人的层次被关照到了，但是，餐厅的营运状况一直困扰着管理阶层。因此，在透过订位中心便利客人订位，以及建立顾客数据文件后，喜来登更在 2005 年 3 月引进了桌次管理系统（Table Management System，TMS），实现中央订位中心的完全信息化管理。TMS 不仅提高对客户的服务质量，同时让餐厅的管理阶层能清楚知道各餐厅每个小时的营收与来客状况。

TMS 系统实现了饭店餐厅的可视化管理，为订位客人提供餐厅完整的平面图与座位图，订位客人可以在线订位，也可以预订菜色以及提出对菜色的要求，不论是少油、少糖、加辣，甚至是指明要吃鸭左腿等，都可以办到；而现场若有人数、座位以及菜色的异动，则可透过现场领台，在笔记型计算机上进行修改。

TMS 与 POS 系统及其他旅馆系统相连接，结合订位中心的客户数据，遇有重要贵宾用餐时，餐厅的高阶主管可以到现场打招呼。另外，每个小时餐厅营收金额和客人预约状况，也可以透过短信发送给餐厅主管。而透过TMS 回传给餐厅主管营收数据，以及客人预约报表，都有助于饭店管理阶层更精准地掌握餐厅营运状况。

2. 结合 POS，进行物料稽核，有效采购

饭店可以透过 POS 系统的出菜清单，进行内部物料的稽核工作；透过物料系统实时库存的控管，便可以真正做到"一块牛排都不能少"。

在饮料及其他酒类的管理方面，从以往吧台服务生掌控，到现在可以透过 POS 饮料清单进行稽核，在合理损耗内通过清点比对现场原料，便于进行内部控管。不过，对于珍贵食材的物流控管属于事后检查，透过计算机辅助，可以知道食材用量与用处，减少经营中的损失漏洞。

在厨房中，除了物流的实时控管外，食材采购更是工程浩大。以往都由采供部门进行采购，每天所需食材以及不同的采购对象，最少有 3000 页的采购传真单。引进请购系统以及电子传真之后，先在计算机数据库内将餐厅从食材细项到柴米油盐酱醋茶等每样所需先列好清单，并键入所有厂商数据，采购只需要勾选厨房回报所需食材，再进行传真即可，所有请购单都实现电子化处理。

另外，喜来登也针对一些特殊的业务，自行开发或委托研发找寻合适的IT 管理工具，如喜来登每年中秋节的月饼制作，就是最明显的例子。由于需求量大，一般约 2 万～3 万个月饼，营收约为 3000 万，从月饼的预定、上下游原料控制、盒子数量控制、月饼生产制造、客户收取货时间与制造日期的配合，加上有月饼只有 7 天保质期的限制，IT 部门也与厂商合作开发定制化软

件,量身打造合适的管理系统,发展了一套专用于月饼生产与销售的月饼控制系统(月控系统),只做单纯进销存的独立系统,成为连锁观光饭店中少数的特例。

3. 宴会规划,10 分钟搞定

台北喜来登饭店在短期间内便完成宴会厅的摆设、规划,桌次分配等烦琐工作,除了使用 Opera 系统统筹之外,也透过 Meeting Matrix 绘图应用软件,进行空间规划与绘制。

结合 Opera 系统原本便有的旅馆每一个楼层、房间、宴会厅以及会议室的平面图,加上宴会厅桌子、椅子的正确大小,配合现场可能的活动规划所需空间,主人只需要输入预计宴请人次,加上桌子、椅子类型以及摆放方式的选择,系统便会计算出最有效益的桌次摆放和空间规划位置,透过大图输出机,宴客主人都可以在 10 分钟内,就拿到一张完整的蓝图作为宴会布置参考。

除了可以透过科技提供新人完整的规划建议以及蓝图,张国领说,喜来登预计在 2009 年年底,陆续提供新人更多的婚礼服务,未来新人可以登录喜来登的网站空间,在婚礼前一周上传自己的电子喜帖以及婚纱照,并提供相关交通信息、与当天宴客的厅次与时刻,甚至是结婚流程和当天菜单等,让亲朋好友体会到不一样的电子喜帖。

4. 喜来登透过 Valhalla 整合饭店 IT 系统

对台北喜来登饭店来说,3 年来,按照喜达屋的国际饭店管理标准,打造的全新 IT 架构,对企业品质的提升有很大的帮助,而且也跟着这个全球最大的饭店连锁集团,未来还有许多精锐的 IT 工具可望再陆续引进,这对一个饭店业的 IT 人员来说,也是眼界的提升。早在 2006 年跟喜达屋总部就展开了 Valhalla 项目,2009 年台北喜来登为了整合饭店的 IT 系统开始实施该项目。

这个项目主要是喜达屋打算发展一套更先进的饭店系统 Light Speed 取代现在的 Opera 系统,其目标是进一步整合饭店的前、后台信息系统,实现饭店经营的完全信息化管理。

此外,还会引进 IBM 的 Kiosk(公用信息站)系统,提供住房与退房服务,以及透过客人自用的智能型手机和 Hotel info 软件,便可充作饭店分机。Kiosk 目前已经在北美试办,提供客人 check-in(入住)及 check-out(退房),只要插入会员卡后,个人数据会出现在 Kiosk 上面,再选择付款方式,例如插入信用卡,便可选择喜欢的房间,Kiosk 也会制作出专属的房间钥匙。北美喜来登现在已有 4.6 万个客人透过 Kiosk 入住与退房,平均每次入住时间只需要 45 秒。

喜来登饭店信息化的另一个趋势就是设备的 IP 化管理,让所有管理对象都可视化。由于饭店在安全与管理上都走向 IP 化,连房间电视也都 IP 化,使饭店大小事情的管理都跟 IT 相关,实现了人、物互联的全面信息化管理。不论是房间钥匙制作,或是客人无法登入其公司的 VPN(虚拟私有通道),都需要信息技术系统第一线的及时协助。

(资料来源:根据 http://www.topoint.com.cn/html/e/lyjd/anli/2009/08/247324.html 整理。)

## 案例分析与思考

1. 喜来登信息化系统的引进和升级对其发展有什么重要意义?

2. 台北喜来登饭店的信息化理念是如何提高管理效率、客户服务的?

3. TMS 系统是怎样的一个系统? 它对提高餐饮管理有哪些作用?

4. 为什么 TMS 和 POS 要进行整合? 整合后将产生怎样的管理效果?

5. check-in(入住)及 check-out(退房)是怎样的一个系统,它对客户服务和客房管理产生了怎样的作用?

6. 台北喜来登饭店在信息系统整合过程中,采用了哪些信息技术?

# 3 旅游信息化管理概论

【本章要点】

- 旅游信息化管理概念
- 信息化管理涉及的范围
- 旅游信息化管理的基本内容
- 旅游信息化管理层次概念
- 信息化与创新管理

【课前案例】

## 千岛湖的智慧湖区管理

千岛湖的智慧湖区管理是浙江淳安县智慧旅游规划的重要组成部分。2012年,淳安被浙江省旅游局推荐为全省智慧旅游的试点县。根据淳安近几年旅游快速发展的趋势,游客量的逐年增加,淳安旅游委员会越来越觉得管理跟不上发展的需要。因此,根据省智慧旅游试点的契机,淳安县根据旅游发展的情况,全力进行智慧旅游发展的战略规划,在信息化管理方面建设和完善各类信息系统,努力打造千岛湖智慧休闲湖区的目标,提升千岛湖的旅游创新能力,实现淳安旅游的全面转型升级。

(一)智慧湖区总目标

淳安县智慧旅游建设的主要任务是利用新一代信息技术,对旅游的相关要素进行整合,为广大游客提供智慧化的旅游服务,为管理部门提供智慧化的管理手段,为淳安县旅游提供智慧化的营销平台和广阔的客源市场。建成淳安旅游目的地与游客可以相互感知、全方位智慧体验的旅游服务体系,为游客提供一站式、个性化的旅游服务。让游客进入千岛湖就能获得智慧服务的体验,用3年时间初步实现"智慧千岛湖便利游客"的总目标。让游客体验到淳安是具有最佳智慧服务、最佳智慧管理、最佳智慧环境、最佳智慧商务的旅游目的地。

（二）智慧湖区建设内容

湖区管理指的是千岛湖风景区管理，淳安旅游的特色就是千岛湖风景区，作为5A景区，湖区管理是淳安智慧旅游建设中的重点。智慧旅游大多数的基础建设都是围绕湖区管理智慧化开展，因此湖区管理的智慧化程度直接影响到淳安智慧旅游的建设水平。具体来说，智慧湖区建设包括五大子系统。

1.智慧票务售检票系统

智慧票务售检票系统是以当代信息技术与通信技术为基础，结合智能门票与检票技术作为主要手段的电子票务综合处理系统。该系统实现了千岛湖风景区售票电脑化、验票自动化、数据网络化、管理信息化的智慧型管理体制，是湖区、景区等开展电子商务的基础性设施。系统包括门票与密钥生成管理功能、电子门票初始化功能、售票和验票功能、信息统计及查询功能等，其核心技术是RFID。

2.智慧游船艇运力调度管理系统

为了准备游船艇公交化运作，游船艇的运力调度管理非常重要。系统主要提供航行海事管理、视频监控管理、游船航班管理、广播内容管理、游船定位调度管理、门检票管理、游船信息服务管理等功能。每条游船的航行情况都必须通过摄像头、GPS定位反映到游船航行指挥调度中心，且每条游船都必须有电子屏实时显示航班、停靠等时间、地点等实时信息，游客在游船上也能通过互动查询屏查询与游览相关的旅游信息。建议湖区旅游航线上覆盖3G/4G，可能的话考虑二期在船上覆盖WIFI，以方便游客上网获取信息的需要。采用的核心技术是物联网、移动互联网、GPS定位、RFID技术、遥感技术，为乘客提供全方位的信息化应用整体解决方案。

3.智慧游客动态监测管理系统

智慧游客动态监测系统在预计团队游客量和网络预订游客量的基础上，通过对进入淳安的游客车辆和人流量的实时监测，预测进入湖区的游客量情况，同时以采取相应管理措施，并通过导游服务系统的预警机制，实现对千岛湖风景区的游客量掌控和安全控制。本系统在游客动态监测数据的基础上，还应具备游客进入湖区的引导管理和旅游公共信息播送管理功能。引导管理功能主要根据预测的游客量情况，制订引导管理方案，如车辆换乘方案、交通管制方案、行程分流方案等。

4.智慧景区实时监控管理系统

景区实时监控系统主要实现两方面的监控，一个是湖区旅游活动范围的环境实时监控,另一个是游船艇运行的实时监控。湖区环景的实时监控由旅游部门负责建设,游船艇实时监控由海事部门负责,数据实现共享。风景区游船艇、车辆的实时监控管理是千岛湖风景区管理中的重要内容,涉及游客的安全管理、游船艇航行的安全以及车辆的分流管理等。系统主要采用遥感、GPS 定位、RFID 等新技术。

5.湖区生态安全监测管理系统

湖区的生态安全是旅游可持续发展的保障,通过建立智慧型的技术系统对湖区的生态信息进行实时监测,及时分析湖区的生态安全是否受旅游活动开展的影响。如湖区水的质量、空气环境的质量、噪声分贝数、岛屿土壤的质量、污水垃圾处理的方法等,这些被监测数据发生变化,就会对千岛湖风景区的植被、动物、鸟类、鱼类生长环境的生态平衡产生影响,对千岛湖风景区的生态效率产生影响,最终会影响旅游的可持续性。该系统通过网络及时分析监测数据,并监控生态信息所形成的变化曲线。

(三)未来展望

智慧旅游已成为淳安县发展旅游的最佳契机,并把智慧旅游作为淳安旅游业打造成现代服务业的重要切入点和突破口。淳安从旅游信息化到智慧旅游,全力以赴推进智慧旅游的全面建设,打造智慧千岛湖旅游形象,是我国旅游信息化发展的一个缩影。全国有许多旅游目的地都在积极推进智慧旅游建设,如江苏就有 7 个城市成为国家级的智慧旅游试点城市,积极把把智慧旅游从一个新概念转变成可感可触的旅游新体验。这就是我国旅游信息化建设发展的新趋势。

(资料来源:作者根据浙江旅游新闻整理。)

旅游信息化管理是目前旅游业发展中获取竞争优势最有效的利器,目前我国许多旅游景区、旅游企业从局部的信息化管理正逐步向全面信息化管理发展,尤其是旅游集团化企业。调查研究表明,旅游企业实现信息化管理后产生的经济效益十分明显,给社会信息化和人们的生活带来了便利,也给旅游产业发展注入了动力。对于旅游管理类的学生,学习旅游信息化管理及相关知识,从信息的角度去研究旅游管理,能拓展职业视野。本章将围绕旅游信息化管理介绍相关的概念和知识点。

# 3.1 信息化管理的战略意义

旅游业是信息高度集中并对信息高度依赖的行业,信息贯穿旅游活动的全过程,是旅游业得以生存和发展的基础。信息化对旅游业发展的影响日益深远,旅游信息化水平已经成为旅游目的地发展水平的重要标志之一。以互联网、云计算、物联网、无线技术、多媒体技术为代表的新信息技术,为目的地营销、旅游文化传播、旅游资源保护、旅游综合服务的发展创新提供了支撑和动力。新信息技术与功能系统的运行和实施将会引起人们旅游出行方式的变化,并将带来旅游业的重大变革,从而推动旅游业由传统服务业向现代服务业转型、由单一产业向多元产业转型、由被动服务管理向主动服务管理转型。旅游信息化管理不仅有利于旅游企业的发展,也便于提升旅游管理部门的管理执行力。

为什么旅游集团企业(如上海锦江集团、南京金陵集团、7天连锁酒店、如家连锁酒店等)热衷于信息化管理的建设?我国传统旅行社在旅游电子商务的巨大冲击下,积极利用信息通信技术迎接网络的巨大挑战,现在都开始了转型升级,用电子商务武装了自己,保持了自己的市场领地,如中国旅行社、中青旅等。所有这些都说明了一点,即信息化管理建设对企业发展具有重要的战略意义,信息化能支持企业的扩展和发展,下面的叙述充分说明了这一点。

1. 信息化管理对企业竞争力提升的影响

旅游业是信息密集型的服务产业,随着旅游者出游方式日渐个性化,旅游者需要在旅游前、旅游中和旅游后获得相关信息,越来越多的企业看到了信息化管理应用所获取的竞争优势。因此,企业需要意识到信息化管理对旅游服务质量、旅游管理效率以及信息传播速度等的影响,更要意识到信息技术的持续投入是支持企业发展成功与否的重要因素。由此可见,一个企业的市场竞争力,将在很大程度上取决于信息技术的应用和开发能力。

第一,信息化管理促进了旅游企业的内部沟通,降低了运营成本。信息化实现了企业价值链的所有活动(包括公司基础设施、人力资源管理、营销管理等)的信息化管理,形成一个功能强大的网络,加强了人与人之间、部门与部门之间、员工与领导之间的双向沟通,便于领导者向员工传达并使其充分了解企业的使命、目标和企业文化,同时也便于员工向领导者反馈工作绩效等,进一步调动员工的积极参与性以及团队协作的能力。另外,信息化管理促进了企业内部的知识共享,使企业的知识资本在学习—扩散—积累—创新—学习的动态良性循环中不断完善,企业的持续学习和创新能力是企业核心竞争力的关键点。

第二,信息化管理促进了旅游企业的外部合作。首先,信息化的快速发展使企业和客户之间建立起服务的新型关系,变客户为合作伙伴,充分挖掘和了解客户的有效资源,进而与客户共同发展,这不仅直接提高了旅游企业产品和服务的质量,也提高了员工的业务能力,同时培养了成熟的顾客;其次,促进与战略联盟的沟通和合作。信息化在旅游企业中的应用,可以使旅游企业不受地理、文化等的限制,与其战略联盟实现优势互补、信息共享,以获取最佳的经济效益;最后,信息化的应用,增强了旅游企业的公关能力。公司网站、官方微博、博客等为旅游企业对外发表和陈述企业价值观提供便利,旅游企业可以通过信息化途径预防、处理或扭转公关危机。

第三,信息化管理提高了管理决策效率。一方面,管理信息系统把知识管理融入业务流程和决策过程中,这已成为趋势,使得知识管理系统和决策支持软件越来越受到企业管理高层的青睐,该决策支持系统把常规性问题的解决方案收集并整理起来,以提高结构化问题的决策效率,同时把解决方案深入挖掘为非结构化问题的解决提供重要创新思路,知识管理系统大大提高了管理决策效率;另一方面,管理信息系统强大的信息收集和处理能力,使得管理者能够获得更多、更全面、更及时、更准确的做决策所需要的信息,为管理者做出最优决策提供信息基础,进而提高决策效率和效果。

第四,信息化管理促进了员工授权。首先,知识管理系统的应用和发展,使得员工可以充分利用系统中所提供的知识进行决策,在一定程度上提高了员工独立解决问题的能力,此时对员工授权会提高管理效率;其次,物联网、射频识别技术、移动互联网的发展,使得管理层更容易获得员工绩效的信息,根据这些信息做出客观、公正、透明的绩效考核系统,而公平公正的绩效考核系统的建立,使管理者能够对授权的员工有所掌控,这会促使管理层对授权行为更有信心;最后,信息化的发展,丰富了员工培训的方式和手段,增强了员工持续学习的途径和灵活性,将使得员工个人技能和工作经验得到很大提升,员工能力的提升是管理层进行授权的最重要的基础。

综上所述,信息化管理会提高旅游企业的管理决策效率、加强旅游企业内部沟通和外部合作、促进员工授权,而企业的竞争力具体表现为经营能力、加快决策过程的能力、团队协作的能力、建立虚拟组织联盟的能力、实现全球化(区域)战略的能力、推动企业组织变革能力以及客户关系的维系能力。因此,信息化管理能够提升这些能力,应该成为旅游企业战略中重点考虑的要素,在经营过程中围绕管理和服务,积极地开展信息技术应用,以创造自己的竞争优势。

2. 信息化管理对旅游企业营销战略的影响

旅游企业营销通过信息技术,能提高旅游舆情的把控能力和游客需求分析水平,建立和完善数字营销监测和评价体系,扩展在线营销渠道,提升目的地在线传播效果和网络影响力,并逐步建立以自有媒体资源和可控媒体渠道相结合的自媒体营销系统。

通过旅游者信息监控和数据分析,挖掘旅游热点和游客兴趣点,引导旅游企业策划对应的旅游产品,制定对应的营销主题,从而推动旅游行业的产品创新和营销创新;通过量化分析和判断营销渠道,筛选效果明显的、可以长期合作的营销渠道;充分利用新媒体传播特性,吸引游客主动参与旅游的传播和营销,并通过积累游客数据和旅游产品消费数据,逐步形成自媒体营销平台。

(1)有利于实施旅游者信息监控分析系统

通过互联网信息监测工具,监测搜索引擎数据、微博数据和主流旅游网站数据,数据获取方式主要通过官方数据工具(如搜索引擎数据查询工具)、开放平台接口(微博接口)、网页抓取和索引(针对旅游类网站)等,及时发现游客对旅游企业的意见和评价,及时了解和掌控旅游者信息,并由己方或第三方专业机构进行信息分析,以达到以下目的:

①监控网络舆情,保护旅游品牌。游客已经习惯于通过互联网分享旅游经历和发表旅游评价,通过监控相关信息,能在第一时间发现可能对旅游品牌造成损害的负面信息,并及时进行反馈处理,避免旅游品牌的更大损失。

②挖掘游客兴趣,提供规划依据。通过工具分析竞争性内容在互联网上的信息,并分析游客兴趣点,针对性地策划旅游产品。通过把握旅游热点,针对性地策划营销主题,提高旅游产品的营销竞争力。

(2)有利于建立旅游自媒体营销系统

旅游自媒体营销是指通过自有媒介或可控媒介,通过相关运作获得稳定的受众和潜在游客群体,能够以较低成本向目标客户群体推送旅游信息和旅游产品信息的营销模式。自媒体营销需要面对大量的媒体渠道和不同的网站,所以需要建立相应的信息管理系统,该系统通过各个自媒体平台的API接口自动获取各平台的回复、评论等;自动获取各个平台账号以及每日内容更新和用户变化情况,并每日自动记录相关数据,可阶段性查看数据变化情况;将其他旅游企业的自媒体账号加入"竞争分析"栏目,便于随时可以关注其他各旅游企业在自媒体平台上的相关数据。

自媒体营销体系包括:自有和可控的信息发布平台,包括官方网站、博客、微博、电子邮件、社会化媒体官方主页、电子杂志等;能直接影响到的用户群,包括网站注册用户、微博粉丝、社区好友等;可以独立开展的营销活动,如官网免费门票赠送、微博抽奖、有奖点评等。

（3）有利于建立旅游营销效果评价系统

旅游企业包装有吸引力的优势产品与服务，围绕旅游企业的品牌主题，策划与创新相关的主题活动，采用团购、官方微博、旅游类网站等网络成熟模式吸引游客参与，同时评价营销效果。

在效果评价的基础上，逐步筛选出合作效果较好的网络营销渠道。比如，和国内较大的在线旅游平台达成战略合作协议，长期合作；建立网络媒体合作机制，达到品牌宣传和危机公关的目的；建立电子商务运营机制，通过和在线预订类网站合作产生直接的经济效益，等等。

（4）有利于实施游客积分互动推广系统

旅游企业日常的各种营销活动会持续吸引大量的游客参与，但这些营销活动周期短，也没有建立获取游客信息的办法，所以虽然做了很多活动，但是活动之间相对独立，仅仅起到了短期营销推广的作用，没有形成有价值的数据积累。

游客积分互动推广系统是一个在线的旅游活动营销平台，通过这个平台，可以统一开展各种在线活动，支持的在线活动包括门票赠送、抽奖、投票评选、照片游记分享等。所有通过这一平台开展的在线活动，均支持统一用户账号、统一积分体系和统一数据分析，各种在线活动可以通过这一平台进行整合，让零散的短期活动发挥出在线活动的营销综合效应。

该系统可根据用户提供的资料和感兴趣的旅游资源类型进行各种数据汇总和分析，收集和分析潜在的游客信息；此外，需要对平台及各个活动的推广渠道进行数据统计和分析，有效评价各个活动的效果。

总的来说，信息化管理对旅游企业营销战略的影响具体反映在以下几个方面：

- 客户数据信息的挖掘；
- 营销活动的推广；
- 营销渠道的选择；
- 营销效果的评价；
- 客户关系的维护。

因此，旅游企业管理者如何利用信息化管理的技术系统去解决以上问题是创造市场竞争优势的关键。特别是智慧旅游的迅速发展，使很多旅游企业解决了相关难题，得到了信息化管理所带来的益处。

3. 信息化管理对旅游企业发展战略的影响

近年来，随着旅游市场的日益开放，越来越多的外国旅游企业携其雄厚的资金、先进的技术和管理优势与国内的旅游企业展开竞争。此外，国内旅游业的迅猛发展,致使更多的竞争者涌入旅游行业,如房地产业进入旅游业。整体来讲,旅游行业的竞争环境加剧。目前我国旅游业正在承受着这种开放式的竞争和经济转型的洗礼,信息技术的应用正面临着新的发展机遇和挑战,这迫切要求国内旅游业务模式的创新,如何利用信息技术规划企业的发展战略成为企业面临最大的挑战。

一方面,信息化管理影响旅游企业战略的实现。信息化管理影响企业战略管理的三个阶段,即战略设计、战略实施和战略评估阶段,使企业利用信息系统和信息技术的特点及优势调整企业战略目标,使两者形成一种互相协调、和谐一致的状态,即战略匹配。战略匹配有利于实现企业战略,获得极大的竞争优势;而不相匹配的信息化管理和企业战略,将会阻碍企业战略的实现,甚至会导致企业发展的失败。

另一方面,信息化管理支持旅游企业战略的各种措施。首先,信息化管理规划设计的决策支持系统、财务管理系统、人力资源系统、生产控制系统、企业资源计划、知识管理系统等,通过旅游企业业务整合,使企业内部组织结构和职能体系相匹配;其次,信息化管理使企业资源与市场机会达到更好的结合,兼顾成本与效益。这两方面都极大促进了企业整体发展战略的实现。

企业信息化管理首先应有战略规划。企业信息化管理支持企业发展战略,这是许多企业经营者都已经意识到的问题,并知道它们的利害关系。但是企业信息化管理不是一步到位的,它同样需要一个信息化管理战略,其内容包括信息技术战略、信息管理战略、信息资源战略以及信息系统战略,而这些战略的重要性是许多企业经营者还没有注意到的问题。因此,国内大多数旅游企业对如何开展信息化管理觉得很困惑,不知如何下手,甚至在企业发展战略里根本就没有信息化管理战略的内容。而制定信息化管理战略需要企业领导亲自过问,并掌握循序渐进的原则和以经济效益为原则的指导,逐步开展企业的信息化管理。

图 3-1 中的企业发展战略说明了信息化管理战略对企业的重要性,信息化管理的核心概念就是信息技术、信息系统、信息资源和信息管理。信息技术体现了信息化管理的技术基础、信息系统体现了信息化管理的手段、信息资源体现了信息化管理的理念、信息管理体现了信息化管理的方法,他们的具体内容决定了支持企业发展的力度和实现速度,同时也影响了企业的可持续发展。因此,信息技术战略决定了企业总的发展战略方针;信息系统战略决定了企业发展的速度;信息资源战略决定了企业发展的资源优势;信息管理战略决定了企业发展的差异化优势。具体来说,信息化管理对企业发

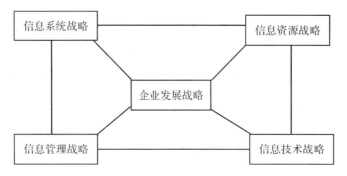

图 3-1　企业发展战略与信息化管理战略关系示意图

展战略产生的影响有以下几方面。

- 对企业发展的竞争力影响；
- 对企业组织结构的影响；
- 对企业人力资源战略的影响；
- 对企业发展目标定位的影响；
- 对企业创新能力的影响。

4. 信息化管理符合智慧旅游发展的需要

随着旅游业的迅猛发展，游客大幅度增多，周末、节假日旅游景点出现人满为患的情况，导致交通拥堵、安全隐患、旅行社服务品质下降等问题的出现，从而降低了旅游者满意度。如何依托信息技术实现对交通状况的实时播报、安全预警和紧急救援的及时进行、旅行社行为的有效控制等问题，对旅游企业和旅游管理部门提出了很大的挑战，而智慧旅游的发展和应用解决了这一难题。

智慧旅游可以实现以下功能：

- 游客流量实时监测，基于以上数据可以实时发布旅游点流量热点图（景区门禁、运营商基站定位和视频监控设备）。
- 实时获取交通流量、路况、拥塞、事故、安全等各种交通信息和旅客需要知道的各种服务信息，为准确地对旅游交通进行协调提供有力的信息支持保障。
- 旅游目的地的旅游安全状况分别用红色、橙色、黄色和蓝色标示，对应向公众发布红色、橙色、黄色、蓝色旅游预警信息。旅游安全预警信息应该通过网站、手机应用等第一时间以醒目形式发布，系统后台应该设置专门的预警通知按钮（基于云计算平台系统）。
- 通过集成的信息网络和通信系统将公安、消防、交通、卫生急救、公共设施、自然灾害等突发事件应急指挥与调度集成在一个管理体系中，为游客提供更加便捷的紧急救援及相关服务。

- 利用导游 GPS 管理系统监控导游是否带团偏离线路轨迹，避免临时增加购物点、取消景点等现象；监控旅游团队在景区的停留时间，保障游客游览时间；如果旅游团队出现安全问题（如旅游大巴翻车），可以快速定位并启动紧急救援。
- 旅游者通过二维码快速发布自己的评分和相关评价意见。

以上功能的实现，需要定位系统、云计算平台、视频识别技术、物联网、二维码等信息技术的应用和发展，这些技术应用组成了信息化管理的基础，旅游信息化管理对这些技术进行整合，以满足智慧旅游发展的需要。

## 3.2　旅游信息化管理涉及的范围及内容

我国"十二五"规划把旅游业归为战略支柱型产业，作为战略支柱型产业的旅游业需要保持在一定时期内的可持续发展，但旅游是一种资源型产业，具有一定的周期性，并且近年来随着游客数量的大量增加，旅游生态环境遭到一定程度的破坏。因此，若想保持旅游业的可持续发展，除了保护环境、维持原生态以外，一个可行且有效的方法就是借助于信息技术来保持旅游业的可持续发展。

### 3.2.1　信息化管理的范围

为什么要研究旅游信息化管理？因为旅游信息化为旅游产业发展提供了技术支撑，是优化旅游软环境最直接的手段，利用信息技术可提升旅游产业质量，实现旅游经济的快速增长。2010 年，在海南博鳌国际旅游论坛上，与会者一致肯定了旅游业与信息业融合的必然趋势，充分利用电子技术、信息技术、数据库技术、物联网和网络技术，收集、整理、整合利用各类旅游信息资源，实现信息的有效交流和业内共享，是推动旅游产业结构优化升级的关键环节，也是提高管理水平的重要手段。从信息的角度去管理企业，从知识的角度去发展企业，这是对现在旅游管理学科的重要补充。本节先介绍旅游信息化管理涉及的范围。

1. 传统旅游管理面临挑战

传统旅游管理面临的挑战主要有旅游业的快速发展和游客需求产生了质的变化，如何面临瞬息万变的市场，解决旅游信息不对称、游客体验信息难以获取等问题，这些挑战如果得不到及时解决，可能会产生管理权限不明、管理效率低下,甚至导致旅游管理局面的混乱。进入 21 世纪,我国的旅游市场发生了巨大的变化,网络订房、网络营销、个性化旅游、电子商务等与网络相关的新概念不断充实到旅游管理体系中,尤其近年来的泛旅游、智慧旅游概念的出现,使旅游管理面临更大的挑战。旅游信息化管理的出现,为旅游管理学科增添了新的内容。

另外,旅游信息化的发展使得旅游管理和旅游产品的交易方式产生巨大变化,线上预订、电子商务、智慧服务等概念迫使旅游管理向更高的要求迈进。2012 年第二季度中国在线旅游市场交易规模达 418.7 亿元,同比增长 35.8%,又创新高(艾瑞咨询,2012)。电子商务交易量的增长同样对旅游管理提出了更高的要求,面临电子商务越来越普及的局面,旅游业迫切需要发展信息化管理。因此,信息技术成为完善旅游管理体系的主要技术和核心。

2. 旅游信息化管理的范围

根据目前旅游管理涉及的范围,主要包括旅游行业管理、旅游企业管理、旅游目的地管理、旅游服务管理以及法规、诚信等管理。旅游信息化管理基本围绕这些常规管理展开,具体来说,旅游信息化管理的范围如下。

(1)旅游行业的信息化管理

旅游行业管理是旅游管理中的重要一块,代表的是政府行为,主要承担旅游行业市场规范、市场管理和服务管理等内容。首先,依托先进信息化技术的旅游信息化管理能够及时、准确地掌握旅游行业的市场信息,实现旅游行业监管从传统的被动处理、事后管理向过程管理和实时管理转变,实现传统旅游业管理方式向现代管理方式的转变。

其次,通过专业的协作型信息系统,与公安、交通、工商、卫生、质检等部门形成信息共享和协作联动,结合旅游信息数据,形成旅游行业的综合管理机制,提高应急管理能力,保障旅游安全。实现对旅游企业投诉以及旅游质量问题的有效处理,维护旅游市场秩序。

最后,鼓励和支持旅游企业广泛运用信息技术,改善经营流程,提高管理水平,提升产品和服务竞争力,增强游客、旅游资源、旅游企业和旅游主管部门之间的互动,高效整合旅游资源,倡导信息化管理以推动旅游行业整体健康、快速、和谐发展。

(2)旅游产业流程的信息化管理

旅游产业的流程其实就是旅游服务流程,因为一个完整的旅游服务流程涉及每个产业链结点。如饭店服务环节、导游服务环节、餐饮服务环节、旅行社服务环节等,都是旅游产业流程上的节点。信息是连接旅游产业各个环节的纽带,如果这些流程环节的信息不畅通,各环节的信息不能相互在线交换,则无法实现旅游服务流程的信息化管理。旅游产业流程的信息化管理能够解决各流程环节的信息不通畅等问题,实现旅游产业流程的信息在线互动,提升各个环节企业提供高品质服务的能力,进而提高旅游者满意度。

（3）旅游目的地信息化管理

旅游目的地信息化是旅游目的地和旅游信息化的综合体,旅游目的地信息化是指旅游目的地相关利益群体充分利用现代信息技术、网络技术和数据库技术,对旅游资源进行再分配和流程优化,促进产业升级换代,提高当地旅游产业发展和管理的效率。其中的相关利益群体,涉及旅游行业管理部门、旅游企业、旅游辅助产业等多方面,而不仅仅局限于旅游企业的信息化。衡量旅游目的地的信息化水平,也是从这个群体全面去考察、测量,促使该群体发挥整体效应,实现该旅游目的地综合管理的信息化,发展现代旅游产业。

（4）旅游企业的信息化管理

信息化是旅游企业把握优越旅游资源、争取市场优势、抓住市场机遇、实现利益最大化的必经途径,信息的获得和利用是旅游企业生存和发展战略决策的关键,能为旅游企业迅速敏捷地了解、适应、占领、开发市场提供有力的保障,将极大地提高旅游企业的服务能力和经营管理水平,同时有助于帮助旅游企业树立良好的企业形象和降低成本。而各种类型的旅游企业信息化是旅游业信息化的核心组成,旅游企业缺乏信息化管理,整个旅游业的信息化就无法实现。

（5）旅游支撑体系的信息化管理

旅游业存在各种形式的支撑系统,如旅游诚信系统、旅游投诉系统、旅游保障系统、旅游危机处理系统和旅游预警系统等。这些支持系统的管理效率会影响旅游市场的运作效率,影响消费者的满意度。因此,构建这些支撑系统的信息系统是旅游业发展的重要推动力,也是旅游信息化管理中的重要内容。

旅游信息化管理还涉及旅游交通、休闲农业、乡村旅游以及网络电子中介等,他们属于新型的旅游业态,其信息化管理在这里不作详细介绍。

## 3.2.2　信息化管理的内容

旅游业是国际公认的绿色产业、无烟产业。进入 21 世纪以来,在经济转型升级的大环境下,我国政府十分重视旅游业的发展,逐渐地把发展旅游经济放到更加重要的位置,不断推进旅游业转型升级。在信息化管理体系中,核心是信息化。作为一个新的管理方法,我们应该怎样去开展信息化? 信息化管理涉及哪些内容? 旅游信息化管理中的核心内容是什么? 这些都需要我们深入去探索和研究,以便指导实际操作。现在许多旅游企业还不清楚怎样才算信息化,哪些管理应信息化,信息化管理与电子商务的关系如何,等等。旅游信息化管理就要具体解决这些问题,解决旅游企业的各种疑问。旅游信息化管理的最终目标是要实现智慧企业,实现智慧旅游,即在旅游中的各个环节,用信息化更智能地服务旅游者,从而满足消费者多层次的不同需求。具体来说,旅游管理信息化涉及以下内容。

1. 信息技术及其应用

信息化管理是利用信息技术方法开展的一种管理,需要了解和熟悉信息技术,这些技术包括网络通信技术、计算机技术、互联网技术、物联网、视频识别技术以及知识管理技术等。从管理的角度来看,掌握每一种信息技术的作用并把它应用到旅游管理当中,能大幅度提高管理效率、决策效率,减低成本以及面对更复杂的内外部环境的变化等。

信息技术瞬息万变,开发和更新周期短,竞争异常激烈,作为一个旅游企业的 CIO,需要实时关注信息技术的新动向,及时更新企业内部信息技术,提升组织的信息技术应用能力,以达到效率的提升和服务模式的创新。特别是随着 3G/4G 时代的到来,将对旅游信息化的发展产生重大影响,电子地图、虚拟现实、移动通信、高端搜索引擎,可为企业赢得信息化管理所带来的竞争优势。

目前信息技术在旅游行业的应用主要包括用于旅游电子商务、旅游电子政务和旅游信息化管理,那么旅游管理信息系统、视频识别系统、实时监控系统、用于节能的监管系统、用于规范行业的电子行程单系统等,都为智慧旅游的实现打下技术基础。作为旅游企业,了解各项信息技术的作用及研究如何发挥信息技术的优势,是旅游企业应对外界复杂多变环境的唯一选择。

2. 信息系统软件及应用

近年来,目前对旅游企业绩效影响较大的信息系统软件包括 ERP 系统(企业资源计划)、CRM 系统(客户关系管理系统)、OA 系统(自动办公系统)等,这些管理软件的应用,大大提高了企业资源配置的能力、管理客户关系的能力和管理效率,这些都在一定程度上提高了旅游企业的竞争力。

此外,旅游信息化管理的主要形式是信息系统软件的引进和完美应用,这就需要管理层熟悉各种类型软件的作用及判定该软件是否适用于企业内部。消费者在旅游过程中，需要收集各个环节的信息，而这些信息是影响旅游者消费倾向的重要因素，因此利用开放型信息系统软件可以吸引旅游消费者，要求旅游企业管理者熟悉每个环节上的信息化内容及系统。

由此可见，旅游信息系统软件涉及旅游产业的各个流程，因此管理者需要熟悉每个环节流程上的信息系统以及其数据无缝交换的能力。尤其是企业层面的信息系统，现在的软件基本满足了企业所有的管理流程，作为管理者，应熟悉企业流程中的各类应用软件。

3. 信息化管理战略

旅游企业的信息化管理战略是旅游企业信息化管理的一个重要内容，是所有信息化管理活动的一个基础和方向。企业的可持续发展、企业核心市场竞争力的提高、企业创新和学习能力的提升都是信息化管理战略的组成部分，战略的制定指引着企业具体的行为准则，是逐步实施企业高层对信息系统的投入、实施和控制的渐进过程。

因此，如何做好信息化管理战略的制定是实现旅游企业信息化管理的一个决定因素，信息化战略的制定根据企业自身的发展战略、行业竞争强度、消费者需求变化等，而信息化管理的成功实施需要信息化战略作为指导。管理好信息化管理战略的制定、实施和控制是旅游企业信息化管理的一个重要环节。在制定战略时，还需要知道竞争对手的情况、旅游市场发展的情况，只有这样才能实施好信息化管理的软件项目。

4. 信息系统实现的方法

旅游信息化管理是一个应用性很强的系统工程，不管在一个旅游企业中还是在一个旅游行业管理机构中，开展信息化管理都需要合适的信息系统实现方法和适当的组织机构作为支撑。这个机构的主要工作就是完成组织信息系统的规划、设计和实现，并对信息系统的运行进行维护和管理。而信息系统的实现方法影响着信息系统的实现效率和效果，那么作为旅游信息化管理的重要内容，管理者必须了解和掌握信息系统实现方法的创新和变化，以寻求最好的信息系统实现方法，提高企业信息化竞争力和降低成本。在系统规划和设计以前，首先要研究在旅游行业中哪些环节的管理是可以电子化的，如客户管理中的数据是可以电子化的、销售产品的数据是可以电子化的，甚至客户的偏好和消费习惯也是可以电子化的，但需要面对面服务的过程是不能数字化的，而服务结果的记录是可以电子化的。又如饭店工程设备的具体维修过程也无法电子化的，而维修的申请和维修结果记录是可以电子化的。在旅游行业中，大多数的管理是可以电子化，这些都是信息化管理所要研究的内容。在旅游信息化管理内容中，需要探索管理的电子化问题、探索系统的设计问题、实现问题,如系统实现可以根据自己的规划和分析,自己组织力量开发信息系统,也可以去软件供应商那里购买。因此,怎样开发信息系统、怎样选购信息系统都是旅游信息化管理涉及的方法问题。对于大型的集团企业,目前信息系统采用委托设计或合作开发来实现,如南京金陵集团、上海锦江酒店集团都有自己的 IT 合作伙伴。

## 3.3 旅游业信息化管理的层次

从旅游业信息化管理的内容可以看出,旅游管理流程各环节上实体单元是有层次性的,我国旅游管理的层次就是旅游企业(点)、旅游目的地(区域)、旅游行业(国家旅游当局)。因此,信息化管理的层次包括旅游企业信息化管理,旅游目的地信息化管理,旅游行业信息化管理等层次,旅游行业的信息化管理反映了整个旅游业的信息化水准,这个层面主要以政府为主导,对旅游业信息化的发展起着宏观调控作用(服务面)。

### 3.3.1 行业信息化管理

行业信息化管理中的主要角色是政府,其最高当局是国家旅游局,并下设省、市旅游局,各级政府旅游管理机构指导整个旅游行业的信息化管理建设,承担着行业的信息化管理、市场的信息化管理、规划与发展的信息化管理。具体来说,我国旅游行业信息化管理主要涉及旅游饭店、旅行社、旅游景区等企业;市场信息化管理主要涉及市场推广、质量监督、执法管理、网络营销等;规划与发展管理主要涉及旅游产业规划、项目管理、招商引资等。下面简要介绍行业信息化管理这三方面的基本内容。

1. 业务的信息化管理

业务的信息化管理主要涉及各级政府旅游管理机构的业务管理处。业务管理处的主要工作是饭店(星级)企业管理、旅行社管理、旅游景区(资源)管理(有些省归规划发展处管理)等业务内容。传统的业务管理由于缺乏信息技术的支持,管理效率低下、信息不对称,不利于旅游业健康可持续发展,其管理远不能满足旅游发展的需要。随着网络和信息技术的发展,新的业务管理在信息系统(基于网络)的支持下,可以实现实时管理和互动式管理,为旅游企业提供实实在在的政府服务。旅游业务的信息化管理主要体现在以下几个方面。

(1)星级饭店业务的信息化管理

饭店业是旅游产业中发展较早、相对较成熟的一个行业,是旅游产业链中经济产值比重最大的行业。政府对饭店行业的管理可分为两部分：一是星级饭店管理，二是非星级饭店管理，而归属旅游局管理的仅是星级饭店。目前，我国星级饭店仅占饭店总数的 6.2% 左右，但这部分星级饭店代表了整个饭店业的发展水平，反映了我国旅游业发展的接待能力和管理水平。政府对饭店行业的管理主要通过电子政务（政府网络）实现。其业务处理有两种途径：一是通过信息网站的在线业务处理；二是通过办事大厅（或政府服务中心）的计算机网络系统处理。前者处理的主要业务有企业报表上传、表格下载、星级饭店申报、岗位培训管理、政策法规查询、业务查询、信息报送管理、星级检查员管理、绿色饭店申报以及饭店经营变更管理等。饭店联合促销、安全管理以及排污管理等也可以通过网络系统实现，政府可以通过网站发布宏观的业务指导信息和经营的规范信息，以引导饭店企业按规定的要求开展经营管理。

随着物联网、云计算平台、云服务平台的发展与应用的深入，政府旅游局可实现饭店业的统一管理平台，同时也可以完成部分的预订业务管理，如支持注册用户预订、无注册预订和快速预订；支持根据不同产品设置是否要全额付款或部分预付；支持多种在线支付手段，支持手机支付、小额快速支付；支持 B2C、B2B 结算和支持多渠道自动分账（如支付合作渠道的推荐佣金）。并且，在预订流程设计中减少用户点击和不必要的资料填写，采用 AJAX 技术减少页面刷新次数等应用。

饭店除了与旅游管理当局有业务管理的网络联系外，还与政府税务局的网络有联系（纳税申报管理），与当地公安部门的网络有联系（境外客人报户口），与广电部门的网络有业务联系（卫视管理），与当地交通管理部门、安全保障部门都有联系。这些政府部门基本都是通过网络与饭店发生业务指导关系，因此也是行业信息化管理涉及的内容。这些信息化内容虽然不是旅游饭店的主业务，但网络信息化管理提高了饭店外联管理的效率，可以自动处理与政府部门之间的业务，也提高了政府部门对饭店企业管理的效率和服务效益。

（2）旅行社业务的信息化管理

旅行社是一个综合性的旅游服务企业，其职能是包装旅游产品、组织旅游团队、开展组团和接团的服务性工作。旅行社是旅游产业链中最核心的服务企业，它的服务内容基本代表了旅游业的整条产业链，包括食、宿、行、娱、购、游一条龙服务。然而，近年来游客个性化需求的改变，对旅行社的经营产生很大的冲击，如何利用网络技术，改善旅行社的经营机构，使其快速成长为大型的电子化旅游服务企业，成为问题的关键。信息技术的应用和信息化管理的出现,可以提高旅行社管理效率、把握旅行者需求变化、及时对市场变化做出正确决策等,为旅行社的二次发展提供机遇。

政府对旅行社的管理也应适应时代发展趋势,积极开展电子化政务服务。苏州市政府为旅行社提供统一预订系统、电子行程单透明等服务,使得旅行社服务更加公开和透明,旅行路线和时间安排更加合理,这在一定程度上符合当代旅游者的需要,也提高了旅行社的行业竞争力。同时,旅行社可以在政府网络服务上进行成立申报、上传企业经营报表、管理人员资格管理、价格管理、游客投诉管理、导游人员登记管理、出境游名单管理、分支机构申报与管理以及安全服务管理等。由于旅行社分为国内旅行社和国外旅行社两大类,在网络内容的管理上有所区别,政府一般通过网站发布宏观的业务指导信息,与旅行社企业实现互动式管理。在网络快速发展的年代,产生了众多的旅游网络中介,这是新一代的电子旅行社,它的出现成为我国旅游当局管理面对的新问题。在业务管理上,政府的信息化程度远远落后于这些旅游网络中介。目前,我国政府对旅行社的业务的信息化管理还很不完善,尤其是对旅行社企业的服务和监管,存在网络化方面的严重不足。

(3)导游人员业务的信息化管理

导游是旅游业中的一个重要工作岗位,由国家旅游局或国家旅游局授权的行政主管部门颁发导游证。导游人员的正当权益受国家法律保护,任何单位和个人不得非法干涉导游人员执行工作任务。目前对导游人员采用分级管理,每个导游人员都应该具备国家规定的条件,并经培训学习后参加全国导游人员资格统一考试,考试合格后,国家发给相应的等级证书。导游人员业务管理通过网络信息化处理的有考试报名、导游证核发、导游资格认定、培训报名、信息查询、导游人员档案管理、聘用合同管理等。通过信息化管理,导游人员可以与旅游协会、旅游管理部门实现互动式管理,通过网络也可以对导游人员的工作实现游客监督,在线记录导游人员的工作业绩和游客考评情况。

(4)行业培训的信息化管理

新建的旅行社和旅游饭店企业都要求一部分管理层人员经培训持有国家旅游局颁发的《旅行社经理资格证书》或者经培训持有国家旅游局颁发的《旅游行业岗位职务培训证书》。已经运行的旅行社或者已经评星级的饭店,应在规定时间内达到经理(总经理与部门经理)全部持证上岗的要求,或者在规定时间内达到管理人员全部经培训持证上岗的要求,并按年制定年度培训计划,以此作为年度考核和年检的考评内容。行业培训管理的目的是为了稳定和提高旅游业的服务质量,使旅游企业的经营管理和服务质量符合旅游业的规范要求。因此,在对行业培训的信息化管理要求上,希望通过网络能实现培训报名管理、岗位培训查询、岗位规范要求查询、培训课程查询、岗位证书核发、经理资格认定等业务内容。行业培训可以推行职业经理人制度,对旅游职业经理人实行统一培训、统一建立电子化档案,并实现职业经理人的信息化管理。服务员工的培训管理同样可以采用分级信息化管理,这些都由基层旅游当局和旅游企业分别建档实现电子化管理。

2. 市场营销的信息化管理

市场促销是各级旅游当局市场开发管理部门的重要工作之一。为了构建旅游强国、强省战略,目前各级政府都很重视旅游的市场促销和营销,因为旅游经济是当前经济的热点,对地方经济收入有很大的贡献。在信息化时代,市场的促销和营销都已离不开网络,尤其利用网站开展网络营销,将有非常好的营销效果。地方政府结合本地资源开发旅游市场,规划和设计旅游产品已成为经济增长的主要手段。旅游产品设计和创意不仅要考虑资源的可承载状况,还要考虑市场的需求特征和发展方向。只有在充分研究旅游市场需求特征的基础上,设计和规划出来的旅游产品才能受到消费者的青睐,最大限度地实现旅游产业的社会效益、经济效益和环境效益的统一。同时,针对旅游市场的不同结构特征,为旅游者提供特色化、人性化和多样化的服务,旅游产品的生命周期才能延长。另外,研究旅游市场的潜在消费趋势,网络是最好的研究平台。通过了解潜在需求,将有助于提高旅游产品的市场迎合度,并能够在一定程度上主导或影响旅游者的消费倾向和消费偏好,从而引导旅游市场的科学消费、合理消费,实现旅游产业的健康发展。

不管是设计旅游产品还是开拓旅游市场,网络的作用是十分明显的。利用网络实现的市场促销信息化管理,可以挖掘旅游消费者对产品的需求和兴趣,有利于产品设计更符合现代人的旅游需求。另外,网络营销可以即时分析营销的效果,也可以一对一地开展营销,有利于培养市场群体。目前各级政府基本都有了信息网站作为推广、营销的主要手段,通过网站基本实现了市场推广、客户互动、电子分销、市场分析以及电子商务等网络化管理。

3. 规划和发展信息化管理

旅游行业管理中的另一个职能就是规划和发展管理,这是各级旅游局规划发展处的工作内容。各级政府都在利用自己的资源开发旅游,如何把握旅游的发展方向,需要对旅游开发项目实行统一规划、统一申报和统一管理。规划和发展管理中首先面临的是发展和保护的问题。旅游产业的发展依赖旅游资源的开发,而旅游资源在经过开发和设计之后,可能面临危机,因此要科学地正视旅游资源的开发和保护之间的关系,做到开发和保护的统一,是旅游业可持续健康发展的基础。从经济的角度来看,旅游资源的开发能带来直接的经济收入和就业机会,还能带动相关产业的发展,而资源的保护则需要大量的成本,因此需要在开发中贯彻保护的概念,而当旅游开发开始有了经济收益之后,又可以将部分收益用于资源的保护,两者能够相互促进,共同发展。而从社会发展的角度来看,旅游开发不仅是旅游产业发展的要求,也是人类社会不断进步和发展的要求。旅游活动是人类精神生活的高级形式之一,人类的进步和社会生活必然要求开发旅游产品。同时,旅游资源的保护又是人类社会持续发展的保障。因此,旅游资源开发和保护是相辅相成的,科学的旅游开发是在保护的基础上进行的开发,而不仅是以经济效益为唯一目的的开发。利用网络可以实现项目申报、规划展示、规划指导原则、设计公示、调查听证等信息化管理,资源保护等范围、要求、方法也可以通过网络来供开发设计者查询。

另外,规划和发展管理中需要处理城市和乡村旅游发展关系的问题。统筹城乡发展是科学处理城市与乡村发展关系的原则,在大力推进城市旅游发展的同时,加快近郊旅游、乡村旅游和观光农业旅游的发展,有助于全方位扩大城乡旅游交流,实现城乡旅游资源互补和旅游市场互动,从而促进城乡旅游协调发展。此外,它还将带动乡村经济的整体发展,为农村剩余劳动力提供更多的就业机会,促使农业产业结构进一步合理化。统筹城乡旅游发展,响应了国家促进农村发展的国策,在一定程度上帮助解决了"三农"问题,对国家和社会稳定有着重要的意义,并为实现旅游全民化打下了坚实的基础。这类问题的信息化管理需要积极利用信息网站的作用,而且要制作互动性网站。通过网站展示城市旅游的特色、乡村旅游的特色以及这些旅游资源的保护措施,以及当地居民的利益保护措施等。一定要通过网站的互动让当地居民参与旅游,这样有利于旅游资源的保护和旅游的可持续发展。

### 3.3.2 旅游目的地信息化管理

目的地信息化管理水平决定了目的地旅游经营的能力以及目的地的吸引力,也反映了旅游目的地的市场竞争能力。它和行业信息化管理不同,它承担了部分政府职能的信息化管理,也承担了目的地的经营信息化管理的职能。目的地机构更多的工作是如何通过网络、信息系统等信息技术,整合目的地的旅游信息资源,使其提高经营管理的效益。如杭州是一个旅游目的地,其信息化管理水平反映了杭州旅游的市场竞争力,目前杭州除了有完善的宽带网络,还正在试点把无线网络覆盖整个杭州,让游客能随时随地利用无线网络获取旅游信息,进一步提升旅游的信息化管理和服务。从提升旅游地竞争力角度看,目的地信息化管理关键是资源整合、网络建设和网络营销。

1. 旅游目的地的资源整合

旅游目的地信息化管理需要整合不同企业提供的多种多样的服务资源。首先是信息资源的整合。旅游目的地存在基本的资源信息、企业信息、服务信息、价格信息等,这些信息的发布和使用都存在规范问题、策略问题和利益问题,因此旅游目的地需要根据其整体发展战略整合资源信息,以形成有竞争优势的资源信息。其次是业务资源的整合。目的地存在餐饮业务、住宿业务、导游业务、交通业务以及购物网点服务等多种业务,这些业务需要通过信息技术系统开展整合,公开透明地呈献给旅游者,在吸引旅游者的同时形成标准化的诚信经营体系,实现价格、服务的规范和统一。最后是对企业的信息系统实现整合。旅游目的地都是独立经营的旅游企业,通过信息系统整合,实现相互之间的信息交换,实现业务的敏捷协作。目的地信息系统的资源整合最后形成目的地管理系统(DMS),通过目的地信息网站、营销系统、预订系统以及各旅游企业的内部信息系统集成,是一个大型的目的地集成软件应用系统。

2. 旅游目的地的网络建设

国家旅游局制定的旅游业发展规划基本思路是,到 2020 年,每年中国入境旅游人数将超过 21000 万人次,旅游外汇收入 580 亿美元以上;国内旅游人次将达到 29 亿人次以上,旅游总产出达到 2.5 万亿人民币以上,占国内生产总值的比例大于 8%。旅游经济又为国民经济做出重大贡献,其中旅游目的地是旅游经济活动的主要支撑点,对旅游发展起着基础性的作用。迅猛发展且竞争异常激烈的旅游业,给旅游目的地的经营管理、安全管理、生态和环境管理都带来压力,信息化的发展和应用将会提升旅游目的地区域的市场竞争力,因此,旅游目的地的网络建设是发展电子旅游经济必须要投入的基础性项目。

首先,国际互联网(Internet)极大地改变了旅游目的地的营销方式和提高了营销效果。网络营销帮助旅游目的地把信息方便、快捷地传达给旅游者和其他利益团体,提高旅游目的地的业务量、降低其经营成本,并且与利益相关者通过沟通方式的改善建立良好的业务关系。其次,企业内部网(Intranet)是利用互联网技术构建的一种网络,目的是通过互联网的开放性能开展网络服务,实现与互联网数据的无缝交换。企业内部网建设可以在线随时与客户互动、收集来自于互联网的电子数据、异地促销、接受互联网上的订单、处理网络业务等,能大大提高旅游企业经营的效益范围和运行效率;最后,企业外部网(Extranet)是利用互联网技术构建的一种网络,目的是通过互联网的开放性开展企业与企业之间的协作服务,实现企业间业务数据的无缝交换。网络的最大优势是可整合旅游目的地所有的价值链环节的信息,以寻求与合作伙伴或竞争者的业务协作,此外,有利于开展目的地电子商务的管理工作。

3. 旅游目的地的网络营销

网络营销是旅游目的地信息化管理的核心内容,目的地机构的旅游管理重点是营销,其次是经营。利用网络营销的互动性、及时性、全面性、经济性和实效性等优势,实时与旅游者在线互动,深入了解旅游者的需求和愿望,为旅游者提供针对性的差异化旅游服务,促进旅游目的地产品交易的实现。

构建网络营销系统采用的主要技术有网络通信技术、移动技术、多媒体技术和软件技术等,还包括网页制作技术、数据库技术、虚拟现实技术等,安全方面主要有防范计算机病毒、阻止服务器攻击、交易安全以及信息加密技术等内容。在现阶段,目的地网络营销主要通过移动技术(短信、微信)、网站(微博群)等形式开展网络营销,如自建网站和网络中介网站等。在现阶段,目的地网络营销还可以通过旅游电子商务系统、网络电子分销系统以及虚拟旅游系统等形式开展网络营销,尤其采用推、拉技术的微门户营销。

### 3.3.3 旅游企业信息化管理

旅游企业信息化管理是旅游业信息化管理中最基层、最重要的环节,因为旅游企业直接面对游客,是整个旅游业服务水平的体现。在现阶段,旅游企业的信息化水平还存在差异,据不完全统计,我国旅游业信息化总体水平一直在 10% 左右徘徊,主要是旅游中小企业多且比较落后。开展在线交易的企业都是目的地经营较好的企业,大多数在线旅游交易也都通过第三方交易代理进行。因此提高旅游企业信息化管理水平对发展在线交易具有非常重要的意义。

1. 企业进行信息化管理的目的

旅游企业面临全球化竞争和虚拟产业链带来的巨大竞争压力,导致旅游企业越来越强调利润控制的作用,而传统的财务数据已经无法满足管理控制要求,必须寻找新的控制手段。该控制手段以信息技术应用为基础,一方面在企业内部可实现企业内部资源的共享,衔接各个管理流程和服务流程以提高管理效率和降低经营成本;另一方面,在外部能满足旅游者日益个性化和强调参与性的旅游需求,提高企业的盈利能力;此外,信息化管理还可以实现企业之间的业务电子化,实现企业之间的业务协同,形成全电子化的虚拟产业链。

旅游企业合适的信息化管理能够提高企业创新能力、服务能力,进而提高企业的核心竞争优势,抓住新经济时代带来的机遇。积极地开展信息化管理战略规划,有步骤地实施信息化管理战略,是企业成功扩张的必要条件。具体来说,旅游企业可以按照以下步骤推进信息化管理:

- 旅游企业领导带头认知信息化管理的重要性;
- 确定企业经营管理中的突出问题;
- 开展科学规划,逐步实施各部门的信息化管理;
- 组织实施队伍,确立企业的 CIO;
- 正确选择软件合作供应商,建立战略同盟关系;
- 开发工作和人员培训工作同步展开,全面提升信息技术应用能力;
- 制定企业电子商务战略。

2. 如何实现信息的资源化

信息在旅游活动中扮演着越来越重要的角色,被公认为一种社会资源。那么要实现信息化管理,首先要把信息确定为核心资源来管理,再整合成旅游者所需要的资源,进而产生经济效益。如饭店信息资源,一个目的地存在各种类型的饭店,有高星级的饭店、一般星级的饭店,也有经济型饭店以及超经济型饭店,把这些饭店信息资源化管理,就是根据市场的不同需求细分类,整合成白领成功人士需要的饭店信息、蓝领人士需要的饭店信息、年轻学生类需要的饭店信息、老年人需要的饭店信息等,这样细分后不但提高了目的地饭店的收益,也提升了不同类型游客的满意度。其次是利用技术手段、行政手段、经济手段和法律手段来辅助资源管理。具体信息的资源化管理可以按照以下步骤进行:

- 建立一种网络环境,允许各种信息进入企业的决策活动中;
- 建立一个核心数据库,储存各类活动信息;
- 建立一个集成软件,允许各种信息在不同软件之间进行交换;
- 建立一个网站,整合各种网络信息资源进入企业内部;
- 设立一个 CIO(首席信息官),统一管理和规划信息资源;
- 建立一种制度,信息的使用受经济、法律、行政等约束;
- 设立一个识别规则,及时去除与经营无关的垃圾信息;
- 建立一个标准,准确评价各种信息源,合理组织信息。

### 3. 信息化管理的主要方式

信息化管理需要把技术和管理结合起来,形成一个可操作、可控制的管理信息系统,利用计算机技术、网络技术、数据库技术、数据挖掘技术、物联网技术,并结合管理理论,如计量学、运筹学、突变论、耗散结构论以及新一代的管理控制理论,是对企业数据和经营过程进行综合管理和控制的集成化信息技术系统。因此,信息化管理的主要方式就是要构建一个集成化的信息系统,这样才能消除企业内的"信息孤岛",形成可使用的信息资源,这是技术方式的一方面。另一方面就是信息化管理的组织方式,保证管理的实现效果。组织方式可按照国外的先进经验,建立信息总监(CIO)和相应部门,这是信息化管理的一个重要标志。CIO 体制下的部门主要完成技术规划、信息组织规划、信息与知识管理、网络建设和管理、系统与程序管理以及所有信息设备的管理,同时还需要与信息系统用户(部门)沟通,做好信息的安全和维护管理工作。

## 3.4 旅游信息化与管理创新

实践证明,旅游信息化可为旅游业带来新的利润增长点,但信息技术日新月异的快速发展,给旅游业信息化管理带来了新的挑战。这些挑战主要集中在三个方面:首先,技术方面的挑战。面对国际客源市场,谁能在旅游业信息化管理中利用先进的新技术,实现企业的持续扩张,让旅游者真正体验到信息化给旅游带来的便利,谁就赢得了竞争优势,其中核心的问题就是如何利用新的技术,进一步深化信息化管理。其次是营销方面的挑战。信息化带来的网络营销进入壁垒低,竞争更加激烈,因此如何利用最新技术获得外部环境信息、内部营销信息、竞争对手信息成为最大的挑战。再次,生态环境的挑战。随着人民生活水平的提高和可支配收入的增加,出游的人数和频率越来越高,导致近年来无节制的旅游项目开发、快速的人口增长、未处理的垃圾等人类和自然原因,使得旅游资源遭到一定程度的破坏,生态环境的保护和可持续发展是一个很大挑战,其中核心问题也是如何利用信息技术,实现环境的预防、预测性管理。

### 3.4.1 信息化的创新作用

旅游业是与信息技术产业高度融合的一个行业,这种融合需要不断地创新才能实现。旅游信息化的创新作用,表现为能够帮助旅游业从管理理念、生态旅游管理、服务管理三个方面,为旅游业带来新的利润增长点。

（一）管理理念的创新

能够使旅游业比以前更好地适应内外部环境的变化并更有效地利用资源，它是其他一切管理模式创新活动的先导或基础。已有调查表明，旅游业的管理创新超过 50% 与信息技术应用有关，旅游业的管理者只有根据内外部环境的变化，并结合自身发展特点不断更新自身理念，才能实现可持续发展。如营销管理，是信息技术应用不断创新的领域；服务管理也是一样，移动互联网、定位技术应用不断交替服务方式的创新；交易管理通过旅游电子商务在线交易不断创出新高，经营者可以精准把握消费者需求的变化，迎合消费者的需要开展服务。同时，旅游信息化能实现员工知识共享、持续学习创新，更大程度保证员工的学习能力，提高其运用信息知识的能力，进而提高人力资源的开发与利用效率，使旅游企业成为知识型企业。

（二）生态管理创新

在旅游业发展中，经济效益和环境效益一样重要，用信息技术提升环境效益是未来旅游业信息化管理创新的重要方面。一方面，物联网的发展为旅游管理部门实时监控游客流量数据提供可能，监控景区游客流量统计，流量的预测可以有效减少或防止游客过度拥挤导致的生态环境的承载容量，视频监控设备可以反映某个监控点具体的游客情况；另一方面，通过电子政务网站，宣传节能减排、低碳出行、保护环境等理念，使生态旅游观念深入当地居民和游客心中，提高保护生态环境意识，进而促进其保护生态环境的行为。信息技术可以达到对环境的可视化管理，运用众人的智慧，有效保护环境和文化遗产以及自然景观的真实性和完整性，实现景区环境、社会和经济全面、协调、可持续发展的目的。

（三）服务管理创新

移动互联网、智能终端的出现，使旅游者对信息获取提出了更高的要求，传统的网站已经不能满足其需要。第一，智慧旅游咨询服务系统以强大的数据中心为基础，整合各渠道的旅游信息，通过旅游门户网站、电子政务网站、电子商务网站及咨询电话和咨询中心的工作人员为游客提供咨询服务。游客也可以通过智能手机或景区中的互动信息屏自助获取旅游信息，系统也提供信息接驳和主动推送功能，为其他的旅游咨询服务中心或游客，主动推送信息。第二，智慧旅游互动信息屏服务系统为游客提供互动式的查询服务，系统采用移动互联网技术、虚拟技术、GIS 技术以及精准感应技术，动感地将旅游目的地的旅游资源信息、旅游商务信息、旅游服务信息有机融合，满足游客随时随地获取信息的个性化需求。第三，智慧旅游公共服务信息发布系统，该系统为游客出行前、出行者提供敏捷的信息服务，为准备出发的游客、自驾车游客、进入景区的游客、等候车辆的游客提供获取信息的便利,从而提高旅游过程中行程信息获取的服务质量。同时,通过互联网和移动网络实现用户个性化交互式访问平台,与其他用户共同分享,以达到人人参与、共享旅程的目的。

### 3.4.2　政务信息化的管理创新

国家旅游局于 2011 年开始推动智慧旅游建设,并在 2012 年确定了 18 家智慧旅游试点城市,这是政务信息化管理创新的重要举措。如江苏省南京市大力推进智慧旅游建设,通过规划落实项目,不但要提高政务效率,更重要的是提高服务效率。"以游客为中心,以人为本,是我们规划'智慧旅游'系统的核心。"南京市副市长陈刚说。"智慧旅游"前无古人,全国也只是提出了概念性的口号,具体怎么做并没有标准。而南京在做的过程中考虑到了行业标准,通过探索率先提出地方标准,争取成为省里的标准,继而成为国家的标准。"南京不仅仅是做一两个系统,而是在一个更高的起点上,更大的范围内,来整合整个旅游行业的需求,成为智慧旅游行业的领先者,游戏规则的制定者之一。"下面是南京市落实智慧旅游建设的具体内容。

项目一:南京游客助手。"南京游客助手"是为到达南京的游客提供的手机平台应用产品,是集吃、住、行、游、购、娱等信息功能服务于一体的手机旅游通。该项目突出以游客体验为中心的建设理念,按照政府主导、多方参与、市场化运作的原则,以政府公信力为支撑、以各运营商的市场资源为依托、以各旅游企业为纽带,是全国第一个由官方推出的基于智能手机的旅游客户端软件。游客通过下载该软件后,在南京自助游中,依靠手机的便捷性和网络覆盖面,随时随地查询各类旅游资讯,享受查询和预订一体化的便捷服务。

项目二:新型游客体验终端。南京市旅游园林局新近推出的智慧旅游互动体验终端,在南京的高星级酒店、代表性景区以及旅游咨询中心,都可以看到它的身影。终端的外形时尚、内容新颖、使用方便,启用 42 英寸彩色显示屏,通过这个触摸屏,可以全面地了解南京的旅游资源和各类资讯。同时,通过终端联网实现远程管理,与官方网站和微博实现实时互动,为来宁游客提供了更贴心、更快捷的信息服务。其中,"旅游快报"与南京旅游网同步更新,与旅游园林局的官方微博随时互动,用简洁精练的文字,每天更新播报最及时的旅游新闻;"畅游南京"精心推荐 A 级景区、文化主题线路和季节特色项目,每一处景区和项目都给出了门票、地址、电话、交通等基本资讯,轻松带你走遍南京的每一个角落;"旅游贴士"是游客最全面的备忘录,收集了吃、住、行、游、购、娱这六大要素的实用资讯,也整理了旅途中最常用的各类电话和信息,给予游客最贴心的提醒和备忘。

项目三:乡村旅游营销平台。南京城内的旅游资源非常丰富,古城内外的明秀山水让人陶醉,以前不知道从哪里查询南京乡村旅游的信息,现在只要登录南京市旅游园林局官方网站和下载手机客户端——"南京游客助手"这一综合性网络营销平台,就能全面了解南京的乡村旅游信息。网页上按照各个旅游点所在的区县进行了分类,便于游客根据方位和区县特色来查找;点开每个旅游点,能看到地址、电话、人均消费、营业时间、项目特色、旅游简介等信息,并且有非常详细的交通路线指引、门头和标志性景观图片的展示,结合网站的地图导览和手机"游客助手"上乡村旅游子栏目的一键导航功能,更是减少了在到达途中的周折。点击预订栏目后的图标链接,还可以通过三大运营商的商户服务平台进行在线预订,最大优惠地享受消费打折。

项目四:旅游执法 e 通。"旅游执法 e 通"是南京市旅游园林局为提高旅游管理人员工作效率,基于旅游行业管理的特征,尤其是旅游执法的需求,通过移动通信网络和管理数据库的建设,开发设计的"旅游执法 e 通"系统,实现了旅游行业的管理人员通过智能手机,实现旅游执法信息的现场查询以及数据的现场采集。目前该系统包括查询检索导游信息、旅行社信息、政策法规、旅游星级饭店、旅游景点(包括农家乐)、旅游车辆、市区县旅游局信息、其他城市旅游执法大队(质监所)信息、各单位联系人等功能,以满足旅游主管部门随时掌握旅游体系信息的需求。

项目五:"智慧景区"试点。目前主要是玄武湖公园和红山森林动物园,游客进入景区就可通过智能手机、景区体验触摸屏及平板电脑等各类体验终端,结合定位功能,实现智能化自助导览和查询服务。

项目六:"智慧旅游"中央管理平台。将各主要景区的实时画面、车船客流等动态信息实时反映在该平台上,管理部门可以方便、直观地了解整体运行状况,及时发现和处理各种问题。

南京政府的管理创新不但体现在为企业的服务,更多的是利用最新技术为游客服务,这是旅游政务信息化创新管理的转型,符合社会发展的需要。

### 3.4.3　目的地信息化的管理创新

旅游目的地信息化的实现方式是:建立旅游信息数据库,数据库中存储详细的目的地信息,通过网络系统和应用软件,旅游信息以多种形式表现出来,为游客提供服务。旅游目的地信息化在建设和实现过程中受到系统服务对象、各旅游管理机构职能划分、政治环境、资金来源、技术应用等不同因素的影响,这些影响因素的不同,使得旅游目的地信息化在构建模式上存在差异。随着信息技术的进步,旅游目的地信息化建设向移动管理、移动服务方向转变,体现了更便捷的创新模式,即智慧型服务模式。本节内容以苏州目的地旅游信息化为例,剖析旅游目的地信息化的管理创新。

2011年11月,苏州市旅游局编制智慧旅游规划,并与苏州移动进行合作。其信息化合作内容如表3-1所示:

表3-1 信息化合作内容

| 智慧旅游管理 | 祥云计划 | 云计算下的智慧旅游 | 旅游通 |
|---|---|---|---|
| 1.省市县三级政务平台<br>2.移动OA<br>3.旅游应急平台<br>4.旅游WAP建站<br>5.行业监管平台等 | 1.客源分析系统<br>2.动物认养<br>3.乡村旅游<br>4.深度引导<br>5.视频监控等 | 1.智慧旅游数据中心<br>2.智慧旅游应用方案征集<br>3.智慧旅游整体产业链设计 | 1.面向游客的综合信息服务平台<br>2.面向旅游企业的信息发布平台<br>3.面向旅游监管部门的服务管理平台<br>4.面向旅游配套资源的整合平台 |

移动公司专门为旅游业规划了智慧旅游产品的结构方案,面向江苏旅游系统服务。具体江苏移动智慧旅游产品规划内容如图3-2所示。

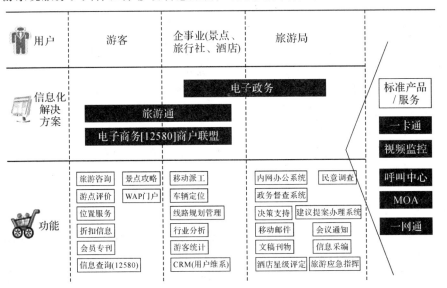

图3-2 江苏移动智慧旅游产品规划内容

　　从游客不同旅游阶段需求出发,按游前、游中、游后,通过手机和互联网站为游客提供包括旅游资讯、手机导游、行程记录、交流分享等与旅游相关的服务,满足游客各阶段的旅游需求。游前主要通过会员专刊(MMS)、旅游通的方式提供服务;游中通过旅游通、随身导游、旅游足迹等方式提供服务;游后同样通过旅游通等方式提供服务。游前、游后的通信解决方案主要是WEB方式,游中通信解决方案主要是 WAP 方式。系统的主要实现功能如图 3-3 所示。

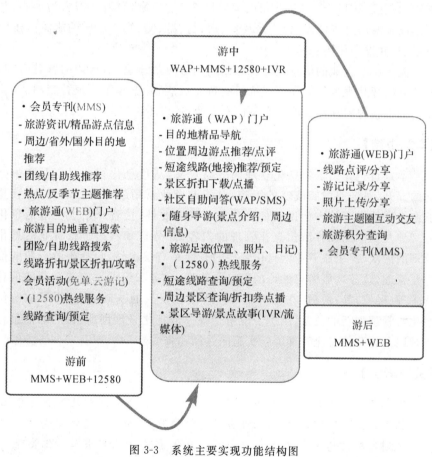

图 3-3　系统主要实现功能结构图

　　目前,苏州旅游信息化建设已全面进入智慧服务阶段,已经实施的智慧项目有二维码电子票(利用“门票”上的二维码,通过二维码识别器,辨别门票真实性;利用“门票”上的二维码,实现景点内对游客的自动信息采集,即所有售票记录将自动通过二维码采集器记录在本地计算机中,并通过网络记录到数据库中)、手机客户端目的地导游(移动手机用户通过自己的手机就可以方便、清楚地看到各个景点的全景图像)、景区自助导游(通过在景点设置二维码标识,由游客使用手机识别二维码,即可连接到相应景点的WAP页面,浏览景点图文介绍;终端许可的情况下,也可提供视频介绍和语音自动导航,如 IVR 自动语音导游)、周庄智慧水乡(借助物联网等新兴信息技术手段,依托昆山市传感器产业集群,将周庄打造成以智慧旅游为中心的,集智慧交通、区域安防、环境监测为一体的"智慧水乡")、苏州数字山塘旅游示范区(2011 年,搭建苏州山塘景区 3D 虚拟游,以游客需求为中心,共同建设旅游信息资源库,打造涉及食、宿、行、游、购、娱于一体的旅游电子商务系统,并推广使用)等。

关于旅游企业的信息化与管理创新内容更加丰富,有饭店的智慧管理、旅行社的智慧服务等。如浙江杭州的黄龙饭店,是全球第一家智慧酒店,关于它的创新内容在相关课后案例已有介绍,这里不再复述。

## 【本章小结】

本章首先介绍了信息化管理的战略意义,从信息化管理对企业竞争能力的提升、对企业发展战略的影响、对旅游企业营销战略的影响、符合智慧旅游发展的需要等方面说明信息化管理的重要性;接着介绍了旅游信息化管理涉及的范围和旅游信息化管理的内容;并分析和叙述了旅游业信息化管理的层次,提出旅游业信息化管理的开展具有层次性,包括旅游行业的信息化管理(政务)、旅游目的地的信息化管理(政务和经营)、旅游企业的信息化管理(经营)等;最后,在分析旅游业所面临挑战的基础上,分析了旅游信息化与管理创新的关系,用例子说明了政务信息化管理创新、目的地信息化管理以及企业信息化管理创新实施的途径和方法。

## 【关键概念】

| | | |
|---|---|---|
| 信息化管理战略 | 行业管理信息化 | 旅游目的地管理信息化 |
| 旅游企业管理信息化 | 行业业务信息化管理 | 市场信息化管理 |
| 规划发展信息化管理 | 目的地机构信息化管理 | 企业经营信息化管理 |
| 企业营销信息化管理 | 管理创新 | 智慧管理 |

## 【复习与思考题】

1. 信息化管理的战略意义包括哪几个方面?
2. 结合实例,简述信息化管理如何提升企业竞争力。

3. 信息化管理对旅游发展战略的影响有哪些？试举例说明。

4. 简述信息化管理与信息化服务的主要区别。

5. 什么是信息化管理？什么是旅游信息化管理？

6. 简述旅游信息化管理的内涵及作用。

7. 简述你所理解和想象的旅游信息化管理层次。行业管理的信息化目标是什么？

8. 旅游信息化管理的层次说明了什么？哪一个层次信息化最重要？为什么？

9. 简述信息化管理如何符合企业发展目标的需要。

10. 旅游信息化管理涉及哪些范围？未来旅游信息化管理的发展趋势是什么？

11. 旅游信息化管理的含义是什么？它涉及哪些信息技术应用？

12. 旅游的行业管理主要有哪些内容？随着信息技术的发展，你希望实现的旅游行业信息化管理状况有哪些？为什么？

13. 旅游目的地信息化管理有哪些内容？以目的地机构为例，简述信息化管理的具体内容。

14. 目的地信息化管理对政务信息化以及对企业信息化有怎样的要求？

15. 旅游企业为什么要开展信息化管理？如何开展信息化管理？开展信息化管理带来的优势有哪些？

·16. 旅游产业的流程有哪些环节？随着信息技术的发展，产业流程发生了什么样的变化？

17. 旅游产业流程信息化管理是什么？它涉及哪些内容？

18. 旅游企业的业务流程在信息化过程中产生了怎样的变化？为什么？

19. 根据自身经历，简述旅游信息化管理的发展带给你的便利和困扰。

20. 旅游信息化建设给旅游业带来哪些管理创新？举例说明。

21. 作为一个小型旅游服务企业，应如何利用信息通信技术实现经营模式的转变，创造性地提升自己的经营优势？

22. 试分析旅游企业信息化管理与旅游电子商务的关系。

## 【课后案例】

### 从旅游搜索引擎起家的"去哪儿"

"去哪儿"网（www.qunar.com）是全球最大的中文在线旅游搜索媒体平台，创立于 2005 年 2 月，总部位于北京。"去哪儿"可为旅游者提供国内外机票、酒店、度假和签证服务的深度搜索，帮助中国旅游者做出更好的旅行选择。凭借其便捷、人性且先进的搜索技术,"去哪儿"对互联网上的机票、酒店、度假和签证等信息进行整合,为用户提供及时的旅游产品价格查询和信息比较服务。目前"去哪儿"可以搜索超过700家机票和酒店供应商网站,向消费者提供包括实时价格和产品信息在内的搜索结果,实时搜索12000条国内、国际航线,60000家酒店,20000条度假线路。"去哪儿"的独立用户访问量已突破4200万。

1. 面对浩如烟海的信息,你该去哪儿

自从20世纪90年代末我国旅游电子商务兴起,我国旅游电子商务就进入了十分迅猛的发展之中。众多的旅游网站使得各种旅游信息浩如烟海,很难准确找到旅游者想要的信息。特别是价格问题,更是经常困扰着旅游者。如有一位旅客想从杭州出发到北京,在他打算订票的那个时间,携程、艺龙、各航空公司,还有众多可以预订机票的网站,到底哪家的机票卖得最便宜呢?如果旅客想货比几家,一要花费不少的时间,二是很有可能看到后面忘了前面。想去哪儿?如何去最好?的确让人很伤脑筋。正是在这种背景下,一名美国人和他的中国朋友一起创立了"去哪儿"(www.qunar.com)这个名称京味十足的旅游搜索网站。

目前,几家主要网站的旅游信息对比如表3-2所示。

表 3-2　几家主要网站旅游信息对比

| 网站 比较项目 | 去哪儿网 (qunar.com) | 百度 (baidu.com) | 携程 (ctrip.com) |
|---|---|---|---|
| 获取信息及 信息检索 | 1. 专业，信息全面：3000条国内国际航线、6万家酒店、2万条旅游线路、搜索近600家供应商 <br> 2. 抓取的全部供应商都具有CATA资质 <br> 3. 实时报价：数据更新及时，按价格、品牌、目的地等自由排序 | 1. 不专业，信息不全面：信息杂乱并含有假信息（如400仿冒电话），没有实时报价，搜索结果导向不清晰，无法满足用户需求 <br> 2. 只要是网站都抓取，不做行业资质的区分和审查 | 1. 专业，信息不全面：携程一家报价，搜索结果没有信息比较 <br> 2. 信息不及时，如在春节等购票高峰期，反应不够迅速。对新开通航线反应速度慢，无法在第一时间做到全面覆盖 |
| 投诉处理及 用户服务 | 1. 作为第三方平台，帮助用户与供应商协商，协助解决投诉问题 <br> 2. 定期审查代理商，机票代理商都拥有CATA资质 <br> 3. 建立供应商管理规范，明示最近遭到投诉比较多的代理商及投诉原因 <br> 4. 可清晰地搜索代理商信息，包括注册地、备案号等 <br> 5. 排序结果加入用户评价，促进代理商服务改进 | 不受理（用户在假冒400上当受骗，只能自己承担） | 所有投诉都是携程自己的责任，会给用户增加积分、交易上的补偿等，但无法消除投诉 |

资料来源：http://www.qunar.com.

2."去哪儿"专业的旅游搜索功能

作为中国领先的旅游搜索引擎，"去哪儿"已被广泛地认可为旅游媒体行业中的佼佼者。它熟悉不断变化的中国消费者，更重要的是，它了解消费者的需求，更知道如何有效地将广告主的信息传递给这些独特和高质量的新一代消费者。

凭借其便捷、人性且先进的搜索技术，"去哪儿"对互联网上的机票、酒店、度假和签证等信息进行整合，为用户提供及时的旅游产品价格查询和信息比较服务。在旅客决定去哪儿玩之前，如果到"去哪儿"看一看，这对于把全国成千上万个形形色色网站中关于酒店和航空票务服务的价格和信息集合在一块儿的旅游服务搜索引擎来说，无疑是一个很经济的做法。它搜索了类似在纳斯达克榜上有名的艺龙网和携程网,以及国内上百家大大小小的、类似的在线预订服务网站,按客户需要查询的日期将各网站最便宜的价格排列出来,这时客户就能很方便地知道到哪儿预定最合算了。

而"去哪儿"的业务并不涉及在线旅游预订的交易环节,而是凭借搜索技术,对互联网上的机票、酒店、度假和签证等信息进行整合,将所有供应商的信息全部展现出来,用户可通过价格、服务、品牌等角度搜索并最终预订酒店、机票。"去哪儿"开拓的模式已经在悄然改变国内在线旅游行业的格局,原先携程模式一家独大的市场将可能成为历史。"去哪儿"可谓切中了互联网时代的"要害",帮助旅客在浩如烟海的网上信息中方便、快捷地找到需要的信息。

(资料来源:作者整理。)

### 案例分析与思考

(1) 去哪儿网如何实现靠搜索引擎起家?其经营理念是什么?

(2) 去哪儿网的核心竞争力是哪些?它与携程网是否存在竞争关系?

(3) 去哪儿网与整个旅游业的信息化有怎样的关系?对旅游企业的信息化提示了什么?

(4) 去哪儿网的管理创新是什么?经营创新又是什么?

# 4　政府部门信息化建设与电子政务

【本章要点】

- 旅游政务的基本概念
- 旅游政务信息化管理概念
- 旅游公共服务信息化内容
- 旅游政务网站概念
- 旅游电子政务结构框架内容

【课前案例】

## 浙江省旅游信息中心的信息推送系统

"信息推送系统"源自浙江省旅游咨询服务体系,是咨询体系运转过程中建立起来的信息系统,属于旅游咨询信息化管理的内容。浙江省旅游咨询服务体系是以12301为统一号码、以旅游信息数据库为共享平台、以全省旅游咨询中心大联网为服务载体、将旅游经营服务信息主动推送至游客,实现"信息推送、一号咨询,协同答复"等功能,满足其"游前咨询顾问、游中实时求助、游后投诉受理"等需求的主动咨询服务体系。

1. 信息推送系统的组成

(1) 浙江省12301旅游服务热线

服务热线通过租用远程坐席的方式,实现省、市、县、企业全面的旅游咨询服务落地,以国家级电话短号12301,统一全省众多的旅游咨询、投诉电话号码。

服务热线设立省坐席、市坐席、县坐席、企业坐席,分散于浙江省各地,同时各个坐席通过网络又同处于一个咨询业务系统平台,统一规范,提供服务。具体结构如图4-1所示。

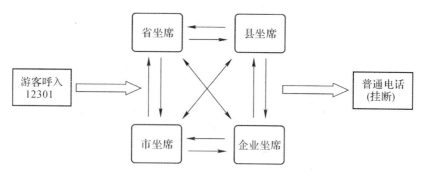

图 4-1　服务热线坐席结构示意图

（2）浙江省旅游信息数据库

旅游信息数据库是旅游咨询信息化的基础，通过旅游信息上报系统，实现全省旅游服务信息的集合，包括旅游经营单位的空间地理位置信息、经营服务信息和单位基本信息等，形成全省旅游信息数据库，把全省所有旅游资源和服务整合到一个数据库信息平台。

（3）经营服务信息传播平台

利用旅游信息数据库，将整合的旅游信息，经过整理、分类和编辑，并通过信息接驳技术，形成实用的服务信息传播平台，实现信息收集、编辑整理、信息发布、咨询反馈的一个闭合传播过程。其结构如图 4-2 所示。该平台通过全省主流媒体及旅游资讯网站、微博、微信、短信等多种信息传播渠道扩散至游客受众，也为旅游咨询服务中心的咨询员提供了信息流转的操作平台，敏捷地处理游客所需要的旅游信息，并通过 12301 旅游服务热线为游客提供所发布信息的实时咨询。该平台实时、高效地实现旅游信息流转，为游客尤其是外地游客提供了实时咨询，体现了浙江省旅游目的地旅游政务的高效服务。

2. 信息推送系统运转

信息推送系统由信息报送、审核、加工整理、转接、发布、咨询等环节组成，系统的运转有应用软件，也有 12301 电话，系统运转主要涉及旅游服务单位、旅游咨询服务中心以及游客等，具体系统的运转示意图如图 4-3 所示。

在图 4-3 中，旅游经营服务单位将节庆活动、采摘漂流、优惠促销、特色产品、季节主题活动等信息通过报送平台送达信息采编人员，信息在此将进一步细化和核实，最终通过浙江旅游资讯网站（电脑版和手机版）、浙江智慧旅游门户（手机 APP 应用集合）、手机报、短信推送、旅游微博、微信公众平台等渠道发送至受众群体。信息受众在获得这些信息后，拨打 12301 热线进行

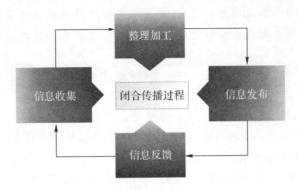

图 4-2　旅游服务信息传播平台

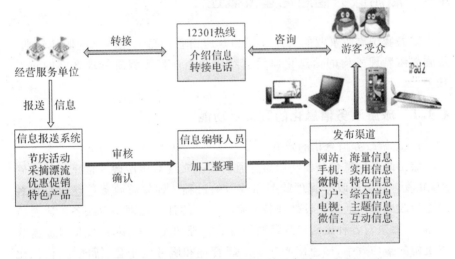

图 4-3　信息推送系统运转示意图

咨询,电话将被转接至旅游经营服务单位的坐席,由各单位的咨询人员与游客直接互动沟通。

　　近年来,旅游业进入高速发展期,各种自驾游、深度游、自由行等旅游发展迅猛,游客对旅游资讯的需求更是层出不穷,需求量越来越大。旅游信息自身具有突出的时间性特点,游客对旅游信息的获取亦有及时性的要求。一些旅游景点只有选择恰当的季节才能获得最佳的旅游美感享受,一些旅游体验活动(如漂流、采摘等)只有在特定的时间段才能参与,大部分的旅游产品服务信息基本都有时间限制。浙江省旅游信息推送系统在充分满足时间性、及时性要求的同时,还使得经营服务信息在传播过程中,具备主流性、多样性、高到达性和互动性;促使咨询服务变单一式的答复为协同式的答

**101**

复,变被动咨询为信息的主动推送,让游客充分享受智慧旅游带来的人性化服务,从而提高旅游经营服务效果,也提升了浙江省旅游公共服务的信息化管理水平。

(资料来源:作者根据浙江省旅游资讯网整理。)

政府部门的信息化对整个行业的发展会产生重要的影响,许多信息化的建设需要政府引领。旅游政府部门的信息化建设包括旅游政务信息化建设、行业管理信息化建设、旅游公共服务信息化建设以及政府门户网站建设等内容。本章将系统性地介绍这些内容以及我国旅游电子政务的基本框架。

# 4.1 旅游政务信息化建设概述

随着我国旅游事业的飞速发展和政府由管理型向服务型的职能转变,加强旅游管理机构的信息化建设已经成为当前各级旅游管理部门的重要任务。

## 4.1.1 旅游政务信息化的定义及功能

1. 旅游政务信息化的定义

旅游政务信息化是指利用信息通信技术实现对旅游政务信息的综合管理,并改善和提高政务管理效率和效益的过程。即旅游政务信息化是指各级旅游政府部门通过建设处理各类旅游信息的计算机网络以及各种旅游应用系统,促进对各种旅游信息资源的有效管理和充分利用,由此提升旅游政府机构的工作效率,加速旅游政府部门管理和服务电子化、智能化、信息化的发展,促使其快速成为开放型、扁平型、服务型的旅游公共管理机构。

2. 旅游政务信息化建设的主要功能

旅游政务信息化建设的主要功能就是建立基于旅游行业信息服务的公众网络体系,提供统一、权威的旅游数据,通过信息化推动旅游产业的发展,提高市场业务运作水平,积极发展旅游电子商务,提供个性化旅游,推动旅游经济的持续性发展。具体来讲,其功能包括:旅游行业统计,即旅游统计数据的收集、上报、汇总、发布、查询、分析。旅游行业管理,如出国游实时监控、旅游企业年检管理、旅游质量监督管理、安全管理;旅游信息管理等,如行业动态监测、假日旅游预报预警等。旅游政务信息化建设,通过管理活动的网络化和电子化,把旅游管理部门从烦琐的手工程序中解脱出来,实现了以更少的人力更方便地监督、管理和服务于旅游企业,规范和治理旅游市场,提高管理效率。

## 4.1.2 旅游政务信息化建设的主要内容

旅游政务信息化建设包括网络的基本建设以及信息系统的软件建设。网络建设包括政府内部网和对外服务的外部网,通常称为"内网"和"外网",这部分内容将在后面第五节介绍。信息系统涉及的业务内容比较多,由多种应用软件组成,通常称为旅游电子政务管理系统(业务系统)、政府网络管理系统(网络系统)以及政务公共信息共享平台。公共信息共享平台是指旅游政府机关的内部网与互联网连接后形成的对外服务的网络平台,旅游机关可以通过它向公众发布公共旅游信息,如机构设置、工作职责、政策规定、招商引资、工作进度、政务信息、公共信息、便民服务信息等,并与公众实现双向的信息交流,同时政府职能部门还可以通过网络为公众提供在线服务,诸如实现网上预订、申报、审批、注册、年检、采购、招标、纳税、招商、举报、信访、服务等,这样将更有助于提高旅游政府的工作透明度,树立旅游政府服务的良好形象。

政务信息化建设的另一个重要内容就是基础数据库建设,政府内部的业务管理、对外的服务管理都需要数据库的信息支持,内网和外网的数据交换同样需要数据库的支持。具体包括政府日常公务需要处理的资料数据,如有关的基础数据、法规文档、典型案例、客户资料等,这些原始数据都需要整理好后录入数据库进行存储以供公众查询,由此实现旅游政府内部信息资源的共享。数据库建设的另一个重要内容就是旅游业务数据库,包括旅游资源和旅游服务实体的数据。

## 4.1.3 旅游政务信息化建设管理机构及职责[①]

我国旅游政务信息化建设管理机构主要包括国家旅游局、地方旅游局的信息中心,如省旅游信息中心、市旅游信息中心等。它们主要负责旅游业信息化的规划、实施、监督管理和指导等职能,倡导旅游信息化的重要职责。在旅游政务信息化建设方面,这些管理机构的主要职责如下。

1. 制订旅游信息化发展规划

各级旅游信息中心主要为对应层次的旅游局服务,制定旅游信息化发展的长期和中短期发展目标和发展规划,指导旅游产业的信息化建设和发展,指导各旅游机构在信息化过程中的推进步骤与协调配合,强调旅游业信息化的系统工程性质和统筹规划。

---

① 杨路明、巫宁:《现代旅游电子商务教程》,电子工业出版社 2004 年版,第 196 页。

### 2. 加快旅游信息基础设施建设

通过协调电信、广电等网络通信部门，积极推进"三网融合"，实现基础网路资源共享，突破带宽瓶颈。形成覆盖地区、支持多种接入方式、满足各种网络互联需求的公共城域网。依托公共城域网，建立能满足各种旅游信息业务的多媒体信息服务平台。鼓励各级旅游管理部门、旅游企业以及旅游相关部门建立网络链接，鼓励旅游企业在因特网上建立主页或建立独立的网站，推动旅游行业的电子化、信息化建设。

### 3. 强化旅游信息资源化开发

通过政府的支持，建立旅游公共信息基础数据库，使基础数据库成为旅游信息化的重要资源。通过高性能的网络设施和先进性的网络服务技术，达到旅游信息资源的高效应用，促进信息资源的深度开发、有序流通和充分共享。

### 4. 构建旅游公众信息与旅游电子商务平台

在建设旅游公共信息基础数据库的同时，要加快旅游企业经营实时共享数据库建设，完善旅游企业业务信息服务体系。根据信息化经营服务的要求，通过网络平台和商务系统应用重新调整旅游企业之间、企业与旅游者之间的相互关系，实现真正意义上的市场平等。推进旅游企业自觉地参与旅游产业结构的优化调整，推动大、中、小型旅游企业的合理配套分工，形成市场环境下以产品和服务质量为核心的平等竞争，形成旅游产业内相互促进、互惠互利、共同发展的良性循环发展格局。

### 5. 营造良好的旅游信息化发展环境

旅游信息化是一项涉及方方面面的系统工程。旅游政府信息化机构应成为旅游信息化的组织者，要对旅游信息化的建设过程进行管理和调控，形成一个公平、合理、有序的竞争和服务环境。按照市场运作模式，指导、鼓励、扶持旅游企业、网络企业在旅游信息化建设方面发挥作用。加强旅游信息化方面的宣传力度，建立推进旅游信息化的建设运行机制，积极培育和扩大信息消费市场。

### 6. 制定旅游信息化的保障措施

政府旅游信息化机构用来保证旅游信息化建设的措施主要包括：政府调控，制定适当的优惠政策和措施，合理调控网络资费标准，倡导企业上网工程，促进旅游电子商务的发展；拓宽融资渠道，改善投资环境，鼓励和引导在旅游信息化方面的多渠道融资、多元化投入、多形式运营；制定技术规范，建立健全信息有序流通、资源开放共享的良性机制，建立旅游信息化实施和监督体系，促进信息交流网络化、信息交互规范化、信息管理制度化；加强应用研究，会同有关部门、旅游信息协会和旅游企业，组织有关专家和实际工作者,不断地对信息技术在旅游业中的应用进行探索和研究,引导旅游信息化向纵深发展;强化法制管理,在信息安全、信息真实性、信息价值、信息使用权以及不良信息处理等方面,以及旅游经营者、中介者、消费者、管理者以及社会其他对象之间的权益关系方面,要健全相关法规,以法规方式来界定、规范和处理信息化发展中的问题。

### 4.1.4　旅游政务信息化系统

1. 机关政务管理系统

该系统是旅游政府机构内部建立的应用系统,可以实现各级旅游政府机关内部的电子化和网络化办公,包括从中央到省、市、县多级旅游政府机构的文件、信息、督查、日程、业务、管理等主要行政业务的数字化、信息化和网络化。系统不仅可以实现文档管理自动化,还可以支持行政流程的电子化,实现如会议视频、电子档案、移动办公、网络监督等电子化流程。

2. 政府网络管理系统

主要为国家旅游局与国务院办公网等数据接口提供管理,建立内部与各网间的数据传递系统,为国家旅游局与国务院办公网和各部门之间的文件交换、业务处理、密级信息交换提供一个满足国家安全保密要求的信息流通环境。系统将通过专用计算机网络将各级政府部门管理网络进行互联,由此实现政府部门之间信息的共享和实时通信。例如,通过电子邮件系统的互通互联,实现专网内政府工作人员间的邮件传递;通过公文交换平台,实现政府的纵向与横向的信息传递等。

3. 政务信息共享平台

该平台是旅游政府监管的内部网与互联网连接后形成的对外服务的网络平台,主要为旅游企业提供服务。旅游机构可以通过它向公众发表公告旅游信息并提供服务,如咨询服务、工作公示、政策发布、招商引资、工作进度、政务公开、公共信息、便民服务等,并与公众实现双向的信息交流,同时政府职能部门还可以通过网络为公众提供在线服务,诸如实现网上预订、申报、审批、注册、年检、采购、招标、纳税、招商、举报、信访、服务等,这样将更有助于提高政府的工作透明度,树立旅游政府的网络服务形象。

### 【课后案例】

### 海南省的旅游电子政务

海南省在十五期间启动旅游电子政务建设,根据国家旅游局"金旅工程"的总体要求,海南省在旅游系统积极推进"三网一库"(旅游信息网、旅游政务网、内部办公网和旅游资源信息库)建设,是全国最早开通海南旅游政务网(http://tourism.hainan.gov.cn)的省份,同时开通的还有海南旅游信息网即海南金旅网(http://www.hainan.travel)和内部办公网,并建立起海南旅游资源数据库。为适应海南省旅游发展需要,2009年4月,对海南旅游信息网进行了升级改造,增加了为企业服务的内容,更名为"阳光海南网",网站标注"官方网站"(http://www.hainan.travel)。在海南旅游政务网建立了旅游业务管理平台,整合全省旅游管理部门、行业协会和旅游企业资源,开展"政务信息"、"网上办公"、"业务管理"、"行业动态"、"旅游快讯"等应用,实现"政府—政府"、"政府—企业"、"政府—个人"综合服务与管理职能,达到提高旅游管理部门的行政效率、降低行政成本、创新旅游管理能力和服务广大游客的总体要求。在公众旅游资讯网——阳光海南网上,充分发挥网络全天候、广覆盖的独特优势,分层次、有侧重地展示海南旅游形象和旅游资源,建立了"旅游快讯"、"主题旅游"、"热门景点"、"美食天地"、"旅游百事通"、"图说海南"和"信息公告"等栏目,网站开辟了中、英、俄、日、韩等五种语言版面,通过大量图片和短片方式来充分展示海南的旅游资源,主要承担海南省旅游形象宣传促销的任务。在国家旅游局的大力支持下,开通了"12301"旅游公益服务热线,目的是为广大游客提供旅游资讯、旅游提示、旅游投诉和旅游救援等服务,有效维护旅游消费者的权益,树立旅游行业管理部门的公众服务形象。

## 4.2　旅游行业管理信息化建设

旅游行业管理信息化是指通过建设和利用各类旅游信息系统以及各种信息网站,实现对行业管理的电子化、数字化、信息化,对旅游行业中的各产业进行更有效的管理。如旅游饭店业务管理系统、旅游景区管理系统等。旅游行业的信息化管理主要有三个方面:业务的信息化管理(包括企业业务的信息化管理、企业业务资质年检管理、导游人员业务的信息化管理、行业培训的信息化管理等)、市场促销的信息化管理、规划和发展的信息化管理。如前所述,本章所讲的旅游行业管理信息化主要针对传统旅游业,即根据政府旅游部门管理的内容讨论信息化管理,包括旅游饭店、旅行社、旅游景区、旅游法规等。

### 4.2.1 旅游行业管理信息化的特点[①]

旅游行业管理的信息化需要建立和加强旅游管理部门在信息化中的主导地位。由于我国的旅游管理体制具有较高的权威性和集中性,因此,应建立政府主导型的旅游信息化架构,一方面可以适应旅游业信息化建设的需求,另一方面也可以借此增强旅游管理部门的管理职能。在现有基础上,应抓好现代信息技术手段的吸纳与网络的完善,实现管理环境的自动化与网络化。重点抓好旅游统计网络、旅游经济信息网络、饭店预订网络、旅行社管理网络、旅游人才信息网络等系统建设工作,逐步与各省市地方旅游主管部门联网并预留与相关部门交换信息的接口,形成既有区域性分散管理和业务处理能力,又有综合性的监控、调度、协调功能,并支持预测与决策的网络,最终建成一个灵活性高、功能强、自动化程度高的动态性远程多媒体网络系统。同时形成一个以信息网站为窗口的上下呼应、纵横交错、内外沟通、点面结合的,以旅游管理部门各子系统为旅游信息反馈中枢的电子政务系统,一个可以直接面对旅游企业、旅游者的全方位、多层次、宽领域的旅游行业管理信息网络系统。旅游行业管理信息化的特点主要有以下几方面。

1. 以政府为主导

旅游行业管理信息化以政府为主导,企业参与,信息系统的建设是由各级政府共同构建的。系统的数据处理主要反映旅游行业的宏观信息,其信息是逐级向上报送形成的,每一级旅游信息都反映了旅游地市场的宏观概貌。目前行业信息化管理也通过门户网站,与企业和游客进行互动,政府把门户网站作为与旅游企业和旅游者进行信息交流的窗口,同时作为旅游目的地信息发布的权威平台,如各省市旅游局的信息中心,就是掌控当地旅游信息的主要职能部门。

2. 以行业基本面信息统计分析为主

旅游行业管理信息化的目标就是及时掌握市场运作情况,把暴露的问题及时解决。因此,旅游行业管理信息化就必须以统计分析为主,如:旅游饭店经营的统计分析、旅行社经营的统计分析、旅游景点游客量的统计分析以及旅游目的地接待能力的统计分析等。通过对这些信息的统计和分析,行业主管部门能及时掌控行业运行的基本面,以便制定相关宏观政策,或者通过标准化管理来规范旅游市场的服务。同时,还要兼顾对旅游企业和旅

---

① 陆均良、杨铭魁、李云鹏:《旅游信息化管理》,中国人民大学出版社 2010 年版,第 104—105 页。

游者提供的服务,使旅游行业保持在和谐发展的环境中,当然这些服务必须是敏捷和人性化的服务。

3. 系统网络范围大

旅游行业管理信息化涉及的信息系统是一个大网络环境,因为每一级旅游管理部门都是在一个旅游地范围内(基本管理区域为县一级的范围)。网络通信是系统建设的关键,也是系统建设所占费用比较高的一块,因为信息化管理要求的是实时通信,能实时交换原始数据和处理以后的数据。整个系统网络是分级建设的,县级的旅游信息能传递到市级的旅游信息库,市级的旅游信息能传递到省级旅游信息库,省级的旅游信息能传递到国家旅游局的信息库。因此,系统网络的选型、通信的方式、分布数据库是行业信息化管理建设的重点,它不但涉及系统建设的稳定性,而且涉及系统运行、更新以及维护的成本控制。

4. 信息标准化程度高

信息标准化程度高是旅游行业信息化管理的又一个特点,旅游行业信息化管理涉及的信息范围广、类型多,如有饭店行业类信息、旅行社行业类信息、旅游交通类信息、旅游景区/景点类信息、旅游者个人类信息以及各种旅游资源类信息等。实施行业的信息统一管理标准化是唯一的选择,而且信息的标准化有利于系统的集成整合和数据交换,目前各省旅游局都有标准化部门处理对应的信息标准化工作以及数据处理的规范化工作。在旅游行业的信息化管理过程中,信息标准化工作是一项非常烦琐和重要的工作,是信息化管理不可缺少的工作,也有利于推动旅游企业的信息化管理。

## 4.2.2 旅游行业管理信息化的内容

旅游行业信息化管理的常规业务内容有行政办公、旅游信息统计、旅游信息发布(含政府旅游网站)等。行政办公主要处理日常事务,如行业管理(包括旅游饭店管理、旅行社管理、旅游景区规范化管理等)、市场管理(包括市场推广、市场整治、市场营销等)、规划与发展管理(包括旅游规划、景区评星、项目引进、资源普查等)、政策法规管理(包括旅游法规的起草、制定旅游法规宣传计划以及监督旅游法规的落实执行等)、人事教育管理(包括指导企业人力资源培训、导游员资格考试、年检以及指导旅游行业劳动工资考核和发放从业人员上岗资格证书等)。旅游信息统计主要处理旅游行业的经营信息和市场信息,包括旅游企业和下属行业管理部门上报的统计信息以及对市场调查汇总的信息,这些信息经处理汇总后上报给上一级旅游行业管理部门。旅游信息发布主要是把统计系统处理的实际数据汇总后由相关部门审核,经审核后通过媒体或政府门户网站发布,供旅游企业经营和市场营销时参考。信息发布一般由旅游部门的办公室把关,在旅游行业信息化管理中对旅游产生宏观影响。

随着网络的普及和技术的成熟,行业管理中的各个信息系统将整合到一起,形成统一的集成信息系统,即旅游电子政务系统。旅游电子政务系统的前台就是信息网站,作为政府行业管理的窗口,为企业和个人提供各种信息服务;后台是旅游办公自动化系统,包括旅游信息统计系统,主要处理来自网站的各种服务请求,如导游资格申请、培训报名、旅游投诉等。旅游电子政务系统是未来旅游行业信息化管理的核心系统,目前已经形成了电子政务系统的框架,各子系统还在逐步完善过程中。

### 4.2.3　旅游行业管理信息化的基本框架

旅游行业管理可以通过旅游电子政务系统的形式实现信息化管理,前面已经介绍过。旅游电子政务系统是把政府部门的各种信息系统集成整合起来形成的,那么旅游电子政务系统在行业管理方面有哪些信息化内容呢?下面将系统地介绍旅游行业管理的信息化的基本框架,主要包括政务管理信息化、政府服务信息化、政府与服务对象互动信息化以及行业监管信息化等,具体见图 4-4。

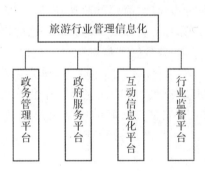

图 4-4　旅游行业管理信息化的基本框架

1. 政务管理平台

政务管理信息化是利用信息通信技术实现政务管理电子化的过程。旅游政务管理信息化就是指各级旅游政府机构通过建设处理各类旅游信息系统,实现各种旅游信息资源在各级政府之间以及政府各部门之间的流通,形成业务流信息与管理流信息的自动流转,由此提升旅游政府机构的工作效率。旅游政务管理信息化加速了旅游政府部门电子化、智能化、网络化的发展,促进形成政务信息公开、内部管理高效的透明型政府,使政府成为开发型、扁平型、服务型并具有快速响应能力的公共管理机构。

(1)政务管理信息化的概念

政务管理信息化与办公自动化不同,旅游电子政务侧重于政府内部部门、跨部门以及政府部门与企业或个人模式的应用,强调的是政府部门之间的业务协同,直接服务于社会,系统的用户除了政府部门的工作人员,还包括与政府部门相关的企业和公众;而办公自动化系统则侧重于把重点放在一个政府部门内部或一个系统内部,强调的是办公人员个人事务处理的自动化,系统的用户主要是内部工作人员。

旅游政务的信息化建设通过管理活动的网络化和电子化,把旅游管理部门从烦琐的手工程序中解脱出来,实现了以更少的人力更方便地监督、管理和服务旅游企业,规范和治理旅游市场,提高管理效率。一方面,政府部门通过信息网络,发布政府的文件、公告、通知等,使公众迅速地得到政务信息。另一方面,通过采用安全可靠的加密技术,也可以将政府内部的信息在网上传输,下级政府机构或其他组织也可以通过网络迅速地向上级机构或组织传递或反馈信息。这样不仅能迅速地传递信息,保证信息的时效性、全面性与准确性,而且可以大大降低成本,节省大量的人力、物力和财力。总之,政务管理的信息化还可以提高行政人员的素质、改进政务流程、改革行政组织结构、加快信息传递速度、简化行政运作环节、降低行政运作成本,对于政府部门的政务管理和行政运作效率都具有深远的影响。

根据以上的分析可知,政务管理信息化要求政府上下级之间、政府各部门之间都要通过网络开展业务,利用信息技术和信息系统实现相互之间数据的无缝连接,从而使政务管理的数据完全电子化。旅游管理部门的信息化涉及旅游管理部门与公安部门之间的信息化内容、旅游管理部门与财政部门之间的信息化内容,也涉及旅游管理部门与环境部门之间的信息化内容以及旅游管理部门与建设部门、文化部门之间的信息化内容。这些部门都有自己的电子政务系统,政务管理信息化就是这些部门之间能利用信息通信技术,尤其是网络技术,实现相互之间电子化传递政务信息的过程。

(2)政务管理平台的功能要求

政府部门之间的政务系统主要是公文传递,因此政务管理信息系统的功能设计主要围绕公文的流转展开。具体实现公文流转的是政务管理信息系统,该系统是跨部门和网络化的,政务管理传递的是各种各样的文件和公文以及各种公告。政务管理平台的功能结构如图4-5所示。

政务管理平台属于电子政务系统的内部构成。旅游行业管理的政务

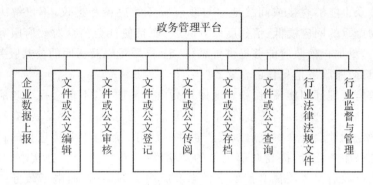

图 4-5　政务管理平台的功能结构图

中,企业数据上报主要指旅游饭店、旅行社和旅游景区的经营数据上报,其中也包括企业的各种规划申报和其他申报内容;文件或公文编辑主要指办公室的文件起草和编辑,保留原始的电子底稿;文件或公文审核是指对起草的将要发布的文件或公文在制定部门或指定领导人办公室进行审核,也包括对某些申报内容进行审核;文件或公文登记是指相关部门收到文件后的一种电子登记,记录部门应收到的各种管理文件或公文;文件或公文传阅是指一种电子文档的流动机制,它根据发布部门的线路在各相关部门之间传阅并记录传阅的过程;文件或公文存档是对文件的档案管理,经过流转处理以后需要保留电子档案,便于以后的查询使用;文件或公文查询是一种供各部门查询文件用的管理模块,凡是有权传阅的部门以及相关管理者都可以查询以往发布的文件或公文;行业法律法规文件是指对行业管理用的、已发布的法律法规集中管理,供管理人员或其他公众查阅;行业监督与管理是指旅游质量监督所等部门的集中管理,这里可以查询受理的投诉案例、已处理的案例以及违规企业等情况,包括处罚情况和赔偿情况等。

　　政务管理信息系统强调的是政府内部跨部门管理,反映了行业宏观管理所涉及的所有流程,不同的行业可能管理流程差异比较大,在具体的信息化管理过程中,必须根据管理部门的行业特点设计系统的功能结构。

　　2. 政府服务平台

　　政府服务信息化也称政务服务信息化,是政府的一种对外服务,是利用信息通信技术向行业内的企业以及公众逐渐提供电子服务的过程,它是电子政务系统的重要组成部分。政府服务信息化要实现政府部门与企业、社会公众之间的信息流转或互动,实现公共服务的电子化和网络化,以提高政府服务的透明度和服务效益。随着信息技术的进步和普遍应用,特别是电子政务的全面实施,政府与社会公众能够进行有效、及时、直接的沟通,而且社会公众也能够直接或间接地参与政府服务的决策和提议,不仅解决了原来较为严重的回应度低、信任度低等问题,而且使社会公众对政府服务更加有信心,更加相信政府能够提供可靠、稳定、高质量以及透明的公共服务。

(1)政府服务信息化的含义

政府管理部门能及时、稳定地提供高质量的服务,不仅会提高政府部门的声誉和社会公众的信任度,更重要的是能促进行业的持续发展,有利于社会的稳定和社会公众对政府执政透明性的认可。政府服务信息化的目的就是要提高服务质量,提高政府工作的透明性,为广大公众多办实事。因此,全面提高政府服务质量必然要求增强政府服务的能力,而电子政务信息化的实施就是提升服务能力最有效的途径。

管理和服务是政府管理社会事务过程中的两大职责,管理是服务的基础,服务是管理的目的,政府最终就是为社会提供服务。政府服务信息化的含义就是利用现代通信技术和网络技术来提供更好的服务,这种服务更具广泛性、公益性、权威性和透明公平。因此,政府服务信息化的实质就是为大众提供服务,只不过服务的方式不同,依赖的是电子化手段,包括政府网站、政府信息系统等。信息技术构建的信息化服务可以是全天候、跨地域、一站式、透明化的服务,并且各种服务可以整合在一起,实现高效率的服务。

旅游政府服务信息化就是建立基于旅游行业信息服务的公众网络体系,提供统一、权威的旅游数据,通过数字化推动旅游产业的发展,提高旅游市场业务运作和监管水平,积极发展旅游电子政务,提供敏捷型的旅游服务,以推动旅游经济的持续发展。例如,旅游消费者可以登录政府的旅游门户网站,随时查询相关旅游法规;旅游企业登录政府的旅游门户网站,可以随时查询行业管理的相关服务条例;旅游从业人员登录政府的旅游门户网站,可以随时查询从业人员资格考核的相关规定,如导游人员资格考核和证书领取的相关规定。而且,旅游消费者、旅游企业以及旅游从业人员都可以全天候地获取政府提供的各种服务的信息,必要时还可以通过网络申请互动服务。

(2)政府服务平台的功能要求

政府服务信息系统的构建主要是以信息网站为窗口,利用网络型的政务服务系统,为旅游者、旅游企业和旅游从业人员提供服务。这种服务基本上是信息服务和在线办公服务,为社会公众和企业提供一条网络通路,以传递各种服务信息。具体来讲,旅游政务服务信息系统功能包括:旅游统计数据的收集、上报、发布、查询、互动等,以及旅游企业或从业人员的申请、批复等。政务服务平台的功能结构如图 4-6。

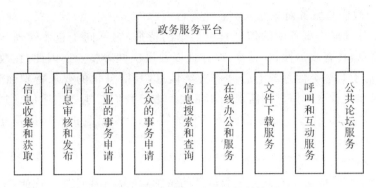

图 4-6　政务服务平台的功能结构图

政务服务平台属于电子政务系统的对外部分。旅游行业的政务服务的信息收集和获取主要是通过网站窗口,以及政务服务信息系统与企业信息系统的数据接口,可以收集显式数据,也可以收集隐式数据;信息审核和发布主要是实现对旅游公共信息的审核和发布,也可以审核和发布企业的信息;企业的事务申请主要是受理网络申请单,包括开业申请、评级申请以及规划申请等;公众的事务申请包括培训报名申请、资格考试申请以及旅游消费者的投诉申请等,同时包括护照申领与申请等;信息搜索和查询满足旅游企业和公众旅游者的各种查询需求,及时提供最新的行业信息,包括法规和政策方面的信息,也提供行业管理范围内的旅游目的地信息;在线办公和服务主要提供相关的各种旅游在线服务,如国内、国外旅行社申请办理、临时导游证办理、导游证在线办理、导游人员资格认定、出国旅游领队证的核发、星级饭店评级申请受理等;文件下载服务主要提供旅游行业的各种管理规范文档、申请表单以及旅游行业的各种规范合同等;呼叫和互动服务可以提供在线的互动服务,也可以通过呼叫的形式与指定旅游者或从业人员进行互动,尤其是遇到旅游者对旅游服务的投诉,在受理后为了解情况可以采用呼叫的互动式服务;公共论坛服务提供了一个交流平台,即大家一起讨论的平台,尤其在发布某些与公众有关的法规前可以展开网络讨论,让大家发表意见,使法规条例的确定更加有效。

政务服务信息系统强调的是政府对外的服务,反映一个行业透明化服务所涉及的所有服务流程,作为一个旅游服务行业,政府的服务信息化对旅游产业的发展影响更大。作为服务窗口的政府门户网站,更要注意信息的完整性、透明性、互动性、及时性以及正确性。在进行技术设计时,还要注意管理部门不同的服务要求,增加不同部门的个性化服务功能。

3. 政府与服务对象互动信息化平台

政务管理与服务中的信息具有共享的特征,它不同于企业管理与服务中的信息,具有政治性、综合性、权威性以及层次性等特点。因此,在政务管理中,对于共享类信息或者公共服务类信息,其信息化的要求特别强烈,公众获取和查看这些信息的需求也非常大。本节我们就主要论述信息共享与互动的信息化,主要了解旅游政务信息的特征、共享信息的作用以及互动信息化等内容。

(1)旅游政务信息的特征

旅游政务信息不仅具有一般信息的特征,还具有其自身的特征,主要表现在:

第一,动态性。除旅游景区景点的信息基本不变外,其他政务管理中的信息都处在不断的变动之中,而且这种变动还有两个特点,一个是受节假日的影响,一般在节假日期间变动幅度大,而平时则显得较为平缓。另一个是变动频率快,常常在1~2天剧变,因为游客一般在一个景点不会久留,住1~2个晚上便会离去。这一来一去都在短时间内发生,使旅游活动相关的信息发生了剧变。受旅游人数变动的影响,交通、住宿、餐饮等相关信息也会发生变动。

第二,选择性。旅游政务信息是面向所有公众的,而个体消费者面对信息,只能是选择性地使用,因此信息范围的确定很重要。这些信息既不能是原始资料的重复,也不能按照人的主观愿望随意增减,必须经过周密、详细的分析、处理、加工以后方可作为旅游政务信息向外公布与传递。

第三,吸引性。旅游政务信息不同于一般信息,它不仅要为大众旅游者提供可选择的信息,引导他们的旅游动机和行为,更重要的是为旅游服务企业提供可选择的信息,监管和引导企业经营的可持续发展。因此,需要认真考虑旅游政务信息的构成内容和形式,不能只对一些数字进行简单加减、胡乱堆积,应该利用计算机系统的分析功能,由研究操作人员制作成包括数字、文本、影音等形式的能吸引社会公众的高质量的信息。

第四,反馈性。这是旅游政务信息最突出的特点。旅游政务信息被旅游消费者或者有关企业所关注,有利于发挥引导旅游市场健康发展的作用,而且旅游企业和公众的信息反馈能使旅游政务信息更加完善。政府的宏观监管如果没有信息反馈,政务管理也将寸步难行,而快捷的信息反馈能使行业管理部门耳聪目明。

基于以上对旅游政务信息特征的分析,将旅游政务信息及时并广泛地与各类企业、单位、公众进行共享是至关重要的。旅游行业管理的信息化不仅包括基础设施和应用系统的建设,还包括政务信息资源整合的部分,即整合政务信息资源,促进"电子"与"政务"的良性互动。通过建设政府信息系统,使政府和公众之间的事务可以通过网络互动处理,实现政府职能的信息化、监管信息的公开化以及沟通的互动化,利用信息化网络可以达到"倾听民声、广纳民意、集中民智"的政务效果。

(2)互动信息化概述

传统的互动都是面对面的。例如,旅游企业奔赴客源地做促销活动是面对面的;旅游管理部门处理游客投诉,需要到现场了解并面对面展开调解工作;旅游者了解旅游地情况,到旅游代理商那里了解情况,面对面地获取宣传资料或广告彩页;旅游从业人员的资格申请,往往是到管理部门面对面地提交申请单。这些面对面的互动往往既浪费时间,服务效率又低,与旅游快速发展的管理要求根本不相适应。利用信息技术构建政府与企业、政府与公众的互动体系已成为时代发展的基本要求,由此产生了互动信息化。

互动信息化就是利用信息通信技术,建立起政府与企业之间、政府与社会公众之间电子化沟通方式的过程。网络沟通是目前最常见的互动方式。电子政务工程在管理、监管和服务过程中应到处充满"互动",特别是以公众为中心的电子政务服务,更需要政府对于"互动"部分给予高度的重视。没有互动就不可能有信息化,不能充分利用信息化的互动也不可能实现电子政务的高效。因此,"互动"信息化能推动各方的即时沟通,推动和促进旅游业的和谐发展,如果"互动"不能充分地信息化,将影响旅游信息化这个新事物的发展,造成旅游经济发展的停滞不前甚至倒退。

信息共享可以促使政府实现公开施政,通过信息网络,将更多的政府信息向社会公众公开。政府在制定政策、做出决策时,可以通过网络让公众参与进来,发表意见。公众也可以通过信息网络监督政府的运作,了解政府的工作进程和工作业绩,从而对政府的工作做出比较准确的评价,达到改进政府工作的目的。此外,政务信息化可以缩减甚至取消中间管理层,这无疑将大大简化行政运作的环节和程序。以公众反映意见为例,在传统的方式下,公众反映意见和建议一般要经过许多环节和程序。通过信息网络,公众可以通过互动的方式,直接将意见、建议反映到有关职能部门,并且可以与职能部门一起共同落实解决,网络的在线互动可以高效率地处理这些建议并解决问题。

(3)互动信息化的作用

政务信息共享得越多,说明政务公开越透明,越有利于政务信息权威性的建立,其对行业管理的监管作用就越大。随着电子政务系统的应用,政务信息从独占到共享,体现了政府管理的进步,更体现了政府执政为民的理念。旅游业是一个服务性行业,以政府为主导的旅游共享信息越多,对旅游行业的监管就越透明,就越有利于旅游业的健康发展。旅游共享信息的作用还表现在以下几个方面。

第一,有利于建立旅游诚信体系。旅游共享信息越多,人们越容易获取各个方面的旅游信息,相互了解得也就越多,可借此建立起相互信任的体系。例如,你作为一个旅游者,对旅游目的地信息完全不知晓,当旅游过程中出现了问题时你的埋怨就会很多;但如果你对旅游目的地已经有所了解,对那些不完善的服务早就有所准备,这时你的埋怨就自然会减少或消失了。因此,旅游目的地的旅游管理部门一定要把旅游地的资源现状、服务现状和条件描述清楚,尤其是要通过当地门户网站把所有旅游信息,包括安全信息、服务信息向旅游者描述清楚,这有利于相互谅解和相互信任的建立,并可以在旅游者的监督和建议下,逐步完善服务体系。

第二,有利于解决旅游供需双方的矛盾。旅游共享信息越多,其信息结构就越完整。共享信息必然包含旅游供方信息和旅游需求方信息,政府要求将旅游供方信息透明地公布给公众,同时把旅游需求方信息通过简报的形式提供给旅游企业提醒其做好准备。如旅游黄金周中的预警通报就是一种协调供需双方的共享信息,旅游者能知道哪些景点该去,哪些不该去;旅游企业也做好接待的准备,如准备多少交通车辆、准备多少接待人员以及准备多少餐饮食品等。这些旅游供需双方的宏观信息,只有政府管理部门才能掌控,整理后为大家所共享。

第三,有利于对旅游市场的监管。旅游共享信息有一部分是由企业提供的,查询者和使用者都是旅游消费者,需要一定的监管。使用旅游共享信息有利于对旅游市场的监管,由于对旅游信息的发布负有一定的责任,发布者必须对信息的真实性和可靠性负责,因此企业在政府的监管下,不会再发布虚假的信息以及与实际服务不相符的信息。政府发布的共享信息都是有关市场的监管和提供服务的信息,因此共享信息越多,对旅游市场的监管就越有利。

第四,有利于社会各界对旅游服务的沟通。旅游共享信息有利于社会各界对旅游服务的沟通,因为旅游涉及社会公众,顺畅的市场沟通很重要。企业需要旅游者的需求信息,政府需要旅游市场的需求信息,通过共享信息的纽带作用可以为各界架起沟通的桥梁。现代的旅游沟通很重要,沟通可以提升服务,减少投诉,也可以建立和谐的旅游环境。政务系统发布旅游共享信息能使旅游公众对旅游服务产生更好的理解。

　　4. 行业监管平台

　　旅游行业包括了众多服务业,包括旅游酒店、旅行社、旅游景区、旅游交通等,由于这些服务业都处在旅游活动的各个环节上,为了保证旅游服务质量,旅游行业的管理部门需要对这些服务业进行监管。随着旅游市场的不断扩大,以旅游部门有限的人力和物力,以传统的监管方式对旅游行业的所有相关企业都进行有效监管是不现实的。随着信息技术的普及应用,利用信息技术辅助行业监管已成为一种趋势,通过行业监管的信息化可以提升行业监管的效率和效益。

　　(1)行业监管信息化的概念

　　行业监管信息化是指利用信息通信技术对旅游饭店、旅行社、旅游交通、旅游景点等的经营行为进行电子化管理和监督,对产生的旅游服务质量问题以及欺诈行为进行电子化处理的过程。行业监管信息化可以实现行业管理部门对管辖范围内的全方位监管,并降低政府监管的运作成本。行业监管信息化包括旅游的安全监管、服务质量监管以及企业经营范围内容监管,是旅游电子政务系统中重要的组成部分。

　　旅游服务多是无形服务,在粗放型的旅游发展阶段往往会出现一些服务不规范和欺诈等现象,需要通过制定一些服务规范来完善旅游经营中的行为,避免造成对旅游者的伤害或权益侵犯。这些服务经营的行为,必须通过透明化的服务规范来监管。信息化可以防范无形服务不到位的情形,通过信息网站公示各种无形服务的标准条例,让旅游者可以随时查询条例内容,以便旅游过程中参照条例明确服务是否符合规定要求。行业监管信息化要求各旅游服务企业明码标价,公示开展服务的各项标准服务内容,详细叙述服务的各个环节和内容,防止旅游者上当。

　　(2)政府行业监管平台的功能要求

　　行业监管信息化主要利用电子政务系统中的政府监管信息系统,实现政府对行业的开放型监管,既可以通过公示的服务标准由旅游者来监督,也可以接受社会的公众监督。政府监管信息系统同样是一个开放系统,利用行业的门户网站作为窗口,接受旅游者和社会公众的广泛监督。具体来讲,政府监管信息系统主要有公示信息、传递监督信息、接受投诉处理以及督管企业行为等功能。政府行业监督平台的功能结构如图 4-7 所示。

　　政府行业监管平台是电子政务系统中有关行业市场监管的部分,它整合了政府、企业和公众的信息流程,因此也是对市场行为的控制部分。其中,行业规范与标准主要是制定旅游行业的服务规范,对一些操作行为标准化,如星级饭店标准、绿色饭店标准、旅行社管理规范等;监管门户网站是指

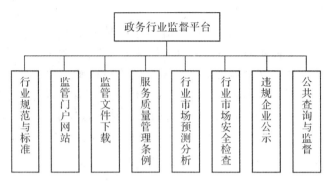

图 4-7  政府行业监管平台的功能结构图

旅游行业部门的门户网站,它是一个行业的信息窗口和服务窗口,通过该窗口实现政府与企业及政府与旅游消费者在监管方面的信息互动;监管文件下载是指对行业经营的各种指导性规范文件提供企业下载,以便及时了解经营中应注意的问题;服务质量管理条例是监管过程中的准则,随时可以通过网络查看,也可以与企业和公众互动,以便及时更新条例;行业市场预测分析是监管过程中的分析部分,根据市场现状数据分析趋势走向,以便指导企业的运作;行业市场安全检查是对旅游市场的定期检查,也可以是企业根据网站公布的要求进行自查,保证旅游市场在安全的环境下运作;违规企业公示主要是对严重违反市场规律,有损害游客利益行为的企业通过网络公示,以便约束企业的不规范行为;公众查询与监督功能让社会公众了解旅游市场的监管情况、安全情况,并通过网络举报和监督旅游企业的不规范行为。

政府监管信息化强调的是监督管理,需要企业、社会公众的共同参与,在网络技术的支持下,通过信息化手段可以很方便地实现监督参与。如网络举报、网络互动、网络查询都能达到较为有效的监督作用。政府行业监管信息系统是行业管理和规范的核心系统,需要与电子政务系统中其他的信息系统交换数据,及时分析管理中出现的问题,使系统获取的信息更全面,而且便于相关部门更有针对性地出台相关的管理条例。

## 4.2.4  旅游行业管理信息系统

国家旅游局的行业管理系统主要涉及十大业务系统,分别为假日旅游预报系统、旅行社年检管理系统、星级饭店管理系统、导游管理系统、旅游投诉处理系统、旅游统计信息系统、旅游财务指标管理系统、旅游项目投资管理系统、景区景点管理系统、导游等级管理考核系统。下面部分介绍 5 个系统的基本情况。

1. 旅游统计信息系统

旅游统计信息系统主要用以汇集并统计旅游地区、城市、企业的各项业务数据。其功能包括:首先,各地市旅游企业可通过网络在本地进行统计报表数据的收集、上报、发布;其次,各旅游管理机构对上报数据进行汇总和查询;最后,旅游管理机构以数据为基础进行分析和整理,以提供给旅游企业作为参考。该系统以各旅游机构和企业报表的数据录入、报表数据的综合查询等为核心,以旅游机构和企业管理体系为主导,分为全国、省、市、旅游企业四个层次,为各旅游机构和企业报表的录入、报表查询,提供统一便捷的服务,同时也为各级游行政管理部门对所属旅游企业报表的汇总和旅游企事业单位的管理提供便利。

通常,旅游统计信息系统由数据报送系统(网上)和脱机分析系统(网下)两部分组成。数据报送系统主要用于各旅游企事业单位填报旅游统计报表、旅游黄金周预报报表、查询历史报表数据等。脱机分析系统主要用于各级旅游行政管理部门对所辖范围内的旅游企业进行管理,对旅游统计数据进行综合分析。

一般来说,旅游统计信息系统具有以下特点。

(1)准确性

数据是决策的依据,若不能保证数据的准确性,后果将是灾难性的。为了确保数据的准确,在网上数据报送系统中应设置平衡公式,只有符合平衡关系的数据才能保存入库。在网下脱机分析系统中应设置平衡检查功能,要求分析的数据必须正确。系统层层检验数据,进行理论核算,以求数据的准确无误。

(2)可操作

系统主要借助互联网运行,采用 B/S 结构与 C/S 结构相结合的体系结构,既满足了旅游企事业单位用户分散、大范围使用该系统的要求,又满足了旅游行政管理部门大量处理数据,对数据进行复杂分析的要求。

(3)安全性

有完善的权限管理机制,多重校验,保证数据信息的安全。有详细的日志系统,详细记录各环节发生的数据异常情况,以及操作者的修改动作。

(4)可维护性

服务全自动运行,不需人工干预。模块化设计,且从系统底层的搭建到数据的展现,均通过配置工具实现,维护简单。预留第三方数据接口。

(5)强大的数据分析功能

对数据进行多种形式的数据分析,形式可以根据用户要求自行定义。

将分析结果用表格或图形直观地展示出来,可提供分析模板等丰富功能。

2.旅行社年检管理系统

旅行社年检管理信息系统要求所有企业直接上网填报有关年检材料,管理部门直接对年检材料进行审验,系统软件自动生成相关报表,节省了大量人力,减少了处理的时间。以 2007 年度旅行社年检管理为例,其业务年检和审计验证的范围是:凡在 2007 年 12 月 31 日前经旅游行政管理部门批准设立并领取《旅行社业务经营许可证》,在工商行政管理部门办理登记注册手续并领取《企业法人营业执照》的各类旅行社,均应参加年检、审验。

年检的内容包括:旅行社基本情况(分支机构情况)、综合指标考核情况、旅行社入境旅游地接情况、旅行社出境旅游组接情况、年检机关考核情况、集团填报(集团基本情况、集团营业指标和组接指标)等。其中资产情况、营业指标、组接指标、旅行社责任保险、集团填报等五个部分必须经审计验证(有关审计内容及指标说明详见《年度旅行社业务年检报告书》的指标说明)。

3.假日旅游预报系统

假日旅游预报系统的主要功能是在黄金周及旅游高峰期间对旅游景区、饭店宾馆、旅行社、交通等假日旅游相关信息进行实时填报、在线审核、动态发布和汇总统计。假日旅游预报系统按照不同的服务对象,分为 3 个子系统和 16 个模块。第一个子系统面向各级假日办的相关组织和机构,它包括 4 个子模块:规定单位填报、自愿单位填报、紧急情况填报、用户中心。第二个子系统为国家旅游局假日办相关机构提供业务管理服务,它包括 6 个子模块:黄金周旅游数据排序、统计处浏览、统计处审核、自愿单位审核、紧急情况浏览、用户投诉浏览。第三个子系统为公众和媒体提供假日旅游信息服务,包括 6 个子模块:黄金周旅游动态新闻、黄金周旅游信息查询、黄金周旅游组织协调机构、黄金周旅游预报系统指南、黄金周旅游投诉、滚动播报。假日旅游预报系统集数据采样、数据收集、网络汇总、统计对比、排序、数据发布等多项功能于一体,可实现对旅游相关信息的网上填报、在线动态预报与分析。表 4-1 为海南省假日办向全国假日办发送的 2011 年十一假日期间旅游信息预报表。

表 4-1　海南省十一假日旅游信息预报表(2011 年 9 月 25 日)

| 项目 | | 时间 | 9.30 | 10.1 | 10.2 | 10.3 | 10.4 | 10.5 | 10.6 | 10.7 |
|---|---|---|---|---|---|---|---|---|---|---|
| 住宿设施预订情况（%） | 海口 | | 17.8 | 19.8 | 19.1 | 16.9 | 14.6 | 11.5 | 8.9 | 7.5 |
| | 三亚 | | 31.3 | 43.9 | 54.4 | 51.8 | 48.0 | 36.0 | 27.6 | 22.0 |
| | 琼海 | | 19.6 | 22.6 | 25.1 | 25.0 | 22.5 | 20.1 | 19.4 | 15.2 |
| | 万宁 | | 10.8 | 10.0 | 18.8 | 23.0 | 13.0 | 8.2 | 13.3 | 12.0 |
| 民航预订票已超过90%的主要航线 | 美兰机场 | 至北京 | | | | | | | 北京 | 北京 |
| | | 至上海 | | | | | | | | |
| | | 至香港 | | | | | | | | |
| | | 至澳门 | | | | | | | | |
| | | 至广州 | | | | 广州 | | | 广州 | 广州 |
| | | 至深圳 | | | 深圳 | | 深圳 | 深圳 | 深圳 | 深圳 |
| | 凤凰机场 | 至北京 | | | | | | 北京 | 北京 | 北京 |
| | | 至上海 | | | | | | | | |
| | | 至香港 | | | | | | | | |
| | | 至澳门 | | | | | | | | |
| | | 至广州 | | | | | | | | |
| | | 至深圳 | | | | | 深圳 | 深圳 | 深圳 | |

　　与传统的假日旅游预报系统相比,假日旅游预报系统充分利用了互联网技术,使得对旅游预报信息处理的速度大为提高,各地填报的信息可实时传送到国家旅游局的中心服务器,通过互联网向公众发布,同时送往中央电视台进行播报。此外,为了提高城市的覆盖面,假日旅游预报系统发布的假日旅游信息中除了国家规定的 26 个城市、9 个景区之外,还增加了自愿单位填报栏,其他旅游城市和景区也可通过此栏向国家旅游局的网站上发布,因而直接提高和扩大了假日旅游信息预报的覆盖面。同时,国家旅游局和各级假日旅游组织机构通过本系统可极大地提高其管理效率和工作效率,直接在互联网上实现数据填报—数据传送—网上审核—网上汇总—网上统计分析—网上发布的业务流程。

　　按照行业的不同,填报数据的单位可以划分为以下几类。

（1）景区

接待能力基本情况包括景区最佳日接待量、最大日接待量，以及景区内饭店所拥有的客房间数和床位数。预报信息包括黄金周期间每天的客房可预订量、客房预订量、床位可预订量、床位预订量和景区促销活动。景区通报信息包括当日门票收入、当日景点接待量、一日游接待量、当日饭店接待量、当日客房出租量、当日床位出租量，以及当日假日旅游综述等。旅行社的接待能力基本情况包括该社的导游数量和从业人员数量。

（2）旅行社

预报信息内容包括旅行社是否有接待能力，以及旅行社的热点线路和优惠活动预报，一次需要填写七天的信息。旅行社通报内容包括接待团数、接待人数、组团个数、组团人数，以及是否还有接待能力等信息。

（3）饭店宾馆

预报的接待能力基本情况包括该饭店拥有的床位数量和客房数量。预报信息包括黄金周期间的客房预订数量、床位预订数量和饭店的优惠与促销活动。通报信息包括当日客房出租间数、当日客房可出租间数、当日床位出租张数、当日床位可出租张数，以及当日餐饮营业收入、住宿营业收入、娱乐营业收入、其他营业收入和总收入等。

（4）大型购物商场

预报信息是黄金周期间及节假日的优惠或促销活动，通报信息是该商场的当日零售额和人流量。

（5）交通部门

分为铁路部门和民航部门，其基本信息包括平均周抵达和停经班车次（航班数），以及平均周抵达旅客流量。交通部门的通报信息包括当日发送车次或航班的数量、当日增发车次或航班的数量、当日发送游客数量、当日收入、当日抵达和停经车次或航班的数量，以及当日抵达旅客流量。

（6）车船公司

旅游汽车公司的接待能力基本情况包括该公司拥有的大车数量和小车数量。预报信息包括节假日该公司的大车出租量和小车出租量。通报信息包括当日大车出租量、小车出租量和收入。反映游船公司接待能力基本情况的数据是该公司拥有的游船数量。游船公司的预报信息是节假日该公司已预订出的游船数量，通报信息包括当日游船出租数量以及收入情况。

4. 导游管理系统

导游管理（含 IC 卡）信息系统体系包括建立全国数据库、区域数据库、实时信息传输网络和检查监督体系。

　　系统的功能主要包括导游报名、考试、年审、培训等信息查询。可以与省旅游局合作，采用省旅游局开发的信息系统实现导游在线管理。

　　5. 旅游投诉处理系统

　　该系统主要作用是接受投诉、受理和公布相关游客的投诉和处理结果，游客可以通过系统的多种方式进行质量投诉。旅游投诉受理，是指投诉者向有管辖权的旅游投诉管理机关提出投诉，如电话投诉，网络投诉等，是旅游投诉管理机关经审查认定为符合立案条件、予以立案的行政行为。

　　旅游投诉受理的特征是：投诉受理应当符合旅游投诉的立案条件，并属于受理机关的管辖范围；受理与否的决定是旅游投诉管理机关所做出的具体行政行为。

　　旅游投诉处理系统也由省旅游局统一建设，如将其整合在旅游门户网站、质检所信息系统或旅游电子政务系统中，便于旅游者的在线投诉和处理。

# 4.3　旅游公共服务信息化建设

　　国家旅游局 2011 年末发布了中国旅游公共服务"十二五"专项规划，提出到"十二五"期末，超过 50% 的游客可通过各种渠道享受到旅游公共信息服务，全国旅游咨询中心数量年均增长 15%，形成各类旅游集散中心（点）1000 余处。规划指出，到"十二五"期末，基本完善旅游信息咨询服务体系、旅游安全保障服务体系、旅游交通便捷服务体系、旅游便民惠民服务体系、旅游行政服务体系等五大体系，建立统一领导、分级负责，政府主导、全社会协同，公益性原则和市场化运作相结合的可持续发展的体制机制[①]。

## 4.3.1　旅游公共服务体系

　　虽然旅游公共服务已成为当前人们关注的热点问题，在近几年政府部门旅游工作报告中出现的频率也越来越高，但到目前为止，其概念、内涵并没有得到清晰一致的界定。在上海"世博旅游公共服务体系研究"课题中（2006），提出"世博旅游公共服务体系"是指在世博园区规划红线范围内及周边区域，由政府或其他社会组织提供的，不以赢利为目的，满足游客需要的直接和间接服务的总称，具有区域性、集中性和特殊性。李爽（2008）认

---

　　①　相关信息见国家旅游局网站，http://www.cnta.com.

为,旅游公共服务是指在旅游目的地范围内及周边区域,由政府或其他组织(企业、非营利组织等)等服务主体为旅行前、旅行中和旅行后的旅游者(现实的和潜在的)提供的,具有明显公益性的,满足旅游者共同需要的公共产品和服务的总称[1]。郭胜(2008)提出旅游公共服务是为满足游客的需求,由政府或者其他社会组织为游客提供的直接和间接、具有外部效果、非排他性服务的总称[2]。张萌,张宁等(2010)等认为旅游公共服务有广义和狭义之分,广义的旅游公共服务是指由政府提供或主导提供的,现实或潜在旅游者与旅游业经营者、从业人员不论其国别、消费水平和地位、旅游形式如何都可以普遍享有的,市场或单个企业无力或不愿提供的服务或公共服务产品。狭义的旅游公共服务则是指上述范畴中仅针对旅游者而设计与提供的旅游公共服务[3]。

1. 旅游公共服务的内涵

旅游公共服务主要包含以下要素:一是供给主体方面,是以政府为主导的,政府、市场、社会组织相结合的多样化的供给方式;二是区域范围方面,包含旅游目的地范围及周边区域,对于特定的专项旅游活动,其范围更加明确;三是供给对象方面,包括旅游者和旅游企业等;四在服务性质方面,是具有非营利性的、非排他性,具有明显公共性的服务。因此,对于一个旅游城市来说,具体的旅游公共服务包括城市旅游公共交通、城市旅游安全保障服务、旅游教育培训,以及有关旅游公共信息咨询服务等。

2. 旅游公共服务体系的主体

旅游公共服务体系是为在一定区域范围内,一定发展阶段,促进旅游产业发展,满足旅游者特定需求,由政府、企业、社会组织等多个主体提供一系列旅游公共服务的综合,包含若干子系统。旅游公共服务主体包括需求主体和供给主体两个方面。

第一,从旅游业发展的实践来看,旅游者是旅游公共服务的需求主体,是旅游公共服务的接受者和受益者,除此之外,旅游公共服务的受益者还包括旅游目的地的旅游企业、政府、旅游目的地的民众,他们都可以构成旅游公共服务需求的主体。根据这些主体的不同可以分为直接受益者、中间受益者和最终受益者。当然在这里我们还要考虑一个特殊的群体,那就是潜在旅游者,潜在旅游者是旅游目的地发展旅游业重要的因素之一。当前我

---

[1] 李爽:《旅游公共服务供给机制研究》,厦门大学博士论文,2008年。

[2] 郭胜:《以政府为主导提供节事活动旅游公共服务》,《城市发展研究》,2008(6)。

[3] 张萌,张宁等:《旅游公共服务:国际经验与启示》,《商业研究》,2010(3)。

国旅游活动呈现出大众化、散客化以及常规化的特征,要求我们不仅要加快旅游公共服务体系的建设,同时要分析旅游公共服务不同需求主体的不同需求,从而更好地构建旅游公共服务体系,提供满足其需求的旅游公共服务。如果某旅游目的地游客中休闲度假旅游者较多,我们就应该增加更多的休闲旅游服务,在旅游目的地旅游公共服务体系建设中就应该考虑休闲设施这个元素。

第二,旅游目的地旅游公共服务的供给是旅游公共服务系统的核心,旅游公共服务体系主体分析,就是回答旅游公共服务由谁来提供。根据公共产品理论、公共选择理论和新公共服务理论,旅游公共服务的供给主要由政府来提供,但是政府不需要直接承担全部旅游公共服务的供给,可以在政府的主导下,允许和鼓励私人部门参与旅游公共服务体系的建设,引入市场机制,从而提高旅游公共服务供给的效率。从我国的实践来看,旅游目的地旅游公共服务体系的主体逐步呈现出多元化的趋势,除政府承担大部分旅游公共服务体系的建设外,旅游企业、社会团体、旅游组织甚至个人都参与到了旅游公共服务体系的建设中。比如,政府可以通过招标等方式来让企业或个人承担旅游公共设施的建设;政府可以邀请旅游企业一起参与旅游目的地旅游信息咨询服务体系的建设;政府还可以倡导和组织旅游目的地公民参与旅游公共服务体系建设,比如通过志愿者方式向游客提供旅游公共服务。所以,在旅游公共服务体系建设的实践中,已形成多方供给主体参与的局面,个人、企业、政府部门、社会团体和组织都可以成为旅游公共服务体系的主体,而政府除主导作用外,还起到联系和纽带的作用。

3. 旅游公共服务体系特征

由于旅游行业的综合性、关联性以及开放性等属性,决定了旅游公共服务体系与一般的公共服务相比,具有不同于一般公共产品的特征。

第一,旅游公共服务体系兼具生产性和消费性。从上述旅游公共服务的双重对象(旅游行业和旅游者)就可以看出,针对旅游行业和旅游者的旅游公共服务性质是不同的。针对旅游行业提供的公共服务是生产性的。为旅游行业提供顺畅的开发、审批和监督系统,为旅游业制定各种规章制度和行为规范,为旅游业培养不同层次的人才,都是为了给旅游业创造良好的环境,因而该类服务具有生产性。而针对旅游者和大众的旅游公共服务则是消费性的。各种旅游服务的提供,如信息服务、安全服务、消费者权益保护等都是立足于公共服务的消费性。

第二,旅游公共服务体系兼具盈利性和公益性。从旅游公共服务的提供主体来看,旅游公共服务体系可兼具盈利性。旅游公共服务体系内不仅包含由政府或者社会组织提供的各种公益性的服务类型,也包括由私人部门提供的具有盈利性的服务。在旅游公共服务产品提供的过程中,是从效率角度进行考虑,需要对某些旅游公共产品收取一定的费用,特别是竞争性和排他性较强的产品,这就势必会带有一定的盈利性。而从旅游公共服务提供目的来看,旅游公共服务体系具有公益性。旅游公共服务提供的主体主要是政府,政府的提供是为了满足旅游者进行旅游活动时的便捷性的需求,是基于社会公平和福利的角度,它不收取产品提供的费用。旅游公共服务必须在满足公益性的前提下兼具一定的盈利性。

第三,旅游公共服务体系的区域性、特殊性、多样性。旅游消费是在某一特定区域范围内进行的,而旅游公共服务体系又是针对旅游业设计的,所以,旅游公共服务体系必然同旅游行业的区域性产生相关性。旅游公共服务体系的地域性导致了旅游公共服务体系的特殊性和多样性。旅游公共服务体系的特殊性主要是基于以下两个原因:一是各个地区的旅游行业和旅游者对于旅游公共服务的需求不尽相同;二是各旅游目的地的产业特性和资源特性的不同。各地区差异化的旅游公共服务体系就构成了我国旅游公共服务体系的多样性,不能试图以同一套旅游公共服务体系建设的模式套用在多个地区的旅游服务体系构建中,但是可以借鉴建设的成功经验和吸取失败的教训。

4. 旅游公共服务体系的内容

根据旅游公共服务的要素构成,结合旅游业发展的实际需要,明确旅游公共服务体系的内容包含旅游信息服务、旅游交通服务、旅游安全服务、旅游管理服务、旅游环境服务五个子系统,并对子系统要素作进一步分析。旅游公共服务体系内容构成的划分,是旅游公共服务供给主体、供给模式选择的基础。随着经济社会发展水平的提高和公众对旅游公共服务需求的多样化,以及不同区域旅游发展阶段的不同,旅游公共服务体系的内容也各有侧重,具体见表 4-2。

表 4-2　旅游公共服务体系的内容及表现形式

| 内容 | 子系统 | 表现形式 |
|---|---|---|
| 旅游信息服务 | 旅游咨询 | 12301 旅游热线、旅游咨询中心、景区旅游咨询系统、短信咨询平台 |
| | 旅游网络信息 | 旅游咨询网、旅游公共服务信息系统 |
| | 其他旅游信息 | 接待手册、旅游目的地宣传资料、户外旅游信息标识 |

| 内容 | 子系统 | 表现形式 |
|---|---|---|
| 旅游交通服务 | 旅游交通设施 | 旅游目的地公交车线路设计,旅游绿色通道、旅游专线、旅游大巴 |
| | 旅游交通连接点 | 旅游集散中心、公共停车场、车站、机场、码头建设 |
| 旅游安全保障 | 旅游安全制度 | 旅游安全服务标准规范 |
| | 旅游安全救援 | 旅游景区安全监测点、旅游救援信息系统 |
| 旅游管理服务 | 旅游政策法规 | 地方法规、地方规章;行业标准和规范 |
| | 旅游教育培训 | 从业人员的教育和培训 |
| | 旅游消费政策 | 各种旅游优惠政策,优惠卡或一卡通 |
| | 旅游规划与开发 | 旅游公共服务规范 |
| 旅游环境服务 | 旅游自然环境 | 各种自然环境监测,卫生设施建设 |
| | 旅游公共景点 | 休闲公园,城市旅游景观带 |
| | 旅游生态环境 | 城市绿化 |

(1)旅游公共信息服务

它是旅游公共服务体系建设的核心部分,是指为满足游客对旅游目的地的旅游基本信息、旅游产品促销信息、旅游安全信息、公共环境等相关信息服务的需要,及时将开发加工好的信息产品以便捷的形式传递给相关旅游者。旅游信息服务体系主要包含旅游信息咨询中心、旅游电子政务网、旅游宣传资料、旅游公共标识、旅游资讯服务平台等要素。旅游活动异地性的特点,决定了旅游者对旅游信息的需求贯穿旅游活动的全过程。随着我国旅游业的快速发展,旅游活动日益呈现大众化、常态化、散客化的趋势,游客对城市旅游公共信息服务的需求也日益强烈。

.虽然我国旅游公共信息服务发展较快,但是也存在较多问题。例如旅游公共信息化管理机构地位薄弱,资金投入不足;旅游公共信息服务人才缺乏;旅游公共信息服务内容、传播途径单一;旅游公共标识混乱等制约了我国旅游公共信息的发展进程[①]。

(2)旅游交通服务

便捷的交通服务是旅游者实现其需求的重要手段,是旅游业发展的必要条件,也是旅游公共服务体系建设的关键内容和提升旅游公共服务的重要途径。旅游公共服务交通依赖于城市完善的公共交通设施,是指旅游者利用某种手段和途径,实现从客源地到旅游目的地城市以及在该地内部空

---

① 喻江平:《旅游目的地旅游公共服务体系建设研究》,《燕山大学》,2012 年。

间转移的过程。旅游公共交通服务的发展,需要通过旅游景区、公共游憩区与公共交通方式的无缝对接,形成高效、便利、舒适的公共交通网络体系。同时,还需进一步提升公共交通的旅游便利性在城市区域内部与周边城市之间的联系,利用城市已有的水陆空立体交通网络体系,快速推进旅游公共交通网络建设,大力发展智慧交通。

旅游交通服务体系的建设主要可以从以下几个方面着手,一是加强各地旅游交通设施的建设,使旅游目的地的交通体系与全国大交通实现无缝连接,提高旅游目的地的可进入性;完善和建立旅游目的地旅游公共交通体系,调整各种交通方式布局,合理设计和优化公车线路,实现旅游景区之间的畅通;大力加强旅游辅助公共交通设施,增加旅客周转能力;通过各种手段保证旅游交通的顺利进行,打击旅游交通服务中的违规行为,规范旅游交通提供主体的行为;增加旅游交通标识,做到能为旅游者提供足够信息的交通标识。

(3)旅游安全服务

旅游公共安全服务是旅游公共服务的重要保障,也是社会安全保障体系组成部分之一。城市旅游公共安全服务,是指旅游者的旅游活动能够顺利、安全进行,是旅游业健康发展的保障。根据旅游活动的特点和旅游业运行的环节来看,旅游公共安全贯穿旅游活动的六大环节,分别为住宿安全、交通安全、游览安全、购物安全、饮食安全、娱乐安全六大类。城市旅游公共安全服务系统包含城市治安、安全预警、紧急救援、旅游保险、安全制度五个方面。

旅游安全是旅游经济稳定运行的重要保障。随着大众旅游的普及和发展,旅游者的安全问题日益增多,旅游安全成为全民关注的焦点。目前,在旅游活动过程中遇到的安全问题包括旅游犯罪、疾病、火灾、交通事故、探险、漂流、攀岩、蹦极等高危旅游项目以及娱乐设施安全事故等几个方面。

(4)旅游行政与管理服务

旅游公共管理服务,是指为实现旅游功效的最大化,以旅游行政管理机构为主体的公共部门,运用行政、经济、信息、法律等手段,通过发挥组织、服务、监督、协调等职责,对本地区旅游业进行管理和调控的过程。

当前城市旅游公共服务中的管理服务,就是要坚持以政府为主导,满足旅游公共服务的基本需求,体现政府公共服务职能向"服务型"转型。同时创新旅游公共服务供给模式,对于非基本公共服务,可通过招标购买、委托代理等多种形式进行供给。从市场准入资格、服务质量标准、游客满意度测评等方面规范行业秩序,引导旅游市场健康发展。从满意度、投诉处理机制等方面,构建旅游公共服务沟通协调,大力发展旅游的智慧管理和智慧服务。

(5)旅游环境服务

旅游地自然、生态、卫生等系列要素深刻影响着旅游业的发展。旅游公共环境主要包括生态、自然、卫生等方面。当前,旅游城市对旅游公共环境日益重视,这主要是因为旅游地整体形象综合作用于旅游者对旅游目的地的选择和旅游活动的开展。因此,应大力发展生态旅游。

## 4.3.2 旅游公共服务信息化建设

"十二五"期间,各省市将把旅游信息化作为促进旅游产业发展的助推器,全面构建由电子政务体系、行业监管与服务体系、旅游公共信息服务体系、企业信息化应用体系、共性技术支撑与标准化体系、信息化运行与保障体系组成的旅游信息化总体框架,促进旅游公共服务水平的提升,打造智慧旅游。

1. 旅游公共服务信息化建设的必要性

(1)提高城市旅游服务综合能力和水平

近几年,各地游客数量保持较高增幅,但在旅游业的快速发展中面临着一些突出的问题,集中表现在:第一,在旅游旺季,沿海一线、主要景区人流如织,造成交通拥堵,出现游客就餐难、入住难、停车难等现象;第二,游客咨询、投诉、救援、导向等旅游公共服务建设不完善,旅游指挥调度力度不够,公安、交通、城管等各部门信息协调不畅,游客满意度大幅下降;第三,近几年自驾游、自助游、半自助游等新兴出游方式方兴未艾,这些群体对实时的旅游信息需求越来越高。以上现象的出现,表明现有的旅游公共服务功能已经难以满足旅游业快速发展的需要。

(2)提升城市综合竞争能力

旅游服务品牌的创建,是提高城市综合竞争能力和扩大国际知名度的有效途径。而通过建设旅游公共服务信息化系统能够提高服务效率,是提高游客满意度的重要途径,通过提高游客的满意度来提升目的地的旅游服务的品牌,从而有利于提升城市的综合竞争力。

(3)适应旅游市场个性化、散客化的趋势

目前来看,国内游客个性化需求越来越丰富,选择自助游的人越来越多,通过网络进行预订酒店、交通的比例越来越高,散客市场将成为旅游市场最大的一块蛋糕,经营和接待散客旅游的能力,已经成为衡量一个地区旅游产业素质的重要标准。目前,大部分城市还是建立在以旅行社为主,主要为团队游客服务的运营组织架构基础之上,而针对散客的旅游服务体系尚未完全建立起来,在旅游的基础设施建设、旅游的企业组织结构、旅游的市场营销方式以及旅游的信息服务等方面,还远不能适应散客出游的需要。散客时代的到来,客观上要求必须大力推进旅游服务信息化与产业化融合,尽快建立和完善散客信息服务体系。

2. 旅游公共服务信息化建设的路径

为了实现旅游公共服务信息化,各省市都力争在未来几年建成以主要旅游目的地为核心,涵盖住宿、餐饮、购物、娱乐、交通等要素的一体化数字旅游咨询服务体系。全面深入推进旅游公共服务设施建设,利用以互联网、物联网、3G/4G 移动通信、云计算、多媒体为代表的新技术,建立满足多渠道信息发布、交流、互动,并适应旅游行业发展的公共咨询服务平台。

(1)建立旅游服务指挥调度系统[①]

旅游服务指挥调度系统的作用是通过对主要旅游景区(点)的视频监控,结合 GIS 系统和物联网技术,建立一个实时监控、动态预防、危机处理、集中指挥的应急服务体系,随时掌握各旅游景区(点)的运行情况与实时动态,并配合市应急指挥中心根据实际情况快捷有效地进行协调指挥,强化处理旅游公共事件的快速反应机制,确保城市旅游活动的安全和顺畅。旅游服务指挥调度系统包括旅游视频监控管理系统、旅游指挥调度中心、游客引导服务系统、旅游公共事件响应系统和实时通讯系统等主要建设内容。

(2)完善旅游服务热线、投诉联动服务系统

目前,很多城市都开通了自己的服务咨询热线,建立旅游公共服务系统需要进一步完善旅游服务热线的相关设施和服务系统,尤其是咨询数据库的建设和信息推送体系,并进一步扩建投诉联动服务系统,结合移动终端设备,更好地为游客提供旅游咨询服务、受理旅游投诉、处理跟踪和发布旅游信息,并协助处理旅游突发事件和协调救援服务。

(3)整合旅游信息发布、市场营销及电子商务综合服务系统

旅游信息发布、市场营销及电子商务综合服务系统的建设目标是将旅游所需的各种信息整合在一起,通过各种信息技术手段,实现旅游资源整合营销、资讯服务,最终为电子商务服务,形成基于旅游资源的市场营销体系,从而提升当地旅游品牌的知名度、美誉度,提高旅游城市的吸引力。通过与国内大型旅游中介运营服务商合作,开展酒店、机票、景区门票的电子商务

---

① 徐莉:《论青岛市旅游公共服务系统信息化建设》,《青岛酒店管理职业技术学院学报》,2011(3)。

预订服务。在旅行社方面,通过旅游线路发布,开展旅游路线预订服务和网络组团。旅游电子商务的综合服务是目的地创新管理的利器,它可以完善旅游目的地门户网站的服务功能,形成目的地综合型网站的信息发布体系和服务体系。另外,结合利用互动式触摸屏终端、短信、微博、微信等多种形式,实现旅游信息的多种形式推送,全方位地实现网络营销创新。通过与GIS系统、物联网、移动网络的结合,实现智慧营销和智慧服务。

（4）建立咨询服务系统的保障体系

旅游公共服务系统建设涉及部门众多,存在大量的数据交换和共享需求,因此,为了保证旅游信息数据的规范性和可用性,需要制定信息数据标准体系。信息数据标准体系将确定与旅游公共信息服务系统相关的数据获取方式、数据存储格式、数据交换格式、数据调用方式和数据安全要求等,为系统应用提供保障。

（5）建立旅游信息咨询服务体系

咨询服务体系是保证咨询系统顺畅运行的关键,旅游公共服务系统的建设不是简单的技术问题,涉及面非常广泛,需要制定标准规范的运行服务体系、咨询员的规范管理体系、信息推送和审核体系、咨询制度建设体系,并严格规定系统的日常监测、安全检查、数据更新、数据备份、功能补充和系统完善等工作职责和规范,提高系统运行的管理水平,保持系统长期、有效地制度化运行。

【课后案例】

## 新一代智能大屏互动信息屏系统

国内景区自助查询系统已经出现近十年之久,但是普遍存在着诸如缺乏实用信息、功能过于繁杂、触摸屏反应速度缓慢、软件界面用户体验差、管理不便、缺乏维护更新等问题。这些问题也导致了系统投资浪费率高,越来越多的游客几乎把这些系统遗忘了。2011年,杭州新爵科技仔细研究了国内景区自助查询系统存在的问题,并结合国际经验研发了新一代的互动信息查询系统。该系统专注于为旅游者带来便捷的旅行体验,为决策者提供未来旅游的量化分析依据,为管理者提供简便高效的信息发布平台。整套系统部运行于联网的46寸大尺寸多点触摸终端设备上,具有良好的触摸操作体验以及联网化的管理方式。系统在景区中主要部署于游客服务中心,景区内游客休息区、消费购物场所等人流集中的场所。

1. 提升游客的旅行体验

随着苹果公司将iPhone和iPad系列产品带给了广大消费者,用户对产品体验的要求也越来越高,对旅游行业的信息查询系统也同样带来巨大冲击。用户体验好的系统会让使用者习惯于使用它。新爵景区智能大屏互动信息查询系统在用户体验设计上花了大工夫,带来了以下的用户功能。

(1)景区地图以及景点多媒体信息的浏览

游客可以用手指拖拽、放大、缩小、漫游数字地图;在数字地图上点击查询景点、公共交通、建筑物等位置信息。

游客也可以按类别选择所要查看的景点信息,例如历史、文化、变迁、民俗等;以及周边配套设施信息,例如酒店、饭店、娱乐设施、公关服务等。

选择相应景点后,旅客可查看其相关多媒体信息,例如:四季景点照片、宣传视频、人文活动视频锦集、360°景观全貌等。

(2)智能路线推荐

随着自助游游客的增长,如何让自助游游客有非常好的景点线路规划成了一个关键问题。每个游客有自己的时间、体力能方面的限制,根据这样的要求选择合适的线路能帮助游客解决这个问题。系统可根据游客的要求给出相应的路线推荐(例如:1小时游玩路线,4小时游玩路线,人文景观路线等),并列出相应的费用、推荐理由、沿路景点详情及配套设施等。

(3)活动介绍

游客可查看景点每天的活动(例如:民俗表演、烟花秀、音乐会等)以及相应的时间、地点及联系信息。点击感兴趣的活动后,系统会在地图上显示出该活动的地点以及其他详情。

(4)周边商家信息查询

游客可通过关键词或者分类查询的形式查询景区地标、公共设施、周边酒店、餐饮娱乐等商家的地理位置、服务内容、联系方式等信息,方便实时预定。

(5)手机信息联动

大尺寸触摸屏具有视觉效果好、操作方便的特点,可以与手机的便捷特性结合。系统游客可以结合二维码、近场通讯(NFC)、蓝牙等技术,将查询到的信息、图片、地图等发送到游客手机,方便游客在游玩途中查看,完善游玩体验。

2. 为决策者提供量化决策工具

(1)智能游客身份识别及用户行为分析

传统的自助信息查询系统只是提供单向的信息查询通道,无法获取用户的信息。新爵景区智能大屏互动信息查询系统基于智能图像处理技术,系统通过摄像头识别游客面部特征,收集其性别、年龄段、表情等信息(为确保用户隐私,系统并不存储游客照片)。同时,系统会整理并分析所收集的人口特征数据,并自动生成用户信息报告和图表,方便管理层了解一手的游客性别、年龄构成、用户习惯等信息,为未来旅游的量化分析提供基础,以便决策者进行招商引资、旅游线路规划等工作。

系统还采集游客的观看状态、观看时间、时长、观看内容等信息,通过数据挖掘技术深入了解各种类别游客的兴趣点、需求(例如:点击最多的景点)等用户习惯,用以优化景区服务及评估设备的投资回报率。

(2)为管理者提供简便高效的信息管理、发布平台

传统的系统由于系统维护成本过高导致系统废弃率较高。新爵景区智能大屏互动信息查询系统基于网络云端部署,景区工作人员可在中央服务器上进行内容管理及远程发布,实现多台设备信息实时统一。尤其在一些设备投放地域很广的项目中,技术人员不需要在每次内容跟新或系统维护时都赶到现场,远程联网部署大大提升了信息发布效率,同时也大大节约了人力及运营成本。整套系统还基于英特尔主动管理技术(Intel Active Management Technology 简称 Intel AMT),具备实时监控终端设备当前工作状况的功能,以便管理人员了解故障设备,进行及时维修。Intel AMT 可以在操作系统本身瘫痪的时候进行系统监控和远程管理。运用该技术大大节约了用户时间以及维护成本。

(3)分析结果应用案例

1)通过用户行为分析,了解到用户点击最多的景点,可以在系统升级时将最受欢迎景点放在最显眼处,方便更多游客在第一时间找到该景点信息,增强用户体验。

2)通过用户行为分析,了解到用户对某一类实用信息的需求(例如大量的用户对周边饭店信息及定位信息的查询),方便景区有方向性地、高效地投放广告,在方便客户的同时,增加景区营收。

3)通过记录用户使用设备的时长及观看页面的多少,可精确了解到设备的使用率及内容的观看率,并以此优化展示内容及评估设备的投资回报率。

## 4.4 旅游政务网站

旅游政务网站是旅游政府机关对外的重要服务窗口。以宁波市为例，宁波旅游政务网开设政务公开、网上办事、旅游研究、旅游服务、旅游数据统计等频道，通过政务公开，公众可直接了解到宁波市旅游局的机构职能、领导信息、工作规则等信息，拉近了公众与旅游局之间的距离；网上办事栏目为旅行社、酒店、景区景点等旅游业相关单位及广大导游人员提供了一条网上办理相关手续、查询办理状态的便捷途径；通过政务版网站，广大公众还可直接了解到宁波旅游景点、旅游节庆、星级酒店、星级旅行社等服务实体的最新旅游数据，同时可查询旅游行业最新政策及相关法律法规、旅游企业和个人的管理办法等诸多信息，并可通过网站提交在线旅游咨询、旅游投诉、旅行社设立申请、星级饭店设立申请、导游人员年审等多项服务。

### 4.4.1 旅游政务网站的业务及功能

旅游政务网站的主要目标是建立一个旅游系统的信息发布和上传下达渠道的业务管理互动平台，实现政府业务窗口的延伸，提高对外服务工作的效率，使旅游业的行业管理工作上一个台阶。作为服务窗口，最重要的是服务功能效率，只有不断对网站系统功能进行改进，旅游政务才会深入民众，广大消费者才会通过网站与政府互动，充分发挥网站窗口的服务功能和作用。

1. 主要业务

旅游政务网站主要有以下业务：第一，旅游行业统计系统的上传窗口，包括统计报表数据的收集、上报、汇总、发布、查询、分析；第二，行业管理系统的操作窗口，包括旅行社业务年检管理系统、旅游质量监督管理信息系统、导游员 IC 卡管理系统、饭店管理信息子系统、旅游景区(点)管理信息子系统、领导查询子系统、市场促销信息子系统、旅游招商引资项目库、其他行业管理业务(含旅游车船、商务、教育等)、安全管理信息子系统等，都可以通过该网站进入业务操作界面；第三，信息管理系统的平台，包括公文信息检索系统、假日旅游预报预警系统、行业动态子系统、优秀旅游城市活动信息子系统、旅游财务信息(含报价/外汇管理)子系统、旅游监察管理信息子系统等，为旅游企业和旅游者提供查询；第四，旅行社网上申报系统，旅行社的各种团队申报工作通过网上完成；第五，投资项目管理系统的操作窗口，对各种旅游项目的申报、立项、审批、公示通过政务网站完成。

2. 主要功能和构成

旅游政务网站主要支撑系统内旅游管理业务系统的互动操作,主要提供旅游信息展示、旅游资源管理、业务互动操作、预警信息发布、应急处理协调、旅游投诉预处理、信息接驳、招商引资、地区合作等。旅游政务网站由网络系统、服务器系统和后台应用系统等组成,包括统计信息系统、投资项目管理系统、等级评定系统、预警分析系统、公众信息发布系统等。限于篇幅,读者可以自己通过访问某个旅游政务网站自己归纳功能的构成。

## 4.4.2　旅游政务网站建设的思路

当前,很多省市都已经建立了自身的旅游政务网站,但在网站完善和运营方面仍然存在很大差异。作为政府的门户,各级旅游政府部门把建设政务网站作为政府日常管理和办公的重要载体和联系窗口,窗口就必须注意形象,因此,建设旅游政务网站应该在以下几个方面予以加强。

1. 加强统筹规划力度和制度创新

各级旅游政府应该明确相关部门的管理职责,加强协调和组织,为保证有关政策、法规、标准的一致性和连续性,必须以旅游网站为整合契机,切实发挥"门户"工程的作用,发挥政务网站平台信息量大、覆盖面广、互动性强的优势,开展长期有效的服务制度创新,打造宽平台、多语种的旅游目的地政务门户,及时提供直观、生动、丰富的旅游信息,形成和谐、互动、敏捷的业务处理平台。

2. 加快旅游信息化基础设施建设

通过协调电信、广电、移动等网络通信部门,积极推进"三网融合",实现基础设施资源共享,突破宽带瓶颈,形成覆盖地区、支持多种介入方式、满足各种网络互联需求的公共局域网,依托公共局域网,建立能满足各种旅游信息业务的多媒体信息服务平台。鼓励各级旅游管理部门、旅游企业以及旅游相关部门建立网络互连,推进旅游行业电子化、数字化、智慧化建设。同时,在政府支持下,建立旅游公共信息基础数据库,为智慧旅游发展积累数据。通过高性能的网络设施和先进的网络服务技术,达到旅游信息的优化传输和高效应用,促进信息资源的深度开发、有序流通和充分共享。

3. 通过技术提升旅游政务网站的性能

当前,许多旅游政务网站由于技术的限制或人力的限制,建设和运营得不太好,是当前政务网站发展的瓶颈因素,尤其是县级旅游局机构。在实际操作中,旅游职能部门往往选择外包直接建站的模式。这种模式表面上省时省力,但旅游管理部门自身对技术参数不了解,在选择外包时,也缺乏有效的评价指标,不利于网站日后的运营和管理。旅游管理部门应该把好技术关,对已经建好的旅游政务网站,应该设置专门技术人员或统一归并到地方政府信息中心,采取相应的技术手段,监控网站运营情况和用户反馈,及时对网站内容进行调整和更新,更好地开展旅游政务服务。在政务网站建设中,应积极利用数据仓库技术、内容整合技术、云计算技术、虚拟展示技术以及二维码等技术。

4. 营造良好的旅游门户窗口发展环境

各级政府应营造良好的旅游门户窗口,为广大旅游企业和旅游者提供敏捷的服务,鼓励通过网站与政府互动以及办理日常的旅游事务。旅游政府机构应该成为旅游门户建设的组织者,要将旅游门户窗口的建设作为重点工程来抓,使门户网站成为一个公平、合理、有序的服务窗口。按照市场运作模式,指导、鼓励、扶持旅游企业、服务公司在旅游信息化建设方面充分利用门户网站的作用。加强旅游门户网站的宣传和营销力度,建立有效的旅游门户窗口发展环境,积极培育和扩大旅游门户网站的市场职能。

5. 制定旅游政务网站的保障措施

旅游政务网站的保障措施包括合理的网络资费标准、倡导企业上网办事以及网站运行的安全服务措施等。同时制定网站运行的技术规范,建立健全信息有序流通、资源开放共享的良性机制,建立旅游信息发布的监督审核体系。在整个网络环境下,促进信息交流网络化、信息交互规范化、信息管理制度化氛围,形成网站运行的生态环境。政务网站的运行需要强化法制管理,保证政务网站的信息安全、信息真实性、信息价值性、信息可使用性,及时过滤不良信息,健全政务网站运行法规,以法规方式来界定、规范和处理政务网站信息的流通。

6. 突出个性化服务的服务型旅游政务

在全面整合信息的基础上,形成旅游相关部门之间、政府和企业之间、企业和旅游者之间、政府和公众之间的互动,把各个旅游政务网站办成个性化和特色化兼有的旅游形象宣传媒介,透明服务、秉公办事。对于任何旅游企业提出的需求、任何旅游者提出的咨询问题,政务网站必须快速响应,及时把需求和咨询问题转交相关部门。同时,更要注重与各个旅游企业网的业务构成衔接和协同服务,切实为旅游电子商务的发展提供良好的信息接驳环境。

7. 政务网站的信息安全策略

目前,电子办公系统广泛应用 TCP/IP 协议,它是在可信环境下为网络互联专门设计的。黑客的攻击及病毒的干扰使得网络存在很多不安全因素。例如,安全隐患方面,主要是传输数据被窃听或篡改、内部人员作案、网络连接被盗用、网络窃听、病毒扩散、攻击扩散、关键数据备份与恢复等;攻击手段方面,则可能有口令破解、链接盗用、服务拒绝、网络窃听、数据篡改、地址欺骗、恶意扫描、数据驱动攻击等。尽管现有各级旅游政务网站都有一定的安全措施,但或多或少存在着网络信息安全的困扰,采取必要措施和手段保护旅游政务网站的安全仍不可忽视。在政务网站发布运行后,应围绕网络环境制定一个有效的信息安全策略,以保障网站的运行安全。

## 4.5 我国旅游电子政务的基本框架

旅游电子政务是指政府机构应用现代信息管理模式和数字通信技术,将旅游政务内容处理和系统集成,在互联网络上实现部门结构、工作流程的优化重组,向社会提供便捷优质的旅游信息服务。旅游电子政务不仅是衡量旅游管理水平和效率的重要标志,也是实现旅游业跨越式发展的助推器和提高旅游业竞争力的有效途径。以国家"金旅工程"为代表的电子政务系统建设,是我国旅游业发展的战略要求所需,也是我国旅游业与国际接轨、参与国际竞争的需要,本节将围绕"金旅工程"相关的内容,介绍我国旅游电子政务系统的基本框架。

### 4.5.1 "三网一库"的旅游电子政务框架

旅游电子政务系统是"金旅工程"中的核心,电子政务系统主要有两个服务对象:一个是社会公众;另一个就是行业内的企业。对于社会公众,可通过政务网站来实现,它的信息由内部办公网控制。对于行业内的企业,可通过管理业务网来实现,目前已有旅游统计信息系统、旅游企业(包括旅行社)年检管理系统、假日旅游预报系统、导游管理(含 IC 卡)系统、旅游投诉处理系统等,还包括星级饭店管理系统、旅游项目投资管理系统、景区景点管理系统等。因此,旅游电子政务系统既要实现内部政务的信息化,如机关政务、政府上网等管理,以及政务信息共享平台的建设等,即内部办公网的建设,又要实现对行业管理与服务的信息化,即管理业务网的建设,还要实现旅游消费者与旅游企业之间商务平台的运作,即公共商务网的建设问题。

2000 年开始的"金旅工程"是国家信息网络系统的重要组成部分,是旅游部门参与国家旅游业信息化建设的重要基石。"金旅工程"是覆盖全国旅游部门的国家、省、市、企业四级的计算机网络系统,建成后,将为提高旅游行业整体管理水平、运行效率、改进业务流程、重组行业资源等方面提供强有力的技术支持;同时,全面发展旅游电子商务,与国际接轨,为世界旅游电子商务市场提供服务。

"金旅工程"是专门针对国家旅游局系统计算机网络的互联、应用来设计和实施的,由于需要满足政府网络系统的高性能、高可靠性和安全保密性的要求,网络系统的设计不能采用一般的互联网模式。考虑到应用软件的广泛性、用户界面的统一性,整体系统将采用互联网/内联网标准技术来建立。同时,针对不同的应用项目、范围和服务对象,"金旅工程"提出建立三个层次的网络互联平台,分别是面向国务院相关管理部门的内部办公网(内网)、面向行业管理的管理业务网(专网)以及面向公众的公共商务网(外网)三部分。

1. 内部办公网

政务管理信息化指的是通过建设内部办公网,利用计算机办公信息系统,政府机构成员从网上获取信息,包括机构内部的工作信息和机构外部的业务信息,从而实现政府办公的信息化。电子政务的意义在于,它突破了传统的工业时代"一站式"政府办公模式,建立了适应网络时代的"一网式"、"一表式"新模式,开辟了推动社会信息化的新途径,创造了政府实施产业政策的新手段,使管理水平实现跨越式发展。

2. 管理业务网

管理业务网主要为各级旅游部门的内部信息交换提供网络连接,同时,可以通过该平台与互联网进行信息交换,为各级旅游部门查询外部信息(包括公众商务网)提供方便。管理业务网上传递的信息主要是不涉密的行业业务数据,系统将按照标准的商业内部网的密级模式建立。

管理业务网将采用集中式的网络结构,系统结构图如图 4-8 所示。

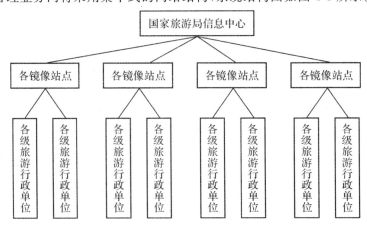

图 4-8　旅游行业管理业务网络结构示意图

内部办公网主要为国家旅游局与国务院办公网提供一个互联接口,建立内部的安全保密系统,为国家旅游局与国务院办公网和各部门之间的文件交换、业务处理、密级信息交换提供一个满足国家安全保密要求的网络系统。各级旅游管理部门将信息数据就近发送到国家旅游局信息中心的镜像站点,然后镜像站点通过网络将数据传送到信息中心。

3. 公共商务网

公共商务网主要为各旅游企业提供供求信息交换、电子商务发展和电子旅游企业运作的平台,各旅游企业可以通过该平台进行 B2B 在线商务,为全国乃至全球用户提供旅游产品在线订购,展开 B2C 电子商务。同时,公共商务网还将建立一套中国旅游电子商务的标准结构体系,为旅游行业电子化的规范化发展打下坚实的基础。公共商务网上传递的信息主要是国际标准的电子商务信息,系统将按照电子商务网站的密级模式建立。

国家旅游局的 CNTA 网站,将作为国家旅游局面对社会公众的政府信息网站,主要的内容是对国家旅游局的管理范围、业务组成进行介绍,并对新成立的商务网站进行宣传。

### 4.5.2 总体架构

1. 层次结构

"金旅工程"将国家旅游局的业务根据内容、性质和对象的不同划分为三大部分:一是内部办公,如日常的公文处理;二是旅游系统内部的管理业务,如业内统计信息的采集;三是面向公众的服务,如信息发布等。其网络层次的结构如图 4-9 所示。

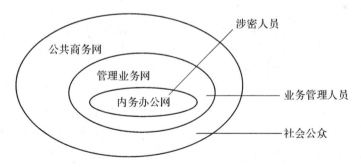

图 4-9 "金旅工程"的网络层次示意图

在网络平台方面,"金旅工程"可分为三个层次:核心层——内部办公网;中间层——管理业务网;外围层——公共商务网。三个网之间的关系是相对独立、间接支撑、逐步深化的。首先,根据这三个网的业务要求和用户对象的不同,三个网之间必须保持相对的独立,在物理上分开,各自配置独立的网络设备、系统服务器、工作站等设备,以保证网络的安全性,防止非法用户的进入。其次,它们之间通过信息的流向,具有一定的间接联系(例如利用存储介质进行数据交换)。因为内部网络的数据来源中相当大一部分是需要由外部网络的数据生成的,因此,外层网络的数据在某种程度上也支撑着内层网络的应用。同时,经过一系列业务系统的处理,数据的形式也发生着变化,逐步由微观数据转变成宏观的数据,形成一种逐步深化的趋势。

2.功能划分

从业务分工方面来看,内部办公网主要面向政府机构内部办公业务,负责处理与国务院办公厅等政府部门有关的信息交换、公文处理、政策制定等事务,为领导决策服务;管理业务网主要面向旅游管理部门的内部行业管理业务,负责处理有关旅游管理部门内部的信息交换、信息统计、项目管理、行业管理等事务;公共商务网主要面向公众、旅游企业和相关服务企业,负责提供有关的信息发布平台、电子商务平台、客户服务平台、信息反馈平台等应用,为公众服务。

从系统纵向的技术支撑方面来看,"金旅工程"系统的各个不同层次的网络都可分为三个平台:网络平台,由网络设备和通信系统组成,提供计算机通信和信息交换服务,使各联网单位形成一个有机的整体;系统平台,由服务器和系统软件组成,提供通用的处理功能,如数据库服务、文件交换、信息查询、通用工具等;应用系统,由各种应用软件系统组成,负责处理各种具体的业务,实现业务处理自动化、电脑化,提高工作效率。

3.系统定位

内部办公网定位为政府机构内部办公网,属于普密级,在三个网中,它的安全级别最高。它的服务对象是机关内部人员,承担着政府办公系统的运行和政府内部信息的处理任务。它将按照国家有关建设政府内部办公网的技术规范和管理条例进行建设和管理。管理业务网的定位为旅游系统内部业务网,不涉及机密信息,它的服务对象是中央和省市旅游局内部人员,承担着统计信息系统的运行和系统内部信息的处理任务。它将按照内部网(封闭网)的商密级标准进行建设。

公共商务网的定位为公开商务服务网,属于商密级。它的服务对象是旅游企业和公众,承担着旅游商务信息系统的运行和信息发布等任务。它将按照外部网(公开网)的商密级标准进行建设。

在数据库方面,主要是保证数据库的安全性和完整性。

在安全性方面,将根据业务系统的要求,对数据进行分类,并确定数据库的安全级别。对于不同级别的数据,采取相应的技术措施来保证数据的安全性,如对用户进行访问权限的控制,控制的范围可以是库、表、记录、字段等。部分重要的数据还可以采用加密措施。

在完整性方面,可采用冗余校验、镜像、备份等措施防止数据的损坏和丢失,保证数据的完整。

### 4.5.3　"三网一库"框架的发展与改进

随着全国旅游信息化工作的不断深入,为适应未来我国旅游业发展的需要,"三网一库"又被赋予了新的内涵,包括旅游政务网、旅游资讯网、办公自动化网和旅游综合数据库。这一调整主要是考虑受众细分化和网站专业化等因素,最终目的是提高网站的影响力和工作的有效性。

1. 旅游政务网

旅游政务网即政府网,也就是.gov 网站。到目前为止,我国所有省市区都已经建立了旅游官方网站,但大都与旅游资讯网连在一起,普遍存在受众不清、定位不准和效果欠佳等方面的问题。新的、独立的政务网应当包括工作动态、政务公开和网上办公等方面的职能,并相应加大工作宣传力度,强化政府服务职能。全国的旅游政务网有必要统一使用.gov 后缀域名,这也是国内外通行的规则。另外在网络研发工作中,也应考虑建设自动的数据分析功能,为政府宏观决策服务。

2. 旅游资讯网

旅游资讯网即旅游信息网,主要功能是面向海内外广大游客,提供全面的旅游资讯服务。各地应充分发挥网络全天候、广覆盖的独特优势,努力把旅游资讯网打造成旅游形象宣传的第一平台和旅游市场营销的重要渠道。目前全国已有二十多个省区市建立了此类网站,其中很多是和政务网掺杂在一起的。

3. 办公自动化网络

公自动化网络即"OA"网,许多省级旅游行政管理部门都已开发利用,它是主要为旅游政府提高办公事务效率而开发的软件系统。而目前政府不主张开发建设公共商务网,因为涉及商务内容,应由企业去完成商务网的建设。

4. 旅游综合数据库

旅游综合数据库是旅游信息化建设的基础,扩充后的旅游综合数据库不仅应该有效地支撑旅游资讯网和旅游政务网,还应该支撑即将在全国范围内开始建设的 12301 旅游服务热线,以实现共享资源和效益的最大化。

"三网一库"的框架是从电子政务基本职能出发而划分的,提出了基本建设任务。"三网一库"将是我国政府的行政决策与指挥系统,是将国民经济与社会发展重要信息上传和国家行政决策下达的中枢系统之一,具有规范性和指导性,是社会信息化体系的"纲",旅游政府的信息化建设基本按照该纲发展下去。在政府信息化建设中,安全体系建设是政府内网与专网建设中不可忽视的内容,应围绕网络安全、信息系统安全和数据库安全加强这方面的管理。

## 【本章小结】

本章对旅游政府部门信息化建设和旅游电子政务的相关信息进行了介绍,目的是让读者对旅游电子政务的相关知识有所了解。本章第一节对旅游政务信息化建设进行介绍,包括旅游政务信息化的定义及功能、旅游政务信息化建设的主要内容、旅游政务信息化建设的管理机构及职责、旅游政务信息化系统四个方面;第二节对旅游行业管理信息化建设进行介绍,主要包括旅游行业管理信息化的特点、旅游行业管理信息化的内容和旅游行业管理信息化的基本框架、行业管理信息系统四个方面;第三节对旅游公共服务信息化建设进行介绍,包括旅游公共服务体系和旅游公共服务信息化建设两个方面;第四节对旅游政务网站进行介绍,包括旅游政务网站的业务及功能、旅游政务网站建设的思路;最后一节对我国旅游电子政务的基本框架内容进行了简要介绍。

## 【关键概念】

| | | |
|---|---|---|
| 旅游政务信息化 | 旅游行业管理信息化 | 旅游公共服务体系 |
| 旅游政务网站 | 旅游电子政务 | 政务管理信息化 |
| 管理业务网 | 公共商务网 | 旅游门户网站 |

## 【复习与思考题】

1. 什么是旅游政务?为什么要旅游政务信息化?
2. 简单介绍旅游政务信息化的定义及功能。
3. 结合实例,具体谈谈旅游政务信息化建设的主要内容。
4. 简单介绍旅游政务信息化建设的管理机构及职责。
5. 旅游政务信息化有哪些信息系统应用?请举例进行简单介绍。
6. 简单介绍旅游行业管理信息化的特点及作用。

7. 具体介绍旅游行业管理信息化的内容。

8. 结合实例,具体谈谈旅游行业管理信息化的基本框架。

9. 结合实例,具体谈谈旅游行业管理信息化系统有哪些技术应用。

10. 简述旅游公共服务体系的主体。

11. 简述旅游公共服务体系的特征。

12. 结合实例,谈谈旅游公共服务体系的具体内容。

13. 简述旅游公共服务信息化建设的必要性。

14. 结合实例,具体谈谈旅游公共服务信息化建设的思路。

15. 旅游咨询服务中心是公共服务的重要机构,请你谈谈旅游咨询服务中心信息化建设的具体内容。

16. 简述旅游政务网站的核心作用和功能。

17. 结合实例,具体谈谈旅游政务网站建设的思路。

18. 简述旅游电子政务的"三网一库"的框架。

19. 简述"金旅工程"的总体架构。

20. 结合实例,谈谈"三网一库"框架的改进思路。

21. 作为一个旅游政府部门,应如何利用信息通信技术开展信息化建设,实现旅游政府服务模式的转变?

22. 政府在旅游信息化建设中的核心作用是什么?怎样引导旅游业信息化建设?

## 【课后案例】

## 武夷山"数字旅游"建设

### 一、"数字武夷"已经取得的成果

武夷山市"数字武夷"建设领导小组办公室是武夷山市委、市政府负责全市信息化("数字武夷")工作的部门,主要负责全市信息化("数字武夷")的规划、组织、实施和建设成果的管理和维护等工作。市"数字武夷"建设领导小组办公室的前称为市"数字武夷"信息中心,2008 年更名为市"数字武夷"建设领导小组办公室,简称数字办。

到 2011 年底,"数字武夷"项目主要完成了"六期"工程的建设:

第一、二期工程——"3323"工程(2002—2005 年)。"3323"工程中,3 项基础是指成立"数字武夷"工作组织、建设"数字武夷"数据和网络机房、建设市政务办公城域网络;3 个平台指"中国·武夷山"门户网站系统平台、政务办公系统平台、政务信息发布平台;23 个应用系统指政务办公系统、项目管理系统、呼叫中心系统、申报审批系统、视频会议系统等。

第三期工程——"1142"工程（2006—2007年），"1142"工程，即建设1个全市共享的农村信息化软硬件基础设施服务平台，出台1套农村信息化项目管理、维护和运营的保障机制，开发4个应用系统（农业科技服务、农村村务管理、旅游电子商务、农产品电子商务），建设2个体验中心（农村信息站和游客服务中心）。每个信息站配置了6到11台电脑，1个LED屏、触摸屏和液晶电视等；同时全部接通宽带互联网络和ITV远程教育网络。

第四期工程——旅游综合服务平台（2008—2009年）。旅游综合服务平台是用地理信息技术，将三维地理空间平台和旅游专题数据库进行有机集成，以三维地图的方式展现武夷山旅游的相关信息，提供便捷、直观、丰富的地理信息查询功能，为游客提供全方位的旅游信息和在线预订服务。同时建设了手机"随身游"平台，该平台集成武夷概况、吃在武夷、住在武夷、行在武夷、游在武夷、购在武夷、玩在武夷、旅游指南、无线票务等方面的信息和功能，为游客通过手机了解武夷山，得到各方面的旅游服务提供统一通道。

第五期工程——应急平台（2009年）。武夷山市应急平台搭建了一个统一指挥、功能齐全、反应灵敏、协同有序、运转高效、保障有力的全市应急平台，并实现与上级应急平台的互联互通。建设内容包括内网应急指挥平台、外网应急门户网站和小型移动应急平台三部分。

第六期的智能旅游、社区信息化项目建设（2010—2011年）。智能旅游建设内容包括"电子商务平台"、"武夷一卡通平台"、"数字营销平台"及"武夷随身游"四大部分，分别实现旅游预订，游客在武夷山境内的落地服务，武夷旅游资源的营销以及手机的随时随地服务等功能。

**二、武夷山游客服务中心**

武夷山市游客服务中心是由武夷山市政府投资主办的，是"数字武夷"2007年信息化工程的重要建设内容。服务中心设立在武夷山国家旅游度假区风情商苑内，中心具备旅游咨询、旅游预定、旅游投诉、虚拟体验、导游委派和旅游推介等旅游服务功能。内设接待服务区、虚拟体验区、产品展示区和游客休息区等四个区域，同时配备了触摸屏、宽带接入互联网计算机、传真、打印、扫描、视频播放等完善的服务设施，让游客能充分享受到吃、住、行、游、购、娱"一站式"的方便快捷服务。

游客通过服务中心的触摸屏、宣传资料展架，可随时查询旅游信息；大型LED屏幕和液晶电视循环播放武夷山各景区景点和星级酒店等影视资料，让游客领略到生动形象的视觉感受。服务中心里有身着统一服饰的工作人员为游客解答各种问题，以及为游客提供导游委派等服务。在虚拟体验区内,游客可以通过自助查询系统,合理安排自己的旅游行程。

### 三、"数字武夷"三维旅游综合服务平台①

"数字武夷"三维旅游综合服务平台是以计算机、地理信息、遥感、通讯等高新技术为手段,建立一个全方位、立体宣传展示武夷山自然风貌、历史文化景观,为游客提供便捷、个性化的全方位三维旅游综合服务平台。该平台由省基础地理信息中心和武夷山市数字武夷信息中心共同承建,项目总投资 495 万元人民币(武夷山市投入 335 万元,省基础地理信息中心投入 160 万元)。建设内容包括:武夷山市三维地理空间平台、旅游专题数据库、旅游综合服务平台。项目从 2008 年 3 月启动以来历时 10 个月,于 2008 年 12 月底基本建设完成并部署在互联网上。据了解,该平台是我国目前第一个将卫星遥感影像应用于旅游综合服务的平台,在全国具有创新和示范意义。

"数字武夷"三维旅游服务平台采用分布式共享和多点计算、三维建筑模型数据快速发布、单点登录的即时通讯以及基于互联网的三维浏览和 GIS 辅助决策分析的一体化等先进技术,将三维地理空间平台与旅游专题信息进行有机集成,实现了在三维实景图上的精确定位、查询浏览、游客自定义标注、漫游、即时通讯等预期功能。该平台实现了展示武夷风貌、推介旅游产品、提供政府服务、助力客企对接的目标,增强了游客的旅游体验,为游客提供了一个方便、快捷的信息查询和交互的公共服务平台。

平台在国内率先实现景区、景点、酒店、餐饮、效能设施等旅游资源的位置化和三维可视化,并充分利用即时通讯技术,将游客的吃、住、行、游、购、娱等需求与相关企业进行实时对接,是国内第一个将三维 GIS 技术应用于旅游服务和政府服务相结合的综合性服务平台。该平台通过互联网方式进行发布,技术先进、功能实用、操作便捷,取得了显著的经济和社会效益,整体技术达到国内领先水平,具有广阔的应用前景。其具体结构见图 4-10。

---

① "数字武夷"三维旅游综合服务平台网址,http://gis. wuyishan. gov. cn/Wysgis/index. aspx.

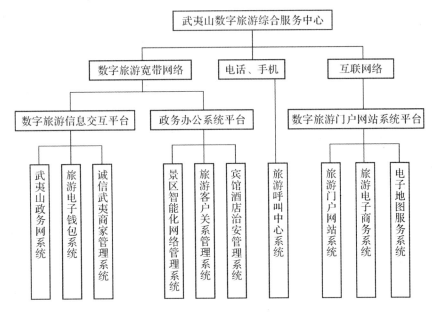

图 4-10 武夷山数字综合服务平台结构示意图

### 四、智能旅游项目"武夷一卡通"

2010 年,武夷山物联网建设项目之——智能旅游项目建设方案通过评审,游客利用手机内置芯片或"武夷一卡通",就可便捷地完成门票预订、自助导游、刷卡消费等吃、住、行、游、购、娱方面的需求,享受一张卡游遍武夷的旅游智能化服务。武夷山自去年被列入福建省建设的两个物联网示范区之一后,便迅速启动物联网武夷山示范区建设,开展编制物联网武夷山示范区规划,着手实施智能旅游、智能交通、智能校园等六大应用工程,并成立了物联网武夷山示范区项目建设推进领导小组。据了解,武夷山物联网项目是以"数字武夷"为基础,以智能旅游为重点,推进物联网先进技术在交通、物流、环境监测等领域的应用,打造智慧武夷旅游度假城市。主要建设内容包括数字营销平台、手机随身游平台、旅游电子商务平台、武夷一卡通平台等,目的是为游客提供服务,提升武夷山的旅游形象,延伸旅游产业链。

据有关人员介绍,"卡"分两种:一种是可直接嵌入电信天翼手机用户的卡,与手机卡相似,游客只要带着手机就可直接享受各种网络服务和付费;另一种则为"武夷一卡通",目前更多的是付费功能。有专家认为,智能化旅游将提供实时信息,"让游客享受智能化服务,特别是对自助游的客户提供'地导'帮助"。未来智能化旅游不仅是发布简单的景点信息,还将提供温馨的服务,比如景点游客量提醒、出行方式提醒等等,此外,还可以为景区管理者提供实时动态信息,帮助其监控管理景区,提升景区接待品质。

据悉,智能武夷旅游(即畅游武夷)建设只是物联网武夷山示范区第一期工程,第二期还将建设平安武夷,包括放心游、安心住、省心管等,第三期将建设跃升武夷,主要是全方位快速到位的传播武夷山历史人文、名茶文化、自然景观,助力跃升武夷品牌形象;打造农村、城市、企业、政府会展信息化解决方案,提升企业竞争力,助力跃升武夷经济发展;实现政务、办公、交通等信息化,提升沟通和管理效率,助力跃升武夷城市信息化管理。

**五、武夷山旅游体验网**

武夷山旅游体验网(ty. wuyishan. gov. cn)是武夷山数字化建设的又一重大成果,它打破网络宣传的传统模式,整合了旅游、购物、娱乐、游戏等多种资源平台,游客不仅可以在网络上观看武夷山美丽的山水,通过互动游戏增加对武夷山风景的了解,还可以实现网络购物、酒店预订等多种功能,充分体现了智能旅游的便捷性和智能型。

**六、"无线旅游城市"和武夷山随身游平台**

景区路线不熟悉,打开手机查地图;旅游景观热点多,玩在武夷帮你忙,今后,只需要用手机登录 wap. wys. gov. cn 或下载随身游客户端,你便可以随时随地获取旅途中的相关信息,减少"人生地不熟"带来的诸多不便。由中国移动福建公司南平分公司打造的武夷山"无线旅游城市"在武夷山正式启动。这是市政府与中国移动福建公司签署战略合作协议以来取得的一项重大成果,必将有力地促进了武夷山市的信息化进程,推动武夷山市旅游业的繁荣发展。所谓"无线城市",即使用高速宽带无线技术覆盖城市行政区域,向公众提供利用无线终端或无线技术获取信息的服务,其被视为继水、电、气、交通外的第五项城市公共基础设施,是衡量一个城市信息化程度的重要标准。武夷山"无线旅游城市"平台的正式开通,是武夷山信息化建设的又一重要成果,对于加快武夷山旅游产业转型升级,带动相关产业发展具有十分重要的意义。"今后,我们将重点推进武夷山旅游、茶产业以及社区、交通、教育等行业的'无线城市'应用,将各行业信息化应用整合到'无线城市平台'中,在惠及民生的同时,带动武夷山整个产业链的发展。"武夷山市政府有关负责人表示。

市旅游局相关人士表示,武夷山"无线旅游城市"将"无线概念"与武夷山城市定位完美结合,通过融合移动无线网络和互联网这两大信息技术,借助二维码、无线视频等先进技术和产品,为武夷山打造一个以旅游服务为主的全方位信息化平台,特别是其承载的随身游平台、手机支付平台、二维码导览等一系列功能的实现,有力地推动了武夷山数字化旅游城市的建设。武夷山市数字办副主任周志敏则认为,武夷山无线旅游城市的整合性强、模式创新,为旅游数字化、智能化开起了一个独特的信息化视角。

2012年,从武夷山移动通讯部门了解到,"武夷山随身游平台"运行1年来,月均访问人数突破5000人次,其包含的旅游资讯展示、电子汽车票、电子地图、景点语音导游、掌上景区、路线推荐、联盟商家电子优惠券下载等功能得到了游客好评,下一阶段,他们将深化平台功能,提供地理位置信息服务,届时,不管游客身在何处,都可根据手机的定位功能随时查看附近的旅游服务资讯。

作为海西旅游名片的武夷山,依托TD技术的无线旅游城市建设目前已渗透智能景区、智能交通、智能环保、智能气象等综合应用领域,向人们展示了武夷山双世遗的独特魅力。无线旅游城市建设涵盖了两大方面,一是面向景区的智能管理系统,它通过通信网、互联网络实现对景区地理事物、基础设施、自然灾害、游客行为、景区工作人员的智能化管理,在景区内建设起一个安全可控、让游客舒心畅游的和谐环境;二是面向游客的智能自助系统,"武夷山随身游平台"就是该系统的集大成者,它让游客轻松实现武夷山的食、住、行、玩、购一站式便捷服务,从而开启了智能旅游的"低碳之门"。

(根据数字武夷,http://www.wuyishan.gov.cn/wbj/szwy.内容整理。)

## 案例分析与思考

1. 结合"数字武夷"项目建设的各个方面,谈谈武夷山旅游政府部门信息化建设的思路和目标。

2. 简单谈谈武夷山游客服务中心和三维旅游综合服务平台的具体内容,与其他城市的旅游整合服务平台相比,有何优缺点?

3. 打开武夷山旅游体验网,分析其现有的优点和缺点,谈谈如何改进。

4. 结合武夷山智能旅游项目、"无线旅游城市"和武夷山随身游平台,谈谈三种途径分别有什么用途,并谈谈其对其他城市旅游部门信息化和旅游电子政务建设的启示。

5. 结合案例内容,试分析"数字武夷"采用了哪些信息通信技术。如果把"数字武夷"提升到"智慧武夷",应采用哪些最新技术?

# 5 旅游企业信息化建设与电子商务

## 【本章要点】

- 旅游企业信息化的概念
- 企业经营管理信息化的内容
- 企业经营服务信息化的内容
- 旅游企业商务网站的概念
- 旅游电子商务的概念及技术框架

## 【课前案例】

### 信天游旅游电子商务网站

信天游是中国民航信息网络股份有限公司自主建设的旅游电子商务网站。它是唯一能够提供国内所有航空公司机票实时查询及预订的网站；是唯一能够提供境外航班信息实时查询的网站；也是集航空订座、酒店订房、网上租车、网上旅游代办等旅游电子商务服务和丰富的旅游信息为一体的高度集成化网站。信天游网站能为广大旅行者提供由始发地到目的地的全程、全方位旅游电子商务服务，使旅行者在"一点之间"安排好全部行程。

**一、拥有坚实后盾**

信天游网站是依托于中国民航计算机信息中心的订座系统(ICS)、代理人分销系统(CRS)、离港系统(DCS)、货运系统(CGO)、酒店预订系统等大型计算机主机系统之上的互联网展现平台，是国内唯一最全面、最准确的实时航空信息及网上机票预订系统。航空公司订座系统中存放着中国21家航空公司的机票销售数据，它所连接的代理人分销系统通过民航商务数据网络连接着覆盖全国乃至全世界的5000多家代理人，共20000多台终端。这两个系统年处理旅客量达6000万人次，国内每年97％的机票都是通过该系统销售的。航空公司订座系统和代理人分销系统与国际上的4大全球分销系统(GDS)连接着,国内旅客购买外国航空公司的机票以及国外旅客购买中国国内航空公司的机票都可通过该系统实现。代理人分销系统目前正向GDS的方向发展,为代理人提供航空和包括酒店、客房、出租车、旅游线路在内的旅游产品的分销服务。

信天游网站与上述大型系统直接连接,其销售数据和大量信息直接来源于上述大型系统。每一个订票请求通过网站与主机系统间的连接实时地体现在主机数据库中,同时,用户的订票请求也通过民航商务数据网络实时地传递到用户所选择的配送商处,经配送商确认后即可为客户配送机票。

**二、提供多品种服务**

信天游网站除了机票预定之外,所开设的网上订房、网上租车、网上旅游线路预订等系统,使其航空旅游信息服务得以丰富和完善。信天游网站的网上订房系统采用平台化的设计模式,用户在信天游网站上可以查询到不同订房中心给出的对同一酒店、同一房型的报价以及其他相应的服务,让用户从中挑选最满意的服务产品。既为各订房中心提供了相互竞争、优胜劣汰的平等竞争环境,也可以促进这一行业服务水平的提升。当自驾游逐渐成为都市生活时尚的时候,网上租车服务为用户的商务旅行或观光旅游带来了更多的方便。为了让用户在出行之前尽可能安排好所有的旅程,信天游网站向用户提供了网上租车的服务功能。用户在租车频道内,不仅可以选择不同的租车地点,还可以挑选各类车型。网上旅游线路预订服务则为用户观光旅游提供了一个崭新的参团渠道。用户可以通过信天游网站了解到各旅行社提供的全国各地乃至全世界的旅行线路,对各旅行社的服务和报价进行比较,并在网上填写参团申请。

**三、拥有丰富的旅游信息**

旅客出行除了需要事先预订机票、客房、车辆,还需要有大量的旅游信息来辅助出行,信天游网站在这一点上也为旅客考虑到了。网站为用户提供了国内外各个地区的介绍,涵盖了吃、住、行、游、娱、购等各方面的内容。大到地区概况、风土人情,小到紧急电话号码、使馆联系方法,为用户出行提供了最大程度的便利。同时,网站还为用户提供了各类旅游常识,包括国家各职能部门出台的政策法规、航空旅行常识、前人经验等。在网站社区的建设上,既有供经常出差、出游的旅客进行沟通交流、畅所欲言的场所,也有为广大用户提供的留言板,方便大家向信天游网站、中国民航以及中国旅游行业提出建议和意见。用户还可以通过评分的方式对航空公司、机场、配送商、旅行社以及网站栏目等进行评价,既能帮助其他用户在下一次"信天游之旅"时进行参考选择,又帮助信天游网站完善自身,推动民航以及整个旅游行业的发展。

**四、支付体系健全**

信天游网站为用户提供离线支付和在线支付两种支付手段：用户选择离线支付时，可以将票款现金交给送票人员或机场取票人员；如果选择在线支付，则可以使用中国银行的长城信用卡或招商银行的"一卡通"，信天游网站已经通过了上述两家银行严格的安全认证，网站所采用的最新的安全技术手段，可以保证用户使用信用卡支付的安全、可靠、实时。

（资料来源：信天游旅游电子商务网站，http://ec.yidaba.com/zxqyal/hy/qt/alfx/100801.shtml.）

旅游企业作为直接面对消费者服务的行业，在提供服务时信息贯穿了旅游活动的全过程，信息是决定旅游企业生存发展的关键所在。从消费者角度来看，随着生活水平的提高和旅游经验的丰富，其信息需求特征日益明显，从而对信息获取提出了更高的要求。旅游消费活动的特点、生产活动特点和产业运作特点，决定了旅游业是信息密集型产业，旅游企业经营高度依赖于信息系统，信息化之路是旅游企业的必然选择，如旅游电子商务代表了今后旅游商务活动的发展方向。

# 5.1　旅游企业信息化建设概述

随着旅游业的快速发展以及旅游转型升级的需要，旅游企业积极开展信息化建设并通过信息化提升创新管理与服务已成为旅游发展中的必然选择。

## 5.1.1　旅游企业信息化的定义

旅游企业信息化是指将信息通信技术和互联网应用于旅游企业的经营管理中，并对企业信息进行综合管理和充分共享，改善企业管理流程，以提高企业经济效益为目的的过程。因此，信息化是一个动态过程，是企业管理与服务不断创新的过程。企业通过发挥新技术应用的优势，形成一种新的经营管理模式，这种模式可为旅游企业带来更大的商机、更低的成本和更多的利润。

对于旅游中间商（旅行社）而言，虽然互联网对它们带来的冲击是巨大的，但旅游中间商存在的基础除了对旅游市场信息占有优势外，更重要的基础是长期从事旅游服务的经验、广泛的关系和客户资源，他们与信息技术相结合,能形成更强的竞争优势。对旅游饭店而言,信息化解决方案从内部管理系统到全球分销系统,再到独立互联网站、行业电子商务平台,层出不穷,技术之间既有承接性,也有新技术对原技术的替代性,使饭店的电子商务更有发展前景。实现信息手段和传统优势的结合,发展成以传统业务为依托、高效率、服务创新的信息化旅游企业是一条可取的出路。只有构建着眼长远的、具有未来扩展性的信息化战略,旅游企业才能保证随着网络信息技术日新月异的发展平滑地过渡到新的技术和设备,延长现有投资的生命周期,减少重复建设。每个新生事物中都蕴含着发展机会,特别是从当今的形势来看,网络化的潮流不可阻挡,旅游企业中有实力的企业应积极研究探索如何利用网络等高新技术拓展业务,利用社会化的专业服务积极开展网络营销,走成熟稳健的信息化发展之路。

## 5.1.2 旅游企业信息化建设的作用

信息化建设对于旅游企业的运作有着非常重要的作用,不但能改进管理与服务,提升企业的经营能力,还能不断地创造市场机会,在满足客户需求的情况下,产生新的数字经济效益。具体来说,信息化建设的作用有以下六个方面。

### 1. 树立企业良好形象

在现代旅游市场竞争中,良好的企业形象对旅游企业的生存起着至关重要的作用,在传统的商业模式中,树立一个良好的企业形象要经过很多人长时间的营造才可以达到。而在信息化环境下,却可以在较短时间内做到这一点。旅游企业通过在国际互联网上建立起自己的网站,可以把企业自身的优势充分地展示出来,把企业的管理、经营理念和策略向公众很好地进行宣传,及时调整企业经营战略,为顾客提供受欢迎的旅游产品和优质的服务。由于国际互联网是覆盖全球的网络,所以在网络上树立的企业形象是广泛的,具有国际性的。这种良好的形象将会给旅游企业带来大量潜在的顾客,对旅游市场开拓发挥着重要的作用,从而增加旅游企业在竞争中的优势。

### 2. 降低运营成本

对于旅游企业而言,最大限度地降低运营成本是提高自己竞争力的重要策略,信息化对于旅游企业降低运营成本是行之有效的途径,具体表现有:

第一,利用互联网可以降低交通和通信费用。在旅游企业运营过程中,业务人员和管理人员必须与各地业务相关者保持密切联系,不断了解业务进展情况。现在利用互联网上低廉的沟通工具,如电子邮件、网上电话、网上会议等方式就可以进行沟通,而不必不停地在各地周游来了解业务活动。根据统计,信息化实现后可以减少企业传统交通和通信费用的30％左右,这个比例还在增加。对于旅游企业而言,信息化更是给它们提供了方便,不出门就可以将旅游业务在网上任意拓展。

第二,降低人工费用。由于采用信息化技术,旅游企业传统管理过程中许多由人处理的业务,现在都可以通过计算机和互联网自动完成。旅游企业可以通过互联网由用户在计算机的帮助下自动选择和下订单,带来的效益是非常明显的。不但用户在网上可以自如选择,旅游企业也无须雇用大量的电话服务员来接受用户的电话订单,而且可以避免电话订单中许多无法明确的因素,大大提高了效率,同时降低了大量人工费用。因此,将信息化用于旅游企业管理,不仅能提高工作效率,还可以利用它减少工作中不必要的人员,减少人为因素产生的成本。

第三,降低企业财务费用。借助企业管理信息化,可以大大降低旅游企业的员工工资、固定资产投入和日常运营费用等开支,可以节省大量资金和费用,财务费用的需求大大减少。利用信息化技术,可以用很少的资金进行创业发展,开拓旅游市场。

第四,降低企业办公费用。通过互联网,旅游企业可以实现无店铺经营。如果把业务放在互联网实现,就无须在繁华地段租用昂贵的办公场所。目前,借助互联网,许多企业都把办公室从繁华的城市中心搬到安静的郊区,既避免了市区的拥挤交通,又可以在环境幽雅的、费用较低的环境下工作,一举两得。

综上所述,信息化是旅游企业降低运营成本的一个重要途径,因而获得了更多旅游企业的重视。目前,国际互联网的上网费用和建立网站的费用已经相当便宜,所以较之花大量资金做广告宣传或800免费电话咨询、派推销人员发展顾客、大量的市场调研人员奔赴各地做市场调查、收集顾客意见等传统营销方式,网络营销会大大降低费用开支和营销成本,从而提高经营效益。

3. 提高营销效益

现在旅游企业市场营销活动包括市场营销研究、市场需求预测、新旅游项目开发、定价、广告、物流、人员推销、促销、服务等。在当前旅游市场日趋激烈的条件下,越来越多的旅游企业认识到市场营销对于企业生存、发展的决定性作用。因此,为了取得竞争优势,旅游企业就必须在市场营销上投入大量的人力、物力和资金,因而如何降低旅游企业营销成本,是增加竞争优势的重要方面。通过对旅游企业市场营销的各个环节逐一分析,可以看出,它们的大量工作是在搜集企业所需要的信息,如消费者需求变化、旅游热点、现行营销策略的反应等,以及将企业的信息,如企业的服务信息、企业的营销策略等,尽可能广泛地传播出去,力争更多的人能接收并受到影响。因此,信息化对于提高旅游企业营销效益有着直接、明显的作用。旅游企业在国际互联网上建立起自己的商业网站,通过网站发布本企业的旅游信息,通过企业网站可以广泛地与大众交流,获取他们对产品、服务、营销策略的意见,以及对新旅游项目开发的建议和定价的看法等。另外,通过网络,企业足不出户就能了解整个旅游市场的情况,对自己的营销策略加以调整。总之,信息化为旅游企业的市场营销提供了新的舞台。

4. 创造新的市场机会

互联网上没有时间和空间的限制,它可以全天候运行,并能延伸到世界每一个地方。因此,利用互联网从事旅游市场营销活动,可以远及过去靠真人进行销售或者依靠传统销售所不能达到的市场。因此,信息化可以为旅游企业创造更多新的市场机会。

第一,利用网络,旅游企业突破时间的限制。利用互联网可以实行"7×24"(每周7天,每天24小时)营销模式,同时不需要增加额外的营销费用,因为利用互联网,顾客可以自助进行咨询、下订单,无须人工操作,只需要利用计算机自动完成即可。

第二,可以突破传统市场中地理位置的分割。利用互联网,企业很轻松地将市场拓展到世界的任何一个地方,并且对于旅游企业来说,需要做的是将自己的信息搬到网站上,然后顾客就可以根据自己的爱好,方便地在网上选择出游路线。

第三,吸引新顾客。作为新的销售渠道,信息化对企业传统的营销渠道是一个补充,它可以吸引那些在传统营销渠道中无法吸引到的顾客在网上消费。由于网上消费比较方便快捷,而且不受时间和地理位置的限制,对那些在传统营销渠道中受到限制、但又很喜欢企业旅游产品和服务的顾客无疑可以增加很大的吸引力。

第四,开拓新产品市场。旅游企业利用信息化技术可以与顾客进行交互式沟通,顾客可以根据自身需要,对企业提出新的要求和服务需求,企业可以及时根据顾客的需要,为顾客开发新的产品和新的服务。

第五,进一步细分和深化市场。前面提到的几种机会都是开拓市场的宽度和广度,利用信息化技术,旅游企业可以为顾客提供定制服务,最大限度地细分市场,满足市场中每一个顾客的个性化需求。

5. 提高顾客满意程度

在激烈的市场竞争中,没有什么能比让顾客满意更重要的了。由于旅游市场中顾客需求千差万别,而且顾客的情况又各不相同,因此要想采取有效营销策略来满足每个顾客的需求是非常困难的。互联网出现后改变了这种情况,旅游企业可以利用互联网将信息都放到网上,顾客能够随时随地根据自己的需要,有选择地了解有关旅游信息,这样克服了在为顾客提供服务时的时间和空间障碍。一般来说,信息化可以从下面几个方面让顾客更加满意。

第一,提高为顾客服务的效率。利用互联网公布企业有关信息,顾客可以根据情况自行寻求帮助,这样旅游企业的客户服务部门可以有更多时间处理复杂的问题和管理客户关系,而且能有针对性地解决顾客提出的问题,增加顾客的满意程度。当然,企业在把长期积累的客户和产品方面信息进行公开时必须进行控制,只有那些经过授权的才可以进入系统进行查询,否则将可能侵犯客户的利益或损害企业的利益。

第二,为顾客提供满意的订单执行服务。对于每一个顾客来说,没有什么事情比不能确定订单是否有效到达更令人担心的。经常是客户的一个电话导致一系列的电话查询,一个部门问另一个部门,然后再把电话打回客户。这种方式对交易双方来说都是既费时又费钱的事。利用国际互联网,顾客可以自行查找订单的执行情况。例如,有些旅游企业允许客户到自己的站点查询订单的执行情况,客户只需要输入自己的订单号码,就可以进行查询。根据调查,这种服务除了增加客户的满意程度外,还节省了大量的客户服务费用。

第三,为顾客提供满意的售后服务。许多客户在旅游后经常遇到许多问题,特别是对一些不满意服务的投诉,因此售后服务就显得尤为重要了。利用互联网将旅游企业的一些信息资料和技术支持资料放到网上,允许客户自行在网站进行查找,寻求自我帮助,客户服务就只需要解决一些重要的问题。例如,当出现不满意时,顾客首先可以从网站获取售后服务,如果再有问题才向客户部寻求帮助,这样既提高了企业对客户的反应速度,又减少了一些客户可以自行解决的售后服务问题。

第四,提供顾客满意的产品和服务。由于不同客户有不同需求,为满足客户的差异性需求,要求企业能够及时了解客户的需求,并为客户的特定需求提供产品和服务。利用互联网,企业可以很容易知道客户的特定需求,然后根据客户的特定需求来生产,最大限度地满足顾客的需求,保持顾客的企业品牌忠诚度。

### 5.1.3 旅游企业信息化建设的基本步骤

从行业的自身特点来看,旅游企业对信息化的依赖程度也处于不断提升的状态——服务的开放性、时效性和信息处理的复杂性,这使信息化在旅游企业中占有十分重要的地位。目前,我国旅游企业整体的信息化还不够成熟,旅游企业信息化与市场环境、技术环境和旅游企业管理者的意识有关,在这种形势下,除了政府要在宏观上为信息化积极创造条件外,就企业来说,要想加快信息化的步伐,就必须从企业总体经营战略的角度考虑,将旅游企业信息化纳入到企业战略规划中。否则,可能在不久的将来,一些企业会发现,相对于其他成功信息化的企业,自己丧失了竞争优势,因此在异常激烈的市场竞争中,由于缺乏有效的战略和实施方案及适应变革的组织结构而被淘汰出局。这里为传统企业信息化转型提供了一个七步的策略指导,但对于一些旅游企业而言,这些步骤并非必需或必要的。在这个七步的策略中,前三步首先分析了信息化是什么,通过什么样的过程能够使传统企业演化为信息化的企业,并介绍了信息化设计的框架以及在整个企业范围内自动化流程的重要性;在余下的四步里可了解到实施信息化的具体过程和评价方法。结合旅游企业情况,以下按照这七步介绍旅游企业如何实现信息化。

1. 充分认识旅游企业信息化

首先,去掉那些对信息化存在的既定的假设与偏见,以便在信息化建设的过程中少走弯路。旅游企业信息化就是运用网络、互联网以及其他网络技术来改善旅游商务的任何方面,这可以是提高商务过程的效率和有效性,用信息技术再设计业务流程,也可以是对整个企业流程的重新设计或部分流程的再设计。而且业务流程再造并不是局限在单个企业,因为企业的边界正在消失,企业越来越像一个包括合作伙伴、供应商和客户在内的无边界的实体。

相对于旅游企业来讲,在其信息化过程中必须时刻想到实施信息化可能的成果是什么以及要得到什么,这些成果可能是降低成本,能减少回应旅游者的反应时间,改善与旅游者、合作伙伴的关系,也可以是收入增长、扩大市场、改变在行业中的竞争地位等。从旅游者行为来看,教育水平的提高使他们更加关注自我,价值观念也已发生改变,消费品位越来越高,需求更多了,变化更多了,消费者的选择余地越来越大,这种选择性的增加扩展到了付款方式和购买渠道,包括在哪里买、怎样买、如何付款等。逐渐地,消费者成为消费准则的制定者。如何赢得新型的顾客,这其中包括一系列技术的、观念的、社会的、文化的亟待进行的改革或变革,当顾客的主体意识和交流意识日益增强时,加强与顾客的沟通越来越重要了。

著名的 80∶20 公式指出,企业的 80％ 的利润来自于 20％ 的老顾客,而企业与新顾客交易费用是与老顾客交易费用的 5 倍,因而培养顾客的忠诚度是旅游企业营销中的最大挑战。信息化建设离不开对顾客的关注,建立网络数据库,存储大量旅游者和潜在旅游者的相关数据资料,旅游企业根据顾客需求提供特定的旅游服务,具有很强的针对性和时效性,可极大地满足顾客的需求。同时借助网络数据库,可以对目前旅游产品和服务的满意度及购买情况作分析调查,及时发现和解决问题,确保顾客满意,提高顾客的忠诚度。旅游企业在改善顾客关系的同时,可以通过合理配置销售资源降低销售费用并增加收入,例如对高价值的顾客可以配置高成本的销售渠道,对低价值顾客用低成本的渠道销售。网络数据库营销是流行的关系营销的坚实基础,关系营销就是建立顾客忠诚和品牌忠诚,确保一对一营销,满足顾客的特定的需求和高质量的旅游服务要求。通过互联网络和大型数据库,可以使旅游企业以低廉成本为顾客提供个性化服务,这就是信息化的最大好处。

2. 确定信息化建设的层次

在这里用一个金字塔来描述旅游企业信息化建设的层次,如图 5-1。金字塔底到塔尖信息化建设的影响逐渐扩大,但实施的难度也逐渐增加。在信息层次,企业信息化所做的是简单的信息交流业务,诸如通过网络搜索和发布旅游信息,这一层次的目标是提高效率。这些是企业信息化过程中的较低层次,通常也是许多旅游企业开始尝试信息化的地方,但它们对企业核心业务的影响有限。信息层次之上是业务流程层次。旅游企业可能通过信息化改变某一业务流程,譬如客户关系管理(CRM)。这一层次的电子商务的目标是提高效能,效能是指以不同的方式做事。第三个层次是企业层次,在这一层次中,企业整个业务转变为信息化。企业层次的努力给企业带来独特的竞争优势和改变整个企业的思维方式,企业层次的信息化包括作业和业务流程方面的变化。在金字塔尖是行业层次,信息化将改变整个旅游行业的运作方式,行业中企业和顾客交易方式被彻底改变了。

旅游企业的信息化建设应该是阶梯式的,分为四个演变阶段:第一阶段是存在。企业在互联网呈现“信息存在”,譬如一个旅游企业建设介绍产品和业务信息的静态网站,在现阶段维持在互联网上的信息存在对大部分旅游企业已经是不得不做的事。在旅游业中有这样的说法:在互联网上找不到的星级宾馆就是不存在的。第二阶段是探索。企业开始自动化一些业务

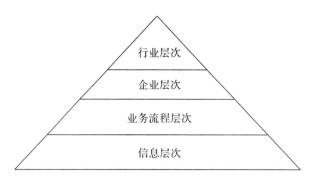

图 5-1　旅游企业信息化建设的层次

流程,如和客户接触,将部分信息存放到数据库中去,在这一步中,通常还会包括一些品牌建设的努力。第三阶段是整合。所有业务流程都实施了自动化,客户能够通过企业提供的电子商务自我服务,并能够通过电子商务下订单、跟踪订单、支付。在这一步中,电子商务已不再限于旅游企业自身,客户和供应商都成了电子商务的相关者。第四阶段是变革。这是企业全面实行电子商务的阶段,企业内部信息化与外部电子商务合理衔接,变革的目标是获得竞争优势。变革是由企业的最高决策层所推动的。

### 3. 企业信息化战略设计与实施

战略是框架性的,而不是**具体的**实施过程,它不是关于企业流程如何再设计,而是如何创建新的企业竞争力。传统企业尽管现在拥有诸如客户、品牌和关系等新的竞争者所不具备的**优势**和机遇,但它们也约束了企业与创新型企业竞争的能力。信息化提供了更大的自由度,能使企业拥有互联网带来的以前从未有过的选择空间。旅游企业信息化战略的制定要经历三个阶段:首先是确定目标优势,即分析信息化是否可以促使市场增长,是否可以通过提高效率来增加市场收入,是否能通过改进目前的营销策略和措施,降低营销成本。其次是计算信息化的成本和收益,须注意的是,计算收益时要考虑战略性需要和未来收益。最后是综合评价信息化战略,主要考虑的有三个方面:成本效益问题,成本应小于预期收益;能带来多大新的市场机会;企业的组织、文化和管理能否适应所采取的信息化战略。

旅游企业在确定信息化战略后,要在战略的指导下进行详细的步骤规划,并实施这个规划。信息化不是一种简单的技术方案实施,它是通过采取新技术来改造和改进目前的管理流程和方法,涉及公司的组织、文化和管理各个方面。如果不进行有效规划和实施,信息化战略可能会流于片面,成为一种附加的形式,不能体现出**战略**的竞争优势,相反,只会增加公司的经营成本和管理的复杂性。

### 4. 设计核心业务流程

企业信息化战略规划确定后,下一步就是重新设计核心业务流程,找到改变企业运作方式的全新企业业务流程。企业流程包括三类:面向供应商的业务流程,包括信息化采购和供应商管理等;面向顾客的业务流程,包括营销、销售、客户关系管理等;面向内部的流程,包括人力资源管理,财务管理和知识管理等。

下面以旅行社为例,说明核心业务的流程设计。以往,旅行社都是先自己踩点,设计旅游线路,然后自行或通过代理商销售旅游线路产品。在实施信息化之后,旅行社从与顾客的交互过程中了解顾客需求,甚至由顾客直接提出需求,因此很容易了解旅游者的兴趣和要求,了解市场需求的发展趋势。这时,旅行社克服了传统市场调研中的滞后性、被动性和片面性,很难有效识别市场需求而且成本高等缺陷。通过为游客设计个性化产品,旅行社非常容易形成新产品的思路。最初为个别旅游者做的个性化设计可能被发展为有广大市场的旅游线路产品。最成功的新产品开发往往是由那些与企业相联系的潜在顾客提出的。

### 5. 销售渠道的重新配置

信息化为旅游企业开拓了更直接的旅游销售渠道,但不能简单地认为信息化将使中间商消失,如何处理直销渠道和间接销售渠道之间的关系,是旅游企业信息化后最应注意的问题之一。传统旅游企业的渠道中有大量的中间商,企业实施信息化对中间商构成了挑战,这也就是被称为"渠道冲突"的问题。从中间商的角度来看,它们对旅游企业实施信息化直接销售抱有负面情绪,认为它会分流原来通过中间商购买的旅游者,对渠道销售量构成威胁,它们还非常关注旅游企业信息化之后的直销价格。从旅游企业的角度来看,它们关心的是,网络渠道究竟是开拓了原先无法到达的市场,吸引了新的顾客,还是原来通过传统渠道购买旅游产品的顾客现在改为从网上预订了。

因此,旅游企业应认真分析每种销售方式的价值及相应的回报率。可以从三个方面来分析。首先是各种销售渠道所占的市场份额以及旅游企业对代理商的依赖情况。其次是代理商承担的咨询工作量,也就是在销售过程中客户和销售人员之间交换的信息有多少,是否需要有代理商存在才能分担这部分工作,否则旅游企业自有的销售部门将负担过重;再次是渠道成本,如需给代理商多少折扣,电子商务直销的价格定位,以及哪种销售渠道会带来更大利益等。

6. 信息化时代的企业组织建构

旅游企业信息化的现实会对旅游企业组织方式带来重大影响,表现在如下几个方面。第一,组织结构的改变。由于信息传输方式的根本改变,建立在逐级上传下达方式基础上的传统金字塔式等级制的科层组织结构(包括政府组织和企业组织)正在逐步解体,有时可能会发生突变。第二,工作岗位的流动与业务过程的多层面交互性。组织结构的变化也会带来工作岗位的不稳定性,例如,今天美国的工作场所的非全日制工作岗位越来越多。第三,知识型工作人员的工作方式。等级权威正在信息时代的前夜逐步瓦解,知识权威重于等级权威,对以知识为中心工作的组织管理和支持是管理科学研究和信息系统构造的中心课题。总之,信息化时代的旅游企业组织应强调灵活应变性、开放交互性、知识中心性。

7. 评估企业信息化建设的效果

评估信息化为企业带来的价值是一项复杂的工作,需要考虑的因素很多。首先,企业投资信息化后必然经历相当长的高投入低回报或负利润的阶段,信息化有导入期,效益的显现是渐进的。其次,信息化的效应有的是有形的,有的是无形的。在财务指标、技术能力指标等之外,网站访问量、浏览者停留时间等指标具有非常重要的作用,因为它们显示了企业的宣传效果。再次,企业应关注未来的价值,而不只是当前的价值。关于评估的另一个建议是不要简单地采用其他企业的标准,不要总是与行业最大企业的做法作对比,评估必须是实际的、与环境相符的。

# 5.2　旅游企业经营管理信息化建设

旅游企业经营管理信息化是指旅游企业(酒店、旅行社、景区等)利用信息化手段,对企业内部的经营进行有效的管理和控制,从而使得企业的经营成本更低,效益更好。一般来说,企业的客户数据库、业务数据库、产品数据库等都是企业信息化管理必须建立的基本数据库,由于我国大多数旅游企业属于中小规模服务企业,自己直接开发信息化管理软件的并不多,主要是在市场上选择和购买应用软件,因而,本章对旅游企业经营管理信息化的介绍不会涉及技术层面,只是对相关的特点、作用等进行梳理。

## 5.2.1　旅游企业经营管理信息化的特点

随着我国经济的发展和人民生活水平的提高,巨大的旅游市场促进了旅游产业的发展,但随之而来的管理问题也十分突出。例如,许多旅游景区已经人满为患,如何有序地控制游客量或及时通知游客不要涌入同一个旅游景区? 旅游饭店为了正确、及时地接待团队客人,如何与旅行社进行游客信息的及时对接,并及时反映游客的行程状态? 旅游饭店在经营中如何快速地获知成本变动情况,正确地对经营成本进行控制,实现不同经营时段的房价决策? 旅行社根据经营的团队情况,如何获取游客的未来需求,并预测未来旅游线路的热点? 如何激发员工的工作热情,真实评价每个员工的工作绩效,有效地安排和控制人力资源成本? 所有这些经营中的管理问题都会随着业务量的不断扩大变得越来越难以管理,尤其是企业在扩张过程中,对客户的关系管理更加复杂。实现信息化管理就可以轻松地解决经营中存在的问题,信息系统可以使企业在业务不断扩大时,仍然可以有条不紊地快速处理经营中的所有问题。下面,让我们先认识旅游企业经营管理信息化所具有的一些特点。

1. 旅游企业信息公开和透明化

旅游信息透明化是一个涉及层面相当广泛的问题,一方面是企业内部信息对外披露和透明的问题,另一方面是内部管理层面的信息透明问题。前者是通过信息的公开、透明来吸引更多的客户,信息的公开、透明需要制定一个策略,目标是使企业效益最大化。后者是通过信息公开、透明产生员工的凝聚力,有助于企业管理者进行有效的掌控,一个关键因素就是企业在运营过程中,能够建立一种有效的机制,向管理者反馈真实的信息,或者向广大员工反映真实的信息。对于管理者而言,企业信息的透明化对于企业内部管理能否在督促与制衡方面发挥有效的作用至关重要。

旅游企业管理信息化可以帮助企业有效地解决以上问题。利用信息技术手段对信息资源、管理环节、工作岗位、业务流程等进行重新梳理、构造,一个重要的结果就是企业运营信息不再纷乱庞杂,而是有条理、公开和透明的,这就使得管理者能够在一个崭新的层面上获得对企业的整体掌控,也在一个新的水平上构建了更复杂也更为清晰有效的制衡关系,有目标、有控制地使企业旅游信息公开、透明化。例如,饭店在经营中可以通过网站公开所有的房价信息,让消费者自由地比较和选择,但饭店管理者可以针对不同的消费者公开不同的价格信息,这些价格信息都由饭店调控;饭店在内部的人力资源管理中对于员工的绩效考评,同样可以通过信息系统让员工自己相互考评,考评的方法透明,考评的结果同样透明,这些信息的透明有利于提高员工之间的凝聚力,因为大家都是在公开、透明的信息系统环境下操作的,体现了一种公平、公正的管理模式。

### 2. 管理高效率和服务高效益

信息化管理必然催生高效率,信息化所依托的是计算机、网络和通信技术,其主要任务是将工作中的各种纸质申请、文档、传统销售以电子化的形式进行传送、处理和控制,使它们成为在高速公路上流动的电子数据,所以,信息化天生就是高效率的。例如,消费者获取服务可以利用企业提供的"一网式"服务实现,通过企业的网站可以咨询、预订、获取服务,提高服务效率和效益。在旅游企业中,信息化的高效率还反映在人力资源管理的信息化、财务管理的信息化以及业务流程管理的信息化。如饭店企业通过人力资源的信息化管理,在人才招聘方面获得了较高的效率,因为大型饭店企业通过网站可以常年招聘,为企业扩展和日常经营储备人力资源。旅行社通过自己的网站或中介网站实现网上的组团和管理,效果也非常好。

旅游有了高效率的管理后,必定会带来高效益的服务。因为现代旅游者最看重服务质量,一个管理良好的企业必定会产生好的口碑,形成一个好的品牌。例如,你在企业网站同时对两个企业发了同样的咨询请求,一个企业及时给予了回复,而且你觉得还算满意;另一个没有给你及时回复,即使该企业的产品很好,这时你肯定会选择前一个企业的产品。又如你通过旅行社的网站报名参加一个旅行团,而且你在报名时说明了自己的饮食爱好,细心的旅行社在旅游时处处照顾你的饮食习惯,满足了你的个性化服务要求,你以后肯定还会选择这家旅行社参加旅游。因此,旅游企业在信息化管理的同时,需要了解消费者的一些个性化要求和偏好,这些看上去是小事,但却让旅游消费者体验了你对他的服务,会成为你的忠诚客户群体,为企业稳定了客户,也创造了持续的收益。

### 3. 业务流程自动化

在没有实施信息化管理以前,许多旅游企业都是采用纸质表单、手工传递的方式,一级一级地审批签字,工作效率不高,而且统计报表功能不能自动化。信息化管理基本实现了业务流程自动化,使用者只需在电脑上填写有关表单(申请单、联系单、调拨单等),会按照定义好的流程自动下行,下一级审批者将会收到相关资料,并可以根据需要修改、跟踪、管理、查询、统计、打印等,极大提高了事务处理效率,实现了电子数据的自动化管理,既提升了业务管理效率,又提升了企业的核心竞争力。

旅游信息化管理能帮助企业实现以下业务流程的自动化:人力资源管理流程、费用审批流程、用品采购流程、账务审核流程、仓库管理流程、预订单管理流程、客户咨询流程、企业协作流程以及员工辞退流程等。当然,业务流程自动化是企业发展到一定阶段所产生的需求,特别适用于成长型企业或快速发展中的旅游企业。当企业发展到一定阶段,经营中形成的经验曲线就会固化为一定的业务管理规程,这时就会产生业务流程自动化的需求了。如饭店用品采购通常有简单的进销存流程,开始时内部管理方面会存在诸多盲点:不充分了解市场供需情况,管理流程模糊,采购人员能力培养不足等。发展到一定阶段,采购流程就成熟起来,如何询价、如何比较、如何交付就有一定的规程了,这时利用信息技术系统就可以实现采购流程的自动化管理,实现多渠道询价,避免拿回扣现象,从而实现采购成本的有效控制。

4. 员工工作网络化

旅游信息化管理的最大特点就是管理类员工的工作网络化。在信息化过程中,信息系统逐步完善,并应用到企业的各个部门:首先是前台部门应用信息系统,后来发展为后台管理部门应用信息系统,部门与部门之间的联系都通过办公自动化系统和业务信息系统进行。因此,信息化管理对员工提出了更高的工作要求,要求既要熟悉计算机的基本操作,又要熟悉应用系统的基本操作。管理类员工在信息化管理的影响下,不断地提高自己的工作素质,积极学习与信息技术相关的技能知识,不断提高工作效率。

工作网络化不仅提高了工作效率,还可以提高管理精度,更好地发挥管理效益。如饭店工程部是一个技术性的工作部门,主要管理饭店运行的各种设备以及各种能源和能耗的使用,过去设备的维修和报修都是靠人工管理,效率很低,而且经常出现维修和设备润滑上的差错。采用计算机化管理后,日常维修都有计算机记录,查询维修情况十分方便,尤其是报修环节,网络化管理可以记录正确的报修时间和维修工时,报修和维修的责任十分明确,提高了设备维修的敏捷度。在饭店经营中,大多数的后台管理都可以网络化,如人事管理、财务管理、工会管理以及仓库管理等,要求员工都必须有计算机操作的基本技能。在旅行社经营中也是一样,如产品的策划与设计、团队计划管理、计调管理、财务核算等管理都实现了网络化管理。由此可以看出,旅游管理工作的管理层员工网络化已成为基本要求。

5. 电子数据标准化

旅游信息化管理有利于促进电子数据的标准化,而电子数据标准化有利于旅游业的规模化和产业化。从企业层面讲,电子数据标准化有利于企业之间的数据交换,也有利于业务数据的处理,从而更有利于全面的信息化。在信息化管理过程中,电子数据标准化的基础工作就是对业务数据的编码,通过对数据编码逐步推行电子数据的标准化工作。因此,数据编码是建立企业信息的基础,也是关系到信息系统整体效果和成败的关键因素。

必须对企业的所有管理对象进行编码,并且要做到每一个管理对象的编码都是唯一的。计算机系统是严格按代码管理的,各种代码始终贯穿于所有的信息系统中,如供应商在计算机中有供应商代码,合同有合同代码,商品有商品代码和商品条码,商品分类有商品分类码,人员有人员编码,部门有部门编码。而且这些代码之间有很大的关联,因此在建立数据编码标准时要充分考虑这些因素,使代码之间进行协调统一,在以后信息系统的数据准备中,必须严格依据所制定代码按照标准化、规范化进行管理和执行。

## 5.2.2 旅游企业经营管理信息化的作用

随着旅游业的发展和旅游目的地的增加,旅游企业的竞争日趋激烈,每个企业在经营过程中都需要合作伙伴的支持,也需要忠诚客户的照顾,而且业务关系管理日趋复杂。借助信息技术,在信息化管理的作用下,就可以很轻松地实现这些管理,为企业的管理决策创造竞争优势,从而提升企业的市场竞争能力。

1. 对旅游经济增长的推动作用

旅游企业往往追求高生产率,由于信息化水平是提升企业生产率的主要因素,人们普遍认为提高信息化水平对旅游经济发展有推动作用。企业信息化管理需要投资,如信息系统的投资和信息设备的投资等。每个企业在投资时必定会对其产出进行权衡,只有对企业产生持续效益才会考虑投资。在网络经济和知识经济浪潮的影响下,大多数企业经营者已达成共识:信息技术投资会促进企业收益的增长。首先,旅游企业是提供服务产品,利用信息技术系统可以把企业的价值链延伸,如把服务延伸到网络上,实现有价值的咨询服务、预订服务和关怀服务等。尤其通过个性化的网络服务,可以获取网络业务收益,这是旅游企业经济收入增长的主要方面。其次,通过信息化管理可以降低人力资源成本,减少企业的后台管理人员,以降低经营成本。如可以精简饭店财务、采购、仓库、工会等后台管理人员,加强前台的服务人员投入,增加服务环节的人性化,有利于增加企业经营收入。旅游企业是旅游产业流程中的服务节点,其信息化程度对旅游产业的流程优化具有积极的推动作用,有利于提高整个旅游业价值链的附加值,推动整个旅游经济的稳步增长。

2. 提高管理决策水平

信息化使旅游企业信息的传递更加快捷,给管理带来前所未有的便利。企业可以建立自己的内部资料网络数据库,将企业内部信息汇集在数据库内,便于员工随时查询;也可以在网络上存放较为机密的资料,并设定存取权限,如销售数字、市场占有率、新旅游项目开发、竞争者分析等。不同级别的员工可以浏览在其权限之内的资料。这样,员工可以最大限度地获取资料,从而提高工作效率和积极性。企业可以利用内部网提高协同工作的能力。通过内部网,企业可以随时召开虚拟会议,交流各自工作情况和出现的问题,彻底改变了传统的工作流程。而且,各员工之间的沟通变得轻而易举,信息传递更准确及时,有利于企业增强凝聚力。过去对于出差途中的员工来讲,很难及时准确地得到企业最新信息,而现在发达的网络和移动通信使这样的问题很容易得到解决。信息化对旅游企业提出新的要求:必须具有对市场的快速反应能力和较好地与外部资源进行协作的能力。这就要求旅游企业必须具有高效的内部资源整合能力,否则,无法快速地对市场做出反应。

3. 对旅游企业商务流程的再造

旅游企业的信息流程中有两类信息流程比较重要,一个是商务流程,另一个是服务流程。为了适应信息化环境,一般旅游企业都是通过再造商务流程来改进服务流程,对于旅游企业来说,在利用信息技术改造商务流程时,还需要注意企业高层管理者的指令流程,指令流程在协调服务时起着很重要的作用,尤其是对经营过程的控制。我们从饭店企业中总经理的上班时间就可以看出指令流程的重要性,饭店总经理很少有正常的下班时间。传统的商务流程大多数是靠人工处理各流程环节上的数据,由于这种流程管理缺乏技术的支持,相互之间的协作性比较差,缺少服务的敏捷性。现在由于高科技和信息技术的发展,尤其是网络技术得到广泛应用,企业的商务流程已打破了传统的分工模式,允许出现交叉流程的处理,使旅游企业的整个业务流程产生了质的变化,相互之间的协作更加紧密。通过基于信息技术的流程整合或集成,对传统的商务流程进行再造,促使企业组织和管理模式以及人力资源结构产生根本性的再造。

基于信息技术系统的流程协作整合或集成的主要形式是企业的集成信息系统,该系统可以是企业的 ERP 系统,也可以是企业基于管理信息系统的一个电子商务系统,它们有严格的商务流程控制。所有的商务流程和服务流程都受该信息系统的控制,企业领导的指令流程同样通过该信息系统传输和控制。这时信息系统成为企业经营的神经中枢,需要一个职能部门监管,这就是信息技术部。这些商务和服务流程的交互协作由信息技术部来承担,信息技术部的职能就是满足这些流程的信息需求和相互流转,使业务流程协作的信息畅通无阻。当然信息技术部更重要的工作是规划和设计企业信息系统,实现对企业信息资源的全面管理,为企业的市场竞争创造新的竞争优势。

4. 对旅游企业管理创新和服务创新的作用

旅游信息化管理需要一个以信息系统为基础的平台,在该平台作用下,可以创造性地开展管理创新。企业的信息化策略是管理导向的,特点是强调跨部门、跨组织和跨区域的信息系统实施,实现业务协作与沟通支持,以降低经营管理的成本。以信息系统平台为核心进行信息化管理建设的最大优势是,企业在不增加成本的情况下,通过共享信息资源实现集成化管理和协同工作,特别适用于多元化、复杂和规模不断扩大的企业组织,可以说它是大型旅游集团企业经营管理和协调成本的"轻身之道"。南京金陵饭店集团的电子化采购系统为企业大幅度节约了采购成本,这很好地说明了这一问题。杭州的开元旅业集团在 2003 年实施了信息化工程以后,构建了集成信息系统平台,所有的营销、办公、销售、财务工作都实现了信息化管理,集团总部的信息化管理平台使对下属子企业的管理协调成本大幅度降低,有效降低了浪费和失控的风险。企业的管理创新大多是通过软件创新实现的,如软件技术可以实现企业的成本领先、差异化服务以及构建经营联盟。

利用信息技术的服务创新主要体现在信息化服务上,这种服务创新是多方面的。如目前很多企业通过计算机网络系统实现一卡多用、一卡多能,方便了游客的消费,缩短了结账等待的时间。通过信息系统和信息网站还可以实现更多的服务创新,如游客在较短时间内足不出户就可以收集到相关景点的各种详细信息,也可以了解其他消费者在该景点的消费经历和感受,还可以在网上与旅游企业快速交换信息。这种以信息服务的形式实现的服务创新,不仅促进了游客旅游的决策过程,而且给企业带来源源不断的商机。

5. 对企业开展电子商务的支持作用

企业开展电子商务已经是一种必然趋势,但开展电子商务不是建一个网站那么简单,需要信息化管理基础的支持,构成一个完整的电子商务系统,才能自动化地开展商务操作。旅游企业提供的是一种服务,在网上提供完善的信息服务,并接受旅游产品的预订,网络订单能自动接入到企业内部网,并在线确认,从而形成了简单的电子商务流程。因此,在开展电子商务过程中,订单的管理、订单的处理、互动确认管理等环节都需要信息化管理流程的支持。旅游企业的电子商务基本上以网站作为窗口,通过信息网站,旅游者可以开展咨询、产生预订动机,并对订单进行实时查询、确认等在线管理,还可以实现积分管理、售后关怀等操作处理,这些处理都需要企业内部信息系统的支持,通过无缝连接与网站进行信息交换。可以说如果缺少有效的信息系统,电子商务的完整流程就无法实现,一个简单的网站只能是不完全电子商务的流程操作。

### 5.2.3　信息化建设对企业组织架构的影响

由于信息技术的冲击,具有人员紧凑、富有弹性、灵活高效等特点的企业组织日益凸现。国际互联网的出现和应用,可以很快进行信息传递。因此,企业信息化对企业组织结构进化产生了巨大影响,其主要表现在以下几方面。

1. 对业务流程重组产生积极影响

信息化以数字化网络设备替代了传统的纸介质,实现了部分或全部商务的电子化。企业的运作管理也从原来的依赖于对员工管理转为对流程的控制和对员工的激励。旅游企业的许多业务流程都将信息化,企业的业务流程将更加面向市场,企业的顾客将更加深入地参加到企业的产品和服务的生产过程。为适应这种变化,旅游企业必须再造业务流程,从原来的垂直管理体系转为水平的管理网络。要实现这种新型的运作方式,企业的信息化则是必需的基础。业务流程的信息化中最为显著的是销售渠道和促销策略的变革。以往的传统方式将被网络代替,人们直接从网络上交易,传统的人员推销失去大部分市场,广告宣传也为适应新的传播媒体而改变。企业对目标市场的选择和定位,将更加依赖于旅游企业网站上的资料以及对网络的充分利用。总之,旅游企业的市场调研、产品组合和分销等一系列营销管理活动将会因信息化而发生改变。它使顾客有了更多、更广泛的选择,同时帮助企业扫清向国际旅游市场拓展业务的障碍。

目前,越来越多的旅游企业开始运用网络与传统营销的组合方式进行管理,效果显著,营销费用明显降低,营销预算更加方便、准确。信息化对旅游企业的结算方式也产生了巨大的影响。旅游企业可以通过网上银行系统实现电子付款,进行资金结算、转账、信贷等活动。当然,目前主要的信用传输安全保障和认证还未得到全面解决,但是纸质货币被无纸电子流所代替而引发的结算革命是不可阻挡的发展趋势。旅游企业应该顺应这种趋势,做好改变传统结算方式的准备。

2. 对知识密集化的虚拟企业发展产生影响

由于信息化的推行,旅游企业的经营活动打破了时间和空间的限制,将会出现一种完全新型的企业组织形式——虚拟旅游企业。这种虚拟旅游企业打破了企业之间和地区之间的界限,把现有资源优化组合成为一种没有围墙、超越时空约束、利用电子手段联系、统一指挥的经营实体,虚拟旅游企业可以是一个企业的某几种要素的重新组合，也可以是一个企业的某一种要素或几种要素与其他企业系统中某一种或几种要素的重新组合。虚拟旅游企业一改过去习惯了的刚性组织结构，通过柔性化的网络将具有能力的人力资源联系起来，组成跨职能的团队，使人力资源的配置真正实现最优化。由于建立虚拟旅游企业更多地依靠人员的知识和才干，而不是他们的职能，所以带来企业的知识密集化。

3. 对响应敏捷的企业如何组织产生影响

信息化不仅是一种技术变革，它给旅游企业带来了一种通过技术的辅助、引导、支持来实现的前所未有的经济活动形式，是活动本身发生的根本性革命。对旅游企业而言，信息化从其本质上说，应该是一种业务转型，从而引起企业在开展旅游业务中多方面的重大变革。以国际互联网为基础的信息化对旅游企业传统的组织形式带来很大冲击。它打破了传统职能部门依赖于通过分工与协作完成整个工作的过程，产生了并行工程的思想。除了市场部和客户部与顾客直接打交道外，旅游企业的其他部门也可以通过网络与顾客频繁接触，从而改变了过去间接接触的状况。企业组织单元间的传统边界被打破，生产组织形式将重新整合，开始建立一种直接服务顾客的工作组。这种工作组与市场直接接轨，以市场最终效果衡量其业务流程的组织状况和各个组织单元间协作的好坏。这种企业中的管理者通过进行广泛交流，共享信息资源，减少内部摩擦，提高效率。企业组织信息传递的方式由单向的"一对多式"向双向的"多对多式"转换。

企业为适应双向的"多对多式"的信息传递方式，其垂直的阶层结构将演变为水平的结构形式，这是 21 世纪旅游企业的组织结构。这种结构突出表现为两个特点：首先，信息化构造了旅游企业的内部网、数据库，所有部门和其他各方都可以通过网络直接快捷地交流，管理人员间相互沟通的机会大大增加，组织结构逐步倾向于分布化和网络化结构；其次，信息化使中层管理人员获得更多的直接信息，提高了他们在决策中的作用，从而实现扁平化的组织结构。企业组织结构变革的另一个显著特征是由集权制向分权制的转变。传统企业采用高度集中的单一决策中心，这种结构存在许多缺点，如官僚主义、低效率、组织结构僵化等。脱离市场的旅游服务经营就是这种决策方式的产物。推行信息化，迫使企业将过去高度集中的决策中心组织逐步改变为适当分散的多中心决策组织。旅游企业的宏观规划、市场预测等经营活动一般通过跨职能、跨部门的多功能型的组织单元来制定。这种由多个组织单元共同参与、共同承担责任，并由共同利益驱动的决策过程使员工的参与感和决策能力得以提高，从而提高了整个企业的决策水平。

## 5.3 旅游企业对客服务的信息化建设

第二节中旅游企业经营管理信息化主要针对旅游企业内部,而旅游企业对客服务的信息化主要是面对消费者(企业外部),建设的重点是旅游企业如何通过信息化手段为客户提供更好更优质的敏捷服务。

### 5.3.1 旅游企业对客服信息化定义和模式

1. 旅游企业对客服务信息化的定义

2011 年,全国第一个以地方标准形式出现的旅游企业信息化标准——江苏省《旅游企业信息化服务规范》通过了专家审定,该《规范》由常州市旅游和质量监督部门编制,对旅行社、旅游饭店和旅游区(点)信息化服务做出了具体而明确的规定。旅游企业对客服务信息化是指旅游企业通过信息通信技术手段为游客提供综合性的信息服务,如提供移动网络、互动触摸屏、电子显示屏、电话、手机、广播电视等向游客提供安全、舒适、便捷的旅游信息服务。比如,只要游客一进入景区或旅游饭店,手机立即能收到当日景区、饭店的活动信息或温馨提示等资讯;三星级以上饭店、3A 级以上旅游区(点)都可通过企业网站向游客提供咨询和预订服务;旅行社企业网站应当提供包括所在城市和主要旅游目的地城市的全方位信息服务。

2. 旅游企业对客服务信息化的模式

目前,旅游企业对客服务信息化有两种模式,一种是以信息网站为平台的信息化服务;另一种是企业信息系统外延方式的信息化服务。这两种模式对旅游和客服务信息化的发展都产生了一定的作用,但旅游对客服务信息化强调的是服务信息化,特别是对客户服务的信息化,这种信息化服务一定要有个性化、人性化和可操作性,就目前这两种模式的使用情况来看,都存在不足之处。如 2010 年博鳌国际旅游论坛举办期间,中国联通 116114 旅游信息服务得到了与会各方及中外游客的高度赞扬。联通 116114 通过语音、互联网(www. wo116114. com)、手机 WAP(wap. wo116114. com)及客户端等多种形式,能满足游客预订机票、预订酒店,旅行社、旅游景点、周边设施查询及多语种在线翻译需求等,116114 旅游信息服务水平的升级,极大改善了游客的旅游体验,有力推动了海南省旅游产业的信息化升级。

近年来发展的手机 APP 应用,已成为目前旅游信息化服务的主流形式,游客通过手机就可以实现导览、导航、导游、导购等服务。对于智能手机,目前正在开发智慧导览、智慧导航、智慧导游、智慧导购等应用服务产品。有了这些智慧终端的出现,客服务信息化就出现了基于智能设备的互动服务模式。

## 5.3.2 旅游企业对客服务信息化建设的基本要求

目前关于旅游企业对客服务信息化的建设,还没有一个统一的标准,但根据江苏省颁布的旅游企业信息化服务标准,可以看出,旅游企业对客服务信息化建设至少应该符合以下九点要求:旅游企业应实现宽带上网,网络设备的数量和网络单位流量能够满足游客的基本需求;旅游企业应通过网站、媒体或户外电子广告等信息化手段准确发布企业信息、企业旅游产品信息和相关信息,界面友好,内容符合国家、省、市的有关要求和规定,即时更新;旅游企业新闻、企业所经营的旅游产品信息应提供给所在地城市旅游官方网站、旅游咨询中心、旅游呼叫中心等旅游公共信息服务平台,并即时更新;旅游企业信息化平台应能与当地旅游网对接;旅游企业应建立信息化咨询和预订服务流程,并按照咨询、预订服务流程为游客提供服务;旅游企业在游客旅游或入住期间,应保持 24 小时通讯畅通,并通过信息化手段适时为游客提供各类相关信息服务;旅游企业信息化平台应能提供即时通讯(如 QQ、MSN、电子邮件等)及其他互动服务;旅游企业应对外公布投诉电话、电子邮箱等多种信息化投诉方式,接受游客投诉,并在承诺的期限内受理完毕;旅游企业安全管理应使用信息化手段,方便游客安全呼救;接到游客呼救后,信息化通讯设施能够满足及时处置的需要。此外,旅游企业使用的各类图形标志应符合 GB/T 10001.1、GB/T 10001.2、LB/T 001 的要求,旅游企业各类信息化服务设施应符合 GB/T 14308、GB/T 17775、LB/T 004、LB/T 005、LB/T 007、SB/T 10265、SB/T 10356 的规定。

## 5.3.3 旅游企业对客服务信息化建设存在的问题

旅游企业对客服务信息化建设的目的是提高旅游服务效率,随时可以沟通客户,通过信息化工程可以建立一个以客户为中心的互动平台,随时了解客户的服务需求,维护客户关系,这是培育企业忠诚客户的有效途径。但实际情况并不是这样,许多企业的信息化工程并没有开展开来,这其中有企业经营规模的原因,也有技术的原因。有的企业有自己的网站,有的企业有比较完善的管理信息系统,但由于缺乏互动,这些企业的客户并没有得到满意的信息化服务<sup>①</sup>。

### 1. 企业对客服务信息化建设认识不足

目前相当一部分旅游企业仅重视信息化管理，对信息化服务没有高度的认识。在构建企业内部的信息系统时，强调的是内部管理，忽视了对客信息服务流程建设的重要性。然而现在企业的信息系统已经从管理型慢慢转向服务型，特别是互联网的普及应用，企业经营理念都在发生转化，基于客户的营销代替了基于产品的营销，信息化服务对获取客户需求、开展网络营销特别有意义，许多企业并没有意识到这一点。因此，全面开展信息化服务工程，对企业的发展战略、企业客户维系战略、企业的营销战略都具有积极意义，现代旅游企业在规划和构建信息系统时，必须意识到信息化服务与信息化管理同等重要，而且信息化服务对于服务型企业来说更加重要。

### 2. 企业内部的信息孤岛影响了对客服务的需求

企业内部的信息系统都是逐渐建立起来的，由此产生了企业内部的信息孤岛现象。如饭店企业的信息孤岛现象是最明显的，目前有前台信息系统、后台信息系统、办公自动化系统、财务管理系统和信息网站系统等。这些系统各自独立运行，相互没有整合，数据也不能交换，形成信息孤岛。信息孤岛现象是实现信息化服务的最大障碍，必须采取措施对企业内部的信息系统进行整合和集成，或者在构建企业信息系统时考虑信息化服务的因素。目前由于 XML 技术和 Web Service 技术等成熟应用，基本可以解决企业内部信息系统的整合和集成问题，实现切实可行的信息化服务。

### 3. 旅游企业缺少和不重视 IT 人才

开展信息化服务工作，人才须先行，没有 IT 人才或懂 IT 应用的复合型人才，信息化服务仅是一句空话。笔者接触到的许多饭店企业和旅行社企业，对 IT 技术型人才相当不重视。企业只看到直接利益的技术人才，对间接利益的技术型人才就很不重视，目光短浅，企业的发展战略缺乏有效的人力资源团队，造成企业信息系统维护不力，没有强有力的信息系统支持企业发展战略。如饭店往往重视前台技术人才，对后台的 IT 技术人才不太重视，这种不重视 IT 技术人才的现象直接影响了旅游业的信息化进程，无法有效开展电子商务，从而影响了饭店企业对客的信息化服务。

### 4. 信息网站缺少互动和实时信息

目前大多数旅游企业的信息网站基本是虚拟主机或租用空间的形式运

---

①　陆均良、朱路平：《我国旅游业信息化服务模式探讨》，《商业经济与管理》，2005(6)：61—64。

行的,少部分企业是自己开发并独立运行。由于网站设计的技术日新月异,大多数早期的信息网站没有与客户的互动功能,而这些企业由于缺乏技术型人才无法即时更新,使网站的作用效果大大降低。即使是自己设计独立运行的网站,由于企业的保守和 IT 技术人力资源的不足,信息网站并没有和企业内部信息系统对接,造成网站信息滞后,无法提供实时的有效信息,影响了服务质量,信息化服务成了虚设的服务,企业的服务形象受到了极大伤害。

5. 信息系统支持信息化服务的模式框架存在问题

信息化服务是面向客户的,信息系统必须要有支持对客服务的模式存在。但是我们旅游企业的信息系统是逐渐建立起来的,缺少系统性的研究和规范。特别是缺少对信息化服务所要求的信息资源整合模式的研究,企业面对各种各样的信息资源,有企业内部的信息资源,也有企业外部的信息资源,这些资源分布在不同的系统中。以前研究的主要是信息化管理,围绕管理提出对信息资源整合的研究,随着信息化服务要求的提高,我们的信息系统必须有一个规范的信息化服务模式和框架,有了该模式就有了对信息系统设计和信息系统整合的依据和规范,从而能提高信息化服务的效率和效果。因此,信息化服务的系统结构模式、数据结构模式、应用服务模式等还需要不断探索。

# 5.4 旅游商务网站

旅游商务网与旅游政务网是相辅相成的,在第四章中我们对旅游政务网站进行了介绍,本节将对旅游商务网站的相关信息进行介绍。随着旅游模式的散客化、自主化以及信息技术的广泛传播,网络已经成为游客获取信息的重要途径。自 20 世纪 90 年代以来,中国的旅游商务网站也一批批地涌现出来,但同质化现象严重,基本都包括酒店预订、机票预订、旅游度假产品等在线服务项目。不少业界人士认为,中国真正的分销时代并未来临,真正用网络搜索旅游信息和购买旅游产品还得等到几年以后。

## 5.4.1 旅游商务网站的定义、分类

1. 旅游商务网站的定义

旅游商务网站是指利用先进的计算机网络及 Web 通信技术和电子商务的基础环境,整合旅游企业的内部和外部的资源,扩大旅游信息的传播和推广,实现旅游产品的在线发布和销售,为旅游者与旅游企业之间提供一个知

识共享、增进交流与交互、商务交易的网络化平台。旅游商务网站可向游客提供产品相关的旅游信息服务,诸如旅游路线、景点、饭店、交通、气象、人文及旅游常识、注意事项、旅游观感、货币兑换等。这些旅游信息多以图、文、声、像并茂的形式展示,不仅可使游客从网上轻松地收集详尽的动态信息,而且还可提供虚拟旅游产品,给消费者以身临其境之感。比如,利用多媒体技术,可在网上建立虚拟客房,让游客在笑容可掬的服务员的带领下,进入虚拟客房的三维空间,享受服务员为你沏茶、放音乐等服务,并且可随着服务员悦耳动听的介绍,游览客房内的装潢、设施,查看饭店的服务项目,了解客房电器按钮的使用等,这样的虚拟产品使酒店有形产品与无形服务达到最完美的结合。

2. 旅游商务网站的分类

根据旅游商务网站的运营模式,可以将其分为三个大类:平台型旅游商务网站、旅游企业自建的网站和地方性的旅游商务网站。

(1)平台型旅游商务网站

这是一种中介服务型的商务网站,可以使企业不必自行建设网站,而通过成为平台的会员就能开展旅游商务,与上下游企业进行合作,为游客提供服务等。企业上网服务由电子服务商提供帮助,程序简单,费用低廉,平台按统一标准集合了旅游行业大量的信息资源,信息汇聚分类,能自动交流,大大提高了信息的使用价值。同时,同行业在同一个商务平台上开展商务活动也会提高市场的商业效率,降低交易成本,这类网站的业务模式可以分为三种小类型:一是具有特色的单一主题旅游网站,这类网站主题比较单一,以中国古镇网、中国景点网为代表,这类网站的盈利来源主要是网络广告、会员费等;二是垂直搜索网站,这类网站以提供搜索信息为主要服务内容,如去哪儿、到到、酷讯网等;三是旅游综合服务提供商,这类网站为旅游企业提供中介服务,为企业销售或分销旅游产品通过向客户提供服务而盈利(佣金或差价),这种类型的网站主要有携程旅行网、艺龙旅游网、同程网、驴妈妈、信天游、中国台湾的易游网、欣欣旅游网以及新浪、搜狐等的旅游频道,其主要盈利模式为旅游广告、旅游交易费即佣金以及为旅游企业提供的其他增值服务等。

(2)旅游企业自建的网站

这类网站主要由传统的实力比较强大的旅游服务企业如旅行社、高星级酒店、景区以及交通服务公司等自主建设的在线旅游服务网站,如芒果网、遨游网、中青旅网、上海锦江酒店、七天连锁酒店、中国国际航空公司的网站、南方航空公司。这些企业绕过了旅游中间商,减少了交易中的中间环节,以在线的形式建立与客户的直接联系,从而在向客户传递价值的同时使销售额和利润最大化,其主要盈利来源为旅游产品的直接销售。

(3)地方性的旅游商务网站

这类网站主要为地方旅游服务,由地方目的地机构或专门服务公司投资建设,有些与当地旅游电子政务网站结合在一起,有些是单独商务运行,独立核算,成为目的地旅游商务网。其运营模式与旅游中介服务提供商相似,专门为区域内的旅游提供服务,为本地企业开展网络营销,代表的网站有杭州旅游网、厦门旅游网、武夷山旅游网、张家界旅游网等。这些网站的商务主要是开展网络营销,少部分为游客提供预订服务。

## 5.4.2 旅游商务网站的现状及问题

旅游商务网站能够让旅游者足不出户也能够畅游景点,而且也迎合了人们"看货订物"的消费心理,这是一切传统旅游服务所无法比拟的,而且其成本远比传统媒体宣传低得多。旅游网站上有覆盖中国乃至世界的最广泛的旅游景点的目的地指南,可以为消费者提供全面的旅游资讯、目的地预览、商旅实用信息的查询等;并可为游客的决策提供参考信息,起到了一个自然的导购作用。旅游网站还实现了旅行产品的网上一站式服务,包括酒店、机票和旅行路线的预订,并可实现在线支付旅游费用,免去游客携款外出的麻烦,方便游客对旅游产品的订购。此外,旅游网站可突破时空的限制,为消费者提供全天候、跨地域的服务。尤为重要的是,旅游电子商务提供的具有竞争力的产品价格,给旅客带来了实惠,从而受到消费者的青睐。但是,这些功能在实施过程中还存在各种各样的问题。目前,我国旅游商务网站出现的问题主要表现以下几方面。

1. 综合门户网站的旅游专业性不强

在综合性网络网站中,几乎所有的网站都不同程度地涉及了旅游的内容,如新浪网生活空间的旅游频道、搜狐和网易的旅游栏目、中华网的旅游网站,都显示出旅游信息的巨大生命力和市场空间,但仅仅作为其网站的一部分,没有能够充分体现旅游信息的全面性、权威性和实用性,只是对现有网站内容的补充;同时也由于旅游专业性不强,缺乏行业优势,因此没有完全展现网上旅游的魅力。

2. 旅游商务网站内容简单、信息管理不完善

在旅游商务网站中,国内互联网上旅游专业站点十分有限,而且大部分是简单的企业介绍,屈指可数的一些信息网站更多的是停留在专业门户阶段,内容主要包括国内主要的旅游路线、景点介绍、常识和游记作品等。旅

游信息也没能及时、全面地更新,与游客的网络交互性不强,他们围绕的是自己的商务,而不是为游客着想,个性化体现不足。如华夏旅游网、中华旅游资讯网等老牌旅游网站,还有艺龙等旅行网。尤其是一些实体企业的旅游商务网站,虽然有比较明确的概念和清晰的思路,但缺乏专业资源的支持,限于规模、内容及知名度等因素,这些旅游商务网站的访问量差强人意,运行效果并不理想。

3. 旅游专业网站缺乏强大的产业资源作后盾

规模出效益,由于没有充足的客源,就无法与传统旅行社竞争。目前,旅游专业网站的步履维艰在很大程度上说明,旅游专业网站发展电子商务需要强大的产业资源作后盾。中国最具有实力的旅行社有三家:国旅、中旅、青旅,在国家政策的保护下,三家国有旅行社长期把持传统旅游市场,行政而非市场化的竞争机制没有激励起企业对新技术和新的经营方式的迅速反应。有人认为,互联网是传统产业的掘墓人,但面对传统产业中强大而顽固的垄断势力,互联网显得微不足道。于是,一方面许多新兴旅游企业纷纷涌向互联网寻求突破垄断的契机,使旅游在互联网上表现得欣欣向荣;另一方面,握有真正优势资源的旅游企业对互联网反应迟缓,使得互联网与旅游的结合若即若离。

### 5.4.3  旅游商务网站发展的对策

1. 综合门户网站要与旅游网站加强联合

综合门户网站要想开展旅游电子商务,就不能独立地在网上存在,还必须和国内外知名的旅游网站联系起来,利用它们的专业知识弥补自身专业性不强的弱势,向旅游者展示出自己网站的全面性、权威性和实用性。同时,还可以建立相关链接,吸引和帮助旅游企业上网,直接把有旅游需要的消费者指向旅游专业网站,满足旅游者的旅游需求。新浪网是我国第一大综合门户网站,打开它的旅游页面,你会发现里面有很多的链接,通过这些链接,许多的旅游企业就会展现在网上,它们可以满足旅游者的各种需求。如果所有的综合门户网站都和新浪网一样,那么就可以很快促进全行业的电子商务化,为我国旅游业的发展做贡献。

2. 旅游网站内容要尽量丰富多彩

旅游企业上网,无论采用何种模式,都是为了推销产品,因此,企业网站的内容必须以产品宣传为中心,企业网站是虚拟商店的门脸和货架,货架上必须有琳琅满目的商品才能吸引顾客。其次,要利用互联网传输信息量比一般广告大的优点,以生动的语言和动人的形象充分展示各种产品的内涵和优点。网页设计要有特色,网上信息要经常补充修改,还要运用各种手段提高网站的点击率,以强化宣传效果。"青旅在线"是我国第一大专门旅游门户网站,在它建成的一年多时间里,页面曾经多次改版,每一次的改版都给人一种耳目一新的感觉,而且每一次改版都会增加许多内容,使人百看不厌,这也是"青旅在线"成功的秘密之一。

网站内容应保持全面而且最新的状态,特别是在旅游高峰期。站内信息要有热点话题,内容便于检索,语言版本要开放;界面应美观实用,并充分利用多媒体技术,以增强网站的动感效果。网站还可以增设交互性服务栏目,与游客进行网络交流,拓展特色栏目的深度和广度,体现网络开放、互动的特点,增强客户的参与意识。还要与旅行社、旅游景点联合,建立一条龙的特色服务体系,从而实现双赢。与旅行社、旅游景点合作有利于实现旅游信息的完整性和权威性,完整的信息也可以提高网站的声誉。

3. 根据细分市场突出特色

任何商务网站不可能包揽所有商务,必须通过市场细分显示出自己的商务特色。品牌、资本投入和支付方式的解决需要一个渐进的过程,在网络站点设计风格、网络报价、网络预订处理、网络客源分析、网络客人接待、客人资料保存整理等方面,也有大量的特色工作可以做。因此,国内旅游网站需要将以往"大而全"的模式转向专业细分的行业商务门户,将增值内容和商务平台紧密集成,充分发挥互联网在信息服务方面的优势,使旅游电子商务真正进入"以用户需求为中心"的实用阶段。同时,网络工作者还应该拓宽视野,针对我国的客源情况,提供不同版本的网上资料,如英文版、日文版、韩文版、法文版等,积极接纳全球的访问者。

4. 提高网站信誉和可信度

提供完备的会员注册、升级、折扣和服务体系,延伸客户关系管理到网上,旅游商务网站将旅游与电子商务的价值在更高层面上得以升华,使旅游业的经营管理、服务消费、研发创新等活动在网络的背景下产生新的模式及流程。旅游网站所提供的信息和服务已经成为许多游客出行前必要的选择和参考,只是目前网站的各方面还不够完善、游客还不能完全依赖网站来进行旅游活动的策划和消费。对此,我们应积极研究发展对策,改进现有功能,开拓新的服务,使电子商务与传统旅游真正实现优势互补、技术创新。只有在网站内容、商务流程、响应速度、安全保密、服务意识等方面不断提升和创新,旅游商务网站的信誉和可信度才会不断提高。

## 5.5　旅游企业电子商务的基本框架

　　旅游企业的电子商务是一种服务商务,既需要提供完整的网上信息服务,又需要完善的网下服务,而这种网下服务也依赖网上的服务。反过来,网上的服务也需要传统服务的支持。如导游服务、餐饮服务、酒店服务等,都是传统服务,这些传统服务依赖的是内部信息系统的管理以及网上信息服务。

### 5.5.1　旅游企业电子商务的内涵

　　旅游企业电子商务是指旅游企业基于因特网所提供的互联网络技术,采用信息通信技术与企业经营模式相结合而形成的一种新型的商业活动。其商务活动包括有网上信息发布、网络营销、网上订购、在线支付、客户服务等在线活动;还包括在线调查、网上售前推介与售后服务、财务核算及生产安排等多种商业活动内容。旅游电子商务的内涵就是利用电子手段实现旅游商务的各种交易,包括业务的电子数据交换、网上支付、售后服务、咨询洽谈与交易管理等。旅游电子商务要求商务内容都需要企业协作型信息系统的无缝支持,如网络预订、网络营销和促销、与利益团体之间的商务协作、网络咨询、客户关系管理、互动社区、企业内部商务等,这些商务都会涉及多个企业或多个部门之间的协作。因此,旅游电子商务系统是一个协作型的信息系统,它与企业自身的信息系统以及合作伙伴的信息系统都需要无缝的链接,实现商务信息的自动流转。

### 5.5.2　旅游企业电子商务的整体框架

　　旅游企业电子商务(旅行社、酒店、景区等)的整体框架主要考虑三个方面,系统的业务框架、硬件框架和软件框架,下面分别进行介绍。

　　1. 旅游企业电子商务的业务框架

　　开展电子商务必须整理清楚企业的业务框架,哪些业务内部的,哪些业务外部的,外部业务流程情况怎样,在此基础再开展系统的硬件框架设计。每个旅游企业都有自己的业务框架,对内实现企业内部的有效管理和各部门之间的协调,对外主要是与"上下游"企业之间的业务合作与沟通,以及与最终消费者之间的业务交换方式等。

　　旅游企业开展电子商务必须在设计的业务框架下面,有计划地设计一个电子商务平台的硬件系统,这样才能够为商务储存和处理提供流程依据,形成商务的自动处理流程,从而可以迅速响应每一个客户需求,发挥商业智能的实时性和敏捷性功能,保证在线交易中的准确性和安全性。从系统概念的角度,一个旅游企业的电子商务业务框架结构如图 5-2 所示。

对于旅游企业来说,不管是旅行社、酒店还是景区,其"对内"的业务主要包括内部局域网或内部管理系统,用于处理旅游企业内部各方面的业务流程,其基础就是内部信息系;在"对外"业务方面,旅行社、酒店、景区等还存在少许的差异,"上游"企业方面,它们也许会互为上游企业,需要进行业务的来往,当然,还包括诸如航空公司等交通类企业在内,"下游"主要是针对消费者或代理商,产品如何到消费者手中。当然在业务分类上,还要区分企业的主业务和非主业务在电子商务方面的区别。

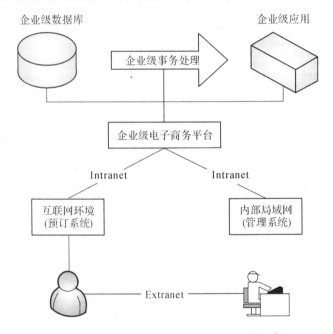

图 5-2　旅游企业电子商务平台概念拓扑图①

## 2. 电子商务的硬件框架

在图 5-2 的业务框架中,旅游企业应该先要把外部 Internet 平台搭建好,让企业客户通过 Internet 可以直接在商务平台获取服务,实现商务的具体操作;接着,对企业内部管理信息系统,即局域网进行构建,形成 Intranet 内部网,使企业内部流程可以与电子商务平台直接对接,实现企业内部信息

---

①　章牧:《旅游电子商务》,中国水利水电出版社 2011 年版。

的一体化和共享化,便于对在线流程的直接处理;最后,实现外部网络的构建,即 Extranet,让企业的异地分支机构和合作伙伴通过 Extranet,可以与电子商务平台直接交换数据。因此,一个企业的电子商务平台存在 Internet、Intranet、Extranet 的三网融合。

当然,在具体硬件框架的设计中,一个企业的电子商务平台建立一定要以信息中心(或预订中心)为基础,该中心具体要建立数据中心、接入中心、呼叫中心和商务中心等部门,围绕客户的订单实施跟踪服务,从而完成具体的业务交易。具体电子商务的硬件框架结构如图 5-3 所示。

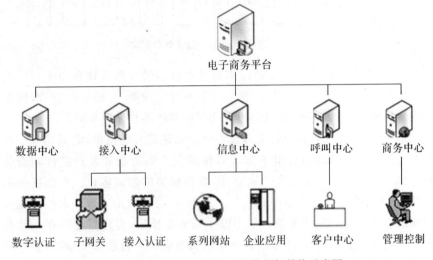

图 5-3　旅游企业电子商务的硬件框架结构示意图

### 3. 电子商务的软件框架

旅行企业电子商务系统的软件架构主要指应用软件部分,它通常是以功能结构的形式展示出来,显示系统商务的范围和处理功能。一个典型的旅游企业电子商务系统应用软件可以由以下功能组成:信息网站、上下游管理、客户管理,具体见图 5-4。

第一,信息网站。信息网站也就是旅游企业商务网站,是旅游企业电子商务的窗口,作用是展示产品信息、和消费者互动,并实现商务交易。网站的功能应体现产品展示、营销、销售和沟通,同时实现积分奖励功能,旅游电子商务中所涉及的信息流、资金流、业务流等都与其密切相关。同时,旅游者可在信息网站上查询和搜索所需信息,并向旅游企业提供反馈,实现旅游企业与旅游者之间的良好互动。因此,丰富的旅游信息是信息网站开展商务的基础。

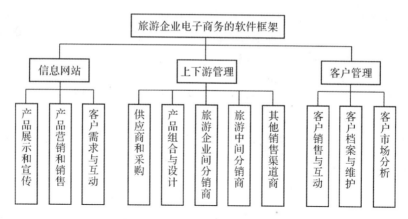

图 5-4　旅游企业电子商务软件框架

第二,上下游管理。上游管理主要是指旅游供应商管理和相关目的地的合作伙伴的信息管理,下游管理是指对下游代理商、分销商的管理,便于寻找合作伙伴,获得更多的客源渠道,实现旅游产品的分销和销售。

第三,客户管理。客户管理对旅游企业来说越来越重要,尤其是电子商务方式的在线经营。通过电子方式对旅游企业的消费者客户进行动态管理,维系客户关系,以提高客户满意度,培养旅游的忠诚客户。在以往的手工操作中,客户信息大多掌握在业务人员手中,会造成由于业务人员的流失而导致客户信息流失的现象。采用电子商务系统后,客户信息被存入计算机中并可及时更新,有利于旅游企业对消费者客户进行动态管理,维系客户关系,以培养企业的忠诚客户。

另外,旅游企业电子商务的具体框架与商务规模、管理模式都有很大关系,单体企业和集团企业的系统结构存在较大的差异,完全电子商务和不完全电子商务的系统结构同样存在较大差异,限于篇幅,这里不具体介绍了。读者可以根据不同的企业类型,不同的业务类型,自己设计一个企业电子商务系统结构图。

## 【本章小结】

本章对旅游企业信息化和电子商务进行了介绍,主要围绕企业的管理、服务、网站、电子商务等相关的信息化问题。首先,本章对旅游企业信息化建设进行了简单介绍,主要对旅游企业信息化建设的定义、作用和基本步骤进行叙述;接着对旅游企业经营管理信息化进行了介绍,包括旅游企业经营管理信息化的定义、特点和作用和旅游企业经营管理信息化对旅游企业组织结构的影响;第三,对旅游企业对客服务信息化进行了介绍,包括旅游企业对客服务的定义、模式、基本要求和存在的主要问题;第四,对旅游商务网站的定义、盈利模式、现状及存在的问题、发展的对策建议等进行了详细的介绍;最后,本章对旅游企业电子商务的概念、内涵、总体框架和系统结构进行了介绍。

## 【关键概念】

旅游企业信息化　　　　　　　旅游企业经营管理信息化

旅游企业对客服务信息化　　　旅游商务网站

平台型旅游商务网站　　　　　旅游企业自建的网站

地方性的旅游网站　　　　　　旅游企业电子商务

门户网站

## 【复习与思考题】

1. 简单介绍旅游企业信息化的定义。

2. 结合实例,谈谈旅游企业信息化建设的主要作用有哪些。

3. 结合实际,论述旅游企业信息化建设的基本步骤。

4. 旅游经营管理信息化涉及的内容有哪些?

5. 结合实例,谈谈旅游企业经营管理信息化的特点。

6. 具体介绍旅游企业经营管理信息化的作用。

7. 结合实例,具体谈谈旅游企业经营管理信息化如何影响企业组织结构。

8. 简单介绍旅游企业对客服务信息化的相关内容。

9. 旅游企业对客服务信息化的基本模式有哪些?

10. 简述旅游企业对客服务信息化的基本要求。

11. 结合实例,谈谈旅游企业对客服务信息化当前存在哪些问题。

12. 简述旅游商务网站的定义。有哪些网站类型?

13. 结合实例,具体谈谈旅游商务网站的作用与盈利模式。

14. 简述旅游商务网站现状及存在的主要问题。

15. 结合实例,谈谈旅游商务网站未来如何发展。

16. 简述旅游企业电子商务的内涵。

17. 简述旅游企业电子商务总体框架的内容。

18. 简述旅游狭义电子商务平台的系统结构图。

19. 作为一个小规模旅游企业,应如何利用信息通信技术开展信息化建设？

20. 作为一个小规模旅游企业,应如何开展电子商务,提升自己的市场经营优势？

## 【课后案例】

# 机会与挑战中的携程

### 一、高速成长的市场中谁能把握住机会

在线旅游业近年来一直处于快速发展的轨道,2005 年中国在线旅行市场规模为 12.5 亿元,2006 年,整个在线旅行市场规模为 19.1 亿元,到 2011 年,这一数字已经达到 1672.9 亿元。在中介服务商方面,“携程”一直稳坐国内在线旅行市场的头把交椅,业绩稳健成长,2011 年,携程以 41.1% 的占比处于绝对领先地位,艺龙、芒果网、号码百事通分别以 6.8%、6.7% 和 6.4% 的市场份额处于第二阵营,同程网、去哪儿网等位于其后。变化还是开始了,晚上 10 点半,基金经理卢军乘坐的航班降落在北京首都国际机场,带着到家的愉悦心情步出机场大门时,卢军很快被发卡者包围了,上出租车前,卢军随手把十多张印满各式各样旅行预订服务信息的卡片扔进了垃圾桶。经常出差的卢军习惯于使用国内某知名在线旅行服务商的服务——这其实也是起源于在机场得到了该服务商的会员卡片,不过那时候,在机场发卡的人远没有现在这么多。卢军现在还是习惯于通过电话享受自己的在线旅行服务商提供的服务。尽管目前通过互联网形成的旅行订单比例约在 20%,但网上订房、订票已经逐渐在中国开始流行。

一个由传统旅游企业、航空公司和在线旅行公司等共同分享旅游市场的格局已经形成。“这正是我们努力追求的时代。”王世忠说。他是艺龙旅行网的市场副总裁。互联网让更周到的客户服务成为可能,而在王看来,在线旅行公司应该利用互联网的新技术,不断改变旅行客户对服务的体验。他还说,如果网上酒店和机票的订单份额超过 50%,那将意味着巨大的改变。

### 二、中国中介服务商的在线旅游混战

2012 年 6 月 14 日,携程 CEO 范敏心里别有一番滋味。就在这天,携程宣布,公司董事会已通过总额达 3 亿美元的股票回购计划,此时携程市值近 24 亿美元,这意味着其回购占比达 13%。虽然,鼓吹“携程管理如何了得,核心团队如何稳定”等类似言论仍回响在他的耳际。但公司股价持续大跌、受团购业务冲击等多重坏消息不断传来,加上曾经的高利润增长的神话破灭,让这些溢美之词显得苍白无力。

与此同时，这位昔日在线旅游领域的霸主，正变得越来越笨重，并遭到去哪儿、艺龙、淘宝、芒果和众多如"今夜酒店特价"等新生 APP 的蚕食。12年前的 2000 年，互联网泡沫让携程因祸得福，完成了在线业务的落地运作。12年后的当下，在经济形势低迷和移动互联网新天地中，其能否再度转危为机？作为在线旅游领域的霸主，携程一次为何抛出回购 3 亿美元股票的大手笔？一般而言，回购股票是为了稳定股价，给投资者以信心。携程此举也是基于同样的考虑：当前资本不景气，公司估值被低估。

而于 2006 年 3 月 31 日正式运营的芒果网，更是凭借港中旅的 10 亿资金，展开了巨大的营销攻势。极具视觉冲击力的黄色芒果标识，在"烧了"几亿资金以后，也换来不小的知名度——至少很多人现在已经知道，芒果网并不是专门卖芒果的网站。

近年来团购和移动 APP 的兴起，成为携程发展路上的新对手。对于团购，艺龙、淘宝抢先切入，携程并不为之动心。对于携程而言，不做团购，能保证佣金很高，但客源和酒店资源将大量流失；做团购虽能保住一定的客源，但损失了佣金。据了解，佣金利润率在 30% 左右，而团购不足 10%。按照艺龙公布的数据，2011 年 12 月份，艺龙团购酒店突破 10 万间夜（宾馆每间客房的入住天数），位居国内第一，是携程同期酒店团购量的 4 倍。"在与携程争夺战中，团购成为一枚利器，虽小，但却锋利。"艺龙首席运营官（COO）谢震如此强调。

面对团购的潜在威力，携程终于 hold 不住了！2012 年 6 月，携程被动宣布大力度杀入团购，并不惜将酒店团购以 1 折起的团购价再直减 10% 进行"裸卖"。但先机已经错过。而且，接近零利润的低价策略之下，携程必有大量佣金损失。在团购一站中，携程输了开局，未来，已经觉醒的携程能否以"零利润"扳回一局，还是一个未知数，但艺龙等领先者会给携程这个机会吗？

**三、机会与出路**

成功似乎并不容易被模仿，尽管携程的盈利模式看起来容易被复制。"除了上帝，几乎没有人能够打败携程和艺龙，因为没有机会。"点燃手中的小熊猫香烟，金色世纪网副总裁余治华一脸严肃，猛吸了一口然后补充说："但我们基本不是竞争对手，携程、艺龙是超市，而我们是俱乐部，只做高端客户服务，它们低端的客户我们不要，高端的客户来了金色世纪再回携程和艺龙的可能性极低。"金色世纪是一家国内最大的以售卡的有偿方式发展会员的俱乐部，通过网络服务平台，向会员提供酒店、机票、餐饮娱乐、旅游度假，甚至汽车、金融保险等集成服务。每张卡售价 398 元，目前会员超过 100

万,75％拥有私家车,自称去年总收入达到 1000 万美元,业务量每年翻倍,网上订单量增长速度更是每年 300％。这位在美国受过 MBA 教育的副总裁自有坚定的逻辑——对于在线旅行公司,业务量越大,在酒店等服务供应商面前的议价能力就越大,谈判筹码也就越大,从而技术系统可以更先进,服务更标准,进而品牌优势也就突出。而电子商务市场边际收益递增规律,则决定了在一个细分的市场上,只能是一家独大的格局。"二八原则(即 20％的优质客户提供 80％的收入)将在这一格局下被放大。"陈文说。这一点,也已被在线旅行市场所呈现的"两极分化"格局所证明。一端是超大型的电子商务网站和平台,往往由一两家垄断企业统治较大的市场份额,而且第一名和第二名之间的差距往往也是成倍的差距;另一端则是一些特色的、本地的、小而精的网站,在市场上采取见缝插针的战略,这正是国内在线旅行市场的现状。

如果在资金、资源、管理、市场和拓展等方面都比不过携程和艺龙,又与携程和艺龙经营同样类似于超市的不细分的客户服务,无疑是找死。"我们 60％左右的会员,消费的是 150 元到 200 元的经济型酒店,而携程、艺龙 60％的会员,消费的是三星级以上的酒店。"恒中商旅首席执行官郑德成对机会同样深信不疑。让郑拥有底气的,是这样一个数据:目前在线旅行公司给经济型酒店输送客人的总数,占消费经济型酒店总人数的比例,不到 6％,而这一数据在欧美成熟市场是 30％。"我相信 Web2.0 时代,将使网上旅游更快发展,甚至它的增长率会超过传统旅游市场的增长率,因此,无论是市场的机会还是企业的发展机会,都会比传统的旅游行业要大。"王世忠憧憬。

客户的这种飘忽不定,也许让携程 CEO 颇为担忧。但可能令他们更担忧的是:他们未来的客户在哪里? 要知道,真正对酒店和机票有需求的人,没拿到携程会员卡的,现在可能已经不多了。毫无疑问,中国 5 亿多网民以及他们对旅游目的地的无限向往,为在线旅游构建了一座无限商机的宝藏,但寻找宝藏的方法,或许还需要再仔细寻找。2012 年 2 月,携程特别设立了独立的无线事业部,近期又结盟酷讯,并依托强大的酒店资源发力无线端。目前,移动互联网上的旅游领域尚未出现大赢家,各类 APP 百花齐放,携程依据自己的资源开发移动 APP 也许是一条出路。

(资料来源于网站信息的整理,http://www.cbismb.com/articlehtml/20091775.htm.)

## 案例分析与思考

1. 结合案例谈谈,携程、艺龙两家旅游商务网站的盈利模式是什么?

2. 结合携程和艺龙目前所占的市场份额及变化,谈谈我国旅游商务网站目前存在的主要问题？如何解决？

3. 结合实例，谈谈携程、艺龙和其他旅游商务网站（去哪儿、芒果网等）等各自的机会和出路在哪里？

4. 结合美国的旅游商务网站发展情况，我国的旅游商务网站的发展机遇与挑战是什么？小规模的旅游商务网站出路在哪里？

# 6 旅游目的地信息化管理

## 【本章要点】

- 旅游目的地信息化的概念
- 旅游目的地信息化建设的内容
- 旅游目的地信息系统的概念
- 旅游目的地网络营销概念及方法
- 旅游目的地门户网站

## 【课前案例】

### 南海建设中国第一个旅游目的地营销系统

自从互联网普及以来,旅游目的地营销方式已发生了巨大的变化,信息化手段将变革中国的目的地营销手段,各类旅游目的地拥有相同的互联网环境这个平等机会,将自身纳入更为广泛的国际网络旅游市场中。国家旅游局正致力于通过应用包括互联网在内的新技术,以提高中国各城市的旅游营销水平。为此,国家金旅工程将着手建设旅游城市(目的地)营销系统,南海被确定作为中国旅游目的地营销系统的第一个建设城市,并在 2002 年发布了我国第一个目的地营销系统。广东是中国最大的目的地,约占中国旅游市场份额的30%,同时南海有较好的旅游发展基础,选择南海作为中国的第一个目的地营销系统建设城市,可为即将建设的中国目的地营销系统起到示范作用。

南海旅游局负责人认为,目的地营销系统可充分支持南海旅游局的目的地营销任务。促销旅游城市(目的地)的整体形象,即目的地营销,是每个旅游促销机构(旅游局)的主要工作,它帮助本地城市的旅游企业更有效地促销旅游产品,如酒店、景点、线路等等。目的地营销系统,是一个信息化的营销平台,首先,它可以强有力地支持网络营销。如作为南海目的地营销系统组成部分的南海旅游网,可自主管理网站,收集、编辑发布信息,生成南海电子地图,接受和处理网上投诉等,该网同时可将南海旅游企业纳入网络化营销中,企业可在该网上建立自己的企业级旅游营销系统,发布、编辑、更新企业信息,进行网上交易。其次,可支持传统的营销手段:电子触摸屏、游客信息中心、电话中心以及出版物的制作等,这是和中国现有的所有旅游网站不同的地方。这种支持可大大提高营销效率,如旅游城市宣传册的制作周期可从过去的1～2个月缩短到1～2周。同时,网络传播没有地域限制,南海作为一个非主要旅游城市,在不明显提高营销费用的前提下,第一次有机会将其营销范围从珠三角地区扩展到全国,乃至全世界。

　　吸引南海建设目的地营销系统的一个重要因素是"系统性"。中国绝大多数省级地区,广东大多数城市(有21个地级市)都有自己旅游网站,但营销效果都不佳——访问量极低,除了技术上的原因外,更重要的在于这些网站都是单独存在的,缺乏系统的协同性,也缺乏资金进行有效推广;另外,还面临一个根本性问题:各旅游局网站间没有统一的信息标准,信息无法相互转接,继续投资建设存在着因为和正在建立的国家旅游行业统一数据标准不一致,导致资金浪费的极大风险,未来发展的不确定性很高。

　　(资料来源:根据中国网改编,http://www.china.com.cn/chinese/TR－c/227005.htm.整理。)

　　旅游目的地是游客旅游活动的主要场所,其信息化水平的高低直接影响到旅游业的整体服务水平,也会影响整个旅游业的服务质量。本章将围绕旅游目的地信息化建设内容展开,重点介绍目的地信息化建设的基本概念、目的地信息系统的概念、目的地营销系统的概念及内容,最后将介绍目的地门户网站概念及知识点。

# 6.1　旅游目的地信息化建设概述

　　据世界旅游组织预测,到2015年,中国将成为世界第一大旅游目的地国及第四大客源国,届时旅游市场将有10%的交易额来自于互联网[1]。而随着国内各省市都把自己作为未来重要的旅游目的地城市,各城市之间旅游业的竞争也越来越激烈,这种竞争和旅游目的地的快速发展,使得旅游目的地信息化建设成为目的地发展过程中一个重要的内容,本节将对旅游目的地

---

① http://news.qq.com/a/20070517/002326.htm.

信息化建设的相关概念进行介绍。

### 6.1.1　旅游目的地相关介绍

旅游目的地反映的是一个具有综合竞争力的旅游集聚地,在目的地区域内涉及的旅游企业类型很多,其本身是一个存在多种服务类型的综合体,与本地的经济发展水平密切相关。无论是站在国家竞争层面,还是站在区域竞争角度,为了增强旅游目的地对于客源地游客的吸引力,旅游目的地需要广泛应用信息技术和网络优势开展营销,在信息化管理与服务的实施方面需要有全面的战略规划,以进一步适应旅游市场竞争的需要。

1. 旅游目的地的定义及类型

(1)旅游目的地的定义

旅游目的地是指凭借旅游吸引物、基础设施和服务项目等旅游资源,对旅游者形成一定吸引力,进而为旅游者活动提供支撑的具有市场化特征的地理区域。作为旅游目的地,需要构造景观环境吸引旅游者,并提供完善的信息服务。如杭州作为旅游目的地,采取了西湖周边景点免费开放,结合信息网站的服务,以吸引游客到杭州来,产生了很好的辐合作用。

(2)旅游目的地类型

旅游目的地是旅游消费者观光消费、获取服务的行程终点,如到一个国家去旅游,到一个城市去旅游,到海滨去旅游,或到高山去旅游。也可以到湖泊地旅游以及去乡村旅游,体验农家乐田地风光。具体旅游目的地的类型如下:

第一,国家旅游目的地。到异国他乡去旅游已成为现代人生活的一种时尚。现在有许多国家大力开发旅游,接受异国游客来观光旅游。如澳大利亚、泰国、法国、西班牙、加拿大等都是著名的旅游目的地国。我国由于旅游资源丰富,近年来旅游开发迅速以及旅游管理水平的提升,正成为日本、韩国、俄罗斯等国游客的旅游目的地。因此,良好的旅游环境以及良好的管理与服务,将为一个国家带来大量的异国游客,增加目的地国的收入,具有可观的经济效益。

第二,城市旅游目的地。城市是当前旅游中游客量最大的目的地。因此,作为一个城市在制定发展规划时,应充分挖掘城市中的旅游资源,吸引异地游客,为城市增加经济收入。如我国城市旅游目的地中较有影响力的主要是北京、杭州、成都、青岛、大连、无锡、苏州、上海等。城市旅游目的地除了必须具备一定的旅游资源,其旅游环境、旅游交通、旅游服务等是影响城市旅游目的地的主要因素,创造环境努力成为城市旅游目的地,是每个城市发展中的重要战略内容。

第三,海滨旅游目的地。海滨旅游目的地是旅游目的地市场中占有较大份额的旅游资源,在国外,海滨旅游非常盛行。我国近年来海滨旅游的发展也较为迅速,如海南三亚、大连、山东威海、青岛以及浙江的舟山、温州等地,都有丰富的海滨旅游资源。尤其是夏季,各国的海滨旅游都能招徕大量的游客,成为旅游目的地中最有吸引力的旅游资源。

第四,山脉旅游目的地。山脉旅游目的地主要是进行观光旅游,依托奇特的高山风景、自然风光、生态环境,吸引大量的观光游客。如我国张家界森林公园、武夷山风景区、黄山旅游风景区、庐山旅游风景区、天目山自然保护区、雁荡山旅游风景区等,都是属于山脉型的旅游目的地。这些山脉旅游目的地一般远离城镇,具有非常好的自然生态条件,是人们度假、休闲、接触大自然的最好去处。近年来我国山脉旅游目的地发展迅猛,数量不断增加。旅游开发与生态保护已成为发展中争论的焦点。

第五,湖泊旅游目的地。湖泊旅游目的地主要是依赖湖泊水资源开发旅游,依托湖泊水景吸引旅游者观光。如我国无锡太湖旅游风景区、千岛湖旅游风景区、溧阳天目湖旅游风景区、阳澄湖旅游区、洞庭湖旅游区等,都是著名的湖泊旅游目的地。近年来,湖泊型旅游目的地开发了各种水上项目,如游艇观光、潜水观光以及水上游乐园等,以满足年轻旅游者的个性化爱好,成为湖泊旅游目的地吸引游客的新亮点。

第六,乡村旅游目的地。乡村旅游目的地近年来发展迅速,尤其是靠近城镇的郊区农村以及依托旅游景区的周边乡村。如我国成都郊区的农家乐、杭州郊区的梅家坞茶文化村、天目山自然保护区周边的农家乐、武夷山风景区周边的农家旅馆、河南白云山风景区周边的农家乐等,都是我国著名的乡村旅游目的地。近年来,乡村旅游向多元化发展,开发了观光农业、茶文化、果园科技等游客参与型的旅游项目,吸引了大量对农业发展感兴趣的城市旅游者,成为未来最有发展前景的旅游目的地,尤其是生态农业旅游开发成为全球旅游研究的热点。

2. 旅游目的地市场特征

(1)层次性

旅游目的地旅游市场具有层次性,大到国家级层次,小到著名景区为基本层面。在我们国家也有以核心城市为旅游目的地的层次,也有以核心景区为辐射源的层次。当然,我国在旅游景区竞争力的研究中,根据景区的游览规模和管理水平分级认定出 5A、4A、3A、2A、1A 等级别层次。国内旅游目的地市场的层次性还体现于各省、市、县的区域,由各级政府的旅游管理部门管理不同层次的旅游目的地。

（2）辐合性

这是旅游目的地市场的根本特点，其内涵是描述旅游客源地与旅游目的地之间的空间联系属性。通过旅游目的地核心景区作为辐合源，向旅游客源地辐射，并形成一定的异地客源市场。如张家界的武陵源景区就是辐合源，形成国内各省以及东南亚地区的客源市场；杭州的西湖风景区同样是著名的辐合源，在国内各省和国际上形成了较大的客源市场。从一般的旅游学理论意义上看，旅游开发对于外地旅游者（旅游市场）具有更大的吸引力，所以一个旅游目的地的开发，只有吸引大量的外地旅游者，形成全省、全国乃至国际旅游客源市场，才能够说是一个成功的旅游目的地。从这个意义上抽象出的客流空间特点，用辐合性表达最适合。

（3）波动性

旅游目的地的市场存在较大波动性，这种波动性存在各种原因。从宏观层次看，旅游目的地依托旅游产品，在总体上体现着生命周期特性，这种周期性会产生市场的波动。从微观层次看，旅游目的地会受各种突发因子干扰，如战争、经济危机（或金融危机）、流行病等因素，导致旅游目的地市场产生波动。另外，旅游目的地还会受季节性、淡旺季等影响，产生波动。

（4）重叠性

旅游目的地的重叠性是由旅游产品的雷同性造成的。事实上，多数旅游目的地在地域上的分布存在相似性，导致开发的旅游产品雷同，这种情况以县为旅游目的地的产品重叠较为多见。例如，都是山岳景观的旅游目的地，旅游者很难清楚地分辨出喀斯特地貌、丹霞地貌、花岗岩地貌等的具体差别。而且这种类似的旅游产品，极有可能形成市场的恶性竞争。湖泊型的旅游目的地也存在雷同情况，如江苏溧阳天目湖风景区、常熟尚湖旅游度假区等都存在雷同情况，由此产生旅游目的地重叠性的特征。

## 6.1.2　旅游目的地信息化的基本概念

目前，国际上的绝大多数发达国家和地区都已经建成了集食、住、行、游、购、娱六要素于一体的旅游目的地综合信息应用系统。相比之下，我国仍存在较大的差距。旅游目的地综合信息应用系统的应用，一方面可以更好地了解旅游者的个性特征及需求偏好，更好地对客源市场进行统计分析和细分，这些无疑都对旅游目的地的持续健康发展具有深远的意义。另一方面，借助于旅游目的地综合信息系统的迅猛发展，能非常便捷高效地提供与旅游相关的全方位信息，其功能也逐渐集查询、检索、预订等于一身，为旅游者提供了极大的便利和保障。艾瑞市场咨询显示,网民了解旅游信息的主要渠道是通过亲朋好友介绍、媒体广告和上网查询,其所占比例分别为69.3%、69%和66.7%,只有31.4%的网民直接向旅行社查询相关旅游信息。专家认为,旅行社的咨询服务功能将被互联网的自动查询功能所替代。当旅行者到达旅游地后,旅行者希望了解当地的风土人情,需要了解当地的饮食、购物、住宿、交通等信息,比如:旅行者想知道当地的特色菜哪家做得最好,哪里的购物更经济等,这就需要各种信息来辅助决策。旅行结束后,很大一部分旅行者喜欢把自己独特的感受写下来,把文字和图片甚至视频发到论坛上和其他旅友交流,这也是个性化时代彰显自身魅力的方式。

1. 旅游目的地信息化定义

旅游目的地信息化是旅游目的地和旅游信息化的综合体,对旅游目的地信息化的界定,我们综合了旅游目的地和旅游信息化的概念后,认为旅游目的地信息化是指旅游目的地相关利益群体充分利用信息通信技术、网络技术和数据库技术,对目的地旅游资源进行综合性管理,促进产业转型升级,提高当地旅游产业发展和管理效率的过程。其中的相关利益群体,涉及旅游行业管理部门、旅游企业、旅游辅助产业等多方面,而不仅仅局限于旅游企业的信息化。衡量旅游目的地的信息化水平,也是从这个群体的全面去考察、测量。促使该群体发挥整体效应,实现该旅游目的地的旅游信息化,发展现代旅游产业。

2. 旅游目的地信息化建设的现状

·近年来,伴随着我国旅游业信息化的发展,旅游目的地信息服务方面的探索也日渐活跃。中国优秀旅游城市的评选中,已经在第12.2.3项(城市须开通旅游信息网站,为海内外旅游者提供信息)、13.1.5项(星级以上饭店进入国际信息网,能为客人提供电子邮件服务)等项目条款中明确将城市及企业的信息化建设水平列为评选标准。中国最佳旅游城市评选也将城市信息化建设水平列入其评选标准。

作为国家"金旅工程"的主体内容之一,我国自2002年开始推广旅游目的地营销系统(Destination Marketing System,简称DMS)。DMS要求以互联网为基础平台,结合数据库技术、多媒体技术和网络营销技术,把基于互联网的高效的旅游宣传营销和目的地的旅游咨询服务有机地结合在一起,为游客提供全程的周到服务。大连、三亚、粤港澳地区作为推广试点区市,率先完成了建设工作。长三角、珠三角、山东、四川等地,在建设DMS系统、旅游信息平台、旅游咨询中心、旅游呼叫中心以及利用先进的信息手段开展促销方面做了大量尝试,也取得了宝贵的经验。杭州市作为国家"九五"电子商务应用试点城市和"十五"国家电子商务应用示范城市,旅游目的地信息化建设也走在全国的前列,先后完成了基于城市信息化和旅游电子商务为主要内容的城市流通领域试点工程,取得了明显的经济效益与社会效益,具有良好的应用示范作用。

2002年,国家"金旅工程"公共商务网的承建运营机构——金旅雅途公司和广东省南海市旅游局,签署了中国第一个旅游目的地营销系统——南海市旅游目的地营销系统的合作建设协议。同年10月,南海市旅游目的地营销系统通过了国家鉴定并作为示范工程进行推广。

到2006年2月,中国旅游目的地营销系统总平台的DMS数据统计已有15个子平台、12223个景点/区、36938家企业、120033条产品。

2007年11月1日,建设部"数字旅游服务示范工程"课题检查汇报会在北京召开,课题组完成了《风景名胜区数字旅游服务数据标准》、《旅游目的地资源营销平台建设技术标准》等六个标准草案,形成了以数字旅游服务信息化标准为纽带,建设具有中国特色的旅游目的地资源营销技术体系、服务体系和产业链条的旅游目的地信息化建设框架。

2008年是各旅游目的地信息化发展迅速,成果显著的时期。北京奥运信息中心围绕奥运服务,完善了软硬件设施,机房从20平方米扩大到108平方米;旅游信息网推出专题十余个,为今后的发展奠定了基础。天津对政务网和资讯网进行了升级,建设了"在线咨询"、"在线投诉"和"局长信箱"三个在线服务交流平台,答复率100%。河北旅游电子政务网站不断完善,网上办事平台为导游和公众提供便捷服务。山西省旅游信息中心经山西省编办批准成立,抓紧进行了组建工作。辽宁信息中心完善网站建设,积极推进业务应用系统。吉林完成了政务网和资讯网的改版建设,并推出了外文网站。黑龙江信息中心建立省、市、县三级信息员联系网络,及时做好信息报送工作。上海以旅游咨询中心带动信息采集渠道和公共服务平台建设,成效显著。安徽旅游信息中心被评为"数字安徽"5年建设先进单位,成立了一把手挂帅的12301工程领导小组。江西按照政务网与资讯网分离的原则,开通了新的旅游电子政务网站和旅游资讯网站,在软硬件基础设施方面也有较大进展。山东旅游目的地多媒体营销系统于2008年5月份投入使用,10月份又开通了我国第一个旅游多媒体体验网站。河南加强组织领导,理顺职能定位和运转模式,配合12301系统的用户测试做了大量的工作。湖北旅游信息中心正式挂牌,同时制定了湖北旅游信息化建设五年规划。四川以建立信息采集长效机制为突破口,实现了信息的良性循环。贵州完成了主要旅游信息数据采集,并以自建加外包模式推进12301服务平台建设。西藏投资

300万元,建成了西藏旅游信息网站。甘肃在向省编办申请的同时,先行筹备成立了旅游信息中心,启动建设甘肃旅游信息化平台。宁夏成立了旅游信息中心,信息化发展环境明显改善。青海开通了办公自动化网络和旅游咨询网站。新疆成立了旅游宣传推广中心,主要职能是信息化建设工作和12301旅游服务热线的日常运营。新疆兵团旅游信息中心完成了基础网络和旅游行业数据库的建设等等。同时,张家界、黄山等知名旅游景区也加强了以"数字化、智能化"为中心的旅游目的地信息化建设进程。据不完全统计,2006—2009三年间,全国各地旅游管理部门在旅游信息化方面的投资总和,每年不少于3亿元,旅游目的地信息化建设几乎成了政府为旅游业投入资金最多的领域。

为了更加深入了解旅游目的地信息化建设状况,2008年,国家旅游局信息中心对全国31个省区市进行了抽样普查,共有6392家单位接受了调查。包括地方旅游行政管理机构914家;旅游集团133家;旅行社2436家;饭店2010家;景区845家等。调查中发现,61.2％的旅游行政管理机构建立和应用了办公自动化系统,超过98％的单位不同程度地应用了业务管理系统,但绝大多数偏重单纯的应用程序和应用业务,缺乏宏观数据共享,难以形成管理层面的效能。同时,值得关注的是,在旅游目的地信息化建设中,东、中、西部不均衡现象非常明显,旅游景区普遍处于信息化应用和管理营销脱节的状态。

3. 旅游目的地信息化建设存在的主要问题

(1)政府主导行为突出,企业参与意识不足

在信息技术时代,旅游目的地管理/营销组织(DMO)担负起促进旅游目的地信息化发展的职责,已成为世界各国的广泛趋势。DMO对旅游目的地进行管理、规划,向旅游客源市场宣传整个目的地,并且,"DMO须以一种平等的、毫无偏袒的方式来代表目的地的所有旅游企业,并特别对支持当地的中小旅游企业负有责任。"DMO的重要职能之一是信息传播职能:DMO收集当地的、区域的或国内的旅游产品信息并在全世界范围内传播;同时,也为当地的旅游企业提供信息,让旅游企业了解当前旅游业的发展趋势、旅游市场形势和国内外竞争情况。面向旅游者,DMO还有提供信息咨询的职责——旅游者希望有一个公正可信的机构为他们提供客观的旅游产品信息,以及一些有用的建议。

可以看出,在旅游目的地信息化建设中,政府的眼光是比较长远的,其主导地位也是比较突出的。当然,在当今中国地方政府良性竞争大制度背景下,政府行为在相当程度上也可以弥补旅游业产业属性的不足;换言之,

旅游业既有产业属性、又有事业属性的复合经济属性,从根本上就要求政府必须像主导其他社会事业那样主导旅游目的地的信息化发展。

（2）行业地区差异显著,整体应用水平不高

目前,中国旅游业信息化建设存在的很大的问题就是资源浪费和贫富不均。部分地区和单位所拥有的信息网络资源（包括软硬件）长期处于闲置或半闲置状态,而还有很多的地区和旅游业态单位购置不起信息网络软硬件资源,同时,越是经济欠发达地区,信息网络资源的应用成本越高。旅游目的地的信息化建设也同样存在这些问题。从地域来看,我国旅游目的地信息化的分布,功能较全、代表性较强的旅游网站基本集中在北京、上海和广东这几个地区,多数省份只有零星的旅游电子商务网站,且市场覆盖面和影响率很低;从旅游目的地各行业来看,企业经营类别不同,经营规模不同,信息化基础建设和应用水平差异也很大。

当然,在旅游目的地信息化建设的差异中,我们也发现了下面一些相关因素:位于经济发达与经济欠发达地区的旅游企业,对应用信息技术的感受和体会截然不同;企业规模决定了发展信息技术的平均成本和效益。经济发达地区、大型旅游企业拥有明显的优势;旅游目的地旅游业务的市场覆盖面越广泛,则对信息技术的依赖程度越高;旅游目的地旅游业务的外向性越高,国际化程度越高,企业受到外部世界发达信息技术的影响相对来说就越大;管理者的知识差异和眼光差异直接影响旅游目的地信息化建设的水平。

（3）信息服务供不应求,资源共享交流不畅

目前,旅游目的地信息服务不能满足消费者的需要,主要表现在下面两个方面:首先,基础设施应用差,网上信息更新较慢,很多旅游景点没有自己独立的域名,只是在各类网站上链接了几个网页,旅游者无法及时获悉景点的新节目、新动向,无法与景区在网上进行交流。根据赛迪顾问的调查显示:目前在旅游目的地信息化发展相对较好的广东省,370 家旅游景点中建立网页的有 348 家,有独立域名的只有 2 家;21 个地级市中只有 11 个建立了自己的旅游网。其次,个性化定制服务能力弱。旅游信息内容一般都只涉及旅游目的地、景点、饭店、交通旅游线路和旅游常识等,普通旅游网站一般都有,但在根据旅游者的特点和需求组合定制旅游产品,提供个性化旅游线路建议等方面做得好的旅游网站非常少。此外,在消费者的旅游途中,很少有为其提供购、食、住、行等信息服务的好中介。旅游网站与传统旅游企业之间的整合与战略联盟仍然是制约旅游目的地信息化发展的瓶颈。

4. 旅游目的地信息化建设的对策

(1)提升研发能力,健全规范标准

旅游目的地信息化建设是旅游业发展的一个新兴领域,标准与规范是指导旅游目的地信息化建设的重要的纲领,是少走弯路、避免浪费的重要前提和保障。目前,虽然在部分地区进行了旅游目的地信息化建设的积极尝试,也取得了一些经验,但是,这些经验还没有上升为能够指导我国旅游目的地信息化建设方面的标准与规范,因此,尽快建立健全旅游目的地信息化建设标准与规范是旅游目的地信息化建设的首要任务。

首先是规范化。建立健全旅游目的地信息化建设规范体系,为旅游目的地信息化建设的实施和监管、企业和消费者的市场行为、信息内容和流程、技术产品和服务等提供指导与约束,预先把那些对旅游目的地信息化建设可能产生不利影响的潜在因素加以防范,是推动旅游目的地信息化建设持续、稳定、健康、高效发展的关键。其次是标准化。旅游目的地信息化建设的本质在于互联。食、住、行、游、购、娱等各类旅游企业之间、旅游企业内部信息系统与旅游电子商务平台之间、旅游业与银行、海关、公安的信息系统之间应能实现互联互通,以自动处理频繁的信息数据交换。在国外,通常由专门的组织制订出一套统一的数据格式和接口标准,旅游电子商务网站、管理信息系统在开发时都遵照这套标准,这样在一开始就保证了各行业、各单位的信息系统间做无缝链接的可能性。我国旅游目的地的数据交换也应尽快实行标准化,并与国际接轨。

(2)改变服务观念,企业全员参与

世界旅游理事会(WTTC)在其报告"未来旅游业发展:营造客户中心体系"中指出,"未来的旅游应向增强与客户的双向交流、改善信息服务、通过个性化服务增加附加值的方向发展。旅游电子商务技术将在这个过程中发挥作用"。目前,我国旅游目的地网上旅游服务项目少,旅游网站多为面向散客提供订票,订房,"以交易为中心"的色彩较浓,而旅游者路线自助设计等"个性化旅游"需求尚难以得到满足。未来的旅游目的地信息化建设中,不仅仅是在某个单项信息技术上的改进,而是旅游目的地信息技术应用模块的系统整合。将形成提供覆盖范围广、成本低廉的旅游目的地信息平台,使目的地旅游企业之间增进交流与合作,为游客创造一体化的旅游服务感受。

同时,我们也发现,我国各旅游目的地的旅游企业中,90%以上为中小企业,这些中小旅游企业应用信息技术的程度普遍较低,究其原因,一是资金壁垒,即实施信息化特别是电子商务的投资相对于企业资金能力、赢利潜力来说显得过高;二是观念制约,即许多企业对信息化的理解很片面化,且不具备与实施信息化相适应的人员素质、标准化业务流程等;三是信息危机,即不少中小旅游企业曾经建设过网站或网页但收效甚微,影响了他们继续参与信息化建设的信心和动力。

作为旅游产品提供者的目的地企业是旅游目的地最重要的信息源。如果广大中小旅游企业游离在信息化的边缘,整个"旅游目的地信息系统"将缺乏丰富、动态的旅游产品信息的底层支持,这将大大限制信息质量、旅游者效用及整个旅游目的地信息化体系的成长。推动旅游目的地广大中小旅游企业参与信息化建设的热情,应充分发挥政府主导的作用,实施企业上网工程,并增进专业电子商务服务商与旅游业的协作。当然,来自众多旅游企业的动态旅游产品信息将更多地通过大型旅游电子商务平台、GDS、CRS等系统汇聚、共享、传播,企业建网形成"信息孤岛"的不成熟模式会得到改观;旅游分销渠道将更加多样,并提供多种购买方式选择。

(3)发展智能技术,搭建综合平台

从信息技术发展的情况来看,旅游目的地的信息化发展大体要经历三个阶段:第一个阶段是信息化。信息化是一个基础,主要起到沟通的作用,解决信息不对称的问题;第二个阶段是数字化。数字化是一个手段,主要功能是整合,解决的是信息系统的整合和效能问题;第三个阶段是智能化。智能化通过解决有效配置和运行的问题,进而为旅游目的地提供全面的解决方案。这种有效配置和运行实际上首先是旅游目的地资源的整合问题,其次是在资源的整合过程中如何有效配置。如:传统旅游中,旅游地以景区为核心供应资源,与其周边的餐饮、住宿、交通等共同形成旅游产品,通过景区自建的"旅游地营销系统"与消费者沟通。景区处于供应链的最末端,消费与供应无法直接连通。

在智能化信息技术支撑下,使景区有条件掌握消费结构和消费水平,不再只处于供应链的最末端,不仅可直接面对消费者,还可以通过整合周边的餐饮、住宿等产品供应商获取利润。也就是说,这种新的资源整合供应结构不仅仅让景区可以摆脱渠道控制,还可以从供应链的最终端上升一个层次,成为其他非核心产品供应商的渠道控制者。

同时,智能化可以充分满足在线旅游营销的多元化特征:智能搜索引擎、电子服务、客户关系管理和客户管理系统、电子地图、电子布告栏(BBS)、新闻组和简易信息聚合(RSS)订阅服务、网上娱乐等,实现信息的智慧传播和流转,从而提高旅游营销的收益。

(4)加强技术更新，推动服务升级

新一代信息技术主要是以信息网格、云计算、3G技术为代表的信息处理技术。新一代信息技术各具个性特征，都具备"处理大量个性化业务"这一共同点，与目前的旅游在线预订、城市一卡通等技术服务相比较，优势十分明显，是推动旅游目的地服务能力和水平升级的根本基础和重要工作。

信息网格技术的普及应用，将改变目前旅游目的地各个环节成为信息孤岛以及信息互不兼容的现状，可以充分整合分散的旅游目的地相关资源，全面提高各个网格节点的性能，解决资源融通、整合、共享、协同问题。云计算技术的普及应用，将改变目前旅游目的地信息处理能力不足、改变信息系统的体系结构，提高了系统的数据服务能力。通过设置功能强大的虚拟服务器集群，大大提高建设效率、缩短时间耗费，高效、集成、快速、廉价地运营旅游信息，一体化、开放式地使信息系统提供给中小型企业廉价地租用，甚至免费使用各种大型、专业化、价格昂贵的硬件基础平台，如旅游相关用户可以利用云计算平台作为其部分IT基础设施，实现旅游业务的托管和外包。

通过3G技术，原先依赖电脑以及数字机、电子导游机等设施的旅游信息化功能，大部分都能在手机上实现。基于3G服务的在线预订、旅游营销、景区管理、旅游企业（旅行社等）经营、旅游相关公共信息查询、现场动态视频、游客互动交流、优惠积分活动、电子导游系统、旅游数据（图像、音乐、视频流等）处理、旅游购物及综合消费等服务必将日渐风靡。3G技术与旅游目的地各类业态结合，使旅游信息服务可视化，快捷化，随身化，将进一步推进旅游目的地信息化的基于位置的移动服务。

### 6.1.3　旅游目的地信息化管理

作为目的地机构，旅游市场以及行业的管理是最重要的一项工作，如企业管理、诚信管理、安全管理、执法管理等。通过信息化手段能极大提高这些管理工作的效率，提升目的地的旅游竞争力。本节将简要介绍目的地信息化管理的作用以及相关的内容。

1.旅游目的地信息化管理的作用

旅游目的地管理与旅游企业管理不一样，与旅游行业管理也不一样，它既有宏观管理内容，又有微观管理内容；既有代表政府的管理内容，又有代表企业的管理内容；既有市场管理内容，又有经营管理内容。从旅游管理角度看，旅游目的地信息化管理的主要目的是提高目的地企业之间的管理效率和协调能力，实现旅游地的精细化管理，以提高旅游目的地的市场竞争能力,同时能为游客提供敏捷的精细服务。具体信息化管理的作用主要表现在改进目的地组织结构,优化目的地业务流程,加强技术创新和提升旅游地竞争力等方面。

(1)改进旅游地组织结构

旅游目的地的概念范围很广,从前面介绍的旅游目的地类型可以看出,一个城市可以是旅游目的地、一个乡村也可以是旅游目的地。这里所讲的旅游地组织结构,是指一个区域性的旅游目的地,具有旅游管理部门或景区管委会部门的旅游地。管理部门的作用是对旅游目的地各景区、各服务企业的日常管理和服务管理,同时对突发事件的应急处理以及接受游客的各种投诉处理。传统的目的地管理相互之间的通信主要是电话,游客的投诉也是通过电话。信息技术应用以后,信息系统承担了管理的主要工作,以上的所有管理都可以通过信息系统和网站来解决,通过各种管理流程的电子化,能敏捷地解决各种旅游活动中的管理问题。因此,信息系统的应用,对旅游目的地组织结构,提出了更高的要求,要求管理部门能配合信息系统进行适当的管理结构调整,改进管理部门组织结构以提高对事件的处理能力和响应速度。至少,旅游目的地管理机构应设置信息管理部门,负责对旅游目的地信息系统的运行管理、信息网站的维护管理、信息发布的整合管理、网络营销的战略管理,并可以整合旅游目的地的投诉部门和预订管理等部门。

(2)优化旅游地业务流程

其实旅游目的地存在多种业务流程,有接待游览景区业务的流程、运送游客的交通流程、接待住宿的流程以及餐饮接待和购物环节的流程。这些流程环节上集聚了旅游目的地的各种旅游服务企业,相互之间可能也存在争夺客源的情况,或者存在价格竞争的情况。由于旅游活动是个动态过程,存在许多不确定性,在没有信息网站和没有信息系统的支持下,要掌握这些不确定性情况非常困难。利用信息系统的信息化管理,可以解决这些流程上的不确定性,尤其是构建旅游目的地信息系统的旅游地,可以彻底优化目的地的各种业务流程,实现游客量的预测、客源的统一调配、服务规范的统一,从而解决各业务流程上接待能力的安排以及接待能力的提升。至少,基于网络的信息化管理可以优化旅游目的地的交通流程,以及旅游景区的接待流程,避免出现旅游高峰管理上的混乱。如张家界武陵源景区的经营管理信息系统,很好地解决了景区接待流程的管理以及景区内交通流程的管理。

（3）加强了旅游地的管理创新

旅游目的地管理创新很大程度上依赖于信息技术，如经营模式的创新、经营管理的创新、市场营销的创新、旅游服务的创新、生态环境管理的创新等，都与信息系统软件有关。因此，人们常说，旅游目的地的管理创新，有一半与信息系统软件有关，离开了信息系统，许多管理创新根本无法实现。从目前来看，我国随着旅游目的地的不断增加，旅游目的地的市场竞争非常激烈。除了旅游目的地具有非常好的优质资源能够吸引旅游消费者以外，良好的服务信誉也是未来争夺客源的关键要素，而良好的服务信誉建立在一定的管理基础上，信息化管理是建立良好信誉主要手段。我国旅游目的地大多数是优质资源，维持优质资源的原生态，提供良好的服务手段，如网络信息服务，是保持旅游目的地持续发展的最好创新形式。至少，一个完善的信息系统，可以实现营销管理的创新、客户关系管理的创新、差异化服务的创新以及在电子分销管理上的创新，甚至可以在销售管理上实现创新，如通过网络销售电子门票，可以根据不同客户实现差异化。

旅游目的地信息化管理的基本目标之一就是改善旅游目的地的公共服务体系，通过网络技术实现公共服务体系完全电子化，高效地整合旅游信息，全方位地向社会提供优质、高效、规范、透明的公共服务和管理，促进信息流通的高效化、旅游服务流程的合理化、旅游者与旅游目的地沟通的网络化，从而大力推动旅游目的地政府管理的创新。

（4）提升旅游地竞争力

旅游目的地的市场竞争能力主要体现在营销能力和分析能力。一个好的旅游目的地旅游产品需要投入一定的营销力度，它涉及营销方法和营销手段。业界普遍认为，网络营销与传统营销的整合是提升营销能力的最佳组合，利用电子分销系统、各种类型的旅游网站开展网络营销，能有效地提升旅游目的地景区的知名度。分析能力是旅游管理者把个人知识整合成企业知识的一种能力，它是一种汇聚思索的技能，这种技能往往需要信息技术的支持，电子商务能帮助旅游地机构提高分析能力。一个管理机构的分析能力主要由以下几方面构成：第一，信息运用的能力，企业信息的运用能力会影响到企业的分析能力，信息运用能力包括信息获取能力、信息整合能力和信息创造能力等；第二，信息系统应用能力，信息系统应用能力与人的因素直接相关，有效或高效率地利用网络和信息系统，能提高管理人员的分析能力；第三，问题分解能力，问题分解有利于看清问题的本质，一个管理人员善于对问题进行分解是分析问题的常用方法，反映了企业解决问题的能力；第四，寻找关键变量的能力，旅游管理中对于重大问题的决策往往会涉及寻找关键变量的问题,借助于计算机系统的分析,有利于寻找关键变量,这种利用计算机寻找关键变量也反映了一个机构的分析能力;第五,系统运用的能力,旅游管理中都要以系统的观点去分析问题,如生产系统、财务系统、销售系统、信息系统;第六,问题综合能力,综合能力是一个管理团队观察问题、解决问题的一种综合表现,同样需要信息系统的支持,需要大量信息的汇总和分析,这种能力最反映一个管理机构团队的分析能力。

从以上分析可以看出,一个旅游目的地的竞争能力与信息系统的组建和运用密切相关,它反映了旅游地机构的信息技术应用能力,而且该能力与旅游市场所占份额成正比。因此,积极利用信息技术,首先从营销上作为信息技术应用的突破口,是提升旅游目的地竞争力的关键,也是保持旅游目的地旅游业可持续发展的关键。

2. 旅游目的地信息化管理的内容

旅游目的地作为一个区域性的旅游环境,涉及旅游企业、旅游交通和景区资源,既有微观的企业层面,又有宏观的政府层面,因此其信息化管理内容不同于企业层面,也不同于行业层面,信息化管理内容包含了企业和行业管理的两个方面。具体两个层面主要涉及旅游目的地的经营管理、公共服务和统一市场营销。

(1)经营管理的信息化

旅游目的地经营管理的信息化涉及企业的经营管理、目的地统计管理、政府的办公自动化系统以及旅游目的地信息网站,其主要形式是旅游目的地信息系统。信息网站是旅游目的地的门户,也是旅游目的地信息系统对外的窗口,通过窗口可以实现企业与政府、政府与旅游消费者之间的信息交换和业务互动。因此,旅游目的地信息系统都是基于 Web 技术构建的集成信息系统,是旅游目的地竞争力体现的关键信息系统。

旅游目的地信息系统是一个企业与企业、企业与政府之间数据对接形成的系统,基本整合了旅游目的地与经营有关的所有数据资源,如产品资源、人力资源、财务资源等。借助于信息系统,作为旅游地政府,可以掌控这些资源的变化情况,作为企业,能及时向政府提供这些资源的数据情况。通过信息技术系统及时交换这些数据,有利于旅游目的地经营的决策管理,提高旅游市场的竞争能力。

(2)公共服务的信息化

旅游目的地的公共服务包括导游服务、交通服务、购物服务和信息服务等,这些服务的优劣构成了旅游目的地的整体形象,也是旅游目的地竞争力的基础内容。这些公共服务可以通过一个公共信息服务系统来实现,公共信息服务系统是一个多种服务形式的综合体,其中可以是信息网站、触摸屏、各种类型的电子屏、公告牌等。结合移动互联网和二维码技术,旅游目的地公共信息服务系统可以整合旅游目的地所有的公共服务内容,以移动服务的形式展现给广大游客,给予游客在旅游途中获取信息的便利,是旅游目的地服务能力的一种综合体现。

(3)市场营销的信息化

市场营销的信息化就是借助于信息技术开展各种形式的电子化营销,其中网络营销是信息化的核心内容,通过网络实现营销的信息化管理。旅游目的地的网络营销主要通过自己的门户网站、旅游综合性网站以及政府性网站来开展,其主要的技术手段可以是电子邮件营销、搜索引擎营销、病毒型营销、微博营销、微信营销以及网络广告等;还可以采用客户关系营销手段,如旅游目的地与客源地的旅行社都采用客户关系营销手段。由于旅游产品是客户到异地才能享用的服务性产品,其网络营销一般也包含销售(即通过在线预订实现销售)。因此,市场营销的信息化管理功能往往包括客户管理、销售管理、产品管理、广告管理、需求分析、联机分析以及互动管理等,有些旅游目的地为了开展差异化营销,还建立了呼叫中心,通过短信、文本、电话、视频等方式与客户即时沟通,以便及时了解客户需求,更好地为客户提供个性化服务。

旅游目的地信息化管理内容还有很多,如导游的管理、产品资源的管理以及人力资源管理等,限于篇幅不再一一列举。旅游目的地的经营管理、公共服务以及网络营销是最基本的管理内容,也是信息化管理的核心内容,下面各节就围绕这些内容展开。

## 6.2 旅游目的地信息系统(DIS)

旅游目的地信息系统(DIS)是一个利用信息通信技术和网络构建的人机综合的管理系统,它利用计算机技术代替复杂的业务管理,利用网络技术代替企业之间业务的协作,利用信息网站对游客提供信息服务和销售服务。旅游目的地信息系统一般由当地政府牵头构建,或者由当地旅游集团公司直接构建,是一个大型的集成软件系统。目前有两种类型的目的地信息系统,一种是基于 Web 技术的旅游目的地信息系统,这种系统主要提供对客服务和企业自己的业务管理;另一种是基于互联网技术的旅游地信息系统,这种系统主要是旅游地企业之间的业务协作,如饭店和景区、旅行社和景区、旅行社和饭店等业务的电子化处理。

### 6.2.1　旅游目的地信息系统发展现状

我国旅游目的地信息系统最近几年发展迅速,尤其是互联网普及应用以来,网站的应用发展很快,几乎大多数旅游目的地都有自己的信息网站或商务网站。但各地信息系统的应用很不平衡,东部沿海地区的旅游目的地信息化建设开展得比较早,但西部地区的旅游目的地信息化还比较落后,大多数区域目的地还没有相应的信息系统。

1. 旅游目的地信息系统的主要应用

旅游目的地信息系统涉及的应用范围比旅游企业信息系统要大,它既涉及多种旅游企业的经营服务,如景区信息服务、住宿信息服务、购物信息服务等,又涉及目的地旅游市场的行业管理。这里主要介绍旅游地的一个区域范围内的目的地信息系统应用现状,而不是作为城市或一个国家的旅游目的地信息系统。

目前,旅游目的地信息系统应用主要有企业信息系统和政府信息系统两大类。企业信息系统包括前台经营管理信息系统和信息网站系统;政府信息系统主要由政府办公系统和政府网站系统等。也有些企业已经构建了电子商务系统,但这还是极少数的旅游企业。在目的地信息系统中,基于营销宣传的信息网站系统最为普遍,且发展很快,这是互联网普及和推广的结果。从旅游目的地信息系统建设的总体情况来看,大多数企业组织先建设信息网站,然后逐步建设信息系统,如张家界、武夷山、黄山等旅游目的地都是这样的情况。这些系统有的是当地政府或旅游局建立的旅游网站系统和政务网系统,也有一些企业自筹资金建设的目的地旅游信息网和经营系统,以城市为旅游目的地的信息系统,基本是信息网站为主,如旅游门户网站作为目的地的对外窗口,开展信息的发布和网络营销。

2. 存在的主要问题

我国从整体上讲,是一个境外游客眼中的旅游目的地,吸引了来自世界各地的旅游者。从最近几年的发展趋势看,有望成为全球最大的旅游目的地,因为我国有丰富的旅游资源和人文资源。然而,从旅游目的地信息系统发展的角度看,我国旅游目的地信息化系统的发展比较滞后,尤其是旅游目的地的景区信息化落后于旅游饭店的信息化,旅游目的地的信息系统还很不完善。在现阶段,旅游目的地的信息系统主要呈现出以下几个方面的问题。

(1)旅游资源信息整合、管理手段落后

我国旅游资源的普查工作多半采用人工调查、人工实测的手段,旅游资源信息的统计、文字材料的编写、图件的制作和资源的评价也采用人工方式,使得旅游资源信息整理和管理工作变成了烦琐的重复性劳动。同时,受人力、物力和自然条件的约束,旅游资源整合的信息覆盖面、信息精度都不尽人意,迫切需要有新技术、新手段来代替信息整合方面的不足,以提高旅游资源信息管理的效率及准确性。从目前来看,旅游资源的信息整合还没有形成完整的信息系统,离完全的电子化管理还有较大的距离。

(2)旅游资源信息的管理和使用不成体系

旅游资源信息是多层次、多方面的综合信息。这些信息的数据量大,数据之间的关系复杂。我国旅游资源信息利用的现状是信息往往在利用时才收集,而不是在随时随地、系统性收集整理和储存的基础上共享利用。信息的片面、重复和不一致司空见惯,给信息的有效利用带来极大困难。由于缺乏有效的信息系统,旅游资源的合理使用成为管理中的突出问题,盲目使用、不合理使用成为家常便饭,造成旅游资源的浪费和旅游资源生态的破坏。

(3)旅游资源信息的管理没有反映信息的动态性

旅游资源往往处在开放的环境中,由于不断地被开发和利用,旅游资源与社会环境处在不断的交换中,有些旅游资源过了几年就不复存在,因而旅游资源信息时刻处于变化状态之中。而旅游资源信息的管理应当及时反映这种变化,确保旅游资源信息的高度时效性。但是受技术条件的限制,受信息系统的限制,我国旅游资源信息的利用带有严重的滞后性,削弱了旅游资源信息的利用价值。例如旅游景区都有容量控制,而旅游活动由于缺乏信息系统的监控,无法反映旅游活动的动态信息而采取控制措施,造成许多旅游地景区环境生态的退化和破坏,给旅游资源的环境管理带来压力。

(4)信息利用手段落后

我国大部分旅游目的地的旅游信息管理技术手段落后,在旅游资源信息的利用上还缺乏现代化信息技术和决策支持技术,因此使得旅游资源信息的开发利用极不充分,不能很好发挥旅游信息管理系统的信息整合作用。许多旅游地由于缺乏基于网络的信息系统,客源信息无法共享利用、交通车辆信息无法共享使用,游客需要的购物信息无法共享利用。虽然目前大多数旅游目的地已建有信息网站,让旅游消费者可以利用目的地的旅游信息,但大多数游客到了旅游目的地后获取当地旅游信息还是不方便,信息终端机可使用得很少。尤其现代游客都带有智能手机,但大多数旅游目的地手机 APP 应用落后,即使有手机 APP 应用的目的地,但系统不完整或功能不全,导致游客获取信息非常不便。

总之,由于上述几个问题的存在,我国旅游目的地信息系统的发展受到一定的阻力,信息系统建设处于缓步发展的过程中。尤其是旅游目的地企业构建的目的地信息系统并不多,说明我国旅游目的地企业的规模还不具备经济实力构建目的地型的大规模信息系统。随着我国旅游经济的不断发展,信息技术应用水平的不断提高,尤其是旅游管理体制的逐渐完善,再加上采取有效的管理和技术措施,毫无疑问,我国旅游目的地信息系统普及程度一定会得到大大提高,从而推动旅游目的地的健康发展[①]。

### 6.2.2 旅游目的地信息系统的应用类型

由于旅游目的地存在多种类型,因而旅游目的地信息系统也存在不同的应用类型。目前在旅游目的地的软件应用中,应用最多的一种类型是旅游目的地营销系统,这是一种基于营销的旅游目的地信息系统。其次是旅游目的地办公自动化系统,也是一种基于办公自动化的旅游目的地信息系统。其他如基于地理信息系统(GIS)的目的地信息系统,以及基于虚拟现实技术的信息系统也有应用。下面我们介绍这些应用系统类型的基本情况,旅游目的地营销系统(DMS)会在本章第三节进行介绍。

1. 地理信息系统(GIS)

地理信息系统(Geographical Information System,简称 GIS)是信息系统中的一个重要分支,近年来其应用越来越广泛。GIS 主要涉及空间数据的分析处理以及空间信息的管理,由于旅游目的地的景区存在复杂的地形,应用 GIS 技术实现对旅游地理信息的收集、管理、分析和应用。因此,近年来 GIS 在旅游目的地信息系统中获得广泛应用,其应用的主要形式是旅游电子地图,为旅游者旅游地理的查询提供了方便。

地理信息系统能帮助人们完成"在某个地方有什么"、"确定条件下的实物在哪里"、"某实体的空间特征怎样"以及"某点的空间变化趋势"等任务,并可以把某些地理位置的变化趋势模拟或虚拟出来,以分析空间特征的未来视图结构情况。因此,为了实现这些现实中的特定任务,要求 GIS 必须具备以下功能:数据采集、检测与编辑功能;数据存储与组织功能;数据处理与变换功能;空间查询与分析功能;产品制作与显示功能;二次开发与编程功能。

此外,GIS 有许多应用功能,如资源管理,用于对森林、矿产、土地等资源

---

① 石长波,黄清:《影响我国旅游业信息化发展因素的研究》,《哈尔滨商业大学学报(社会科学版)》,2005(3)。

的管理；区域规划，用于对城市交通规划、电力规划、自来水管道规划、旅游规划等管理；国土检测，用于火灾预报、洪水检测、环境质量、病虫害预报等管理；辅助决策，用于对城市规划、市场空间分布、空间分布规律、商业分布、客源分布等动态分析，实现有效的决策管理。

GIS 在旅游目的地的具体应用主要包括旅游电子地图、旅游目的地资源管理、旅游规划、旅游地的环境监测与保护以及旅游目的地机构的管理决策支持等。下面简要介绍 GIS 在这些方面的应用。

(1)旅游电子地图

旅游电子地图是目前应用最多的一个方面，它可以帮助旅游者获取旅游目的地的确切位置信息，如旅游景点、乘车点、饭店位置等空间信息。其中除了 GIS 技术外，还有遥感技术(RS)和全球定位系统(GPS)等技术。这些旅游电子地图广泛应用于旅游景区导游图、旅游景区全景图、旅游目的地资源分布图、旅游目的地规划图、旅游设施分布图、旅游目的地交通图以及旅游目的地功能分区图等。

(2)旅游目的地资源管理

旅游目的地资源管理借助于 GIS 技术，可以动态管理如土地面积、水资源分布及其面积、季节性洪水覆盖及其面积、游客可游览面积以及有关生态保护面积等资源问题。系统可以通过卫星高空实时拍摄的目的地资源数字影像，及时将旅游区域现状的影像叠加到电子地图上，以便及时分析资源的利用情况，以及分析自然资源的利用和变化情况。借助于 GIS 的资源管理，便于管理和决策人员合理的提出旅游土地利用方案、水资源利用方案，便于对旅游目的地土资源、水资源的合理利用和保护。

(3)旅游规划

旅游目的地的旅游规划涉及当地的资源、环境、人口、经济、交通等要素，许多因素都和地理空间数据有关，因此 GIS 可以将这些要素数据和空间数据归并到统一的 GIS 系统中进行处理。如：旅游目的地的电力规划、网络规划、水系规划、排污管道规划以及测量点规划等，都可以由 GIS 系统统一规划，并提供相关的地理信息查询服务。另外，旅游目的地的景区、景点规划也是 GIS 在旅游规划中的主要应用内容。

(4)旅游地的环境监测与保护

旅游地的环境包括气象、空气、水以及土壤质量等因素，为了保护旅游地的环境质量，必须时刻关注这些因素的变化。利用 GIS 可以检测各空间点的变化情况，把检测数据通过网络实时传入 GIS 进行计算分析，发现异常变化数据及时采取措施，以达到环境保护的目的。

(5)目的地机构的辅助决策管理

地理信息系统处理的数据具有空间信息的时域特征,可以反映旅游地地理位置信息的变化规律,能比其他信息系统更直观地分析旅游地空间信息,有利于旅游目的地机构对旅游规划和旅游开发项目的辅助决策。如旅游目的地水资源规划、交通规划等辅助决策等。

2. 基于办公自动化系统的旅游目的地信息系统

我国许多旅游目的地机构具有办公自动化系统(OA 系统),如旅游局、风景区管理局以及自然保护区管委会等目的地机构,为了提高事务管理的效率,都建有相应的办公自动化系统。办公自动化系统与其他职能信息系统(如投诉管理系统、营销系统)集成在一起,加上目的地的门户网站,就形成了基于办公系统的目的地信息系统,实现对目的地旅游的行业管理和服务管理以及市场监督。

随着社会信息量的迅速膨胀,想要依靠手工方式及时对办公室中大量信息进行收集、处理、分析和科学决策是难以做到的。因此,改革传统办公模式,将办公业务的处理、流转、管理过程电子化、信息化已势在必行,目的地机构实现办公自动化或半自动化也是必然趋势,这是旅游快速发展的需要,也是旅游目的地信息化的需要。所谓办公自动化(Office Automation,OA)就是利用先进的计算机网络技术和信息技术,处理和控制日常的办公事务,使办公室事务和文件管理电子化,以提高事务管理的处理效率。

OA 系统的功能虽然以目的地机构的办公为主,但它也设计有其他的一些辅助功能,如营销管理、企业管理、投诉管理等,这些功能都是围绕目的地的旅游行业管理和市场管理展开。另外就是目的地旅游的服务管理,通过网站为旅游者提供完善的信息服务,但一般不提供预订服务。具体系统的功能结构包括以下几方面:办公室事务管理(OA 系统的核心)、企业信息管理、网站信息管理、服务规范管理、网络营销管理、咨询服务管理、统计报表管理、政策法规管理、人事培训管理等。

基于 OA 的 DIS 系统还具体有以下一些特点:业务流程以办公室为主线;系统功能以管理为主导,辅助提供信息服务功能;网站以信息服务和网络营销为主;为游客服务存在不足;系统的整合能力有限,大多数是目的地范围内的系统整合。

3. 虚拟现实技术(VR)在旅游地信息系统中的应用

在旅游目的地信息系统的规划设计中,一些新的技术和理论正在得到广泛的应用,如虚拟现实技术就是其中的一种新技术。在一些目的地的信息系统中,利用虚拟现实技术实现旅游产品的展示或吸引物的虚拟展示,也有利用虚拟现实技术开展旅游规划或旅游开发设计。由此产生了目的地信息系统规划设计的新的理念和方法,软件使用更加人性化。

虚拟现实技术是一个综合性技术,具体包括图像技术、传感器技术、计算机技术、网络通信技术以及人机对话技术等,通过创建一个集三维视觉、听觉和触觉于一体的全方位环境,使用户利用系统提供的人机对话工具,同虚拟环境中的物体对象交互操作,使用户仿佛置身于现实环境之中,以虚拟体验实际的环境(如旅游环境)。具体虚拟现实技术有如下特点:沉浸(immersion)的特征,操作者沉浸到计算机所制造的虚拟环境中;交互(interaction)的特征,操作者能通过控制装置改变进入的虚拟境界;构想(imagination)的特征,以人的意愿和思维改变计算机的虚拟现实系统;自主性(independence)特征,操作者可以自己控制虚拟现实环境的状态。

虚拟现实技术在旅游目的地中的应用主要包括目的地全境电子地图、旅游地宣传和营销、旅游地文化遗产和历史吸引物的保护以及旅游目的地的规划设计等。随着虚拟现实技术的进一步完善和 Web 技术的成熟,旅游目的地信息系统将全面采用虚拟现实技术,实现真正的虚拟旅游和网络旅游体验。

(1)旅游目的地全境电子地图

目前在互联网上,旅游目的地部分电子地图供旅游消费者使用的功能已经在一些目的地的门户网站上展开,系统通过三维视角和虚拟现实技术,结合基于 Web GIS 的电子地图,供网络用户使用。随着图像技术和传感技术的进步以及网络带宽的改善,由全景图像生成和网络全景图像浏览组成的虚拟旅游系统技术方案,为旅游目的地的全境电子地图在互联网上使用成为可能,该项技术的完善为旅游目的地虚拟旅游提供了广阔的市场前景。

(2)旅游地文化遗产和历史吸引物的保护

旅游活动的开展在带来经济效益的同时,也造成了对目的地文化遗产各种各样的损坏。在目的地中一些文化旅游资源的保护与合理开发利用之间的矛盾也在不断凸显出来。尤其是旅游目的地中涉及的世界文化遗产保护形势日益严峻的今天,世界文化遗产信息的数字化日渐成为十分有效而可行的保护方法,其中数字文化遗产已被联合国教科文组织认可为文化遗产保护的技术手段,依托信息技术(如虚拟现实技术)解决或缓解上述问题已成为当务之急。通过对文化遗产的高精度测量、三维重建与建立数据库,为文化遗产的保护、研究、修复以及虚拟旅游提供了一种新的方法和平台,能够有效缓解文化旅游中文化资源保护与利用的矛盾,增大文化资源受众面,为目的地的文化旅游事业发展提供高科技支撑。

（3）旅游目的地的宣传和营销

旅游目的地的促销通过虚拟现实技术可以把产品展现出来,让消费者亲自感受产品,如景区的观光产品网上体验、饭店的客房产品网上体验、目的地的休闲服务产品网上体验等。通过虚拟现实技术的产品展示,达到宣传和营销的目的,以吸引旅游消费者亲临目的地产生出游的动机。在旅游目的地门户网站、DMS系统、电子分销系统等信息技术系统中,都可以插入虚拟现实技术的应用组件,达到推销产品的目的。也可以利用虚拟现实技术制作成光盘,用全境电子地图的形式,宣传目的地的所有吸引物旅游产品。

（4）旅游目的地规划

利用虚拟现实技术开展旅游规划是目前旅游中的最新应用。规划人员将旅游目的地的地形概貌、气候水文、旅游用地现状、社会经济背景、区位条件、旅游资源、旅游线路等大量信息建成数据库,并结合三维图像变换成虚拟现实系统,然后通过人机对话进入具有视听功能的虚拟现实环境中漫游,给人以身临其境的感觉,体验整体的规划效果,这是传统规划方案难以达到的一种效果。虚拟现实技术用于规划的主要优势:容易激发规划人员的创作灵感和构思,使规划方案更具新意;规划方案容易修改,随时可以根据灵感调整规划环境,有较强的可操作性;有利于旅游规划和设计的理论研究;可以方便规划人员实现联网规划设计,实现数据共享的联合设计;可促进虚拟旅游和网络旅游的发展。

## 6.2.3　旅游目的地信息系统发展展望

旅游目的地信息系统的未来发展,与信息技术的发展、网络技术的发展、移动互联网的发展以及地理信息技术的发展密切相关。旅游目的地信息系统在满足信息化管理的基础上,将突出旅游地的信息化服务,为旅游消费者提供更敏捷和便利的信息服务。在近阶段,旅游目的地信息系统的发展主要考虑政府的行业管理以及满足游客移动服务的需要,概括起来主要有以下几种情况。

1. 旅游目的地信息系统与旅游行业管理目标的结合

这一系统的思路是政府与企业需要信息互动,实现政府为企业提供服务的便利,把旅游目的地信息系统结合了政府目的地管理机构(Destinaton Management Organizaton,DMO)的职能,沟通了政府和旅游企业之间的信息交流渠道,可以将旅游行业管理功能如旅游统计资料的报送和汇总、文件的上传下达等归入此系统中,实现政府服务与企业服务管理的无缝连接,有利于政府对旅游目的地业务运行的宏观监控。典型的如我国三亚旅游目的地信息系统的功能架构(图6-1)。该系统包括以下几个功能模块:面向各类旅游企业的企业管理功能模块、面向世界各地游客的旅游服务功能模块、面向科研机构的旅游研究功能模块,以及面向旅游管理部门和其他政府部门的政府信息交流模块。

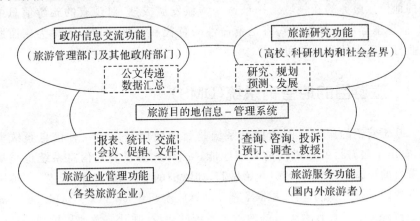

图 6-1　三亚旅游目的地信息系统的功能架构[1]

**2. 旅游目的地信息系统建设重在规划**

我国旅游目的地管理部门应充分重视旅游信息服务体系的建设和发展,制订具有整体性、战略性和实践性的旅游信息服务体系发展规划,解决困扰实践的难题,对国际经验的借鉴、新技术的应用与合理的制度设计给予高度的重视。由此使旅游信息服务体系真正成为旅游目的地的形象窗口,为目的地营销效益和服务水平的提升做出更大的贡献。

应该看到,旅游目的地信息系统体系的建设是一项富有探索性的工作,其中将碰到一系列亟待解决的理论问题,需要在实践中不断探索,也需要政府与研究机构合作进行专题研究,提出科学的解决方案。

**3. 移动服务在旅游目的地信息系统的应用日益广泛[2]**

随着新媒体技术的发展,手机已不仅是通讯工具,也成为公共和商业信息服务的重要媒介,成了人类的"影子媒体"。接入移动网络的手机,一方面继承了电脑网络终端的交互性特点,一方面又具有电脑所不具备的高度便携性,是网络媒体的延伸。手机传递信息的特点是快捷、便利、准确、精确地

---

[1]　王富玉:《国际热带滨海旅游城市发展道路探析》,中国旅游出版社 2000 年版。

[2]　巫宁:《手机媒体和移动服务在旅游目的地的应用》,http://www.chinavalue.net。

针对个人。2005 年 6 月,美国无线市场调研公司 Telephia 发布的移动互联网研究报告指出,用户主要在不方便使用电脑的时候利用手机上网,获取最重要的信息,诸如收发 E-mail、订票、获取天气和位置服务等。

对于身处陌生城市、待在户外、位置不断移动的旅游者而言,手机无疑是一种理想的信息工具,旅游目的地应充分重视这一媒介新趋势,开发旅游目的地信息服务的新领域。一旦这一领域发展成熟,对现有的旅游信息中心、信息亭等定点服务形式将是革命性的替代和升级;同时,还将为旅游服务业打开巨大的商业空间。

## 6.3 旅游目的地营销系统(DMS)

基于营销的旅游目的地信息系统是目前应用最广的一种信息系统类型,突出了旅游目的地机构的营销职能。国外旅游目的地信息系统也是从旅游目的地营销系统(DMS)开始做起,如欧洲的奥地利、爱尔兰、芬兰、英国等发达国家,DMS 的应用非常普遍。世界旅游组织(WTO,World Tourism Organization)一直致力于目的地营销系统的建设,呼吁旅游地积极利用互联网实施旅游的宣传和促销。目的地营销系统是旅游目的地机构通过互联网开展网络营销的完整解决方案,系统的服务对象包括旅游局、旅游企业、媒体以及旅游消费者,为旅游目的地创造竞争优势,并可整合营销渠道。

### 6.3.1 旅游目的地营销系统(DMS)的定义及功能

DMS 是一个集成型的信息系统,其信息网站是 DMS 的对外窗口和服务平台,信息网站的后面就是各种信息系统,这些信息系统整合后可与信息网站无缝连接,实现目的地旅游信息的发布、营销的自动化以及开展电子商务等。具体 DMS 的建设是一个大型的系统工程,其中涉及的技术包括以下几方面:网络技术,如内部网、外部网和互联网等技术;交流技术,如短信交流、Web 文本交流、电子邮件交流、视频交流等技术;整合技术,如内容整合、系统整合、信息接驳、商务整合等技术;营销技术,如网络营销方法、营销效果分析、营销活动策略等相关技术。

1. 旅游目的地营销系统(DMS)的定义

DMS 是目的地城市旅游信息化建设的解决方案之一,它通过一系列的信息通信技术和相应的网络支持服务来实现旅游目的地营销,并在此基础上实现对企业的管理、对客的信息服务、网络营销和预订服务,实现目的地营销业务的综合性管理。虽然 DMS 是一个营销系统,但它与一般企业的营销系统不同,还肩负着对目的地旅游行业的管理,因此在设计 DMS 时就必须考虑行业管理的职能。这就要求 DMS 在具备营销功能的同时,还需要具备关于目的地区域管理与服务的功能,利用 DMS 能更好地实现目的地旅游市场的规范化管理,以提升旅游企业提供的服务质量,提升目的地旅游服务的良好形象,由此形成了 DMS 区别于企业营销系统所具有的功能和特点。

2. 旅游目的地营销系统(DMS)的特征

基于 DMS 的服务职能和管理要求,它应具备以下一些系统特征。

(1)网络资源共享

DMS 可以共享区内各类有形和无形资源,绝大多数中小企业无法承担网络基础设施的高额成本,而 DMS 内的各个企业以租用网络空间的形式共享某些网络基础设施(网络服务器、某些管理及服务软件),可以分摊部分成本。DMS 有助于各中小企业在信息资源和网络营销资源等方面实现共享。如更有效地从整体上把握市场动态信息,更好地了解游客的个性化需求;还能统一进行广告宣传和促销;可以分摊成本,共同树立目的地整体品牌形象,共享品牌资源。

(2)集聚效应

DMS 有类似于零售业在地理空间上的集聚效应。旅游者一般会更青睐那些信息详细完整、信息量大,又集聚了各种特色产品的旅游网站。DMS 上会同时集聚大量的游客和目的地内的旅游企业及相关机构,能提供目的地全方位的旅游信息,还能实现目的地内的个性化定制服务。

(3)动态合作网络

DMS 通过对旅游产品及服务价值链的整合,可以形成目的地内的动态合作网络。这不仅有助于降低系统内各企业之间的交易成本,还有助于区域特色旅游产品及协同服务的形成。DMS 为各方信息交流提供了一个网络平台,它可以将游客、各旅游服务商和相关支撑机构都整合到区域旅游创新过程中,从而形成由旅游机构、旅游媒体、旅游企业、其他相关企业和旅游者共同组成的区域旅游创新网络,他们随时根据业务的需要动态组合在一起。

3. 旅游目的地营销系统(DMS)的功能

DMS 是一个基于营销的旅游地信息系统,其核心功能必然是市场营销,其次是旅游目的地行业之间的信息交流以及面向公众的信息服务,提供目的地全面、及时、准确、权威、实用的旅游信息。具体 DMS 的功能包括以下几方面:

- 旅游信息发布与产品展示;
- 旅游信息播送与整合管理;

- 旅游信息审核；
- 营销内容管理；
- 行业信息汇总与分析；
- 旅游投诉管理；
- 网络预订及订单管理；
- 企业信息管理；
- 目的地机构协同管理。

### 6.3.2 我国旅游目的地营销系统的现状及模式

1. 我国旅游目的地营销系统的现状

我国的 DMS 建设起步比西方发达国家晚，于 2002 年开始推广 DMS，是国家"金旅工程"的主体内容之一，也是我国旅游信息化建设的重要组成部分。系统建设基本定位于各省市旅游局和大型景区，系统服务对象是旅游消费者、旅游企业等。2002 年 10 月，南海 DMS 作为中国 DMS 的第一个国家试点系统通过专家鉴定，2003 年 1 月，国家旅游局联合信息产业部下发了《关于在优秀旅游城市建立并推广使用"旅游目的地营销系统"的通知》，开始在全国 138 个城市推广 DMS。目前，全国 DMS 的中心平台建设已初具规模，粤港澳、大连、三亚、珠海、深圳、厦门、苏州等 10 余个区域或城市的 DMS 已投入运营或正在建设之中，在旅游宣传促销中发挥了重要作用。国家旅游局将根据各地的 DMS 系统，将采用统一的信息标准和规范，实现全国各城市的旅游营销网站相互链接，形成全国性的 DMS，以实现旅游信息的充分共享和交换。

2. 我国旅游目的地营销系统的运营模式

(1)旅游目的地营销系统的结构模式

在系统组织结构方面，DMS 有三种组织结构：一是以国家为中心的组织结构；二是以地区为中心的组织结构；三是地区性的组织结构。我国的DMS 采用的是国家—省—市的多级系统组织结构，由国家旅游局统一指导，分地区建设，实现各级 DMS 的互连互通。在系统的建设经费方面，由各级政府旅游主管部门，即各级旅游局提供系统的开发及运行基金；在系统的管理体制方面，由各级旅游主管部门负责管理；在系统的信息来源方面，信息由地方旅游局负责收集，进入系统后经分类、整理，有序地表现于相应的目的地信息网上，并向上层汇集，有选择地归类于上层信息网站上，最上层的国家级网站表现着经筛选的、最重要的旅游信息，并通过导航和搜索功能，让浏览者方便地获得所需的各级系统中的信息。系统的整体结构模式如表 6-1 所示。

表 6-1　DMS 系统现行结构模式

| 组织结构 | 国家—省—市多级组织结构 |
|---|---|
| 经济结构 | 政府旅游主管部门提供开发及运行基金 |
| 管理体制 | 各级旅游主管部门负责管理 |
| 信息来源 | 地方旅游局负责收集并层层向上汇报 |

（2）旅游目的地营销系统的服务模式

旅游目的地营销系统（DMS）是以计算机软、硬件为基础，实现目的地各种旅游资源、设施与服务的数据和辅助信息输入、存储、更新、查询、检索、分析、预订、应用和显示的综合性信息系统。旅游目的地营销系统对外是目的地宣传服务系统，对内则是目的地管理系统。按照服务对象的不同，服务模式可分为两种：一种是面向游客的信息模式，主要是为游客展示各种旅游目的地信息，方便游客；另一种是面向旅游目的地各管理部门及旅游供应商的管理模式，实现各部门、各行业之间的信息更新、传递。在信息模式上，可以建立旅游目的地触摸式多媒体旅游查询信息系统，装备于各大宾馆、旅行社、主要停车场、旅游景区（点）、长途汽车站和游客信息中心，为国内外游客提供丰富信息。借助该系统，游客可任意查询所需信息，同时为旅游管理部门开展对外宣传、交流等活动提供新型的旅游信息产品。就管理模式而言，可以建立基于网络的旅游管理信息系统，装备于各旅游管理机构和经营单位。其主要任务是对旅游营销所需的信息进行收集、传递、存储、加工和使用，以便旅游决策管理层充分利用现有的信息数据，系统地管理和宏观调控；同时为各行业、部门提供清晰的行业信息和游客信息，以便于及时调整价格及市场战略，从而更高地提高出租率和经济效益。

## 6.3.3　我国旅游目的地营销系统存在的问题与对策

DMS 是信息社会旅游营销及旅游服务模式的新发展，是一个涉及技术、管理、服务三个层面的综合性管理系统。从我国 DMS 的发展来看，技术层面的问题已取得了很大进步，并有成功系统建设的案例，基本已不成为 DMS 推广的障碍因素；但就管理、服务角度来讲，仍然存在着一系列急需解决的问题，如怎样筹集系统开发及运行所需的资金，系统如何满足旅游业各利益相关者的需求，系统由政府部门进行管理还是采用其他管理形式等，这些问题已成为阻碍我国 DMS 推广和应用的主要因素。

213

1. 国内 DMS 存在的主要问题

我国 DMS 目前采用的是一种政府主导型的运作模式,这种模式在一定程度上适应了我国旅游业信息化水平不高的现状,使政府在 DMS 的作用得到了充分发挥。但是,随着目的地旅游企业营销需求的不断变化,这种模式也存在着许多的问题,主要表现在以下几个方面:

第一,政府主导的模式存在着潜在障碍,政府主导既有其积极作用,也有其消极的一面。政府在影响营销发展过程中存在的一些潜在障碍主要包括:缺乏从事可持续旅游的愿望,与企业的目标要求往往存在不一致;政府的规划和规章制度不如私营部门的那么受欢迎;缺乏资源、财力和人力;政府机构的办事效率常常较低,与企业要求存在差异。这些潜在障碍的存在要求引入政府以外的利益主体参与 DMS 的运营,以弥补政府主导的缺陷。

第二,运营模式下的 DMS 在信息提供的速度和内容上存在着问题。DMS 的一个主要目标是为旅游业各利益相关者提供信息和决策支持,因此,它所提供的信息必须及时,以最大化地发挥信息的效用;同时,所提供的信息必须兼顾旅游业各利益相关者,真实反映旅游业作为一个产业的整体信息需求。而目前我国 DMS 的信息采集主要是由地方旅游局负责收集、整理,然后一级一级报送上一级 DMS,在信息的传递速度上比较慢,不及时;在信息内容上,由于信息完全由旅游局采集处理,不能真实反映旅游企业或其他利益相关者的信息需求。

第三,在现行模式下,DMS 在满足系统资金需求上存在问题。DMS 的建设和运行需要大量的人、财、物投入,如果完全依靠政府投入,资金筹集渠道单一,难以满足系统运行对资金的大量需求,而且政府的大量投入会增加财政负担,引发其他问题,因此,系统运行并没有形成政府和企业双赢的局面。

2. 国内 DMS 的发展对策

(1)加强政府与行业间的合作,让行业更多地参与 DMS 的运营

这主要是基于以下两点考虑:第一,成功的目的地营销离不开政府与行业的良好合作。因为目的地营销涉及许多利益相关者,如政府、旅游企业、旅游经营商或中介等,它们之间的关系非常复杂,这使得目的地营销十分困难。只有在政府与行业之间建立良好的合作机制,形成联动,才能使目的地各利益相关者之间的矛盾和冲突得到协调,达到目的地营销的既定效果。第二,加强政府管理部门与旅游企业的合作。DMS 的主要目标之一是向目的地旅游管理部门和行业中的旅游企业提供信息和决策支持,但政府管理部门和旅游企业对信息的需求是不同的,要想真正发挥它的这一功能,就必

须加强这两者间的合作,让企业更多地参与到系统的运营中来。

（2）大胆尝试新的系统运作形式

目前,国内 DMS 的运作形式单一,政府主导的运作模式在一定程度上还带有计划经济体制的烙印,市场经济体制的作用未能充分发挥,应该大胆尝试新的系统运作形式,如由独立实体对 DMS 进行市场化运作等。国外在这方面已取得了不少成就,例如,奥地利提洛省的 DMS 就是由隶属于提洛省旅游委员会的 TIS GmbH 公司负责建设和运营的;苏格兰海兰的 DMS 则由政府、企业和私人共同投资的苏格兰旅游服务公司拥有并经营,当地旅游管理部门作为股东,公司 30％ 的股权为地区旅游局所拥有,30％ 的股权为法人所拥有,余下的为个人所拥有。

（3）系统开发投资主体的多元化

DMS 的开发需要大量的资金,目前国内已建成的 DMS 大都由政府部门提供开发基金,或是作为旅游局预算的一部分,或是作为一个独立项目申请经费,系统开发的投资主体非常单一。而国外 DMS 在开发基金来源方面则显示出多样性,投资主体的范围非常广泛,除政府部门外,还包括电子商务服务商、私营旅游企业、商业性旅游服务公司甚至是私人等。例如,瑞士阿彭策尔 DMS 的开发基金就是由当地的私营旅游企业提供的;英国苏格兰海兰 DMS 则由政府部门、旅游企业和私人共同投资开发。类似这样的投资形式都取得了成功,值得国内借鉴。

（4）开辟更多、更新的收入渠道

DMS 能否及怎样为投资者带来经济收益是一个非常值得关注的问题,从目前国外在这方面的实践来看,DMS 的运行可以为投资者带来经济收益。在收入渠道方面,国外许多 DMS 都是向在旅游目的地营销网站上发布信息并接受预订的旅游企业收取佣金,如奥地利提洛省的 DMS、英属格伦比亚的 DMS 等,都将这种形式作为系统运行的收入来源之一。目前,随着各国实践的不断成熟,另外一些新的收入获得途径被开发出来,如与出版商合作出版旅游书籍,或者提供信息增值服务,如提供移动电话短信息服务、传真知会服务时向旅游企业或旅游者收取费用。在这方面,国内应积极向国外学习,开辟更多、更新、更适合我国国情的 DMS 系统运行收益渠道。

## 6.4　目的地信息化与网络营销

自从互联网技术普及以来,旅游目的地的网络营销开始流行起来。所谓网络营销,就是利用 Web 技术开展市场营销,如涉及 Web 技术的营销有电子邮件营销、病毒营销、客户关系营销、搜索引擎营销、微博营销、一对一营销以及网络广告营销等,它们都属于网络营销。由于网络营销的高效率、大范围以及互动性的效果,被大多数旅游企业广泛使用。本节我们主要介绍旅游目的地网络营销的特点及相关营销方法和策略等内容。

## 6.4.1 旅游目的地网络营销的特点

由于旅游目的地具有一定的区域性,其网络营销不同于旅游企业,需要在整合营销的基础上突出整体概念,借助于网络营销特有的优势,创造竞争优势。因此,在具体操作上,目的地营销系统应突出和强化网络营销,因为网络营销具有以下几个方面的应用特点。

1. 利用互联网能提供多种形式的信息服务

网络营销利用的是互联网,因为互联网具有丰富的信息服务形式。例如网上产品查询、电子布告板、电子邮件、电子刊物等都是可向游客提供整合信息的方式。让游客通过互联网获取一条龙的信息服务,如交通、导游服务、观光门票、用餐和住宿等,有利于建立旅游目的地良好的服务形象。

2. 可促进旅游产品定制营销和个性化

将互联网与旅游线路柔性设计体系、旅游产品柔性制造系统相结合,可促进旅游产品定制营销和个性化。因为旅游目的地可以整合各企业的服务资源,满足一部分人个性化旅游的需求,提供多种形式的个性化旅游服务产品。但是,由于以往的信息交流手段本身的局限性,个性化的旅游不可能成为旅游活动的主流。而互联网的应用,则为个性化旅游提供了先决条件。通过网络营销,旅游企业可以清楚地了解到每一个旅游者的兴趣、爱好和要求,而旅游线路柔性设计体系与旅游纪念品柔性制造系统的完善,则进一步为旅游目的地产品设计、开发不同的旅游线路、不同的旅游纪念品等提供可能。可以预见,通过网络营销和信息技术手段,个性化的旅游将真正成为旅游活动的主流。

3. 旅游目的地可以以最低的成本达到最佳的营销目标

通过整合旅游企业的各种营销信息,并整合多种营销渠道,以及利用互联网广泛的受众面,可使营销效果达到最佳。如旅游目的地可以统一发布网络广告、统一开展网络促销活动、统一定制服务价格策略,并与网络营销服务商等营销渠道开展统一的合作计划等。

4. 通过建立信息门户扩大营销范围

旅游目的地通过建立统一的信息门户,聚集更多的旅游产品与网络营销服务商内容对接,利用互联网具有跨时空性的优势,可为全球范围的潜在旅游者提供全天候的服务,以扩大营销范围。如可以与百度搜索、去哪儿网等合作,可将目的地产品内容的各种信息通过信息门户传递到世界各地,能够有效地传播目的地信息,从而扩大营销的受众范围,获得吸引更多海内外客源的机会。

5. 实现捆绑式全程营销

旅游目的地由于具备完整的旅游产品,可以开展网络化的全程营销。在全程营销过程中,可以与消费者进行即时的信息交流,使旅游者不仅能够选择现有的产品或服务,还可以参与旅游产品的设计,制定自己的行程,从而实现营销与服务的捆绑。这种双向互动的沟通方式,不仅提高了消费者的参与性和主动性,从根本上提高了消费者的满意度和忠诚度,更重要的是使目的地营销主体的营销决策有针对性,有助于旅游目的地实现全程营销的目标。

6. 降低营销成本

旅游目的地整体的网络营销比企业单体开展网络营销成本更低,网络营销的成本主要包括建立网站的费用、信息接驳费用、软硬件费用以及网络运转费用,建立统一的网络营销平台可以节省更多的硬件资源,企业参与得越多,营销成本就越低。旅游目的地可以以最低的营销成本做到营销效益的最大化。

## 6.4.2　旅游目的地网络营销策略

互联网的出现给 DMO 带来了战略性的机遇和挑战。我们看到旅游目的地一个重要的新兴市场——网上市场已经快速出现。在过去的 3~4 年中,旅游目的地信息网站和商务型网站快速发展,不仅站点的访问量在增加,更重要的是交易量和收益都在不断增长。Forrester Research 和 Jupiter Media Metrix 等互联网市场研究公司认为,旅游业将是发展最快的电子商务应用领域。互联网的应用还促进了近几年来自助旅游和特种旅游的发展,这给旅游目的地带来了发展机遇,也是 DMO 应该重视的旅游发展方向。

在进行网络营销之前,DMO 应对各种旅游媒体的特性及其受众属性有所了解。互联网是一种新媒体,与传统媒体相比有明显的优势,如信息发布面广和交易的低成本,利用电子邮件传递消息具有直接、廉价、快速的优点。要注意的是,旅游目的地须将网络营销与其他传统营销方式结合使用,并实现不同营销方式之间的互动。例如,在发放的宣传手册上介绍目的地旅游网站;旅游目的地信息系统支持电话呼叫中心等。DMO 确定目标市场后,应分析互联网是否可以作为影响这些区域市场或细分市场的有效媒体。在此,可参照客源市场地区的互联网用户调查。总之,网络营销活动与其他营销活动一样,都需要以细致的调查分析和效果评估为基础。下面我们介绍旅游目的地网络营销的三种策略:旅游目的地网站推广、直接面向旅游者的网络营销和如何面向旅游中间商。

1. 旅游目的地门户网站推广

在全球主要旅游客源市场中,互联网已成为旅游者设计旅游线路的主要信息来源。因此,DMO 应加大在线营销力度。对 DMO 建立的商务网站,首要的工作是吸引旅游者个人和同业旅游企业的访问,并形成信息互动的商务平台。商务网站访问者的数量取决于旅游目的地品牌形象的吸引力、网站推广的力量投入和实施技巧。

旅游目的地的网络营销关键是门户网站推广,扩大网站的受众面。使旅游目的地网站提高知名度和访问量的主要策略包括:与其他网站(电子商务合作伙伴)建立合作关系,交换链接、投放有偿广告或加入搜索引擎;在每一种旅游目的地的宣传资料和印刷品上都印上网站网址;通过网上和网下的各种宣传方式提高目的地旅游网站知名度;增加网上的信息量和商务处理能力;提供增值服务,让旅游者访问后有所收益。

与电子商务合作伙伴(传媒公司、电信公司、网络服务提供商、相关网站等)建立合作关系将为目的地旅游网带来大量的访问者。应挑选在主要国内客源市场地区相当活跃并富有成效的电子商务合作伙伴。

为了吸引国际旅游者,有必要与国外目标市场或全球性的旅游分销商、著名旅游网站建立伙伴关系。但是迄今为止,我国大多数的 DMO 还没有开展这项工作,也许它们还没有认识到这一机遇,或者建立合作关系有高难度或需要高成本。也有一些国际旅游组织网站建设成门户网站,提供目的地网站的导航,但这些旅游组织网站相对来说缺乏商务经验,没有有效地开展目的地市场宣传以获得最好的推广效果(主要是信息不完整)。另外,一些国际知名的搜索引擎,如 Google、Alta Vista 可以免费登录,对推广旅游网站效果较好。

2. 直接面向旅游者的网络营销策略

直接面向旅游者的网络营销有很多方法,需要一定的营销策略。

(1)电子邮件促销

从数据库或预订记录中挑选出适当的消费者,通过消费者的许可,向它们发送特定内容的电子邮件,可以达到一定的促销效果。例如优惠旅游产品信息、企业促销活动信息、旅游目的地的每月简讯等。电子邮件可以包含全部促销信息内容,也可以提供链接地址,让接收者点击地址去查看旅游目的地的相关促销信息或网页。

有许多客户关系管理软件可用于营销或促销。应用这些系统,管理者可以输入一定的知识规则,检索出符合特征要求的旅游者,作为电子邮件营销的对象。在这里,电子邮件相当于传统营销中的纸介媒体或电波媒体一样,是一种向用户传递信息的媒介。而它的优势在于其信息传递速度和反馈周期大大短于传统广告或直接邮寄,而且可以实现一对一的营销。如果发送邮件的对象众多,可采用电子邮件列表(Mail-List)服务软件是十分必要的。客户关系管理系统一般比较昂贵,因此,当业务量有限时可以请专业公司代理这些工作。

(2)网上俱乐部和微博

许多目的地网站向访问者提供参加专业俱乐部机会,免费注册成为俱乐部成员可享受增值服务,但需要向 DMO 提供用于客户关系管理的个人详细资料。俱乐部成员之间可以通过微博的形式互动和交流信息,并提供增值服务,包括提前告知旅游优惠信息、定期发送最新新闻和快捷预订服务等。

(3)提供个性化主页

有些目的地网站可以根据访问者的需求,为他们设置个性化的主页(customized home page),用户登录网址就可以看到为他们个人设置的网页;网页通常在上方有一个简单的问候语,如"欢迎你,约翰";网页呈现的信息栏目是用户最感兴趣的栏目。这通常需要用户回答关于自己的兴趣、喜好及计划等大量问题。这些信息被用于筛选资料以确保在今后有关特别兴趣的内容中以醒目的方式展示出来。

(4)发送贺卡的活动

许多网站向用户提供从站点发送电子贺卡给亲友的机会。用户可选择喜爱的明信片(贺卡上通常是目的地的迷人风景),在"发送方"栏填上自己的姓名和电子邮件地址,在"接收方"填上亲朋好友的姓名和电子邮件地址并附上短信息。贺卡可以两种方式发送:或者是通过电子邮件发送贺卡本身,其中附带目的地网站的链接;或者发一个通知让用户登录网站自己去收取贺卡。

电子贺卡是推广目的地网站的有效方法,它为网站带来了更多的访问者,用户的亲朋好友的电子邮件地址也可以进入旅游目的地网站的客户数据库,成为接收目的地信息的对象。当然,这引发了个人资料保护的问题。笔者的建议是在消费者许可的情况下开展这种活动。

（5）旅游见闻和评论

由于旅游是个人经历,因此让旅游者写关于他们旅程的短文并在网站上发表让其他人阅读,或者让他们将近期的旅游图片上传到网站是十分有趣的。这些发表游记和评论的游客是旅游目的地的宣传使者。当然,其前提是旅游者的旅游经历是愉快的。但情况并不总是这样,因此网站编辑须对旅游者提供的内容进行适当的筛选和修改。

（6）电子论坛和聊天室

旅游目的地网站可以开辟电子论坛(采用的技术是"电子公告牌",Bulletin Board)或聊天室,提供用户之间相互聊天或就一些专题进行讨论的场所。网站运营者可以提出一些讨论主题促进用户参与,使板块充满生气。想加入论坛或聊天室的用户要求注册,这是获取用户个人信息的另一个机会。

（7）意见征求表

有些旅游目的地网站通过意见征求表来收集旅游者对旅游经历或对网站本身的意见反馈。设计反馈表格是很重要的,应尽量使采集的信息少而有效,网站还应向填写表格的用户致谢或给予适当的答复。一些简单的调查表可以"自动弹出窗口"的形式出现(当访问网站的特定页面时调查表窗口会自动弹出)。也可让用户在注册或注销时回答一些问题。所有的信息须存入用户数据库。

（8）通过咨询和销售数据的获取

许多旅游者通过电话问讯或直接到问讯处获取旅游目的地信息,这也是获取旅游者资料的机会。应对索要宣传资料或进行预订的旅游者进行登记,并输入电脑识别出他们是否已经在客户数据库内。如果还不是,就可以创建新的消费者记录,并在他们回家后跟进电子邮件营销工作。

（9）呼叫按钮

一些目的地网站上设有"呼叫"按钮,用户可点击这个按钮,请 DMO 电话呼叫中心给他回电话。用户可设定希望接到回电的时间,如现在,或在十分钟之内,并选择交流语言。这一功能和"文本方式聊天"功能都能帮助用户与旅游目的地进行"人对人"的交流。但前提是 DMO 有能力提供令人满意的服务,如果因操作员过于繁忙而让用户等待太久就不太合适。

（10）问题竞答和拍卖

鼓励用户参加网站的问题竞答是收集用户个人资料、兴趣爱好的另一个好方法,并能增加用户在网站的停留时间和登录次数。另外,在线拍卖旅游产品可让旅游者得到优惠,使网站增加交易流量,并获得更多的消费者资料。虽然旅游目的地的网络营销主要是面向"终端用户",即旅游者,但它同样适用于与旅游中间商、当地旅游服务企业以及相关机构之间的交流。

以上种种策略方式都可达到直接向旅游者营销的目的。

3. 如何面对旅游中间商

DMO 可以以直接且相对低成本的方式与数量众多的旅游者进行交流,也可以与旅游中间商进行交流。现在,旅游中间商开始喜欢通过互联网,而不是宣传手册和旅游指南来获得关于目的地的资料。为此,一些旅游目的地网站专门开辟了服务于旅游中间商的栏目,提供图片下载、可编辑和打印的旅游宣传册下载、旅游活动预告列表等资料,同时可以处理相关的旅游业务,这将更方便与旅游中间商的协作。

旅游目的地和当地的旅游企业希望直接吸引旅游市场,因为这样能获利更多。但在旅游市场上,通常已经有一些"市场主导者":它们是一些已经建立了优势品牌的大型旅游中间商,拥有庞大的忠诚顾客群。这些市场主导者也在花费大量资金建立具有吸引力的网站,发展网上品牌。在这样的环境下,DMO 是否应该去直接参与竞争,如果参与,他们能吸引市场注意力吗? 或者是否应该寻求与这些市场主导者进行合作呢?

另一个问题是,在开始时,DMO 是具有优势的,因为许多旅游者都在积极地寻找目的地信息。而后来通过搜索引擎,就难以将 DMO 的官方站点与提供旅游信息的其他站点(如旅游企业站点、商业网站等,通常很多)区分开来。

所以,未来互联网旅游市场的本质是竞争和共生。旅游目的地营销机构的网站并不是旅游目的地唯一的信息源,但它仍然可以成为最权威的信息发布者,提供全面、深度的信息内容。在网站展示的旅游产品上,可偏重经营中小旅游企业的产品,强调信息的实时性和特色服务,给予旅游者价廉、本土化的印象,从而与旅游中间商提供的产品形成差别。

## 6.4.3　目的地网络营销对象及方法

旅游目的地网络营销是应用互联网技术,结合数据库、多媒体、信息接驳等技术手段进行旅游目的地宣传促销。它把一个目的地的宣传资料加以全面整合,然后通过各种各样的方式组合,利用电子分销和网络营销的渠道,用网络化的方式体现出来[①]。它继承了旅游目的地营销系统的基本特点

---

① 朱迎波:《基于网络的旅游目的地营销系统》,中科院地理所博士学位论文,2005 年。

和优势，采用了自媒体营销和新媒体营销相结合的方式，使营销模式又有了新发展，其新发展在于网络营销能有效弥补传统营销方式的不足。

1.目的地网络营销的对象

旅游目的地网络营销可以全面、准确、及时地反映目的地的海量信息，是现代旅游最重要的营销方式。目前，旅游目的地网络营销已经成为国际先进旅游目的地最普遍的方式，在英国、苏黎世、新加坡、芬兰等十多个发达国家和地区有较为成熟的应用，对旅游业的繁荣与发展起到积极作用。对于旅游目的地来说，网络营销的对象不仅仅是企业，它主要有以下几个方面。

（1）面向政府

旅游政府也需要通过网络营销来提升目的地的旅游竞争力，为政府提供了新的沟通渠道，也为招商引资提供了新的媒体渠道。如一些旅游城市，往往通过网络营销的宣传，开展招商引资、项目的招标建设。同时，政府需要通过网络宣传目的地的旅游资源，期望吸引更多的游客，创造更多的旅游经济效益。

（2）面向企业

目的地网络营销也为企业提供完善的信息交流和产品交易机会，旅游企业往往是网络营销积极的参与者，希望通过网络营销吸引更多的消费客户。旅游企业在搜索引擎营销、微博营销、电子邮件营销、网络旗帜广告等方面是积极的参与者，因为这些营销费用低廉，且效果明显。

（3）面向媒体

旅游目的地网络营销系统为媒体了解和传播旅游目的地信息、旅游企业产品和政府文件等提供了方便、快捷的渠道，而且可以与媒体产生互动。因此，网络媒体和非网络媒体往往也需要通过网络营销来获取更多的旅游信息。

（4）其他

旅游目的地网络营销对一些旅游服务机构也是一种获取信息重要方式，如旅游咨询服务中心、游客服务中心、自驾车游服务中心等。通过网络营销可以收集旅游信息的核心数据库，保证旅游信息的最佳质量和完整性，并以此支持旅游服务机构的有效宣传，实现与传统营销方式的互补，从而促进旅游目的地的品牌传播和扩展。

2.目的地网络营销的方法

基于互联网的网络营销方式，对旅游企业与旅游者之间的信息沟通产生了极为深刻的影响，更为重要的是，它还使信息的意义进一步突显出来，即信息已真正成为旅游企业最宝贵的一项资源。企业只有拥有绝对的信息优势，并致力于架设供应商、中介服务组织、旅游者以及政府之间高效沟通的信息桥梁，才有可能迅速捕捉所有潜在的商机，改善旅游企业的经营环境，寻找实现企业目标的最佳路径。通常，目的地网络营销可以采用以下几种途径和方法。

(1)建立旅游目的地信息传播网络

根据旅游信息服务导向机制，有效地向旅游者传达旅游目的地的相关信息，可以引导旅游者做出有利于旅游目的地企业的决策。如通过建立微博群、微博信息传播机制或微信传播机制，可以有效地实现信息传播，对于关系客户群体，可以利用电子邮件的方法实现信息传播。旅游目的地的信息是多方面的，包括旅游目的地的基本信息、旅游资源信息、公共旅游设施信息、旅游企业信息以及旅游业的行业信息及政策法规等。由政府统筹建设的旅游目的地信息系统，可以视为旅游目的地信息传播网络的"基础设施"。网络营销系统的第一个功能必须要整合信息传播网络，使它能够成为服务于旅游目的地信息收集、存储、加工、传递、应用的人—机系统，其主要任务是展示和宣传目的地鲜明清晰的总体形象，然后在总体目的地形象之下逐层展示旅游城市、旅游景区景点、旅游企业、旅游产品和服务。

(2)提供网络虚拟体验，用视频信息开展营销

视频展示功能指的是利用网络技术手段对旅游目的地的产品，文化故事以及服务特色进行虚拟化演示，或通过微电影的方式在网上展示。目的是让旅游者在网络上了解目的地或虚拟体验，这种方式能高效达到推广旅游目的地产品的目标。如绍兴旅游集团公司2011年在国内第一个利用微电影在网上宣传绍兴的旅游文化故事，达到了惊人的效果，景区出现了从没有过的人满为患。由于旅游产品与服务大部分是无形的，如何让旅游者在决策时感知其质量与功能，成为旅游目的地网络营销的重要任务。网上提供虚拟体验，向旅游者虚拟展示旅游目的地的产品与服务，是影响旅游者决策的很好途径。不仅能增强旅游目的地及其产品和服务的吸引力，而且可以快速扩大旅游目的地知名度。

(3)建立CRM向旅游者提供专业化信息服务

互联网可为旅游者提供了大量的共享旅游信息，如何提供高质量的专业化信息，为旅游者决策提供便利，是旅游目的地网络营销中最头痛的问题。要提高网络营销的效益，目的地机构应建立关系客户管理(CRM)的营销机制，利用CRM为旅游者提供专业化的定制信息服务，开展基于CRM的关系营销。这种专业化的信息服务很适合目前的个性化旅游，而且定制专

业化信息能有效提高服务质量,提升客户的满意度,也能促进电子商务交易。

(4)建立旅游者数据库,形成信息播送机制

网络营销的竞争是旅游者资源的竞争。虽然与其他行业相比,旅游目的地保持老顾客相对来说比较困难,因为任何旅游目的地在任一年内所接待的回头客在其接待旅游者总量中只占少数,但建立客户数据库,通过信息播送可以有效提高回头客,激发旅游者的重游欲望。这里信息的播送机制很重要,让游客如何知道你的最新产品信息。现在信息通过电子邮件、微博、微信、网站都可以发布,但这些载体相互之间并没有形成信息播送机制,游客或客户可能很难知道你的信息。所以,目的地机构通过现在的移动互联网,有效建立信息播送机制,能进一步提高网络营销的效率和效益,而且可以与旅游者保持"一对一"的相互交流,从而为不同的旅游者定制不同的营销信息,满足其个人兴趣。

# 6.5 目的地旅游门户网站建设

旅游目的地门户网站是目的地机构对外的窗口,它兼任营销和商务的双重任务。门户网站的定位往往把企业营销系统和企业的部分商务整合放在重要的位置,并提供有效的旅游企业网络营销解决方案和接口,旅游企业可以通过这个接口实现自身系统与目的地门户网站的对接,为中小企业的营销提供服务。

## 6.5.1 门户网站建设的目标和条件

### 1.门户网站建设的目标

总体来说,旅游目的地门户网站建设的总体目标是通过目的地门户网站,提高目的地旅游辐射面及影响率,增加目的地在区域旅游中的竞争力,塑造目的地旅游品牌,吸引国内外的旅游消费者。具体来说有以下三个方面的目标。

(1)目的地旅游信息的宝库

以目的地的视角对目的地地理范围内的所有旅游信息进行整合,方便用户查找相关信息,同时使目的地营销更为直观、全面、立体,制造旅游热点吸引潜在游客,使门户网站成为游客心目中的旅游知识库和咨询宝典;

(2)目的地旅游品牌传播的窗口

门户网站可为旅游管理部门提供了解外部需求和游客需求窗口,也为

企业了解市场需求提供服务。使目的地门户网站成为游客投诉的窗口、企业与政府对接的窗口、营销和服务的窗口，以及游客获取服务的窗口，利用网站的服务功能不断改进目的地的旅游服务，从而形成受游客欢迎的旅游品牌。

（3）目的地旅游业务的交换窗口

目的地机构应利用网站窗口的便利性，为旅游企业提供业务数据的交换。如饭店企业、旅行社、景区每月的经营报表上报，可以利用网站提供上报接口，企业根据自己的经营情况自觉上报，从而形成自动统计系统，为数据分析和行业指导提供了原材料。

2.门户网站建设的条件

旅游目的地门户网站通常聚集了该目的地的吃、住、行、游、购、娱等众多内容，是通过网络进入某个旅游目的地的大门。一般来讲，旅游目的地的吸引物、大小、范围等在一定程度上决定了网站的规模和复杂程度。旅游目的地的区域范围越大，级别越高，网站就越复杂，建设的难度就越大。在开发建设时，需要具备一定的条件，否则收不到预期的效果。具体建设条件要求如下。

（1）技术和人才

首先，网站的建设需要有专业的技术人员进行网页设计、程序设计与调试，网站开发技术是一个高水平网站建设的必要条件。其次，网站建成后，仍需要相关技术人员来对网站进行维护和管理，这也需要相关的维护技术人员来完成。目前网站的维护人才缺乏，如网站营销、信息接驳、微博整合、文字编辑、热点创意等都缺乏高素质人才，这些人才是门户网站有效运行的基础。

（2）思想认识与理念

首先，目的地机构管理层应对网站建设有统一的认识，建设的目标要一致，因为网站需要与各部门的信息需求配合。第二，网站建成后的运行需要一定的费用维护，而且随着网站业务量的增加，要逐年递增，否则网站运行的效果无法保障。第三，要有专人负责，不能兼管，不专职是管理不好网站的运行的。如数据库的运维、内容的运维、商务的运维、安全方面等都需要专人负责。

（3）组织与管理

目的地门户网站的开发建设过程本身就是一个组织与管理的过程。主要包括对人和对信息两方面的组织与管理。目的地旅游门户网站涉及多方面的人员，如业务人员、管理人员、技术人员等。一个省市级旅游目的地还涉及大量的旅游相关公司,网站建设过程中,需要与以上相关公司进行有效沟通,因此,网站建设过程中,需要有效的组织和科学的管理,为顺利建设好门户网站做好保障。此外,信息方面,涉及吃住行游购娱等,同样需要不同的人去开展信息的组织,这是顺利完成门户网站开发的必要条件。否则,建成的网站将是一堆无序、杂乱的垃圾。

### 6.5.2 旅游目的地门户网站建设的步骤

旅游目的地门户网站是一个综合性较强的网站,强调的是门户、窗口等概念,是旅游目的地的形象工程,又是旅游目的地的营销工程。依据软件工程和商务工程的原理,其网站建设需要经过前期的准备、调研、设计与构建等阶段。

1. 准备阶段

旅游目的地门户网站的建设需要投入大量的人力、财力、物力等,人力准备包括网站开发人员和旅游业相关技术人员;物力和财力包括门户网站所需要的设备和资金;确定网站运行的方式(托管、专线运行、还是独立运行)。其他方面包括需要进行相关的培训,如内容维护培训、技术维护培训以及商务处理方面的培训等。同时还要做好业务流程整合的准备,让各部门提出网络业务需求意见。

2. 调研阶段

旅游目的地门户网站的前期调研,是指对旅游目的地的旅游发展情况进行摸底,对旅游网站的应用环境进行分析,为下一阶段的旅游门户网站建设或改进做准备。通常根据不同的情况,可采取不同的调研方式,包括焦点小组访谈、深入访谈、电话访问、问卷调查、文献研究等。在前期调研方面从两个角度进行,一是对目的地旅游业进行较为详细的调查,从而掌握目的地门户网站建设的环境,为下一阶段的系统分析和建成后信息的获取提供来源;二是对游客需求调查,对游客的习惯、旅游兴趣、热点趋向等进行调研,使门户网站可设计出有效的业务流程和信息组合,提供适合游客需求的界面和操作流程。

3. 设计与建设阶段

在前期准备的基础上,通过调研了解目的地旅游资源情况,针对旅游者的需求和热点、商务流程的特点等,开始进入网站的设计建设阶段。这个阶段关键是功能结构设计、商务流程设计、内容设计、数据库设计以及美工设计等。在网站功能结构方面,目的地门户网站一般要求设置目的地形象展示功能、信息整合功能、查询与预订功能、互动交流功能、救援与投诉功能等。网页主题及外观等方面,包括配色方案、字体选择、装饰效果、菜单样式、导航栏等要与网站主题相符合。最后,根据所选网站开发方式,创建网站系统,制作网页,不断调试网站,并根据测试结果修改、完善《网站设计方案》和《网站使用指南》。

后面网站就进入发布和运行维护阶段了,这时可能会不断地改版和完善。

## 6.5.3　旅游目的地门户网站的运营管理

一个门户网站建成之后将进入运行维护阶段,网站需要经常性的维护和更新。网站要吸引游客,需要不断地积累信息,争取提供更多的产品和服务,并保持信息的实时性和准确性。旅游目的地门户网站还需要营销推广,与相关合作伙伴做超链接,争取更多的受众面,这也是运营维护的重点工作内容。通常,门户网站的运营维护工作主要由旅游局的信息中心负责,其核心运营维护内容包括日常维护管理、网络客户服务、营销推广三部分。

1. 日常维护管理

日常维护管理工作可以分为旅游信息系统硬件和软件维护、网站日常信息的更新维护以及访问统计分析等工作。对于具有商务交易功能的门户网站,其维护工作量更大,需要产品的维护、订单管理等运维工作。为保证网站维护工作的顺利进行,大型的门户网站应坚持定人、定岗、定部门原则,定时、定期维护原则实行标准的维护流程,具体内容见表 6-2。

表 6-2　旅游目的地门户网站维护管理

| 原　则 | 具体内容 |
| --- | --- |
| 定人、定岗、定部门原则 | 网站维护需定人、定岗、定部门,根据维护内容的不同,设定专人、专门部门管理维护,各岗位严格遵守维护流程,做到内容谁维护、谁负责。 |
| 定时、定期维护原则 | 网站维护人员需对网站的数据、内容进行定时、定期维护,做好更新、备份工作,使网站数据保持可用性、时效性和准确性。 |
| 管理员唯一原则 | 为了保证网站的数据安全、避免管理混乱,网站必须有唯一的系统安全管理员。 |
| 标准的维护流程原则 | 网站的信息维护,必须遵守标准的维护流程,信息的变更、维护不得随意操作,做到有案可查。 |

(1)系统硬件和程序的维护

为保证系统良好地运行,工作人员需要对网站系统的硬件进行定期的检查和硬件维修,包括对网站链接、外观、速度、脚本和程序等的维护。此外,由于网站对外开放,可能受到来自外界的安全威胁,网站的管理人员应该不断寻找系统硬件和程序中的薄弱环节和安全漏洞,及时进行修复,保证网站正常运行。

（2）系统日常信息更新与维护

旅游目的地门户网站是建立在大量数据基础上的,网站要想获得持久吸引力,必须有及时、准确的数据库作保障。同时,旅游目的地门户网站涉及酒店、旅行社、景区、娱乐场所、旅游咨询服务中心等多种用户,很多信息需要这些用户自身进行上传和更新,运维部门需要做相关的内容审核。

2. 网络客户服务

旅游目的地门户网站是一个动态交互的网站,一般具有在线留言、论坛、投票调查或其他在线或线下沟通功能,浏览者可以通过各种方式提出自己的问题,这就需要网络客户互动服务。网络客户互动服务可通过电话、邮件、网络或其他及时沟通工具等服务方式为用户提供信息查询、搜索、预订等相关咨询服务,网络客户互动服务一方面使用户在最短时间内获得满意的答复,另一方面对用户的各种反馈信息要做出及时而正确的处理。从而提升客户对目的地旅游的感知。

3. 营销推广

门户网站可用各种营销手段和方法进行推广,包括搜索引擎、电子邮件、网络广告、中文类网址、文字链接、传统媒体等,目的是扩大门户网站的知名度和影响力,将浏览者转化为潜在客户,尤其对目标客源地的推广。

（1）搜索引擎推广

通过具有在线检索信息功能的网络工具进行网站推广,应用这种方法,首先需要做出符合搜索引擎收录标准的网页,如:设置网页标题、标签、分类目录等;然后选择较高价值的搜索引擎,如:百度、谷歌等,也可以选择为人熟知的行业专业搜索引擎或垂直搜索引擎,旅游目的地门户网站可以选择垂直搜索引擎服务商做推广。

（2）电子邮件营销

电子邮件是以发送电子邮件方式进行网络营销,可以分为许可电子邮件营销和未许可电子邮件营销两种方式。许可电子邮件营销具有高效低廉等优势,一般采取主动的方式;未许可电子邮件营销通常采用被动的方式。但电子邮件营销也要注意多方面的因素,首先,邮件的设计要充分考虑它的新颖性、可读性、趣味性、知识性;其次,电子邮件应该符合人们的阅读习惯;最后,邮件发送还要依赖于正确、有效、信赖的邮件地址。

（3）信息发布推广

信息发布推广，即将本网站的信息发布在其他相关网站上，潜在的用户通过登录其他网站发现本网站的相关信息，起到信息推广的作用，类似于病毒式的营销，适合于发布此种信息的网站一般有博客网站、供求信息平台、行业网站、BBS等。旅游目的地门户网站可以选择有较大影响力的旅游行业网站或博客，如：携程旅行网、新浪网等旅游达人的博客。

## 【本章小结】

本章对旅游目的地信息化管理进行了系统性介绍，第一节重点介绍对旅游目的地信息化概念，包括旅游目的地概念、旅游目的地信息化概念和旅游目的地信息化管理概念；第二节对旅游目的地信息系统（DIS）进行介绍，包括旅游目的地信息系统的发展现状、应用类型和发展展望；第三节对旅游目的地营销系统（DMS）进行介绍，包括旅游目的地营销系统的定义、功能、现状、模式、现状和对策；第四节对旅游目的地信息化与网络营销进行介绍，包括旅游目的地网络营销的特点、策略和方法途径；第五节对旅游目的地门户网站建设进行介绍，包括旅游目的地门户网站建设的目标和条件、步骤和发布后的运维管理。

## 【关键概念】

| | | |
|---|---|---|
| 旅游目的地 | 旅游目的地信息化 | 旅游目的地信息系统 |
| 地理信息系统 | 办公自动化系统 | 旅游目的地网络营销系统 |
| 虚拟现实技术 | 旅游目的地营销系统 | 旅游目的地门户网站 |
| 搜索引擎推广 | 电子邮件营销 | 微博营销 |

## 【复习与思考题】

1. 什么是旅游目的地？有哪些旅游目的地的类型？

2. 简述旅游目的地市场的特征。

3. 简述我国旅游目的地信息化建设的现状。

4. 结合实例，谈谈我国各地旅游目的地信息化建设的方法有哪些？各有什么好处？

5. 结合实例，谈谈当前旅游目的地信息化建设存在的主要问题有哪些，有什么对策建议？

6. 谈谈旅游目的地信息化管理的作用有哪些。

7. 结合实例，谈谈旅游目的地信息化管理的具体范围及内容。

8. 简述旅游目的地信息系统的发展现状,有哪些应用类型?

9. 结合实例分析旅游目的地信息系统应用存在的主要问题。思考一下有哪些好的对策建议。

10. 试论述旅游目的地信息系统建设主体应该是哪一方。

11. 试分析旅游目的地信息系统未来发展的方向。

12. 什么是目的地营销新系统?简述旅游目的地营销系统的特征和功能。

13. 简述旅游目的地营销系统的现状及模式。

14. 结合实例,谈谈我国旅游目的地营销系统存在的问题有哪些。有什么好的对策建议?

15. 简述旅游目的地网络营销有哪些方法和特点。

16. 结合实例,谈谈旅游目的地网络营销有哪些策略。目前有哪些合作伙伴?

17. 简述旅游目的地网络营销的特点及对象。

18. 简述旅游目的地网络营销开展的步骤和方式。

19. 简述旅游目的地门户网站建设的目标和定位。

20. 简述旅游目的地门户网站建设的条件。

21. 简述旅游目的地门户网站建设的基本步骤。

22. 简述旅游目的地门户网站后期的运营策略。

23. 作为一个旅游目的地,应如何利用信息通信技术开展信息化建设和网络营销?可用具体案例进行论述。

## 【课后案例】

### 打造智慧黄山旅游网

运用信息化手段,促进产业转型,建设智慧城市是黄山市"十二五规划"的一项重要内容。"智慧黄山"的主要特征是"城市网络化、政府智能化、产业数字化",将紧紧围绕黄山市加快建设"现代国际旅游城市"的宏伟目标,全面加快推进提升城市信息运用能力、智慧化政府、产业信息化、旅游信息化和数字化生活的建设。

**一、智慧黄山旅游网的产生和愿景**

IBM 首席执行官彭明盛首次提出"智慧地球"的概念,也称为"智能地球",就是把感应器嵌入和装备到电网、铁路、桥梁、隧道、公路、建筑、供水系统、大坝、油气管道等各种物体中,并且被普遍连接,形成所谓的"物联网",然后将"物联网"与现有的互联网整合起来,实现人类社会与物理系统的整合。

　　黄山市委、市政府在广泛吸收各方面意见的条件下,提出"智慧黄山"的概念,以此来统驭全市的信息化工作朝着更多、更高、更广、更深的方向迈进。为加速推进智慧黄山建设进程,2010年11月3日,市委王福宏书记亲自主持召开了"智慧黄山"推进工作专题会,并做出五点重要指示:"一是必须坚定信心,统一思想。从实际出发,进行强有力、大踏步、大跨越、超常规的发展。一定要树立紧迫感、责任感、自豪感和荣誉感。二是成立由市委、市政府、管委会领导及相关部门负责人参与的领导小组。以现有的途马网为基础,前期由政府全力支持,后期依靠市场运作,把途马网建成黄山智慧旅游网。通过网络等手段展示黄山旅游的品质、品味、档次和特色,从传统的管理过渡到现代化信息化管理,将景区的途马壮大为全市乃至全国的途马。三是智慧黄山的项目要尽快开展,全面铺开。涵盖吃住行游购娱等各个方面,优先考虑在景区的景点和酒店、餐饮开展智慧服务试点。四是近期要重点考虑呼叫中心、信息服务中心、游人展示中心和结算中心的建设,并完善旅行社在线业务系统,搭建具有一定规模运营的呼叫中心。五是黄山风景区要将把途马做大做强作为旅游经济增长点和闪光点来抓,高起点,大手笔规划,要考虑做行业中最大、最好的。"

　　全球化的开放发展、智能化的知识发展、跨越式的转型发展、内涵式的创新发展、生态化的低碳式发展,这是"智慧黄山"旅游网追求的目标。智慧黄山旅游网已经开始并将深入向高端、高质、高效方向发展,将加速旅游产业转型升级,跳出传统旅游发展模式,构建以信息化为战略支撑的特色现代化旅游服务产业体系,推进大黄山乃至安徽省旅游综合开发提升,把旅游产业实力做强、做优,让地域旅游发展更加充分,打造为安徽乃至华东地区最强竞争力的旅游目的地。

**二、智慧黄山综合门户网的建设主体**

　　市委市政府办公会上明确了分管副书记、副市长、黄山风景区主要领导任组长、副组长;黄山风景区管委会、黄山市旅委、黄山市相关职能部门给予大力支持配合;黄山市旅委负责督导;黄山途马作为主要建设载体。途马旅游电子商务有限责任公司成立于2005年9月,是由黄山旅游发展股份有限公司投资成立的专业化旅游信息公司。公司拥有员工39人,大专以上学历员工34人,占91.9%;其中博士研究生1人,硕士研究生2人,本科生14人,大专生17人,中专生1人。途马旅游电子商务网站由中文网、英语网、日语网、韩语网四个站点组成,定位为黄山风景区官方网站。

　　目前,途马日均访问量近1.2万人次,在百度、谷歌等各大搜索引擎中均排名前列。2006年黄山旅游电子交易平台获黄山市科学技术三等奖,2006－2007连续两年跻身"中国十大优秀景区网站"排行榜,2009年获"优秀目的地景区网站"殊荣,近期又喜获"2010优秀旅游景区网站"及"2010优秀旅游目的地网站"双项大奖。2010年9月,按照市委市政府规划,全市"智慧黄山"精品旅游信息化项目以途马网站为基础,以途马公司为运营载体,进行组织架构和功能拓展。

**三、智慧黄山旅游网的建设目标**

到2012年,建成国内最先进、最完善,国际一流水平的数字化精品旅游体验和全过程服务平台,实现游客随时随地可获取全过程、个性化的精品服务,增强游客的感受,并通过宽带移动网络实现任何地点任何人可以共享游客的旅游感受,形成在国际旅游市场上知名度较高、竞争力较强的皖南文化特色的黄山市精品旅游产品线,精品旅游成为旅游产业新的增长点,全面提升黄山旅游文化形象,使黄山成为富有个性魅力的国际旅游城市,成为国际游客入境首选的目的地之一,为黄山市实现年接待游客总量、旅游总收入、旅游创汇的发展目标提供强有力支撑。

智慧黄山旅游网分两个发展阶段,第一阶段2010－2012年为快速发展阶段,主要任务是完成建设精品旅游、电子商务、电子政务、网络和信息安全基础设施等重大项目,全面推进企业信息化、社会信息化,初步构建"智慧黄山"应用体系和支撑环境。

第二阶段2013－2015年为全面提升阶段,主要任务是全面提升网络智慧服务和智慧管理功能,使门户网站成为游客的智慧窗口,成为发展"智慧城市"的重要内容。

**四、智慧黄山旅游网的建设内容**

智慧黄山旅游网的指导思想是"服务政府决策、服务广大游客、服务广大市民"。五大工程包括"数字化精品旅游推进工程、国际化旅游综合信息服务平台建设工程、黄山旅游综合服务系统建设完善工程、黄山旅游目的地营销系统建设完善工程、旅游综合管理信息系统完善工程"。

金字塔支撑:以一个平台(开放式平台)为顶,两个中心(数据中心,知识中心)为腰,若干子应用系统构成底座。具体内容如下:

智慧黄山综合门户网:主要包括网站改版、Wap站点和平台升级工程(硬件和网络),景区360°虚拟实境:主要包括黄山市内景区360°虚拟形象展示工程;旅游呼叫中心:主要包括市内含吃住行游购娱为一体的呼叫中心系统工程;LED展示及平面媒体:主要包括市内景区户外信息发布系统;网上商城:包括市内网上特色商品超市工程;网络建设升级:主要包括智慧黄山旅游电子商务网到各景区景点、酒店的网络布线工程(互联网、移动网等);景区票务销售整合:主要包括市内景区上线工程;酒店在线系统:主要包括市内星级及酒店上线工程;旅游产品全球分销系统:主要包括多语种支持系统、线下旅行社加盟;交易(结算)中心:主要包括网上结算中心工程。

智慧黄山旅游网,域名用的是原来黄山风景区注册的 www.hstd.com,主要汇聚资讯、商务、政务、生活等方面的频道。

综合门户资讯网:外界通过这个门户网来了解黄山,它将涵盖所有的旅游要素信息,通过"吃、住、行、游、购、娱"全方位、立体式的网络营,整合整个黄山市的旅游资源,借用先进网络媒进行全域黄山的宣传,利用高科技实现图片特技,实时高清视频,360°全景展示黄山美景,建立黄山旅游产业数据中心、游客分析、指挥调度、行业管理系统。

商务网:打造吃、住、行、游、购、娱的全能交易平台,为景区票务、酒店、农家乐、旅游生产企业、旅游特产、茶楼实现网上交易及处理;利用知名媒体(QQ,携程,驴妈妈,途牛等)打造黄山自己的交易平台,满足所有旅游者、相关业界及市民需要的网上交易平台。

政务网:政务网是个行业管理网站,注重标准化体系、开放式数据接口。

市民生活网:市民可以通过它了解市内社保、公积金、交通、人才、房产等各项信息,进行液化气的网上订购、专家门诊的远程预约等,便捷地解决各种民生需求。

Wap 站点:针对手机用户的 Wap 站点技术建设也已初步完成,它将更有针对性,解决手机用户登录智慧旅游网的网速与流量等问题。

**五、智慧黄山旅游网的数据挖掘和分析功能**

数据挖掘是一种新的商业信息处理技术,其主要特点是对商业数据库中的大量业务数据进行抽取、转换、分析和其他模型化处理,从中提取辅助商业决策的关键性数据。利用功能强大的数据挖掘技术,可以使企业把数据转化为有用的信息以帮助决策,从而在市场竞争中获得优势地位。

具体对于智慧黄山旅游网来说,有助于完成消费者行为分析和精确营销,以及科学管理。第一,消费者行为分析,可以帮助管理部门了解景点之间的关联度,根据景点采购的消费者关键特征分析,明确消费者对特定产品的年龄偏好、价格偏好、性别偏好等,根据消费者对产品的抱怨,反映出关键改善点,根据消费者的评论促进产品改良。第二,精确营销,对消费者行为模式的捕捉、分析、提取、模型化有利于旅游从业人员的精准营销。

(资料来源:作者整理。)

**案例分析与思考**

1. 通过以上智慧黄山旅游网的案例,分析一下某个城市旅游目的地智慧旅游网的具体内容有哪些?

2. 结合案例内容,分析一下智慧黄山旅游网建设成功的必要条件有哪些?

3. 结合智慧黄山旅游网的建设内容,试分析智慧黄山旅游网建设的重点在哪里? 还有哪些不足?

4. 结合案例分析智慧黄山旅游网对数据挖掘和分析有哪些要求? 存在哪些不足?

5. 试通过访问智慧黄山旅游网,分析它的智慧服务体现在哪里?

# 7 旅游饭店的信息化管理

## 【本章要点】

- 旅游饭店信息化的基本概念
- 旅游饭店管理信息系统的概念
- 旅游饭店信息系统类型及供应服务商
- 旅游饭店电子商务内容及概念
- 旅游饭店信息化建设趋势

## 【课前案例】　　　7天连锁饭店集团的信息化道路

"7天"连锁饭店集团(7 Days Inn Group)(以下简称"7天")成立于2005年,仅用7年时间就在全国建立起一张经济型连锁饭店的大网,成为仅次于如家的第二大经济连锁饭店集团。住过"7天"连锁饭店的人都会发现,这可能是一家最"抠门"的饭店,免费的洗漱用具需要到前台领取;想吹头发得到公共自助区,因为吹风机是公用的,每个楼层一个;不是每个饭店都有会计,大约十个分店共用一个。

但是你也会发现,"7天"也几乎是经济型饭店里最"时尚"的一个:你可以在网上订房间,在网上用信用卡支付预订,前往饭店的路线有电子地图指引。到了饭店,你可以用自己的第二代身份证像选飞机座位那样在电子屏幕上自己选房间。客人可以自己选择房间要不要临街、房间向阳还是向阴,远离电梯还是靠近电梯,或者两个相邻的房间……晚上闲着没事,你还可以在房间免费上网,在饭店的"快乐7天"里偷菜玩游戏,或者在"7天BBS"里发个帖子,说"嘿哥们,我住在"7天"××分店,有没有人愿意一起出去喝酒?"如果不满意,也可以去论坛里投诉,保证很快就会有服务人员与你联系,可能比打投诉电话还快;到了退房的时候,也不用等服务员查房,只要把房卡钥匙交回前台即可……

尽管"7 天"是一家非常年轻的经济型饭店集团,但该公司从建立之初就非常注重信息化服务,在 2005 年 3 月该公司第一家分店广州北京路店开业之后,次月就开通了"7 天"饭店官方网站,公司自主开发的中央预订系统(CRS)和会员系统也正式投入使用,开始时就注重信息化让"7 天"连锁积累了庞大的数据库信息。

此后的 7 年里,"7 天"从来就没有停止过在信息化上快速发展的脚步。就在 2007 年 5 月该公司拥有的分店突破 100 家的时候,"7 天"开通了 24 小时手机短信预订服务;5 个月之后,"7 天"又开通了 24 小时手机 Wap 预订服务。2008 年 4 月,"7 天"网站在经济型连锁饭店网站在 Alexa 上的排名已经占到国内经济型饭店网站第一,在全球经济型连锁饭店网居第二位。2009 年 1 月,"7 天"在中国经济型饭店网公布的"全球经济型连锁饭店网站 Alexa 排名"中,已经站在第一的位置。2009 年 8 月,"7 天"又在其官网上推出了"快乐七天"SNS 社区。

"7 天"打破了传统的连锁饭店的经营方式,采用信息化来实现集团的经营管理。他们把连锁店的整个业务流程都嵌到 IT 系统里,这样就保证了"7天"饭店各分店业务的一致性。例如,"7 天"饭店的分店都没有会计,所有分店的出纳会计都是在广州总部而不是在分店,"7 天"的客人一半以上会选择网上付款或者前台 POS 刷卡,交现金的客人就由各店的收银员来负责,分店的收银员每天再把钱交到银行,这个钱自动转到本部。就如"7 天"连锁饭店集团的郑总所形容的那样,与其说"7 天"连锁饭店集团是一家饭店服务公司,不如说"7 天"更像一家电子商务公司。

通过将业务融入技术,研发与自身企业文化相结合的系统平台,7 天实现了企业门户网站和数据库完全对接的商务平台,也实现了同时提供互联网络、呼叫中心、短信、手机 Wap 等四种便利预订方式的饭店。目前,来自"7天"官方网站的订房量占到总量的 55%,呼叫中心占到 20%左右。官方网站的流量接近呼叫中心的 3 倍。这极大降低了人工成本。先进的信息化战略帮助"7 天"实现快速扩张。截至 2012 年 7 月,"7 天"已经拥有 1200 多家店。明后年,他们计划将门店扩张到 2000 家,在未来 10 到 15 年,扩张到 5000 家至 6000 家的门店。

现在的"7 天",又在忙着新的"潮流"——打造"无线饭店"。"免费 Wi-Fi覆盖"是"7 天""Q+服务认证"的核心创新项目,这个项目将率先实现全国所有饭店内所有区域 Wi-Fi 无缝覆盖,这也是受到"7 天"5000 万会员广泛认可和喜爱的服务项目。该项目预计在 2012 年年底之前完成。届时,"7 天"

将成为首家真正的"无线饭店",客人可以在饭店内大堂、餐厅、客房、走廊等所有区域随时享受高速、稳定、安全的无线网络生活,给广大"7 天"客人带来便捷、舒适、快乐的入住体验。

(资料来源:根据"7 天"饭店连锁集团的相关新闻报道改编。)

我国饭店业自改革开放发展至今,饭店业规模发展不断壮大,已从单体向集团化、品牌化发展,并从国内走向国际,应该说,国内饭店业已得到了巨大的发展。但是与此同时,随着国际连锁饭店进入中国,国内饭店也面临着激烈的市场竞争。国际连锁饭店往往拥有先进的管理理念、优秀的管理团队、先进的科学技术作支撑,是我国饭店业很难直接与之抗衡的。随着知识经济的到来,电子技术、网络技术、计算机技术开始进入到饭店各个管理领域,尤其是互联网的出现,给国内饭店业发展带来了巨大的挑战与机遇,因此,如何利用信息通信技术创造竞争优势便成为国内饭店探索的热点问题。本章将围绕旅游饭店信息化管理展开讨论。

# 7.1 旅游饭店信息化建设概述

从 20 世纪 80 年代初期,我国旅游饭店引进第一套管理信息系统开始,旅游饭店就走上了信息化建设的道路。信息技术被广泛运用于饭店前、后台业务,如预订、查询、财务、销售统计、稽核、人事、文字处理等,也被运用在电话、电梯的程控管理等方面。可以说,我国旅游饭店的信息化建设取得了快速发展。大部分的三星级以上星级饭店企业及连锁饭店企业都已经成功进入电子销售和在线服务阶段,它们在饭店的信息化建设中投入了大量的资金,也收获了信息化所带来的降低经营成本、提高效率和增强竞争力等各个方面的巨大好处。但是,在信息化程度上,我国饭店业的信息化水平仍然比较低。除了这些星级饭店,大部分的小型单体饭店都还处于信息化发展的初级阶段,信息化程度较低,有些落后地区的家庭旅馆甚至完全是手工操作的。而且,信息化建设投入较多的饭店,也是集中于饭店内部业务和管理的信息化,对于信息化服务、供应链管理信息化方面的投入较少,国内还很少有饭店进入全面信息化阶段。

## 7.1.1 旅游饭店信息化建设的内涵及其作用

饭店信息化是一个集计算机技术、信息技术、网络通信技术、数字语音技术、多媒体技术和饭店科学管理为一体的,以达到节省运营成本、提高管

237

理效率,给顾客带来高质量服务,并提升饭店综合竞争力的一个综合性技术应用,涉及饭店经营的方方面面。饭店信息化的建设主要分为三大应用领域:①为饭店的管理者提供及时、准确地掌握经营各个环节情况的信息技术。②针对饭店的经营,为节省运营成本,提高运营质量和管理效率的信息化管理和控制技术。③直接面对顾客所提供的信息化服务。

1. 旅游饭店信息化建设的内涵

所谓旅游饭店信息化建设,是指旅游饭店通过信息通讯技术和网络技术等手段,实现饭店的信息资源实现充分地共享和开发利用,使信息和信息技术与饭店的经营管理充分融合,最终提升饭店核心竞争力的过程。旅游饭店信息化建设的内涵主要体现在:

(1)建设目标:从根本上说,旅游饭店信息化不仅仅是一次技术变革,更是一次深刻的管理变革,所以,饭店信息化建设的终极目标,是使信息和信息技术与饭店的经营管理充分融合,通过信息和信息技术提升饭店的经营管理水平,从而提升饭店的核心竞争力。

(2)建设手段:信息技术、通讯技术和网络技术等技术手段。

(3)建设对象:饭店内部和外部相关的各类信息资源,包括国家相关行业政策、饭店行业信息、饭店内部经营信息、饭店客户信息、饭店供应链信息等。

2. 旅游饭店信息化建设的作用

饭店信息化建设作用涉及管理、组织、服务、创新等多个方面。

第一,促进管理思想变革。国内大多数的饭店都开始了信息化建设的道路,但是,很多饭店抱怨信息化对饭店经营没有什么效果,没有带来预期效益。与此同时,有着为数不少的饭店,确实享受着信息化建设带来的饕餮大餐。这中间的关键区别,就是旅游饭店管理者对信息化建设的认识问题。我国很多饭店业管理人员认为,购买一些信息化软、硬件,然后搭建好内部办公网络,建设一个饭店网站,招聘一个信息化管理人员,就是实现了信息化。他们认为信息技术是万能的,有了信息技术,就有了后续的一切。事实上,很多饭店做的这些,只是信息化道路的一个开始,如何将信息和信息技术与饭店的经营管理充分融合,如何通过信息技术来提高饭店的整体管理水平、增强饭店的核心竞争力才是信息化建设的真正目标。所以,饭店的信息化建设与其说是技术问题,还不如说是管理问题。在饭店信息化建设的过程中,饭店的管理思想必然会经历一场阵痛,在阵痛中醒悟过来的饭店,则会成为饭店信息化建设的受益者。

第二,促进组织结构扁平化。目前,国内饭店大多数还在使用传统的直线职能式组织架构,管理层级较多。这样就导致信息沟通层级多,信息的传导和反馈速度慢,也容易失真。在信息技术的支持下,饭店管理层的管理幅度加大成为可能。诚如一位美国研究组织结构的专家郝玛·巴拉密所言:"减少层次和压缩规模趋势源于降低成本的需要,当然它们也反映了信息和通讯技术对管理的冲击。中层管理的作用是监督别人以及采集、分析、评价和传播组织上下和各层次的信息。但是,它的功能正随着电子邮件、声音邮件、共享数据库资源等技术的不断发展而减弱。"所以,通过饭店信息化建设,饭店组织的"金字塔式"组织结构将会简化,减少中间环节和中间管理人员,从而建立起精简、敏捷、具有创新精神的"扁平型"组织结构将是一个大趋势。

第三,实现信息共享,促进协同作业。饭店信息化建设是围绕饭店信息资源的共享和开发利用进行的。通过信息化建设,饭店的相关经营信息可以在信息系统进行共享,从而促进饭店内部的沟通和协同作业。例如,当饭店需要接待一个大型宴会时,预订员只需要在预订系统输入宴会预订单,各个部门就可以知道该宴会的具体情况、需要多少房间、就餐场地在哪里、需要哪些服务。在客人抵达时,一线前台接待人员只需要将预订信息调出,就可以很快地帮客人登记入住。在客人入住后,客房中心服务人员就可以知道谁入住了哪个房间;厨房就可以通过系统查询到明日预计有多少人需要用早餐。次日,饭店管理层就可以进入经理查询系统,查询系统自动生成的饭店营业报表,还可以进行报表数据的对比分析。通过信息共享,实现了电子数据的自动化管理,不仅使饭店内部的沟通更加顺畅、有效率,还能提升饭店的快速响应能力,增强自身的核心竞争力。

第四,有效降低成本,实现商业利益。信息技术在饭店的应用,使旅游饭店实现了电子方式的沟通交流、可以提升办公效率,节约纸张费用,降低内部开支。通过信息技术,一线工作人员的工作更加高效。一个人在同样的时间,接待的能力大大提升,从而减少了当班的人员数量,降低了人力成本。在前台接待入住时,通过身份证识别系统,可以实现快速入住。前台接待人员只需要将客人身份证放到身份证识别系统,客人的姓名、性别、居住地、生日等信息就立即传到饭店管理信息系统中,接待人员只需要选择好房间,输入房价和抵离时间,就可以打印入住登记单,大大降低了接待员的工作量。在人力成本越来越昂贵的时代,能够将工作人员从繁重的工作中解脱出来,提升效率,就可以降低饭店的管理成本,实现饭店的商业利益。

第五,创新业务模式,引领战略转型。随着全球经济一体化的深入发展,饭店业的客源结构更加丰富并呈现出多样化趋势,客源市场也变得更加广阔。同时,饭店业也将面临日趋激烈的竞争环境和不断提高的客户期望,这迫使饭店业内人士进一步寻求扩大饭店销售、改进服务质量、降低管理成本和提升客户满意度的新方法,以便增强饭店的核心竞争力。传统的饭店装潢、客房数量、房间设施等质量竞争和价格竞争将退居二线,取而代之的是人性化、个性化的服务竞争。而人性化、个性化服务水平的提升主要依靠信息技术的支持。可以预见,未来饭店的竞争战略,将是通过高科技手段,不断创新业务模式,提供超值服务,提升客户体验的竞争,其本质,是高科技手段应用能力的竞争。通过信息化建设,饭店可以将各种信息技术、网络技术应用到饭店经营业务中。比如,杭州黄龙饭店通过 IT 技术,打造出高科技的客户体验之旅:您可以通过手持登记设备,进行远程登记,不论是在饭店内还是饭店外,都可以完成登记、身份识别、信用卡支付;您可以通过黄龙饭店大堂内设置的 Kiosk 机器(如图 7-1),完成自助登记、自助退房;作为VIP 客户的您开车进入饭店车库的同时,完成登记入住和房卡制作;您乘电梯到达所住楼层时,饭店楼道上的指示牌会自动将您引导到您的房间;您可以在客房内查询航班动态并打印登机牌。

图 7-1　黄龙饭店大堂内设置的 Kiosk 机器

### 7.1.2　旅游饭店信息化建设的内容

从应用主体来分析,饭店业信息化主要体现在 3 个方面:单体饭店的信息化——以"饭店管理信息系统"和"饭店网站"为代表;饭店集团或联合体的信息化——以"中央预订系统"为代表；饭店分销平台的信息化——以"全球分销系统"、"接口技术"、"互联网分销商"等为代表。不同的应用主体的信息化建设的内容也不相同，其建设目标和建设重点也不相同。由于我国饭店业还处于比较低层次的信息化阶段，而且单体饭店是组成集团的基本经营单元，所以，笔者主要从单体饭店信息化的角度来阐述旅游饭店信息化建设的内容。按照从信息化建设的服务对象来划分，信息化建设的内容主要集中在以下几个方面。

1. 内部管理信息化

旅游饭店的管理信息化是通过各种类型的信息系统来有效地组织、利用饭店内外部的信息资源，为饭店管理层决策提供依据，提升饭店管理效率。饭店的应用系统按照系统功能可以分为事务处理系统(TPS)、管理信息系统(MIS)、决策支持系统(DSS)、经理支持系统(ES)等。按照应用的职能部门，又可分为前台接待系统、客房管理系统、财务管理系统、库存管理系统、人力资源管理系统、办公自动化系统(OA)等。这些应用系统既自成一体，服务于各个岗位和各个部门，同时，又是一个有机整体，可以通过饭店内网有机联系在一起，构成饭店内部的一个集成应用系统。在这些系统中，统一的系统概念就是饭店管理信息系统(HMIS)。饭店管理信息系统一般按照是否对客，分为前台和后台系统。前台系统又包括预订系统、接待系统、收银系统、餐饮系统、客房管理系统、账务审核、商务中心等。后台系统包括饭店 OA 系统、财务系统、库存系统、电子采购系统、工程设备系统等，这些系统都是饭店内部管理所用的信息系统。

2. 对客服务信息化

对客服务信息化是指饭店要提供的信息化服务。信息化服务是跟信息化管理相对应的一个概念，强调的是"服务"。对客户不能是管理，而只能是一种服务。在市场竞争日益激烈的今天，饭店服务一定要提供具有个性化、人性化、互动式的服务，从而实现良性发展的宾客关系。信息技术的应用使得饭店收集客户的个性化信息成为了可能。目前，饭店对客户关系管理的主要信息化建设集中在 CRM(Customer Relationship Management)系统，即客户关系管理系统。它支持饭店经营可以分三个阶段。第一个阶段是获取客户资料，通过该阶段可以获取潜在客户、消费客户、忠诚客户的所有资料，并提供给前台服务人员查询。第二个阶段是加强维系阶段，通过软件的支持构建快速响应的团队，实现自动销售、直销、区别关怀，使客户消费满意，让客户感觉到服务价值和获取服务的便利性。第三个阶段是留住老顾客，通过软件时刻关注客户消费动向和需求，挖掘有价值的客户，重点服务最有价值的客户,实现一对一营销,让老客户感觉既享受服务又得到实惠,满足了自己的服务需要和个性化要求。

3. 供应链管理信息化

随着网络技术和信息安全技术的发展,饭店信息化也逐渐从内部扩展到外部,借助饭店内网、外网和公共网络,将信息化建设拓展到供应链管理上来。与工业企业相比,饭店企业的采购物品品种比较繁杂,往往批量多,数量少,通常一个四、五星级的饭店,其采购的物品品种总数在 2000～4000种。巨大的品种总数给采购人员组织货源、库存保管都带来极大的不便。同时,饭店的餐饮物资比较难预测,作为服务性行业的饭店,为了体现服务质量,必须将菜谱中所有菜肴的料都备齐,而且每种菜肴的原料要准备多份。而这些原料通常都是鲜活品,鲜菜易烂、新鲜动物原料一旦冷冻价格将大打折扣。这样必然造成餐饮原料浪费大、成本高。通过供应链管理信息化,某些被饭店特别批准的供应商,可以通过供应链管理系统查看到应由它供应的物资在饭店还有多少存货,这样供应商可以提前备货。饭店供应链管理信息化不仅能够规范采购流程,还能够帮助旅游饭店来有效管理所有的供应商,建立灵活高效的报价体系和绩效管理体系,提高管理和分析的效率,从而帮助饭店获得决策管理与分析的基本数据,为各级管理者决策分析提供科学客观的数据支持。2006 年 3 月,国内饭店业首家在线饭店用品采购平台——金陵饭店集团的"金陵饭店电子采购网"正式上线运行,在这个平台上,各种类别的供应商可以针对饭店的采购物品进行报价,金陵饭店集团也会把自己常规采购的物品和需要添置的新品放到采购网上,买卖双方可以在网上自由交易。金陵饭店通过采购供应链的优化,强化了采购资源共享、成本控制、构筑了集团化管理的优势。

4. 信息化基础设施

信息化基础设施是信息化建设的基础工程,主要分硬件、软件、网络等建设内容。下面简要介绍这些内容。

(1)硬件平台。主要包括饭店信息化软件运行时所需的网络平台、服务器与存储平台、安全平台、备份平台、办公设备等。硬件平台的性能直接关系到饭店管理信息系统的性能,应根据软件平台系统结构进行统一部署。服务器与存储平台最好能够采用双机热备份方案,保障数据安全;安全平台应配备防火墙、入侵检测、防病毒系统等策略,以保障系统的运行。这些硬件平台目前可以自建,也可以租用(云技术)。

(2)系统软件。主要是指饭店信息系统所需的软件平台,包括数据库、操作系统、中间件服务器等。软件平台中的数据库、操作系统、中间件服务器等应根据饭店信息系统数据量大、实时要求性高的要求,选择大型关系型数据库如 Oracle、SQL Server 等;操作系统与中间件服务器可根据实际情况进行选择。

(3)机房建设。机房建设需要按照硬件设备对运行环境的要求,搭建的特殊物理空间,建设时需考虑温度、湿度、防雷、防火、不间断供电等方面的各种特殊需求,具体内容包括机房装修、机房布线、接地系统、配电系统、消防系统、防火、防雷系统、门禁系统、UPS、机房空调等。

(4)综合布线。综合布线是将硬件平台设备与服务终端连接的重要桥梁,是信息化系统的物理基础。建设时应满足稳定性、可扩展性和易维护性等要求,如条件允许,还应当增加备份链路。

## 7.1.3  旅游饭店信息化的发展阶段

旅游饭店是旅游业中发展最早、最快的一个产业,是旅游的支柱产业。旅游饭店也是旅游业中信息系统应用最早的一个行业。美国在 20 世纪 70 年代已将信息系统应用于饭店,我国在 1983 年才将信息系统应用于饭店。所以,饭店行业信息化建设的历程并不算太长,但大体上经历了以下五个阶段。

1. 电算化阶段(1982—1989 年)

在没有信息系统之前,饭店面临着很大的预订工作量,有大量的电话、传真、文件需要处理,每个饭店都需要耗费不少人力和时间处理预订。随着航空业和工业企业的信息化的展开,国外饭店被这些高科技带来的巨大商业价值所吸引,也投入到信息化的建设中。早期的国外饭店业信息化应用主要是针对这个问题而设计的。通过该系统,员工可以处理简单、琐碎、重复性的工作,如财务管理,可进行收银、账务查询与对账、出纳管理等;客房管理,可进行可用房查询、客房统计报表等;饭店计算机管理系统可执行入住登记、收银、查询、结账、报表生成等多种功能等等。这个阶段的信息化应用主要是替代机械式、高重复性工作的手工操作,对员工提高工作效率、改善服务质量等起到了一定的作用。但是,这一阶段的信息化应用主要还是停留在表层,并没有从深层次上改变传统饭店业的内部管理流程。

2. 自动化阶段(1990—1996 年)

随着计算机技术和自动化技术的发展,饭店的信息化应用走向了自动化,特别是在旅游饭店的设备运行管理和后台管理上,逐步走向高层次应用。一方面,通讯系统、暖通系统、给排水系统、供配电与照明系统的监控、火灾报警与消防联动控制、电梯运行管制、门禁系统等发展成为由中央管理站、DDC 控制器和各类传感器、执行机构组成的能够完成多种控制及管理功能的智能化自动化控制系统。例如,楼层服务员通过运用自动化智能技术,不用频频敲门,便可根据客房内安装的红外线安全消防监控系统,感应客人是否在房内。另一方面饭店人事、行政、财务、采购、保安、工程等部门引入财务管理系统、人力资源管理系统、采购库存管理系统等管理信息化系统,实现了办公自动化,不断提高饭店整体的管理效率和降低行政开支。此阶段的饭店信息化主要表现在对饭店后台管理系统的开发建设以及对前、后台系统的有效整合方面。

3. 网络化阶段(1997—2001 年)

随着因特网的出现和普及,网络化建设也已成为饭店业信息化建设的重要组成部分,于是以宽带高速数据网络为核心的"数字化饭店"(Cyber Hotel)也应运而生。在这个阶段,网络中介服务商,如携程开始起步,饭店信息化的应用主要集中在网络营销和网上预订功能。饭店基本实现了宽带所能带来的便利服务。饭店通过网络宣传企业形象和服务,开展网上预订客房,让客人了解饭店设施,选择所需要的服务进行远程预订。而客人上网就可以利用饭店的门户网站客户在线查看饭店的信息,客人无论身处何处都可以选择自己中意的饭店。这阶段的特点是饭店的信息化建设的内容从饭店内部开始向价值链的上下游拓展——将客户服务也纳入到信息化建设中来。

4. 集成化阶段(2002—2009 年)

随着饭店信息化管理系统深入运用,饭店信息化建设又出现了新的问题。由于各个信息系统是由不同部门在不同阶段完成的,往往没有统一的规划,从而导致饭店软件系统各自为政,形成了一座座"信息孤岛"。"信息孤岛"对于饭店充分实现信息共享是非常不利的,饭店业是跨部门合作的行业,饭店信息无法全面共享,影响了饭店的效率和服务水平。因此,在继网络化阶段之后,饭店业信息化步入了饭店流程再造的全新的集成化应用阶段。饭店的各个软件系统,如前台系统、餐饮和成本控制管理系统、宴会与销售管理系统、财务管理系统、OA 系统、人力资源管理系统、工程设备管理等各个系统之间实现无缝连接,同时,还能够通过接口软件将饭店软件系统和饭店的自动化系统进行对接。这样的全面集成化,又促使饭店的业务流程不再是某个部门的流程,为了使业务流程适应集成化,饭店开始了业务流程再造(BPR),饭店流程的再造不仅是为了信息化而信息化,更重要的是变革饭店的组织结构,使信息技术架构同饭店的新业务流程及组织的管理目标相互适应协调,形成饭店在信息时代的新竞争优势。

　　5. 协同作业阶段(2010 年至今)

　　随着互联网不断深入应用,饭店业逐步走上了协同作业阶段,出现智慧酒店概念。通过打造统一、整合的信息化平台,将饭店内各部门、会员饭店、客户、供应商和合作伙伴联合为一个整体,创建一个跨行业、跨组织、跨地区,实时在线的高效的、全面协同的业务运作环境,最终实现直接面向顾客的实时、互动的个性化服务。在协同作业阶段,饭店主要运用企业资源管理计划(ERP)、客户关系管理(CRM)、供应链管理(SCM)和电子商务等方面的知识和技术,通过内外网和互联网、物联网等优化饭店价值链。协同作业能够让饭店对价值链上游的供应商实现有效管理,控制采购成本,保障供应质量;能够让饭店对内部的业务流程和组织结构进行再造,提高效率,降低成本,提升核心竞争能力;能够让饭店对价值链下游的客户价值实现有效开发,不断开发现有客户和潜在客户,创造智慧服务体验,提升客户满意度和忠诚度,以创造饭店的市场竞争优势。

# 7.2　旅游饭店管理信息系统

　　饭店管理信息系统是旅游业中开展较早、又比较成熟的信息系统,已成为星级饭店评选的标准内容之一。旅游饭店的信息化建设是在航空业信息化的引领下开始的。在 20 世纪 60 年代早期,航空公司为了简化预订机票的程序,成功开发电子预订系统。被航空预订系统的巨大潜力所吸引,国外连锁饭店很快着手开发饭店信息系统,并在饭店业得到了快速应用。20 世纪 70 年代初,美国的 EECO 公司开始将计算机应用于饭店预订和排房的业务管理,至 80 年代初,国外已经逐渐形成完善的饭店管理信息系统,比如 HIS、CLS、Lodgistix 等知名饭店管理系统。这些系统使饭店的管理效益、经济效益及服务质量明显提高。与国外饭店相比,我国饭店的信息化进程相对缓慢。饭店行业的计算机系统应用始于 20 世纪 80 年代,最初是外方管理的饭店引进国外系统开始的。直到 1983 年,第一套国产饭店管理软件首先用于杭州饭店的订房和排房。其后,随着国际饭店的涌入及信息技术的逐渐成熟,国内饭店管理系统得到了一定程度的发展。

## 7.2.1　旅游饭店管理信息系统的定义

　　饭店管理信息系统(Hotel Management Information System,缩写为HMIS)是管理信息系统在饭店行业的具体应用,是饭店通过信息通信技术实现对饭店信息进行收集、传递、存储、加工、维护和使用的综合性控制人机系统,其主要目的是通过信息技术支持饭店企业的基层操作、中层控制和高层决策,从而提高饭店企业的战略竞争优势。饭店管理信息系统的定义包含着以下几个方面的含义:

(1)HMIS是一个信息系统。这是从技术层面来理解的,它比较强调的是通过信息技术、通信技术和网络技术等技术手段,对信息的收集、传递、存储、加工、维护和使用。这是信息管理系统发展的初级阶段,也比较符合我国很多饭店企业单体运作的实际状况。

(2)HMIS是一个管理系统。这是从管理层面来理解的,饭店的信息系统本身只是一个工具,如何发挥好这个工具才是关键。所以,HMIS的关键,是如何将饭店的经营管理思想、管理体制和信息技术手段融合,才是HMIS建设更为重要的内容。因为旅游饭店应用HMIS的最终目的是要提升自己的竞争优势,比较符合我国饭店集团或饭店连锁运作的实际情况。

(3)HMIS是一个系统工程。这是从系统实施角度来理解的,在HMIS实施的过程中,会涉及管理学、工程学、信息技术等各个学科领域,需要综合协调,包括管理理念、实施人员管理、技术管理、培训管理等各方面内容,比较符合我国饭店软件开发服务商运作的实际情况。

## 7.2.2 旅游饭店管理信息系统的结构与功能

饭店管理信息系统作为一个系统,具有一定的结构和功能。本文主要从HMIS的应用结构和其功能进行阐述。

1. HMIS的应用结构

软件系统目前的主要应用结构是C/S结构、B/S结构以及两者的混合结构。

C/S又称Client/Server或客户/服务器模式,这种模式的软件分为客户机和服务器两层。客户端需要安装专用的客户端软件,可以进行一定的数据处理和数据存储能力。C/S结构的优点有以下几点:①能充分发挥客户端PC的处理能力,客户端响应速度较快;②有效地降低服务器运算量和负荷;③运行稳定性和安全性较好,对信息安全的控制能力较强。其缺点为:①维护成本高。客户端的电脑如果出现问题,如病毒、硬件损坏,都需要进行安装或维护;②对于饭店集团,数据的实时更新和同步更新存在问题。基于饭店信息的安全性考虑,目前饭店系统比较多的都是采用C/S结构的饭店管理信息系统。

B/S(浏览器/服务器模式)是随着Internet技术的兴起,对C/S结构的一种改进。在这种结构下,软件应用的业务逻辑完全在应用服务器端实现,

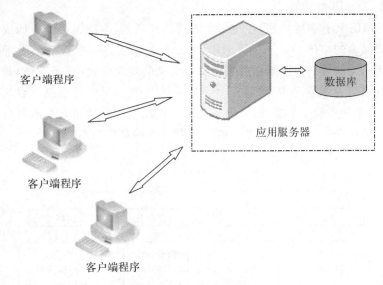

图 7-2 采用 C/S 结构的饭店管理信息系统

用户业务处理完全在 Web 服务器实现,客户端只需要浏览器即可进行业务处理,是一种全新的软件系统构造技术。B/S 结构有着如下的优点:①由于数据是集中存放的,客户端发生的每一笔业务单据都直接进入到中央数据库,不存在数据一致性的问题。②饭店集团总部可以直接追溯到各级成员饭店的原始单据;③B/S 结构的使用范围更广,只要能够实现上网,就可以访问系统。其不足为:①页面动态刷新,响应速度明显降低;②由于数据都是存储在中央数据库,客户端只能完成浏览、查询、数据输入等简单功能,绝大部分工作由服务器承担,这使得服务器的负担很重。

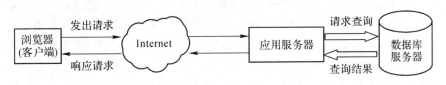

图 7-3 基于 B/S 结构的三层体系结构模式示意图

随着硬件设备的快速更新换代,服务器处理信息的能力也越来越强,所以,从 C/S 结构发展为 B/S 结构式是大势所趋。目前,很多饭店管理信息系统,要么已经是 B/S 结构的,要么正在经历从 C/S 到 B/S 结构的转变。B/S 结构的饭店管理信息系统势必在未来成为主流。

## 2. HMIS 的功能

HMIS 具有多种功能,各种功能之间相互联系,围绕饭店经营构成了一个有机结合的整体。对于饭店来说,一个信息系统是根据饭店的管理层次以及为了完成饭店业务数据处理需要而定义的功能模块(或子系统)来构建的。在饭店业务管理中,除了前台信息系统以外,HMIS 还包括后台信息系统、扩充系统和接口系统等(有的系统中把扩充系统直接包含在前后台系统中),详见图 7-4。下面我们来了解一下 HMIS 的具体功能。

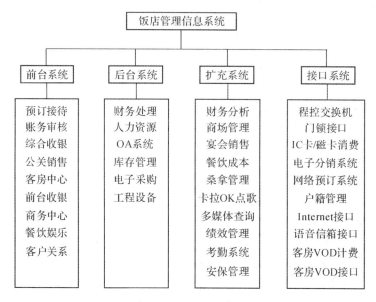

图 7-4　HMIS 的软件功能结构图

### (1)饭店前台管理系统(以西软系统为例)

饭店经营管理中,直接对客服务的部门统称为前台部门,主要是为客人提供预订、接待、住房、餐饮、娱乐等服务。住店客人从与饭店发生联系开始,一般要经历预订、登记、住店消费和结账离店四个环节,前台系统围绕为客人需求提供完善的全套服务,主要包括客房预订、前台接待、前台收银、客房管理、公关销售、商务中心、账务审核、餐饮系统、报表管理等模块。

客房预订模块主要通过快速、准确地提供客房库存信息和房价信息,协助预订员销售客房。该模块使饭店能够快速地处理各种订房需求,并及时准确地生成关于客房库存预测、未来收入预测的报告。客房预订业务不仅能够在客人抵店前做好有关准备,而且有助于饭店更好地预测未来的客源情况,及时调整销售策略。旅游业的航班信息是随时变动价格的,而饭店的产品和航空公司的产品是相似的,但是目前国内很少有饭店能够做到像航班信息那样随时变更。但是,一些饭店集团在积极尝试。例如洲际集团,他们就通过不同出租率有着不同的售价,来实现收益最大化。

前台接待是整个饭店对客服务的一个重要的环节。高效的接待过程是十分关键的,为了提升饭店入住效率,很多饭店在制定的 SOP(标准操作流程)中规定,员工必须在 2~3 分钟完成客人入住。通过前台接待模块,可以快速获取客人的预定信息,或者实现 Walk in 客人的快速入住。如果 HMIS 能够无缝连接身份证识别系统,则前台员工只需要将身份证(二代)轻轻一刷,则客人的姓名、性别、身份证号码、生日、地址信息等立即进入到登记窗口,前台接待只需要输入抵离时间、房型和房价码,就完成了系统登记,打印登记单给客人签字后就完成了分房工作。客人的房卡也可以直接通过接待系统发行。这不仅提高了接待的效率,还提高了信息输入的准确率,也便于管理房卡。

前台收银是饭店工作中非常重要,却又很容易出错的环节。为了预防逃账、赖账行为,饭店一般要求客人预付房价的 1.5 倍押金。前台收银主要完成押金入账、各种消费入账、客人结账的工作。为了便于客人消费,饭店往往会提供签单挂账服务,前台收银可以通过信息系统控制各个营业点的挂账功能,控制饭店的风险。当客人的预付押金不足时,前台收银只需要在收银系统关闭该客人的挂账功能,客人就无法在其他营业点挂账,必须现付或者再支付押金。前台收银模块不仅可以采用多种账务显示方式:汇总、分项汇总、明细,也可以采用多种处理方式,如账务分拆、部结、提前结算等,而且可以完全满足客户要求的可定义账单,操作简单快捷,而且方便财务核算。当客人要退房时,前台收银只需要打印账单,并完成收款工作,就可以快速退房。

客房管理模块维护着饭店最新的房态信息,使饭店及时掌握房态的整体情况,并掌握实时房态信息,包括:净房、脏房、在检查房、已分配客房、需大修和小修的客房等。当客人离店或者信息系统过了夜审之后,客房状态自动变成脏房。客房主管通过查阅当天的预离房和住店脏房,可以合理分配客房服务员的清洁工作量。服务员清洁完成后,由客房中心的人员进行干净房设置,或者客房服务员直接在客房通过电话(如果饭店管理信息系统跟电话系统进行了对接的话)进行客房态设置。前台接待就是根据房屋中心设置好的房态安排客人房间的。如果客房需要维修,则可以将客房设置为维修状态,以防前台将该房售出。客房管理模块这些信息将帮助饭店把房态冲突的可能性降到最低,有效地提高出租率和收入。

公关销售管理模块主要进行销售管理和客户档案管理。系统能够自动统计销售员的销售业绩,随时掌握销售员的工作情况和工作业绩,支持各种佣金计算方式,实现量化考核,达到最有效的激励机制。由于大多数饭店往往通过第三方分销渠道进行客房销售,佣金的统计和计算的工作量很大,通过公关销售模块,系统可以提前设置好各个分销渠道的佣金计算模式(如百分比、定额、阶梯价),到了月底,系统可以自动产生佣金统计报表,大大减少了财务统计的工作量主要用来存储每个客户(个人、公司、旅行社、团队等)的各方面资料,包括姓名、生日、偏好、消费历史等记录,从而帮助饭店改善服务质量,帮助饭店市场部制定具有竞争力的销售策略,帮助饭店高层管理人员分析业务利润来源。

商务中心模块主要实现商务中心的收入入账,还能够自动统计客人在商务中心发传真、打电话的消费金额,并产生汇总报表。

账务审核模块是饭店相当重要的模块。它是保障饭店营业收入统计是否正确的最后一道关卡。这个模块往往由财务部负责,通过对前台挂后台的应收账进行审核,对各个收银员的入账信息进行审核,可以及时发现一些错误,保证饭店统计数据的准确性。饭店业传统的操作都是由夜审员来完成对当天数据的核查,如入住记录、房价信息、入账信息、挂账信息进行全方位的核查,然后再进行过夜审,由此产生当天的营业报表。

餐饮系统是前台系统中,相对独立的一个子系统。主要完成餐饮的预订、点单、打印账单、结账等工作。近几年,随着餐饮行业的蓬勃发展,餐饮系统发展很快。从电脑处理发展到触摸屏自助点单,再发展到现在的 Ipad 等无线智能系统的点单,所有的餐单信息都可以通过无线网络实时传输到厨房。餐厅服务员再也不用在厨房和餐厅之间来回跑了,客人点单、催菜、叫起等,都可以通过服务员手中的无线智能点菜系统实现传输。更为重要的是,无线智能点菜系统可以实现客人自助点菜,当客人拿着 Ipad,边看图文并茂的菜单,边点菜的时候,顾客体验大大提升。

报表管理系统可以提供各个岗位所需要的报表。报表管理模块几乎包含了所有的关键管理报表,能够制作各种格式的报表,来概括发生在客人和饭店之间的会计事务、饭店营收的各种情况以及审计中的各种发现,使管理者能够及时地获取重要的财务信息,并掌握诸如出租率、平均房价以及各部门收入等基本信息。具体有:前台需要的入住客人报表、VIP 客人报表、团队报表、当班员工的入账报表等;餐厅需要的早餐统计报表,便于准备早餐的份量;销售部的市场、来源统计报表;客房部需要的客房布置报表;管理层需要的营业日报表,上面有详细的出租率,平均房价、不同市场(散客、团队、会议等)的收入情况和平均房价等,并且还能够跟同期情况进行对比分析。

(2)后台管理系统

后台部门是以前台部门相对的,主要是为前台部门服务客户提供支持工作的相关部门,主要包括财务管理系统、人力资源管理系统、OA系统、库存管理与采购系统、工程设备管理系统等。

财务管理系统的主要用于处理饭店财务相关数据,一般包括应付账管理、分类总账、固定资产管理、报表工具等模块。数据从前台系统送入财务管理系统,以计算每日统计分析。财务管理系统存储的数据是饭店最重要的数据,必须有一套安全数据管理机制,并且一定要有灾难恢复功能,以保证整个系统的数据安全。

人力资源管理系统主要功能包括个人档案管理、组织岗位管理、合同管理、工资管理、培训管理和报表等,主要是为了实现人力资源的开发和利用,有效地控制人工成本。

饭店OA系统是新经济时代的产物,主要功能是提高饭店办公自动化水平和处理事务的效率,节省纸张能源。一家饭店企业每天需要处理大量的公文、信函、文件、报告和表单,各种统计报表需要上报,内部文件资料需要传递,办公室自动化系统就是为解决这些工作而设计的。利用办公自动化系统,可以实现办公事务、工作计划的自动化管理,电话、传真等自动记录与跟踪管理。

库存管理与采购,具有采购管理、库存管理、计划管理等功能,主要用于加强管理上对采购和库存的控制。当库存低于警戒线时,系统可以进行提醒,采购员通过系统进行采购申报单填写,各级审批部门也在网络上直接批示,当一级批示完毕时,流程会自动进入到下一个级别的审批,便于追踪控制。当物品送达时,在系统中确定验收和入库,则物品自动转化为库存状态,这样大大减少了操作的重复性和工作量,同时也避免了作弊现象的发生。

工程部管理系统通过接口系统,可以和前台各部门紧密结合。例如,前台发现一些设备存在问题时,直接在系统中进行报修,当工程部受理报修时,系统可以直接指定具体维修工作人员,并且可以记录具体的维修情况和维修成本等。这样就可以有效检测工程设备的运行状况、故障发生频率、维修效率和维修成本等。同时,通过设置设备的运行模式,可以很好地控制能源费用。

(3)扩充系统

扩充系统是对前后台系统的功能补充,拓展、强化饭店管理系统的功能,有的系统把扩充系统直接包含在前后台系统中。扩充系统包括宴会销售系统、餐饮成本管理系统、桑拿管理系统、卡拉 OK 点歌系统、多媒体查询系统、绩效管理系统、考勤系统、安保管理等。

宴会销售是很多外资高星级饭店会选择的系统,主要是为了实现要求多、服务程序多、内容广的宴会服务的管理信息系统。

餐饮成本管理是对餐饮管理的进一步深化应用,通过对原材料的控制和管理,可以有效降低餐饮成本,扩大利润。

桑拿管理比较适用于那些以桑拿为特色的饭店,主要包括对桑拿服务安排、技师管理等功能。卡拉 OK 点歌系统应该是大家比较熟悉的信息系统,主要是提供丰富的歌曲数据库,能够按照歌手、地区等进行分类筛选。

多媒体查询系统的应用越来越广泛,最新的多媒体通过与网络的连接,可以实现和动态航班信息挂钩,可以自由打印路线图等。

绩效管理是对员工的绩效指标进行设计、考查,并提供实施建议的系统。

考勤系统主要完成员工的考勤工作,通过指纹识别等技术,智能识别员工的到岗情况,并且能够出具报表,减少人事处的考勤统计工作。

安保管理实现对饭店安全的智能、集中式的管理,例如某个安保设施出现问题时,系统能够自动报警,大大减少饭店设置安保人员的数量。

(4)接口系统

由于饭店本身应用的系统可能来自各个厂家,所以,在网络化、集成化、协同化的时代,接口系统是不可或缺的。饭店需要将 HMIS 连接到程控交换机、门锁系统、IC 卡/磁卡消费系统、VOD 接口、公安系统等,才能够实现数据的实时交换,减少员工工作量,提高效率。饭店接口系统还应该包括网络预订、电子分销等系统,这是饭店扩大销售渠道比较经济的方式。

### 7.2.3 当前主流饭店管理信息系统简介

国外的饭店管理软件从 20 世纪 70 年代初诞生,经过了 40 多年的发展,产生了诸如 ECI、HIS、Fidelio、Opera 等一大批优秀的饭店管理信息系统,并且这些信息系统经过几代更新,已经形成了比较成熟、稳定的软件功能,在全球得到了普遍的应用。国产饭店管理软件是在国外饭店管理信息系统的基础上发展起来的。从 1983 年首套饭店管理系统在杭州饭店应用开始,发展到 20 世纪 90 年代末,国产饭店管理软件也已进入成熟时期,诞生了一批适应多种平台的饭店管理软件,形成了饭店软件产业。目前,主要有杭州西软科技 Foxhis 系统、华仪饭店管理系统、北京泰能饭店信息系统、中软好泰饭店信息系统等全国性的软件企业,还出现了如深圳捷信达电子、大连华盛科技、桂林奥普、珠海高柏、珠海万维科技、镇江资深等地方性饭店软件企业。饭店管理系统的使用率和普及率得到了大幅度的提升,促进了饭店信息化管理水平的提升。下面,我们就国内外主流的饭店管理信息系统进行简单的介绍。

1. 国外的主流 HMIS

(1)ECI(EECO)

ECI 系统是美国易可(ECI)电脑公司最早于 1969 年开发的饭店信息系统,这是饭店信息管理系统的鼻祖。ECI 公司是美国加州电子工程公司(Electronic Engineering CO. ,简称 EECO)所属的子公司,因此该软件也称 EECO 系统。该系统于 1970 年在美国夏威夷 Waikiki 的喜来登饭店(Sheraton Hotel)安装使用,成为全世界第一套 ECI 饭店电脑系统。经过 20 年发展,在其鼎盛时期,全世界有 600 多家用户(中国有 60 余家),如杭州香格里拉、桂林文华、广州中国大饭店、北京天伦、青岛海天等。ECI 系统采用的是集中式标准多用户系统,目前还在使用的是其第三代产品 GEAC/UX 系统。

(2)HIS

饭店业资讯系统有限公司(Hotel Information Systems,简称 HIS)于 1977 年成立,总部位于美国洛杉矶,目前是美国上市公司 MAI Systems Corporation 的全资子公司,全盛时期在全世界 80 多个国家拥有 4000 多家用户,如中国的北京王府井、北京中国大饭店、北京长城、上海锦江、上海华亭、上海希尔顿、广州花园、浙江世贸中心等,而香港采用 HIS 系统的高星级饭店最多时占了 75% 左右,目前该系统已有许多被更换。

(3)Fidelio

Fidelio Software GmbH 于 1987 年 10 月在德国慕尼黑成立,并推出了 Fidelio6、Fidelio7 等版本。Fidelio 犹如一匹黑马,很快在世界范围领先,该公司成立四年即成为欧洲领先的饭店软件产品,成立六年跃居世界饭店信息系统供应商之首。据统计,Fidelio Suite Version 6 在全世界有超过 7500 个安装项目。后来该公司合并入美国 Micros System Inc. 公司。目前,Fidelio 系统在国内四五星级饭店占据了最大的市场份额,是那些由外资或外方管理的饭店采用最多的软件。1995 年,公司在香港成立了 Fidelio Software(China)Limited,专门开发中国大陆市场。2003 年 7 月,MICROS 公司与北京中长石基信息技术股份有限公司(简称石基公司)共同签订中国大陆市场(不包括香港、澳门、台湾)独家技术许可协议,自此,石基公司全面代理了 MICROS 公司 Fidelio 系统和 Opera PMS 在中国大陆的全部销售。

（4）Opera

Opera 系统是美国 MICROS 公司在 MICROS-Fidelio 系统的基础上开发的基于 B/S 的新版本。Opera 已经不仅仅是一个饭店管理软件，而是作为接待业企业的软件综合解决方案（Opera Enterprise Solution），主要包括：Opera 前台管理系统（Opera Property Management System，简称 Opera PMS）、Opera 销售宴会系统（Opera Sales & Catering，简称 Opera S&C）、Opera 中央预定系统（Opera Reservation System，简称 ORS）、Opera 中央客户信息管理系统（Opera Customer Information System，简称 OCIS）、渠道管理系统（Opera Channel Management，简称 OCM）和 Opera 收益管理系统（Opera Revenue Management，简称 ORMS）等，其中 Opera 前台管理系统是其核心部分，简称 Opera PMS。Opera PMS 可以根据不同饭店之间运营的需求多样性，来合理的设置系统以适应饭店的实际运作。它分为完整版本（Full Services）和精简版（Express），主要区别在于内部功能开放度不同，比如接口数量等，但 Express 可适用于绝大多数饭店。

2. 国内的主流 HMIS

（1）华仪软件

1984 年，清华大学教授金国芳受北京市科委委托，开始研发饭店计算机管理系统。该系统于 1986 年问世并获北京市科学技术进步一等奖。1987 年，华仪软件系统工程有限公司成立，致力于国内饭店管理信息系统的开发和实施。目前最新版本为 HY.COM 版本，该版本是 B/S 架构的饭店管理系统，主要针对星级饭店。华仪软件还有一个专门针对经济型饭店的"锦秋之星"版本。典型客户包括：吉林世纪大饭店、英皇娱乐饭店、九华山庄、乌鲁木齐银都大饭店、苏州新城花园饭店、厦门国贸金门湾等。

（2）西湖软件（FOXHIS）

1993 年 6 月，杭州西湖软件有限公司成立，研发了西湖软件（即 Foxhis 系统），目前最新版为 X5 版，经过近二十年的发展，目前已经成为国内最大的饭店信息系统公司。公司于 2006 年 12 月 18 日与北京中长石基信息技术股份有限公司合并。Foxhis 软件主要包括：针对四五星及国际品牌饭店的 X 系列、针对三四星饭店的 V 系列、针对快捷连锁饭店的 S 系列等。杭州西软在国内占有最大的市场份额，截至 2012 年上半年，拥有客户超过 4000 家，挂牌五星级用户 170 家，占国内挂牌五星饭店 1/4 的市场，典型客户包括：九寨天堂洲际大饭店、杭州索菲特西湖大饭店、成都凯宾斯基饭店、南京金陵饭店、四川锦江宾馆、三亚天域饭店、新疆康城建国国际饭店等。

（3）中软好泰

1995年，北京中软好泰饭店计算机管理系统工程有限责任公司（简称"中软好泰公司"）成立，并以中软好泰系统 CSHIS2.1 进军饭店管理软件市场。目前，该公司产品主要为中软饭店管理系统 International 和 Professional 两大版本。其典型客户有：外交部钓鱼台国宾馆、京都信苑饭店、北京新世纪饭店、鸿坤国际大饭店、粤海饭店管理集团等。

（4）千里马饭店管理系统

1993年，千里马饭店管理系统由广东劳业电脑系统开发公司推出，其用户主要分布在广东、湖北、湖南、四川等省市。劳业公司于1998年被香港万达电脑系统有限公司收购，改名为广州万迅电脑软件有限公司。千里马产品覆盖前台管理系统（PMS）、餐饮管理系统、温泉和水疗管理系统、会员储值卡管理系统、票券管理系统、后台管理系统、Ipad 点菜系统、手机订房系统等。典型客户包括：非洲加纳饭店、富丽华集团、广州大厦、四川宝元通河畔饭店、丹东中联大饭店等。

（5）泰能软件

1993年，清华大学博士倪源滨先生创办了泰能公司，并于次年推出饭店管理系统。1999年，推出饭店管理系统 THIS2000。2006年，泰能公司重组，成立北京泰能软件有限公司。同年整合上海沪泰信息科技有限公司。2007年，泰能 Delta 饭店管理系统 V2008 问世。目前，泰能公司拥有约2200家用户。

（6）Sinfonia

1998年，李仲初创办北京中长石基网络系统工程技术有限公司，专门从事饭店信息系统的研究与开发，2001年12月21日改制为股份有限公司。自2003年7月，石基公司与同 MICROS 公司签订中国大陆市场（不包括香港、澳门、台湾）独家技术许可协议，成为了 MICROS-Fidelio 和 Opera PMS 在中国大陆的独家代理商。但是，石基公司有着更远大的目标，所以，石基公司先后合并了北京泰能软件有限公司和杭州西湖软件公司，将自己的饭店业用户数拓展到了史无前例的规模。2006年，石基公司购得 Fidelio V7 的源码，与 Micros-Fidelio 共享版权，并于2009年推出 Sinfonia Version 1.0。Sinfonia 饭店前台管理系统继承了 Fidelio 系统的精髓，并在此基础上，根据中国饭店行业的需求进行了深度开发。Sinfonia 包括预订、前台接待、财务、管家、夜审及系统设置等管理模块，以及丰富的第三方产品接口和中央预定系统接口，为饭店提供一个开放的、高集成度的信息管理平台。

## 7.2.4 饭店管理信息系统的发展趋势

国内最早的饭店管理软件仅简单地运用于前台接待、排房、结账、查询等,发展至今,较为成熟的饭店管理系统已具备前台管理、餐饮娱乐管理、客户管理、财务管理、物业管理等多项管理功能。基于对国内外主流饭店管理信息系统软件和对饭店业信息化实际需求的分析,笔者认为饭店管理信息系统的发展有如下几大发展趋势。

1. 基于 Web 的网络化趋势

HMIS 是随着计算机技术的发展而发展的,由于 Windows 操作平台式可以进行多用户、多任务的操作模式,极大地提高了效率。所以 HMIS 从最初的 Dos 操作平台发展到 Windows 操作平台。现在,随着 Internet 的普及和网络安全技术的进步,基于 Internet 技术的企业内部网络——Intranet 逐渐发展起来。同时,由于饭店业也由单体饭店逐渐发展为饭店集团或者饭店联盟,也需要进行跨地区的沟通和协同操作,所以,基于 Web 的 B/S 结构的饭店管理信息系统将逐步取代传统基于 C/S 结构的饭店管理信息系统。

2. 智能化趋势

虽然三星级以上饭店基本都在使用饭店软件管理,但其应用水平往往是比较低的,主要处于初级使用阶段,主要用于提升处理事务的效率,但是,信息技术更有价值的地方在于为经营管理提供战略支持。随着人工智能技术的发展,数据仓库、数据挖掘技术在管理信息系统中的应用,饭店管理信息系统必将向着智能化方向发展。现在,很多饭店信息管理系统中的客户档案、客人偏好、消费统计、积分及使用、个人照片及签名、投诉处理、回访记录等信息,都还"躺在那里睡大觉"。如何利用数据挖掘技术,为饭店提供分析数据,辅助管理层决策,将是 HMIS 系统的真正核心价值所在。

3. 集成化发展

由于在饭店建设信息化过程中,各个信息系统是由不同软件服务商提供,供不同饭店部门使用的,因此存在着比较多的"信息孤岛",这对饭店的整体经营管理是非常不利的。随着行业的加速发展,饭店之间的竞争,将不再是设施设备等硬件的竞争,而是服务质量、顾客关系等之间的软性竞争。而能够赢得这些竞争的基础,就是高度集成的信息。集成化的饭店管理信息系统是将饭店管理信息系统的各个子系统有机地结合起来,达到互通信息、共享数据资源的目的,其支撑技术是数据库和计算机网络。通过集成化的 HMIS,可以将饭店企业内外部的信息及时地导入到饭店内部,并进行快速共享,实现敏捷服务和个性化服务,从而提升客户的满意度,创造敏捷的竞争优势。

4．与自动化设备相结合

为了提升服务效率，HMIS往往通过接口系统与电话交换机、门锁系统、语音信箱、VOD系统、银行卡、Internet、公安局报户口系统进行无缝连接。饭店可以直接在 HMIS 上操作即可实现其他自动化设备的相关功能。HMIS的未来发展，还将把更多的自动化设备纳入系统当中。

（1）与客房房态控制系统联网

通过与客房控制系统的接口联网，前厅部、总机、财务、商务中心等相关服务部门的员工也能知道客房中是否有人、客人是否已经休息、勿扰灯是否点亮，从而更好地做到对客服务。另一方面，前台 HMIS 系统中的客人喜好（如房间温度、灯光状态要求）也能自动转送到客房控制系统，以满足客人的特殊需求。客人的到店和离店，能自动通知客房控制系统，自动打开和关闭电源系统、设置房间温度，达到节能目的。

（2）与迷你吧控制系统联网

通过 HMIS 与 MINI 吧控制系统的联网，MINI 吧系统能自动探知物品消耗情况，并自动计入客人应付账中，使饭店及时了解物品的消费情况以便随时补充物品，并能根据客人的爱好对所提供的物品进行调整。

（3）自动登记及结账系统

自动登记入住及结账系统也被越来越多地应用于饭店。客人到店时，只需在自助登记设备中插入信用卡，自己操作就可直接办理入住手续。在离店时，在客房通过操作相关设备，即可实现自助离店。目前，国内也有一些饭店开始对 VIP 会员提供类似服务，宾客通过大堂的自助系统，可以实现自由选择房间，入住客房。如果 VIP 会员已经有预订，在其开车进入饭店停车场的时候，通过感应 VIP 会员卡，客人即可实现自助入住。

**【课后案例】**

## 凯越集团的自动登记及结账系统

早在 2008 年 2 月，凯悦饭店集团在北美就有 100 多家凯悦饭店可以通过网站来使用在线入住和离店结账系统，并且有一套优惠措施。客人可以通过互联网在到达当天下午 1 点以后办理"Check-in"手续。客房钥匙可以存放在饭店大堂小卖部，每个客人到达时可以方便领取。顾客将可以实现在线或者在办理入住时选择他们的客房，通过各楼层的平面图和客房使用情况来进行选择，每个在线预定客房的顾客将在到达当天收到一份包括一个直接办理在线入住链接的电子邮件。金护照会员在使用网站时还可以享受额外的优惠,包括来自电子礼宾服务发送的预定确认信息,7日提醒信息和当日达到电子邮件;在线办理入住的钻石级会员还可以提前在上午9点办理手续。

在线离店手续是通过电子邮件来完成的。在计划离店的当天早晨,顾客可以收到一封邮件,包括他们的账单以及办理离店的程序,顾客可以通过PDA或者笔记本电脑办理离店手续。离店手续一旦办理完成,顾客就会收到一封电子邮件,包括一份结余为0的Folio系统账单的副件。

(资料来源:作者整理。)

# 7.3 旅游饭店电子商务系统

2011年,中国在线饭店市场交易规模为319.3亿,占在线旅游整体市场交易规模的24.3%。未来3到5年,随着网民互联网使用习惯的增强和饭店网络预订体系的完善,中国饭店电子商务在线预订市场发展速度更快,将成为在线旅游市场增长的强劲引擎。随着互联网用户规模及在线预订市场的不断扩大,众多国内饭店业巨头也纷纷"触电",开拓涉足饭店电子商务市场。

## 7.3.1 旅游饭店电子商务的内涵及分类

1.旅游饭店电子商务的内涵

电子商务源于英文 Electronic Commerce(或 Electronic Business),简写为 E-C(E-B),简单地说,就是"电子"+"商务",是商务活动的电子化。饭店电子商务是电子商务在饭店业的具体应用,主要指通过先进的信息通讯技术和网络技术,实现饭店商务活动电子化的过程。按照饭店商务活动的流程,饭店电子商务的内容涉及饭店信息发布与网络营销、饭店产品的搜索和选择、饭店产品的在线预订与支付、售前售后的产品咨询以及所有对外服务,也包括饭店内部流程的电子化及饭店管理信息系统的应用等,这是广义的电子商务概念(E-B)。狭义的饭店电子商务仅指交易,如网络订房、电子采购等,这就是 E-C 的概念。

2.旅游饭店电子商务的分类

按照不同的划分标准,旅游饭店电子商务也有各种不同的分类方式。

按照实现电子化的程度划分,饭店电子商务可以分为完全电子商务和不完全电子商务。完全电子商务是指从交易最初的交易磋商到最后的成交的所有业务流程都实现了电子化。不完全电子商务是指饭店电子商务活动的某些流程仍需要在线下进行,例如一些低星级饭店,只是通过电子商务平台进行预订,具体的支付过程是在线下抵达饭店后支付的,这种就属于不完全电子商务。

按照开展电子交易的范围划分,可以分为:本地电子商务,远程国内电子商务,全球电子商务。目前,电子商务的范围基本上都是针对全球电子商务为主。

按照交易对象不同划分,可以分为:企业对企业的电子商务(Business to Business,B2B);企业对消费者的电子商务(Business to Consumer,B2C);企业对政府的电子商务(Business to Government,B2G);消费者对消费者的电子商务(Consumer to Consumer,C2C)、消费者对政府的电子商务(Consumer to Government,C2G)等 5 种模式,其中主要的有企业对企业(B2B)和企业对消费者(B2C)2 种模式。

## 7.3.2　旅游饭店电子商务系统的作用

饭店电子商务是当今饭店业发展的必然趋势。通过电子商务,饭店可以向全球多姿多彩、声情并茂地展示自己的风貌、特色,推销自己客房和各种服务。它不仅可以开拓市场的广度和深度,为饭店开发客源市场带来了无限的商机,还有利于开拓饭店的品牌,有利于饭店产品和服务的创新,有利于建立良好的宾客关系。同时,电子商务系统也推动了饭店的管理和运营模式的变革。

1.有利于管理模式变革

饭店电子商务系统作为管理创新的经济运行方式,要求饭店管理模式必须变革,以适应电子商务系统新的运行方式。通过电子商务,饭店管理层不再需要时刻待在办公室,可以实现实时远程控制与管理。通过远程访问电子商务系统,实时查询到所需要的信息,掌握饭店当前的经营运作情况,有利于管理层做出科学决策。同时,饭店电子商务还促进了饭店组织结构的变革。电子商务和计算机网络改变了信息传递方式,使管理效率得以很大提高,管理幅度变大,促使组织结构扁平化,使管理层更加接近底层业务,也就更加接近市场和消费者。

2.有利于开拓市场空间,创新营销方式

饭店电子商务系统打破了地域、行业、企业的各种界限,使饭店企业获取和应用信息的能力大大增强。这对于非常依赖第三方预订渠道的饭店业来说,是一个开拓自身市场空间的绝佳机会。通过电子商务系统,饭店可以优化市场营销渠道,减少中间环节,直接实现饭店对旅游消费者的模式。通过饭店电子商务网站的建立,也意味着饭店进入了国际市场,国际旅游者通过多语种的网站,可以了解饭店的产品和服务,实现在线预订。很多国外比较先进的模糊房价、团购、剩房特价等方式都成为了可能的营销方式。

3. 有利于饭店品牌建设

由于饭店服务的无形性特征,使得饭店的品牌建设和传播存在一定的困难。通过将饭店的产品、服务、设备设施进行适当的"有形化",有利于饭店品牌的树立。例如,饭店可以把大量的信息放到自己的网站上,如历史信息、服务信息、饭店的获奖情况等做成超链接供客人查阅,还可以用数码照相机或数码摄像机把饭店的硬件设施和服务人员的服务过程"记录"下来,给客人以身临其境的感觉。同时,由于电子商务系统为饭店提供了不受时空约束的虚拟空间,其受众面更广,有利于提升饭店的知名度,促进饭店品牌树立和传播。已经有越来越多的网站通过电子商务网站宣传自身形象,并且随着网上用户数量的快速发展,通过电子商务系统提升饭店品牌形象的作用还将进一步扩大。

4. 支持与协作伙伴的无缝操作

饭店的产品和服务,需要涉及众多的协作伙伴。通过电子商务系统,可以将饭店与协作伙伴的操作进行无缝连接。协作伙伴可以直接通过外联网进入饭店电子商务系统(需要授权具体的功能),查询由其负责供应的物资需求数量和当前的库存,以便提前做好准备。饭店电子商务系统可以直接查询协作伙伴的供货记录及物资品质,并对协作伙伴进行监督和评估。通过电子商务,实现协作伙伴间业务的无缝操作,有利于降低操作复杂度,实现业务信息共享,提升服务效益,从而实现双赢。

5. 有利于顾客关系管理

饭店经营,客户是主导者。维系与客户的关系比什么都重要,这是饭店经营中的一条潜规则。目前,饭店用于管理顾客关系的,主要是客户关系管理系统(CRM),这也是饭店电子商务系统的重要内容之一。CRM可以作为饭店的销售人员的工具,也可以作为营销的工具,通过CRM可以优化销售和营销策略,挖掘出最有潜能的客户价值,提供差异化服务。同时,通过饭店电子商务网站,客户可以在线提问和咨询相关服务,饭店通过在线互动沟通,有利于充分了解客户的需求,从而有助于提供个性化的产品和服务,在提升客户满意度的同时,获得更好的收益。

6.有利于产品和服务创新

饭店电子商务的应用促进了新产品的出现。饭店团购产品的出现就是一个很好的例子。不管是高星级饭店还是经济连锁饭店,近几年,饭店通过设计适合团购的客房和餐饮产品,通过团购网站进行团购,极大地促进了饭店产品的销售,还提升了饭店的知名度。饭店电子商务还可以通过应用新技术手段来促进产品和服务创新。近几年,移动网络技术的发展非常迅速。随着移动网络技术在移动电子商务的应用,无线预订将会成为电话预订、网络预订后又一个非常重要的预订方式。旅游者可以通过手机访问饭店的Wap 网站进行客房预订和支付。

## 7.3.3  旅游饭店电子商务系统的结构和内容

随着互联网的普及以及第三方旅游中介对电子商务应用的推动作用,饭店电子商务得到了快速发展,但是不少饭店从业人员对饭店电子商务的结构和内容的认识并不清楚。下面,我们从饭店电子商务的框架结构和电子商务系统的内容来认识饭店电子商务系统。

1.电子商务的框架结构

电子商务整体结构一般分为四个层次,自下而上分别为网络层、传输层、服务层和应用层。其中前三个层次为基础层次,第四个层次是各种特定的电子商务应用。

(1)网络层。网络层是电子商务的硬件基础设施,是信息传递系统,包括远程通信网(telecom)、有线电视网(cable TV)、无线通信网(wireless)和互联网(Internet)。这些不同的网络都提供了电子商务信息传输线路,但是,当前大部分的电子商务应用还是基于 Internet。互联网络上包括的主要硬件有:基于计算机的电话设备、集线器(hub)、数字交换机、路由器(routers)、调制解调器、有线电视的机顶盒(set-top box)、电缆调制解调器(cable modem)。

(2)传输层。网络层提供了信息传输的线路,线路上传输的最复杂的信息就是多媒体信息,它是文本、声音、图像的综合。最常用的信息发布应用就是 www,用 html 或 JavA 将多媒体内容发布在 Web 服务器上,然后通过一些传输协议将发布的信息传送到接收者。

(3)服务层。这一层实现标准的网上商务活动服务,以方便交易,如标准的商品目录/价目表建立、电子支付工具的开发、保证商业信息安全传送的方法、认证买卖双方的合法性方法。

(4)应用层。应用层主要是电子商务系统的具体功能的体现,包括供应链管理、预订和营销、采购管理、客户关系管理等,涉及的都是具体在线应用系统。

具体饭店电子商务的应用框架如图 7-5 所示。

| 应用层 |
| :---: |
| 电子商务系统具体功能的体现,包括供应链管理、采购管理、客户关系管理等。 |
| 服务层 |
| 实现标准的网上商务活动服务,包括安全、认证、电子付款等。 |
| 传输层 |
| 信息传输的线路,包括报文、多媒体、信息传播的基础设施<br>EDI、E-mail、http、html、Java 等。 |
| 网络层 |
| 电子商务的硬件基础设施,包括电信、有线电视、无线电话、因特网等。 |

图 7-5　饭店电子商务的一般框架结构

2.电子商务系统的内容

饭店的电子商务系统主要是实现饭店商务活动的电子化。所以,饭店电子商务系统主要是围绕商务活动的各个环节开展活动的,根据其服务对象的不同,可以分为电子商务网站和电子商务后台管理平台。电子商务网站的服务对象是饭店客户和一部分饭店合作伙伴,主要实现饭店及其产品展示、在线预订、在线支付、在线交流、会员中心管理等功能;电子商务的后台管理平台主要提供电子商务网站运营的业务支持,包括电子商务系统的用户及权限管理、饭店基础信息管理、前台网站维护、采购管理、订单管理、分销管理、财务结算、客户关系管理等功能。饭店内部的管理信息系统也存在与电子商务系统的数据交换和相关处理,理论上,HMIS 也是属于饭店电子商务系统的组成内容,由于前面已对 HMIS 进行了介绍,在这里就不再介绍了。

(1)饭店电子商务网站

饭店的电子商务网站是饭店企业面向外界的窗口。客户通过因特网可以查询饭店产品和服务信息、进行在线沟通和咨询、进行在线预订、并进行预订确认和支付等功能。饭店可以通过电子商务网站进行电子促销、在线沟通、对外宣传等。饭店电子商务网站的功能内容如图 7-6 所示。

饭店简介。通过饭店的电子商务网站,饭店可以将饭店的发展历史、所

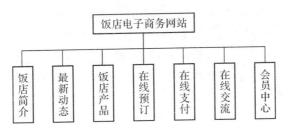

图 7-6 饭店电子商务网站的主要功能

获荣誉、成功事例等放到网站上,建立良好的企业形象。特别是饭店的自身特色,可以通过图文并茂的方式展示给消费者。

最新动态主要用于向旅游者通过饭店的发展动态,包括饭店的发展规模、最新的内部培训、技能大赛、参与社会服务等信息。这不仅可以让旅游者更加了解饭店的现状和发展,还可以促进搜索引擎的收录。

饭店产品展示。通过饭店的网站,可以对饭店的背景、实力及特色进行全面的介绍,可以通过文字、图片、视频等方式,生动地介绍饭店的产品、服务、设备设施等,在相当的程度上可以起到建立饭店品牌的作用。通过对饭店各种产品和服务进行介绍,可以帮助不同市场的客人,选择所需要的产品。饭店可以根据自身的目标市场,制作多语言版本的电子商务网站,从而将饭店推向全球的目标客户。

在线预订。在线预订是电子商务网站的核心功能。由于电子商务网站的在线预订主要针对两类人群,一类是散客消费者预订,一类是基于协议的合作伙伴预订,所以电子商务网站能够支持不同客户群体的预订,并且享受不同的价格。这相当于是把 B2C 和 B2B 整合到了统一的系统平台,方便饭店进行库存管理和对客服务。目前,比较多的饭店网站实现的并不是完全电子化的预订方式。真正的电子商务网站,是可以通过互联网实现饭店数据库的访问,能够在线实时查询饭店的库存,并实现在线预订。

在线支付。目前,国内的预订比较少采用提前预付的方式,这就减少了消费者的违约成本,同时,也为饭店的超额预订管理增加了难度。随着在线支付体系的发展,通过信用卡、在线网银以及第三方担保支付成为了可能。对于一些担保预订或者特价房,要求客户直接支付预订金,这样可以提升预订的抵达率。同时,也便于进行准确的库存管理。在线支付也为合作伙伴之间的佣金结算提供了方便。

在线交流。在线交流主要是提供饭店产品和服务的售前咨询、售中跟踪和售后反馈服务的功能。饭店可以安排专人 24 小时在线服务,可以第一时间解答客户的疑问,促成销售。即便最终没有销售成功,在线交流也提供了一次良好的在线客户体验,有助于饭店品牌的树立和传播。当客户入住完毕,则鼓励客户进行在线售后反馈,可以通过 BBS、在线留言、微博、在线聊天等方式,分享入住体验。通过在线交流系统,可以对客户进行满意程度的调查,对调查结果进行及时的分析并提出完善的解决方案。

会员中心。账户中心主要用于客户注册、申请会员、管理预订信息、管理个人信息、管理会员积分、进行积分兑换等功能。客户可以在网站上直接注册成为会员,设置自己的详细个人信息以及愿意接收饭店的哪些信息,可以直接按照自己的会员等级进行预订,并能够对预订进行取消或者确认。入住成功后,将会获得相应积分,并可以进行积分兑换礼品、航空里程、房晚等。

(2)饭店电子商务的后台

用户及权限管理。由于饭店电子商务平台属于开放式平台,所以,所有可以使用该系统的用户,必须进行严格的用户信息管理以及用户权限设置。当饭店电子商务网站有注册新会员时,系统会产生一个唯一的会员编号。该成员的会员资料会自动导入到饭店管理信息系统中去。对于通过网站注册的散客用户,客户可以通过互联网自助完成详细信息的管理,但是,客户的权限只是限于查看和管理自己的订单,以及积分管理等。对于合作伙伴,则可以通过饭店外网部分访问饭店的后台管理系统,例如饭店的分销商可以查看分销记录、佣金统计和详细记录、佣金支付情况、饭店最新分销价格等。

基础信息管理。饭店电子商务平台是将饭店进行了虚拟化,所以,饭店的基本信息都需要录入饭店电子商务平台中,包括饭店基本介绍、饭店客房种类、客房数量、客房具体情况等。当客户进行网络预订时,就犹如已经抵达饭店,可以选择他喜欢的房型、喜欢的楼层、喜欢的朝向等等。如果没有这些基本信息,客户的自助预订想要实现个性化,那就是天方夜谭。

前台网站维护。前台网站的很多信息是需要维护的,饭店企业的最新动态、网站留言的处理等都需要及时更新。目前,为数不少的饭店在建成网站后,很少去更新。过期、陈旧的信息会影响饭店的企业形象,还对网络推广不利。所以,需要专业人员去定期维护,保证网站的可访问性、保证网站信息的及时性,保证网站的安全性等。

采购管理。采购管理主要实现饭店设备设施、物资的电子化采购。在线采购管理子系统可以为饭店节约大量的人力,财力和物力成本。饭店的采购员不需要到市场上挨家挨户去考察、挑选、谈判。所有的供货商,都通过采购管理系统进行报价、谈判、签约、验收、结算等。通过采购数据的比较,饭店可以方便地寻找到成本更低或质量更好的供应商,集团饭店可以实现集团采购,从而降低成本。

订单管理。订单管理功能主要实现订单的查询、确认、修改、取消、恢复等功能。客人在电子商务网站下了订单后,系统能够自动将该预订导入到本地饭店管理信息系统的数据库中,饭店工作人员确认无误后,还需要客人确认预订。客人可以通过电子商务网站、手机短信等方式进行预订确认、取消、修改等。并且这些操作,都会实时更新到饭店管理信息系统中。

分销管理。分销管理主要实现饭店分销商的管理工作。饭店分销商即是饭店的合作伙伴,又是竞争伙伴。由于分销商是靠拿佣金的方式获得利润的,这就导致饭店在获得同等收入的情况下,利润降低,所以,饭店需要对分销渠道进行管理,实现收益最大化。电子商务系统可以如实记录所有分销历史,根据这些历史,饭店可以考核来自分销渠道预订的客源状况,可以科学分析各渠道对饭店所做的贡献,可以更加合理地布局分销渠道。

财务结算。财务结算主要用于饭店跟合作伙伴、分销商之间的账务结算工作。当来自分销渠道的客户完成了入住,系统将自动产生一笔佣金记录。当财务人员进行审核后,系统会自动计算分销商的佣金统计以及明细记录,并且这些财务结算都是采用数字化的方式进行款项支付的,避免了以现金和现金流转的不便,提高了支付的效率。饭店可以和银行合作,或者跟第三方电子支付平台(如支付宝、PayPal 等)合作。

客户关系管理。良好的顾客关系是饭店在激烈的市场竞争中脱颖而出的法宝。饭店电子商务系统为打造良好的顾客关系提供了一个非常好的平台。电子商务后台系统的客户管理功能,将实现饭店的 CRM 系统跟饭店电子商务网站的无缝对接。当有客户致电、通过网站、通过短信等方式进行预订时,电子商务系统将立即在饭店 CRM 系统中搜索相关用户的相关信息,并将客户名字、客户喜好等信息在第一时间反馈给服务员,从而实现个性化服务,更好地维护客户关系。

### 7.3.4　饭店电子商务的发展趋势

目前,对于一、二星级甚至部分三星级饭店来说,电子商务环境的建设和应用还处于起步阶段,高星级饭店的电子商务应用相对较好,大多数都建立了自己的网站并提高在线预订。但是,这些网站往往是独立的网站,并没有和饭店的管理信息系统相连。所以,饭店电子商务系统的建设,还处于比较初级的阶段,离真正的电子商务还很远。但是,也有一部分信息化意识比较强的饭店走在了信息化潮流的前列。目前,饭店电子商务的发展出现了以下几个新的趋势。

### 1. 不断创新在线营销模式

随着在线电子商务的开展,饭店的电子商务销售模式开始多样化。推出了多种销售模式,如:尾房销售(Last-minute)模式:每晚 6 点后可以 3～5 折的超低价格订到当晚的剩余饭店客房;模糊定价(惠选)模式:不告诉顾客具体的饭店名称,只提供一个折扣房价和简单的饭店描述;反向竞拍(C2B)模式:饭店将可接受的最低售价放到系统中,然后让顾客来提条件和出价;饭店团购模式:饭店通过采用薄利多销的方式的进行销售。目前国内饭店预付模式、模糊定价等模式正逐渐被市场认可。这些销售模式有一个共同的特点,价格较低、提前预付。这对于一直没有采用预付押金的方式进行预订的饭店业来说,是一个突破性的改革。同时,它也满足了饭店淡季房间销售的诉求,还迎合了价格敏感性用户的需求,具有一定的营销作用,在预订市场中发展较快。

### 2. 移动电子商务

由于移动通信和互联网技术的迅速发展,移动电子商务凭借其能随时随地提供个性化服务的能力和优势,成为当前电子商务领域应用和研究的热点。相对于传统电子商务,移动电子商务增加了移动性和终端的多样性,允许用户访问移动网络覆盖范围内任何地方的服务,并以其特有的移动支付和基于位置的服务大大扩展了传统电子商务的服务范畴。通过移动电子商务,游客可以获得移动定位服务(如位置跟踪服务、交通和导航服务、安全救援服务、移动广告服务,位置查询服务)、移动信息服务(如景点信息、餐饮住宿信息、特产信息、娱乐信息等)、移动支付服务和移动互联网服务等。

### 3. 社交化营销

近年来,受社交网络及电子商务发展的带动,中国社交化电子商务开始兴起。从 BBS 到 IM,从博客到微博,基于这些社交化应用,饭店企业也获得了新的商机。据艾瑞咨询统计数据显示,2011 年中国社交网络的用户规模达到 3.7 亿,较 2010 年增长 17.6%,预计到 2014 年这一规模将达到 5.1 亿人。

微博营销是社交化营销中的最新趋势之一。作为 Web 2.0 时代的一个后来者,微博的影响力丝毫不亚于博客、Facebook 这些风行一时的社交化营销工具,而且越来越有后来居上的趋势。各地的旅游局、饭店、第三方预订中介纷纷开展微博营销。其中,许多国内外五星级饭店通过微博平台与消费者、目标用户建立了直接的接触和互动,并通过互动话题、活动的策划提

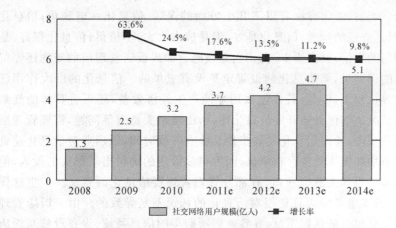

图 7-7　2008—2014 年中国社交网络用户规模

高自身品牌的知名度。一些星级饭店在微博上发布近期促销活动、饭店特色美食、饭店造访名人消息等,并配以精美的图片,得到了大量的转发数和评论数,获得了较好的微博营销效果。

# 7.4  旅游饭店信息化建设的建议

饭店是旅游业中开展信息化比较早的行业,不少饭店在信息化的过程中尝到了"甜头"。但是,对比国外发达国家的饭店业,我国饭店信息化的水平总体还是偏低的。在这种情况下,本土的饭店企业很难跟国际饭店集团竞争。所以,国内旅游饭店必须加大信息化建设的力度,缩小与国外饭店集团的差距,尤其在信息化服务方面。目前,我国饭店在信息化建设中存在着一些问题,笔者对这些问题进行了分析,并提供了相应建议。

1. 旅游饭店信息化建设存在的问题

尽管我国饭店的信息化程度近年来有了很大的提高,但与我国互联网的发展趋势及国际饭店信息化的程度相比,国内饭店业的信息化程度还处于初级阶段,影响了我国饭店集团化、品牌化的发展。阻碍我国旅游饭店信息化发展的因素有很多,诸如信息化观念落后、信息孤岛问题严重、缺乏信息化人才、缺乏行业规范和标准、信息化服务不到位、业务流程与信息化未融合等问题。

(1)信息化观念落后

饭店信息化是一个新的领域,是高科技手段在饭店业的应用。这跟传统的饭店经营是完全不同的领域,所以,需要饭店管理层与时俱进,及时更

267

新观念。当前,饭店存在着以下几个方面的误区:信息化=电脑化;信息化无用,只是烧钱的玩意;信息化是好,但是成本太大,不值得;信息化很好,是技术部门的事情,就交给 IT 部门去建设吧。如果饭店管理层的观念还停留在这样的误区里,那信息化建设肯定是没有成果的。信息化的巨大作用已经被业界认同了,但是,具体怎么用才能产生经济效益,还得看具体的规划和实施情况。如何具体开展信息化建设,由谁牵头负责等问题,需要管理层及时更新观念,紧跟信息化发展步伐。曾有一段时间,饭店业对信息化建设是否能够增加饭店效益存在争议,因为很多饭店的确付出了很大的投入,但是结果却不尽如人意。所以,有部分管理者怀疑信息化的意义。产生这样的结果,其实也是饭店管理层对信息化的认识不足导致的。由于饭店管理层对信息化建设的认识不足,导致他们所购买的信息系统、设备设施与饭店实际需求产生错位,或者在实施过程中,并没有真正发挥信息技术的作用,从而可能导致投资失败。

(2)信息孤岛问题严重

饭店应用软件不统一,信息孤岛问题就很严重。饭店行业是信息密集型行业,产品的无形性、易逝性使信息对饭店尤为重要。目前饭店存在各种各样的信息系统,一般包括前台系统(预订、接待、收银、客房、夜审、经理查询等)、后台系统(结算中心、物流系统、人力资源等)、接口系统(Interface)(用于连接 HMS 系统和其他系统)和其他系统(购物中心、餐厅、酒吧、电话结算)。这些系统都是随着饭店经营发展的需要逐步建立起来的,缺少整体设计和统一规划,导致信息的重复建设和"信息孤岛"现象,形成"信息共享差、信息过多但知识贫乏"的局面。由于这些"信息孤岛"的存在,饭店的很多工作就需要重复劳动。例如,很多饭店的网站提供了预订服务,但是这些预订下达后,需要服务人员重新手工录入到饭店内部的管理信息系统中去;饭店的内部管理信息系统产生的各项收支记录,财务人员需要手工录入到饭店后台财务系统中去。类似这样的由于"信息孤岛"产生的信息重复建设的现象很普遍,这是饭店信息化建设过程中必须解决的基础性问题。

(3)缺乏信息化人才

饭店在进行信息化建设时,往往对采用最新的硬件、最高级的软件等硬件比较看重,愿意投资,但是对信息化培训、信息化专业人才的培养不够重视,导致饭店缺乏信息化的专业人才。饭店市场的竞争,不外乎资金投入、经营理念、环境设施、菜品风味、营销策略、服务水准和价格定位等几个方面,而这一切又集中体现在复合型人才(既懂饭店管理又懂电子商务的人才)的数量和质量的竞争。信息技术的应用需要配备较高素质的人才,缺乏信息化人才将阻碍饭店行业的信息化建设进程。目前,我国饭店业不仅缺乏信息人才的培养机制,而且对信息化系统的操作者的培训,也不到位。国内饭店大多对员工的信息化培训没有任何评估,使培训流于形式,存在为培训而培训的问题,没有真正提高饭店的信息化培训效果。所以,高素质信息化人才的紧缺制约了我国饭店电子商务的发展。

(4)缺乏行业规范和标准

由于旅游行业的信息化建设起步较晚,目前,饭店业缺乏科学完善的饭店信息化建设指导原则、缺乏信息化建设的具体战略规划与管理规范。不少饭店信息化建设脱离其规模、业态、市场定位及经营管理活动,缺乏整体规划与协调,忽视了饭店自身的特点,饭店信息化建设与饭店经营管理体系不协调。另一方面,饭店信息化产品市场竞争激烈,产品纷繁复杂,每个饭店信息化产品提供商都是采用自己的一套标准进行产品开发,缺乏行业统一标准,从而导致饭店实现信息共享的难度加大。行业规范与标准的缺损,导致行业软件数据交换产生巨额成本。

(5)信息化服务不到位

信息资源是21世纪饭店管理的主要对象,但是国内饭店对信息的应用还停留在很初级的层面,信息化服务水平比较低。目前,国内大多数饭店已经建立了管理信息系统,拥有了详细的顾客资料、销售资料和财务资料信息等。这些都是当今的饭店管理者能够轻易掌握的信息,但那些不断积累的顾客资料库,还只是停留在传统的使用价值——再次识别顾客的信息库而已。对比国外,我国的饭店业的信息化服务还处在低水平层次。国外很多饭店集团,通过数据库技术和数据挖掘技术,对顾客数据进行采集和分析,从而提供互动、实时、个性化的信息化服务。所以,对于信息的掌握,并非只是获得信息内容本身,更主要的是通过对信息的利用,实现"信息化服务"来提升饭店整体的服务水平,缩短与国外饭店的差距。

(6)业务流程与信息化未融合

不少饭店在进行信息化建设后,发现最后的效果并没有预期的那么好,有些员工甚至抱怨,工作量比原来还大。例如上海某三星级饭店的大堂吧,原来手工单操作最多就手写一遍,饭店信息化后,除了手工操作,还得把餐单输入到信息系统里面,输入完毕后,还是要通过手工表单进行统计工作,徒增了工作量。出现这种现象的主要原因,就是信息化建设没有和饭店的业务流程充分融合。饭店信息化后,需要对原有工作流程进行重构,以适应新的运行模式。作为服务业的饭店企业,其核心竞争力就是服务质量。所以,饭店的工作流程也好,饭店的信息化建设也好,都必须以顾客为导向,从顾客一开始接触饭店到完成入住到离店的整个流程进行合理划分,使实际操作和信息系统操作都能够自然而顺畅地进行。这是信息化建设中非常困难但是却非常重要的一项内容,很大程度上决定了信息化建设的成败。

2. 旅游饭店信息化建设的对策

针对上述的问题,笔者给出以下几个方面的对策。

(1)更新观念、转变态度

饭店信息化的建设,首先要有领导重视。饭店的观念的更新、态度的转变,需要从高层的转变开始,必须是一种从上到下的变革。我国饭店业的信息化建设在旅游信息化建设中算是起步早的,但仍存在着很多问题。要解决这些问题,饭店必须通过整体的战略规划,充分理解饭店信息化建设的战略地位。饭店管理层可以多去了解一些新技术、新应用,多去考察一些信息化建设成功的饭店,多借鉴他们的经验,从而探寻一条适合自身发展的信息化建设道路。其次,信息化建设绝对不仅仅是 IT 部门的事情。信息化需要饭店管理层统筹管理,并要让饭店内部全体员工都认识到信息化建设的重要性,并全力配合 IT 部门。

(2)结合实际,合理规划信息化建设道路

由于饭店在一定时期的人力、物力、财力都是有限的,所以,对信息化的建设,饭店必须根据自身的实际情况,进行合理的规划,合理选择信息化建设的内容。首先,对于新建的饭店,饭店需要从战略层面进行信息化建设规划,明确需要重点建设的内容,分步骤,分期实施各个子系统。对于老饭店,饭店在信息化建设中或多或少都已经有了投入,不可能推翻一切从头再来,所以,这些饭店必须以整合为主。通过对现有饭店信息系统进行整合,努力建立一个快捷、易用、内容丰富、信息能够畅流无阻的共享平台,提高信息资源的利用率。信息化建设的最终目标,就是通过对饭店电子商务系统进行整合,将饭店的内部信息管理系统和饭店外网及互联网进行相互连接,实现饭店内、外部的信息无障碍流通,从而实现饭店内部各部门和饭店外部合作伙伴的协调合作、资源共享。

(3)培养复合型专业人才

饭店是否具备了复合型的专业化信息人才是饭店信息化建设能否成功的重要因素之一。饭店信息化不仅要求员工具备饭店的专业知识、能力和技能,还需要掌握一定的信息技术、网络技术。目前人才市场上非常缺乏复合型人才,所以饭店引入的信息技术人才基本上都是计算机专业毕业的本科生或专科生,不具备饭店业务知识和管理知识,针对这种状况,饭店应该转而从内部自己培养和提拔适合本饭店的复合型人才。在引进计算机专业人才后,可以安排他们到饭店的各个部门实习,了解饭店总体的运转情况,加强对他们在饭店业务和管理等方面知识的培训,日后根据其表现提升为管理人员,以负责整个饭店信息化服务的开展。

(4)建立行业规范和标准

在国外,通常是由专门的组织(如 OTA)制订出一套统一的数据格式和接口标准,饭店电子商务网站、管理信息系统在开发时都遵守这套标准,这样在一开始就保证了与其他单位的信息系统做无缝链接的可能性。我国饭店电子商务的数据也应尽快实施标准化,并与国际接轨。饭店内部信息系统与饭店电子商务平台之间、饭店业与银行的信息系统之间应能实现互联,以自动处理频繁的信息数据交换实现跨平台的业务自动交换。

(5)重视信息化服务

对于饭店而言,信息化是一个工具,是一种手段,更是一种服务,服务水平的好坏直接影响饭店的经济效益和竞争力。所以,饭店必须重视信息化服务,充分利用先进技术提供个性化服务,提升客户的满意度。饭店可以利用数据挖掘技术,对数据库中的顾客数据进行划分、归类,从中选出常住客和消费大户。然后,在接待这类顾客时及时给予出乎意料的、高附加值的个性化服务,以便不断吸引和留住这些对饭店有很高价值的顾客。美国的圣特达集团(Cendant Corp.)在全球有 6000 多家饭店。该集团在总部建有一个顾客中心数据库,这些数据是从世界各国属下的饭店采集来的,都是有关顾客逗留天数、平均房价、历史消费信息等。通过对这些数据进行处理,该集团设计出一系列具有附加价值的服务内容,以不断吸引和留住这些顾客。

(6)以顾客为导向,整合现有流程

工作流程再造是从原有的以饭店为中心、以职能划分为基础,转变为以顾客为导向、以流程划分为基础。它不是简单地对流程进行分析和再设计,而是对饭店经营理念的一次变革。若把顾客放在第一,把顾客的满意度变为自己追求的目标时,把服务流程加以适当的变化,工作效率、宾客满意度就会完全不同。例如,饭店在建设以客户为导向的电子商务网站时,我们的流程应该是怎么样的呢?首先,我们需要在互联网上建立一个网站,为了方便客户,这个网站能实现通过手机、电脑等方式访问、实时沟通、预订。那我们的信息系统和业务流程就应该进行重新划分和定义。电子商务网站一定要跟前台的 PMS 连上。当饭店的客人在网站上进行预订以后,这个信息直接传送到 PMS 上。然后 PMS 的预订子系统会发一个网上的传真或者短信确认给订房的人,客人可以通过第三方的支付预付定金。当客人到饭店的时候,只要拿出预订号或手机短信就可以登记了。这样一个流程基本上都是在互联网上实现的,对客户而言非常方便,对饭店来讲也是最省成本的。按照这样的思路,我们需要对具体的业务流程进行梳理,业务流程必须和电子商务网站、PMS、第三方支付软件之间相结合形成比较流畅的业务。

## 7.5 新一代饭店管理信息系统实例

饭店管理信息系统随着云计算技术、互联网技术的深入应用,其软件的体系架构、软件的使用方式、软件的维护方式已产生了深刻变化,新一代的软件体系顺应了网络技术的变化,顺应了饭店企业应用需求的变化,也顺应了饭店电子商务需求的变化,更是顺应了饭店网络客人的需要。这一节我们主要介绍基于 Web 的、用云计算技术架构的新一代饭店管理信息系统。本节将介绍杭州绿云科技有限公司的基于 Web 结构的 iHotel 系统。

### 7.5.1 iHotel 技术架构

iHotel 是采用 Web 技术的体系架构,其核心技术是云计算技术,它由酒店层面和集团层面两个体系,酒店层面主要是 PMS 应用,集团层面主要是 CRS、CRM 以及集团控制及分析等应用,集团对下属酒店的控制及管理利用云端技术,每个酒店都是 Web 上一个点,所有管理都通过浏览器就能实现,故称为 iHotel。其技术架构如图 7-8 所示。

iHotel 系统是一套完全基于云计算的饭店信息化平台,不仅适合连锁酒店集团使用,也适合单体酒店使用。一个数据库(业务库)内可存放多个酒店数据,以提高服务器使用效率;一个酒店的数据也可分为运行库和历史及报表数据库,以保证随着使用时间的增长而不明显影响系统的使用性能;集团信息可分为主数据库、用户及配置数据库、会员数据库、CRS 数据库、历史及报表数据库等,以达到分布式处理、提高系统性能的目的;成员酒店对应的运行数据库可放在集团总部,也可按照酒店要求布置在成员店本地,以减轻成员店的网络压力和心理负担。系统可以在公共互联网上运行;也可为了增加安全性和稳定性,在 VPN 虚拟专用网络上运行。一般的连锁酒店集团或单体高星级酒店,建议布置为私有云方式,服务器群仅为一家酒店或一个集团的单独使用而构建,因而对数据、安全性和服务质量提供最有效的保证;一个极端的例子就是,服务器布置在单体酒店内部,就像传统的系统一样构建一个封闭的网络环境。对中小型的单体酒店,一般建议采用公有云的方式,能够充分地、用较低的成本享受更为丰富的公有云资源。

因此,iHotel 在云计算平台构架下,可以适合 SAAS 软件服务的模式处

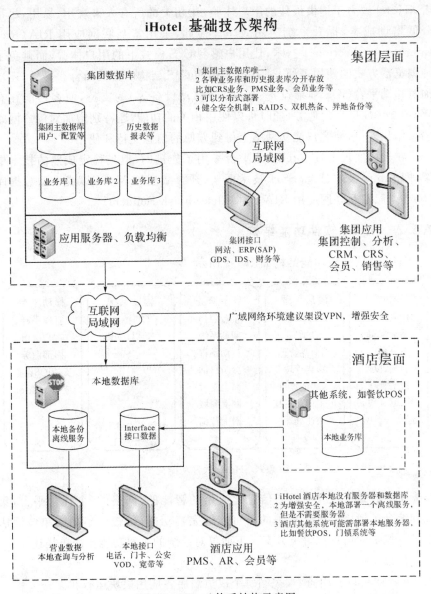

图 7-8　iHotel 体系结构示意图

理,能有效地节省连锁企业集团或单体酒店的整体经济成本,并提升强大的系统拓展性能和计算能力,同时整个体系的规模也可以按照经营总量的拓展而灵活部署。

在用户体验上,无论是针对终端消费者和系统用户,还是企业的管理者,iHotel 致力于提供最佳的用户体验,让相关的所有人喜欢用、易用,尽量降低培训成本,提升系统应用效率。为此,采用富互联网应用 RIA(Rich Internet Applications)技术,让用户感受 C/S 模式下的用户体验,而避免了纯浏览器方式的使用不便,是 B/S 架构和 C/S 架构的完美结合。另外,还增加对移动平台(iOS 苹果设备、Android 移动设备等)的支持,使客户能在有 Wi-Fi 或 3G 信号的地方,随时可以使用相关的功能;还特别增加对门户网站的一体化支持,使客户能从网站上得到方便的信息支持和使用。

在具体实现上,iHotel 开发平台采用了先进的、但是稳定成熟的技术框架,即 Linux 技术、Java-SSH 技术框架、开源数据库 MySQL 或大型数据库 Oracle 等、富互联网应用 RIA 技术 Flex(Flash Builder)。

## 7.5.2 iHotel 软件功能结构

iHotel 软件的功能结构如图 7-9 所示。

| 集团管理 | 酒店管理 | 电子商务 | 辅助系统 | 移动平台 |
|---|---|---|---|---|
| 代码控制 | 客房管理 | 企业门户 | CTI接口 | 管理平台 |
| 系统配置 | AR管理 | 网站系统 | 大堂自助机 | 客户应用 |
| 中央预订 | 小商品管理 | 自动预订 | 公共PC管理 | 内部业务 |
| 会员管理 | 跨店管理 | 会员自助 | 短信邮件平台 | 支持iOS设备 |
| 营销管理 | 二代证接口 | 网上支付 | 餐饮管理 | 支持Andriod |
| 渠道管理 | 电子商务直接 | 网上商城 | 早餐管理 | |
| 经营分析BI | 快速处理 | 网上营销 | 一卡通 | |
| | | | 银行卡支付平台 | |
| | | | 系统迁移工具 | |

图 7-9　iHotel 软件功能框架

iHotel 是一个有关饭店信息化应用的智能的、网络的、个性化平台,集成和综合了饭店信息化相关的尽可能地完善功能,给饭店集团或单体酒店提供一揽子的信息化解决方案。下面仅对系统的主要功能作简单描述。

1. 集团控制
- 集团可以自由查看、控制每个成员酒店各应用模块运行状态;
- 所有代码可以自由界定控制深度与广度;
- 所有用户全集团可统一管理,支持用户横跨多个酒店,同时赋予不同权限;
- 经营指标体系统一管理;
- 客户档案、协议公司集中管理,可自由控制共享层次;

- 房价、房量、配额等集团可自由控制。

2. CRS 中央预订系统

- 多功能中央预订引擎—客房、会议室、餐饮；
- 渠道管理—分类与控制、房量与价格控制、促销策略控制、渠道分析、佣金管理、收益控制等；
- 良好的客房存量管理和价格管理；
- 与 PMS 无缝直连；
- 登记单详情与业绩回传；
- 综合分析报告；
- 支持 CTI 接口及来电通；
- 支持网站与其他预订渠道接口的一体化控制。

3. CRM 集团会员管理

- 集中客史、协议公司、大客户管理；
- 客户个性化信息服务：特殊要求、喜好等；
- 实时信息同步；
- 支持多种会员计划；
- 支持积分卡、折扣卡、储值卡；
- 支持个人卡、公司卡、附属卡；
- 支持一人多卡、一卡多账户；
- 支持计次管理；
- 支持一卡通；
- 连接短信平台、邮件平台；
- 连接网上会员社区。

4. EIP 网站门户与电子商务

- 企业门户及信息发布；
- 网上预订；
- 网上会员自助服务—注册、预订、积分兑换、消费查询、充值；
- 网上支付；
- 网上促销管理；
- 签到管理；
- 电子券管理；
- 客户社区；
- 在线咨询。

5.PMS饭店客房管理系统

- 用户权限及代码体系管理；
- 客户管理；
- 协议单位管理；
- 会员管理；
- 销售员管理；
- 房价及佣金体系管理；
- 预订管理（含长包房管理、钟点房管理等）；
- 接待管理；
- 客房中心管理；
- 前台收银管理；
- 应收账管理；
- 夜审处理；
- 报表及信息查询。

6.POS饭店餐饮娱乐管理系统

- 宾客预定管理；
- 餐位资源管理；
- 支持拼音助记码、菜码、按类查询等多种电脑点菜方式；
- 支持点菜宝、触摸屏、iPad多种点菜方式；
- 支持早点、套菜、临时菜等多种菜品方式；
- 支持厨房出菜打印管理；
- 收银及结账管理——单菜赠送或折扣、菜单折扣、服务费、单菜款待等，账单合并及分拆，预结账单；
- 出菜估清管理；
- 早餐管理——早餐内含与外加、早餐勾兑、成本核销；
- 系统设置——桌号、站点、菜谱、烹饪要求、销售模式、厨房打印,菜谱按季节变价；
- 交接班报表及统计分析报表。

7.饭店接口及外联平台

- 接口管理：电话计费与等级控制、房卡接口（宾客门卡）、数字电视及VOD接口、后台财务系统接口、公安户籍接口、身份证扫描接口、短信接口、邮件接口、电梯控制接口、公共电脑控制等；
- 短信平台——预订确认和取消、会员身份确认、结账提醒、经营信息动态发送、生日祝福、节日问候、预订提醒等；

- 银行卡支付平台——与第三方支付公司联合研发,降低银行卡收单费率,方便饭店结算和对账。网站预订预付保证;手机认证支付,享受网上交易费率;前台 POS 刷卡支付,客人传统支付感受;
- 一卡通系统平台——集成各种卡的功能:身份识别、积分与储值、门卡控制、自助服务等为一体,方便客人使用和携带。

8.移动应用平台

- 针对饭店管理层:实时经营查询、房态查询、审核处理、指令下达、投诉处理等;
- 针对客户的网上服务:自助下载安装、自助注册、网上预订、网上会员服务、网上会员社区等;
- 针对客户的网下自助服务:银行卡自助支付、自助选房、自助登记、快速退房、自助费用录入;
- 针对饭店内部:信息查询、客户关怀、房态管理、小酒吧销售、工程保修、销售跟踪、移动 POS;
- 支持苹果 iOS、Andriod 等各个移动平台。

9.商业智能 BI

- 商业智能——聚合、抽取、转换、装载、分析;
- 跟踪酒店制定的经营核心 KPI;
- 自动累计并创造知识库;
- 快速、高效、多维、丰富的分析呈现;
- 仪表盘、警示灯、运营监视、脑图等;
- 客户分析、产品分析、财务分析、营销分析、预算决策等。

图 7-10 是进入 iHotel 系统的首页界面,可以分单体酒店和集团酒店两个入口进入系统。

### 7.5.3  iHotel 系统特点及应用趋势

云计算技术在饭店行业的应用,可使饭店无需服务器硬件及其相应能耗、无需昂贵的服务器操作系统及数据库软件、无需购买饭店管理软件和支付升级费用,降低系统使用和维护难度,因此可以极大地减少饭店使用成本和应用难度,可广泛地应用于国内 30 多万家星级酒店、经济型酒店、招待所、酒店式公寓、度假村、旅馆、客栈及家庭旅馆,极大地提高整个住宿行业的计算机应用水平,满足整个行业经营发展上的需要。

图 7-10    iHotel 系统首页界面

1. iHotel 在单体饭店上的优势

iHotel 由于基于云计算技术和互联网,是一套完全由程序控制的开放系统,因此除了实现传统意义上的饭店管理软件功能、享受云计算技术的低成本外,更能享受互联网时代的种种便利和优势:可内嵌第三方支付平台;支持苹果及 Android 等移动平台;可内嵌短信平台;支持电子商务,方便打通第三方 OTA 接口,实现与 OTA 系统的实时互联;实现与信息门户网站系统的一体化;实现客人自助登记和结账将更有可能;富互联网应用技术,Flash 动画体验等。

2. iHotel 在连锁酒店集团上的优势

连锁酒店如果采用私有云计算技术,由于所有成员酒店数据均可存放于总部服务器,除了享受前述的单体酒店优势外,还有如下明显的集团使用优势:

- 系统一体化:真正地实现集团与成员饭店一体化,成员与集团信息无缝链接,数据实时更新,使系统数据一致性得到充分的保证;
- 降低整体系统投入:成员饭店可不需要服务器,光电费每家店每年就可减少 3000 元左右的费用(仅按一台服务器计算);成员饭店只要具备常规的 Windows 运行环境,不需要额外的正版服务器系统软件支出;可以基于公网 Internet 运行,免除 VPN 网络费用;免除成员饭店与集团之间的额外接口电脑;

- 方便集团管理:集团协议客户仅需在集团中心增加,每家成员酒店就可以同步;标准代码落实快捷,集团报表一目了然;经营指标核算方法统一,数据对比度高;只要有相应的权限,可在任何有网络的地方登录操作集团及旗下任何饭店的功能,便于集团人力资源调配;
- 方便集团扩容:集团可以按照发展的需要逐步增添服务器数量;新增的服务器可与老服务器可以并行使用,而不会造成浪费;
- 方便软件维护:相当于维护一套软件,不需要太多维护人员;
- 方便软件升级:中心服务器端一次升级,所有成员饭店同时跟着升级,实施方便,成本降低。

3. iHotel 系统存在的不足

云计算可谓是当前 IT 业界最具未来趋势的领域,它能显著降低成本,提高效率,但云应用体验并不都是完美的,最明显的就是数据安全和服务中断。

某些极端情况下,云主机死机就可能造成整个系统瘫痪,因此系统主机应建立严格的安全机制:双机热备、异地备份,机房安全、网络防火墙等也必须充分考虑。网络断网也将严重影响系统的使用,一种方案是在饭店本地建立运行数据库备份,一旦系统断网,利用离线系统还能保证饭店的最基本操作;另一种方案是,对有条件的饭店,建议客用网和办公网双网运行,建立网络备份机制;再有就是使用 3G 数据卡上网作备份,或直接使用手机 App 程序直接进行基本的操作。这是物理条件上的影响。

还有就是饭店心理上的影响。饭店数据存放在公有云中心或集团总部,存在数据安全性的问题。饭店必须信任第三方供应商或集团本身,以确信数据安全而不会泄密。一方面,饭店和云服务提供商都签订保密协议,保证数据不外泄;另一方面,云服务提供商也只有核心技术人员才具备权限访问相关数据,以便帮助饭店解决操作中出现的问题;还有网络安全,也像网上银行一样,可通过多种系统安全措施来保证。

iHotel 系统为了避免上述两缺点,饭店可以在本地布置运行数据库,完全采用分布式数据库的方式来完美保证云主机死机或断网时,饭店本身仍能运行与总部无关的功能,只是云计算技术的优势会受到微小影响,比较适合高星级的大型单体饭店或集团使用。

4. iHotel 系统的应用趋势

自 20 世纪 70 年代起,饭店信息化系统随着计算机技术的发展,也经历了四代产品:小型机多用户时代、文件服务器时代、客户机/服务器(C/S)时代,以及目前正在迅速发展的浏览器/服务器(B/S)云计算时代。B/S 架构的饭店信息化系统又有两种:一种是瘦客户机的纯浏览器方式,另一种就是iHotel 采用的富互联网应用 RIA 技术,它结合了 C/S 与 B/S 两者的优点,又避开了两者的缺点,是目前最为先进的饭店信息化软件体系结构。

由于第四代产品的明显优势,特别是中小型单体酒店和连锁型经济型酒店,纷纷开始从 C/S 模式切换到云计算模式。就像当年饭店普及虚拟程控交换机一样,随着云计算技术的饭店信息化产品的日益成熟,在不远的将来,云计算产品将占据绝对指导地位。可以说,中国饭店业全面信息化管理,iHotel 系统是最佳的解决方案,因为对于中小规模的单体饭店来说,使用 iHotel 系统不需要建设成本。

5. iHotel 系统开发商简介

iHotel 平台由杭州绿云科技有限公司(简称绿云)全力开发。绿云公司是目前国内 Web 型饭店管理系统的龙头企业,其创始人、核心研发及管理团队均来自传统饭店系统的主要开发者,有 20 多年饭店信息化系统的开发和服务经验。核心团队于 2009 年起开始研究云计算技术,总结了国内外 B/S架构饭店系统的成败经验,充分研究了传统饭店软件的优缺点,于 2010 年 7月正式独立注册绿云运作 Web 系统,2011 年 8 月首次推出 iHotel 原型系统,2012 年 7 月发布 iHotel 1.0 版本,是目前国内发展最迅速的新一代饭店管理信息化产品。

除绿云外,国内从事云计算饭店系统,较有影响的还有北京万维罗盘信息技术有限公司(简称北京罗盘)开发的 HIMS 酒店信息管理系统。罗盘于2006 年开始研发云计算饭店系统,于 2007 年 9 月推出公测版。

## 【本章小结】

本章对旅游饭店信息化建设的相关知识进行了介绍。第一节,我们对旅游饭店信息化概况进行了介绍,主要包括饭店信息化建设的内涵及作用、旅游饭店信息化建设的内容、旅游饭店信息化的发展阶段三个方面的内容;第二节对旅游饭店管理信息系统进行了阐述,包括饭店管理信息系统的定义、结构与功能、主流饭店管理信息系统、发展趋势等;第三节对旅游饭店电子商务系统进行了介绍,内容包括饭店电子商务的内涵及分类、作用、结构和内容、发展趋势等。本章的最后一节对旅游饭店信息化建设存在的问题和对策进行了总结。通过本章的学习,希望能够加深读者对旅游饭店信息化建设内容的认识。

## 【关键概念】

旅游饭店信息化 饭店管理信息系统(HMIS) 客户关系管理系统(CRM)
饭店信息化服务 前台管理系统 后台管理系统
饭店电子商务 移动电子商务 在线交易模式
社交化营销 微博营销 网络订房

## 【复习与思考题】

1. 简述旅游饭店信息化建设的内涵。

2. 请结合实际,谈谈旅游饭店信息化建设的作用。

3. 简述旅游饭店信息化建设的范围及内容。

4. 通过查阅资料,总结金陵饭店电子采购网的功能及作用。

5. 旅游饭店信息化的发展需要经历哪几个阶段?

6. 简述旅游饭店管理信息系统的定义。

7. 谈谈旅游饭店前台管理信息系统的功能有哪些。

8. 简述旅游饭店管理信息系统包含哪些应用子系统。

9. 通过查阅资料,选择某一主流饭店管理信息系统进行介绍。

10. 结合实际,谈谈饭店管理信息系统的发展趋势。

11. 简述旅游饭店电子商务的内涵及分类。

12. 结合实际,谈谈旅游饭店电子商务的作用有哪些。

13. 谈谈旅游饭店电子商务系统的主要内容。

14. 什么是网络订房?网络订房的管理需要哪些信息系统作支持?

15. 分析旅游饭店电子商务的发展趋势。

16. 目前饭店开展旅游电子商务,涉及的应用主要有哪些信息技术?

17. 结合实际,谈谈旅游饭店信息化建设当前存在的主要问题有哪些。

18. 结合实际,谈谈旅游饭店信息化建设的发展对策。

19. 作为一个小规模饭店,应如何利用信息通信技术提升自己的经营优势并实现经营模式的转型?

20. 作为一个小规模饭店,应如何开展电子商务业务,提升自己的市场经营优势?

**【课后案例】**

## 黄龙饭店的"智慧"管理与服务

黄龙饭店隶属于杭州旅游集团，多年来与杭州市政府密切合作，承办了很多重要会议与贵宾接待工作。但是，随着越来越多国际化新饭店的进驻，杭州饭店业竞争日趋激烈。如何突出重围，续写并超越黄龙饭店的往日辉煌成为黄龙饭店管理层面临的首要问题。为此，杭州旅游集团耗资10亿元对其进行升级改造。在改造中突出科技创新，主打信息化管理，实现了内部流程、对客交互和顾客体验三个层面的智能化系统升级，成为名副其实的全球首家"智慧"饭店。

1. 顾客体验智能化

饭店首先是为顾客提供服务的载体，因此顾客体验的智能化是智慧饭店的第一要义。伴随信息科技的日新月异，顾客对饭店体验的智能化有着越来越高的要求。黄龙饭店给顾客带来多重智能体验，第一次住店往往令客人耳目一新，再次住店则得心应手，对其智能体验欲罢不能，这就是黄龙饭店的核心竞争力。

①客房智慧导航系统。所有入住黄龙饭店的客人都可以拿到一张独一无二的房卡，进电梯只需刷卡即可到达所住楼层，出电梯后系统会自动感应客人的房卡信息，由走廊内三道指示牌指引直至自己的房间。这轻松解决了客人在饭店里找不到房间的困境，如图7-11所示。

②VIP快速通道。VIP客人通过预订后，自己开车入车库的同时完成登记入住和房卡制作，非常便于保护高端客人的隐私。

③电视门禁系统。大多饭店门禁就是猫眼，黄龙饭店则有巨大改进。门铃一响，不必看猫眼，门外的图像会主动跳到电视屏幕上，很快知道谁来访，方便客人判断以什么形象去开门，如图7-12所示。

④客房智能手机。每间客房配备一台智能手机，号码就是客房电话，可实现全球漫游，免费拨打，免费接听。这极大地方便了出差在外的客人，尤其是国外客人。

⑤互动服务电视系统。黄龙饭店将电视的功能用到极致，内设八国语言系统，会自动选择以母语欢迎客人入住，自动弹出客人上次入住时常看的频道；能显示客人祖国的天气及杭州天气；显示机场航班动态，方便客人合理安排时间，甚至可以在饭店商务中心打印登机牌；为客人提供点餐服务；为客人提供杭州各类信息等服务，如图7-13所示。

⑥苹果Ipad点菜系统。黄龙饭店是全球饭店业第一家将Ipad用作点

图 7-11　黄龙饭店的客房智慧导航系统

图 7-12　黄龙饭店的电视门禁系统

菜的饭店,并且自己与杭州引力网络科技有限公司合作研发出一套点菜系统 I-MENU,所有菜品均可清晰显示,除了形象的画面,各种食物的成分也清楚标示,方便搭配。还可以和智能手机互动,顾客下载了饭店的 App,就可以用自己手机点菜了,且所点菜单在 Ipad 上自动出现,实现了互动式点菜。

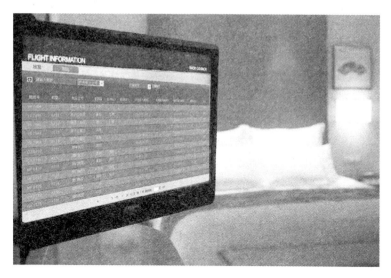

图 7-13　黄龙饭店互动服务电视系统

　　诸多创新体验令客人目不暇接,流连忘返。新奇的体验,舒适的住宿,黄龙饭店用全方位的智能系统"俘虏"了一批又一批客人的芳心。系统化的智能体验客房完全超越数字客房的狭隘范畴,实现顾客体验的全面覆盖,为饭店在高端客源市场开辟出前景光明的蓝海之路。

　　2.对客交互智能化

　　现代饭店服务涉及的信息稍纵即逝,服务环节增多更会导致信息传递过程中的损失,进而直接导致服务失败。因此对客交互的智能化是提升服务品质的关键,但是很少有成功的案例。黄龙饭店则很好地破解了这一难题,利用智能系统实现对客交互的智能化,极大地提升了服务品质。下面以饭店常见服务作为切入点阐述对客交互的智能化。

　　①客人识别。服务员见到客人要问好,但是存在的问题是饭店客房规模大,再好的服务员也难以记清楚每位客人的姓名,叫错了姓名更是尴尬。如果对客人不加区别地问好,客人也会因为不被尊重而心生反感。在黄龙饭店,这种情况不会发生,因为每位客人都有一张独一无二的房卡,当客人走进黄龙饭店这张房卡就会被感应,服务员就能收到相关信息,上前问好并提供服务。

　　②对客服务。客人住店期间有服务需求,这种信息在很多饭店往往经过多次传递而无法及时完成,甚至因此而招来投诉。在黄龙饭店这种情况不会发生,因为每个当班员工都配备一台手机。客人将服务需求信息告知

服务中心,服务中心立即将服务信息发给当班员工。如果员工有时间有能力完成则确认,有事难以抽身则可以转给其他员工。服务完成后员工会向服务中心确认完成,而服务中心则会征询客人意见。这样的一个服务过程不存在信息损耗,可以说实现了顾客—信息中心—职能部门之间的完美对接。

③点菜系统。客人用 iPad 点菜,服务员则用 i-Touch 确认。客人的需求通过信息系统直接传到厨房间,厨师与服务员实现无缝对接。

④会议系统。会议自动签到系统无需与会的宾客一一签到,就能统计已到和未到的人数,还能分析各类数据,并能将参会人员的具体信息汇总成报表,让每次会议的结果均可见可查。例如智能会议管理系统会自动统计客人在不同的展区停留的时间、每个展区参观的人次等,展会主办方就能轻松地分析出哪些产品更加有市场吸引力。

如此种种,基于智能系统的对客交互实现了服务的高效率,实现了传统人力所不能达到的新型服务,这也是黄龙饭店核心竞争力的重要方面。

3. 内部管理智能化

管理智能化是提升管理绩效的有效手段,也是智慧饭店的重要方面。目前大多数饭店采用的智能化系统主要针对物流和资金流,用于成本控制,对于员工服务的考核管理仍主要靠逐级负责人考核的办法,其中人的主观因素占了很大比重。饭店经营得好,则所有人都忙于接待服务,管理力度就下来了,长此以往就形成了"经营和管理不能兼得"的悖论。而服务是服务员对客人的不可储存的劳动,很难精准计件计量,忙起来就是一笔糊涂账。在黄龙饭店不会发生这种情况,员工的付出有着精确的统计,因此才能真正有效地激励员工。

①员工管理。当班员工的制服内有专业专用标签,在各个分区都有读写器,显示员工定位。员工通过随身携带的手机接收任务并汇报完成情况,所有的服务都会在中央系统留下"痕迹",便于统计员工的工作量。

②资产管理。在贵重物品上粘贴专用标签,当资产被非法移动,系统会自动报警,这直接解决了饭店贵重物品的资产管理难题。

③流程管理。无论是客房服务还是餐饮服务,整个流程都是无纸化办公,所有的流程都经过中央系统,流程控制一目了然,信息通畅,管理高效。

正是由于采用智能化管理,饭店员工考核成为激励的有效工具,有凭有据的奖惩让员工心服,激励员工以更大的热情投入工作。

经过两年半的改扩建,2010 年,黄龙饭店提升为全球第一家智慧饭店。从老饭店一跃成为智慧饭店,外人一定认为其信息化系统改造成本一定价格不菲,但事实上,改造费用并没有大幅提升。关键是黄龙充分发挥常用设备的潜在价值,开发软件嵌入扩充其功能,所投入的成本并不高。通盘考虑后做整合开发,黄龙饭店节约了不少成本。比如原来引进饭店的六根线,包括电信、电视、电话等,整合之后只需要一根线,为运营省下大量成本。而采用 Ipad 等先进设备,则要比不采用更节省。以菜单为例,Ipad 用作点菜不仅给客人更多信息,且菜单更新只需要改变程序即可完成,而纸质菜单则需要重新印刷,成本颇高。因此整体成本控制得非常好。

再看收益。由于采用最新的技术给客人以独一无二的数字科技体验,黄龙饭店已经成为杭州顶级奢华饭店,摆脱原来无休止价格竞争的红海,在高端市场上竖起民族饭店品牌。由于采用全覆盖的管理系统,饭店用工较之同星级饭店大幅下降,598 间客房仅有 780 个员工,而高品质服务在管理系统的支撑下更显卓越。

(资料来源:根据《杭州黄龙:中国最智慧的饭店》一文整理。郑世卿.杭州黄龙:中国最智慧的饭店.饭店世界[J],2011(3))

## 案例分析与思考

1. 结合案例,思考黄龙饭店为什么要进行"智慧饭店"建设。

2. 黄龙饭店的智慧主要体现在哪些方面?采用的是哪些技术?

3. 你如何看待黄龙饭店用 iPad 进行点菜,觉得有必要么?

4. 杭州黄龙饭店的智慧管理体现在哪里?产生了怎样的管理效果?

5. 通过查阅资料,了解国内饭店建设情况,并对比分析黄龙饭店信息化建设的内容,有什么启示和建议?

# 8  旅行社经营的信息化管理

## 【本章要点】

- 旅行社信息化管理的概念
- 旅行社信息系统的概念
- 旅行社信息化管理的技术及内容
- 旅行社电子商务的概念
- 旅行社信息化管理对策

## 【课前案例】

### 3年从零到2亿的"驴妈妈"

1. 从驴友旅游发现商机

"先问驴妈妈,再去游天下"、"驴妈妈,妈妈般呵护驴友"! 2008年6月,一个打出为驴友服务口号的、以景区分销为主打业务的旅游电子商务公司在上海冒了出来(www.lvmama.com)。

一批原本从事景区规划的人发现,几年前80%的旅游活动是团队游,20%才是散客;在网络的推动下,现在7%是商务旅行,21%是旅行社带领的团队,70%是散客。而大多数的自助游散客们最爱自称驴友,驴友的兴起让这些从事景区规划的年轻人看到了商机。

携程、艺龙、芒果网都在"机票+酒店"的商务旅行市场中"拼杀",却留下了另一片散客旅游市场和它的商机——"景点门票+网络营销"。在慧眼识得这个不可多得的机会后,上海景域文化传播有限公司创办了驴妈妈旅游网,打出了前面提到的为驴友旅游服务的口号。

2. 一鸣惊人的"驴妈妈"

基于中国"散客时代"驴友市场的需求,"驴妈妈"以景点"票务"为切入点,融合景点"精准营销"和"网络分销",使景点以"零投入"的方式拥有了自己的网上门票预订平台；根据"自由行"游客的行为特征，通过电子商务"便捷、优惠、个性化"的定制服务，满足了"自由行"游客的需要，最终搭建成景点票务电子商务门户和景点整合营销平台。

2008年，创建伊始的驴妈妈旅游网就获得了包括携程网CEO范敏、资深天使投资家杨振宇、分众传媒副总裁钱倩等在内的多位投资人的首轮投资；2009年8月，又再次吸引数千万风险投资基金。有了充足的资金，"驴妈妈"开始在全国旅游景点进行布局，打造国内景区商务实现门票网上预订的在线商务网站。目前，"驴妈妈"注册会员达数百万、签约景区已超过3000家，驴妈妈旅游网上的产品超过5400种。2010年驴妈妈营业收入达2亿元，较前年增长了20余倍，成立只有短短三年的"驴妈妈"一鸣惊人了。

3. 驴妈妈旅游网景区门票的订购流程

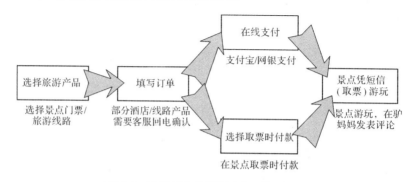

图8-1  驴妈妈旅游网景点门票订购流程

为了降低取票成本，"驴妈妈"为客户提供了三种取票方式。

(1)短信取票方式。您在驴妈妈网上购买门票，当提示景区支持短信取票时，您可填写个人信息后提交生成订单，在完成在线支付后，此订单信息将会以短信的方式发送到您的手机上，您只要在入园时出示您的身份证和手机订单短信信息，即可取票入园。

(2)二维码"电子票"取票方式。您在驴妈妈网上购买门票，当提示景区支持二维码取票时，您可填写个人信息提交生成订单，在完成在线支付后，系统将您的订单及二维码信息以短信的形式发送到您的手机，您只需在指定的取票地点验证二维码，即可取票入园。

(3)实体票送票方式。您在驴妈妈网上购买门票，当提示景区支持实体票送票服务时，您可填写个人信息后提交生成订单，在完成在线支付后，驴妈妈客服人员会把实体票以快递的方式送到您所填写的送票地址处。

（资料来源：作者整理。）

　　旅行社是旅游业的中介,提供的是服务,专门为旅游者提供组合服务产品。因此,旅行社的业务流程涉及旅游业的各个环节,其管理流程最为复杂。在信息化管理建设方面,我国大型旅行社如中旅、国旅、中青旅等的信息化建设取得了较好的成绩,从目前来看,旅行社信息化管理主要是企业内部流程的管理,企业之间的协作管理还没有完全展开。本章我们将围绕旅行社信息化管理的基本概念展开,介绍旅行社信息系统、旅行社电子商务等应用知识。

# 8.1　旅行社信息化建设概述

　　我国旅行社信息化管理起步较晚,且由于中小规模旅行社居多,信息化管理整体水平一直不高。如全球分销系统(GDS)在我国应用普及率不高,目前旅行社使用 GDS 的比例还不到 20%,而美国接近 90% 的旅行社都使用GDS,这也间接说明了我国旅行社信息化的程度还比较低,对于旅行社信息化管理还缺乏有效的理论指导。本节将围绕旅行社信息化的基本概念,介绍旅行社信息化管理的作用和特点,以及必要性的一些应用理念。

## 8.1.1　旅行社信息化建设的必要性

　　进入 21 世纪以来,旅游中介服务商的电子商务发展迅猛,如携程旅行网、同程旅游网、艺龙旅游网等。这些电子中介服务商的发展给传统旅行社经营带来巨大的冲击,传统旅行社必须借助于信息技术手段主动迎击开展电子商务,才能保持自己的市场份额。因此,旅行社信息化是受市场所逼的必然趋势,下面简单分析旅行社信息化建设必要性的具体理由。

　　1. 以市场为出发点,旅行社需要信息化建设

　　首先,旅游消费者利用网络获取旅游信息已成常态。旅游市场到处都是网络环境,游客足不出户就可以获取旅游信息,而且电子中介服务商具有目的地完整的旅游信息,旅游者不必到旅行社去获取目的地信息,因此,旅行社的信息优势正在消失,旅行社要保持自己的信息优势,只有积极开展信息化管理建设,提供精准的旅游信息为游客服务,才能变挑战为机遇。实践表明,信息化的建设可以为旅行社提供一个全新的接触面广的产品信息与发布媒体,供全球范围内的游客查询浏览,为游客提供大量丰富的旅游信息,从而可以保持并扩展市场份额。

　　其次,信息化管理可为旅行社经营降低成本。旅行社广泛采用信息技术开展电子商务,可以降低采购成本,如住宿采购、景点游览采购、餐饮采购

等,便于组织游客欢迎的旅游线路。另外,通过各种便捷的渠道,使游客可以花很少的时间、以较低的成本获得各种旅游信息,在一定程度上达到信息对称,那么可以有效提高游客对服务的满意度。同时,在信息对称的情况下,游客在文化、休闲等方面可以得到更大的满足,会对旅行社产生认同感形成良好的口碑宣传和良性客源循环。

第三,旅游市场需要专业、精准的服务。旅行社具有专业的旅游服务,结合信息通信技术的应用,利用信息化管理可以为游客提供精准服务。同时,旅行社在游客行为、偏好的反馈和掌握方面有较强的优势,可以在提供优良服务的同时对旅游者形成一定的影响,这也是精准服务必要的基础。对旅游者来说,尽管信息时代拥有无限数量的旅游信息,但从旅游者的精力、时间和经验角度出发,无形的信息不可能完全代替专业的经验,还需要旅行社这样的专业机构为其选择和组合最贴切需要的旅游服务。

**2. 从旅行社自身出发,需要信息化建设**

首先,旅行社是信息依赖型企业,需要信息化管理的支持。旅行社的主要功能就是收集各种信息并加以整理,组合形成旅游产品,然后预售给旅游者。从某种意义上来讲,旅行社是经营旅游信息的企业,信息是旅行社的生命线。这是因为旅行社业务运作工程就是其为游客提供吃、住、行、游、购、娱等多方面服务的过程。然后旅游住宿、汽车出租、航空预订等都需要通过电子采购来获得,并提供给旅游者。从内部业务看,旅游产品的综合性要求旅行社必须有效获取信息,协调旅游中的各个要素,这些都必须通过信息来保证顾客对服务的满意。

其次,旅行社经营的特性适合信息化建设。旅游产品具有无形性和不可储藏性,决定了其生产销售是在服务过程中完成的,不太需要考虑物流配送,这就为旅游电子商务提供了便利条件,所有的预售、服务都是通过信息来完成的。因此,完整的旅游信息可以促进销售、减少损失、改善服务,这是旅行社信息化建设的先天优势。

最后,网站服务必须以信息化管理为基础。旅行社都有自己的商务网站,有的用于营销,有的直接用于销售(组团)。网站的服务以及窗口功能必须有后台的信息系统作支撑,没有强大的信息系统,网站仅是空中楼阁,无法提供完整的流程服务。如携程、去哪儿、驴妈妈等商务网站,其后台都有强大的信息系统支持。作为传统老牌的旅行社,占有景点资源、营销网络、客户资源等地利优势,其商务网站加上高效的信息化管理,将会使旅行社经营发生革命性的变化,新型的电子中介服务商就无法抢夺旅行社的市场份额。所以,旅行社如何利用网站窗口开展信息化管理将是一个重大的研究课题。

## 8.1.2　旅行社信息化管理的作用和特点

在信息化发达的美国,旅社信息化起步于20世纪60年代,1994年开始"无票旅行",1996年就达到53％,2007年实现了100％的航空电子化票务;到目前为止,100％的旅行社都联网,并使用GDS系统,完成了旅行社管理信息系统到Web管理信息系统的转变。在欧洲,大多数旅行社具有管理信息系统,超过50％的旅行社使用GDS系统,尤其是法国的旅行社,使用GDS已经接近了90％,大多数旅行社已经步入了信息化管理的繁荣阶段。对于旅行社,GDS分销系统的应用必须要有信息化管理的基础,否则其核心作用的业务自动化处理就无法实现。

（一）信息化管理的作用

1. 客户关系维系的作用

旅行社与客户关系的维系是多方面的,一方面,在提供面对面服务的同时,需要注意与客户的关系,首先树立一个良好的服务形象、丰富的信息内容,是维系关系的基本要素。当客人结束旅行,离开了旅行社的导游,注意不能就此结束服务,这时需要通过信息系统和网站等提供信息化服务,为客人提供源源不断的旅游信息、增值信息以及各种新推出旅游线路的包装产品信息等,也可以提供一个平台让旅游者交流旅游体会。信息系统和网站的另一个作用,是可以了解旅游者的消费动向,及时了解旅游需求,同时也可以把旅行社设计的新产品与旅游消费者交流,保持相互的沟通。信息化管理形成的信息系统也是渐进式的,旅行社开始同样可以先建立一个会员信息系统,管理基本的会员信息,然后逐渐形成客户关系管理系统（CRM）,实现电子化的管理企业客户,并提供个性化的服务产品。

2. 提高旅行社的组接团能力

不管是经营出入境旅游的旅行社还是经营国内旅游的旅行社,其组接团的能力都反映在处理外联事务的速度上,即响应服务的敏捷性。信息通信技术给旅行社提供了很多工具,为经营建立了信息交换和旅游产品的分销机制,尤其是互联网的普及应用,使旅行社能在几分钟内完成复杂的旅游行程安排。如通过信息系统了解最新航班时刻、价格,通过信息系统快速安排住宿（包括具体价格和房间类型）,甚至通过信息系统可以临时变更下一步的旅游线路等。计算机预订系统（CRS）和全球分销系统（GDS）的应用,为旅行社提供了有效而便利的预订机制,帮助旅行社获得关于各种旅游产品的信息。对旅游产品信息的了解及产品预订基本上不再用手工操作了,从而大大提高了旅行社的工作效率,即提高了旅行社的组接团能力,基本实现了旅行社与旅游供应商之间商务的电子化。

3. 为旅行社连锁经营提供支持

为改变我国单体旅行社居多这一局面,提高我国旅行社的市场竞争能力,开展旅行社的连锁经营已是必然趋势。连锁经营的基础就是构建一个集成化业务信息系统,通过信息系统实现业务数据的相互传递,并在网上可以联合发布组团信息和在线结算。因此,借助于集成化信息系统,旅行社可以联合组团,统一带团,统一结算,从而提高旅行社的整体经营能力。利用互联网技术构建的业务信息系统,解决了旅行社之间业务交换的技术问题,根据相互约定的处理方法,实现业务的自动化处理。随着我国生活水平的提高,出境游的业务越来越多,但对于每个小旅行社来说,还没有那么多的业务量频繁地组团,通过连锁经营就可以实现经常性的出境团组织,从而可以向境外拿到更优惠的旅游产品价格,提升了小规模旅行社的综合经营能力。

(二)信息化管理的特点

旅行社本身没有实体产品,依靠的是旅游资源信息进行组装或包装成旅游产品,因此,如何获取旅游资源信息并开展高效率的谈判是关键。旅行社在设计和选择旅游线路时,需要考虑多方面的信息以及商务谈判能力,信息化管理可以敏捷地提供信息支持以及灵活地与旅游供应商谈判,这是旅行社信息化管理必须具备的一个功能特点。有效的电子合同传递、快速的响应以及处理的敏捷性能提高谈判的效率,有利于旅行社能拿到较好的原产品价格,体现了旅行社提高组装产品的市场竞争能力。因此,信息化管理提升了旅行社的事务处理能力、游客接待能力、市场应变能力以及企业的扩张能力。对于现代旅行社开展的信息化管理,主要体现了以下一些特点:

- 提升旅行社内部、外部业务的协调能力;
- 信息化管理特别适应复杂的交叉业务,业务响应能力提升;
- 需要处理的信息资源种类多,信息量大;
- 可以方便地与客户进行信息互动;
- 信息化管理需根据市场需求而不断完善;
- 业务流转需要有规范的信息接口;
- 旅行社信息化管理的实现过程是渐进式的。

## 8.1.3 旅行社信息化管理建设步骤

信息化管理建设不同于一般的业务流程建设,它涉及业务,更涉及信息技术的应用。信息化项目如何组织,起步于旅行社哪个业务流程?开展信息化管理建设是非常重要的一步,不同规模的旅行社做法可能会不尽相同。下面简要介绍信息化管理建设的相关步骤。

### 1. 选择突破点

旅行社开展信息化管理是一个渐进的过程,选择起步的突破项目非常关键。信息化管理项目都是与技术性系统相关,旅行社的管理人士对信息化管理会很困惑,担心开局的效果和效益会影响的后续开展。如有些旅行社认为内部流程管理很重要,突破点就放在内部网的建设上;有些旅行社认为业务销售很重要,就可以突破点放在网站建设的网络组团方面;也有人认为财务结算很重要,这时旅行社的突破点会放在财务电算化的项目上。因此,合理选择信息化管理项目的突破点就能起到事倍功半的作用。

### 2. 建设规划

信息化管理建设需根据旅行社发展的战略规划来实施,因此在具体信息化管理建设时也需要先进行战略规划,在确定了战略规划后,再结合业务发展来展开。具体的建设规划是针对项目的,在选定突破项目后,进一步制订具体规划,在规划中需要确定项目的建设目标、项目的总体方案、项目实施的组织方式、项目的费用预算以及项目实施的步骤等。规划是一个指导性的文件,旅行社必须重视规划的重要性,它可以使信息化管理项目少走弯路,顺利实施。

### 3. 系统分析

系统分析从调查分析开始,然后进行具体的项目需求分析,确定系统的逻辑模型框架。调查分析分两步走:先初步调查,调查内容包括旅行社现状与管理体制、环境、企业人员对建设信息化的态度等;然后进行详细调查,进一步调查旅行社各部门、环节对信息化管理的具体要求,对业务工作流程、数据流程进行深入分析,从而描绘具体的数据处理功能需求,最后确定系统的模型框架,形成系统的分析说明书。

### 4. 项目设计

项目设计包括总体设计和详细设计两个阶段。总体设计即谋求建立系统的总体结构(即组成部分及网络结构)框架,以及子系统划分等要求;详细设计则包括系统的模块设计、数据库设计以及每一具体模块的运行方式设计,还包括子系统的输入和输出设计、文件设计、编码设计、规范设计、安全设计等内容。

### 5. 项目实施

项目实施就是具体实现可运行的系统,系统实施阶段的主要目的和任务是程序编码与调试,数据库建设以及试运行。还包括系统转换与运行,即在信息管理系统的替代过程中,需要做程序更换、新操作规范与制度教育、操作人员培训等准备工作。最后对系统进行性能评价和运行评价。

### 8.1.4　旅行社信息化管理的目标

每个旅行社开展信息化管理都需要确定自己的目标,不能盲目地开展信息化管理项目。一般旅行社的总体目标都是通过采用先进的信息技术系统,有效地辅助旅行社进行经营管理决策。因此,在旅行社信息化建设的过程中,一方面要从技术角度考虑信息系统的建设问题,另一方面要对管理决策的支持和人的信息接收的方式和能力进行综合考虑。不同旅行社的管理人有不同的目标和要求,盲目建设都会导致失败和浪费。通常建设目标应该包括以下几个方面。

1. 高效、准确地采集信息

信息化管理要求决策高效且服务敏捷,所有这些都必须建立在信息采集高效、准确的基础上。高效、准确地采集信息是信息化管理有效开展的必要前提。要保证技术系统采集信息的准确、高效,必须做到在工作现场一次性地捕捉数据,因为第一手的原始数据是最可靠的。其次,应有专业人员专职负责数据采集工作,同时还要有先进的技术手段作检查保障。确定了信息收集的范围后,需要将收集的信息准确地输入到信息系统,传统的手工业操作无法保证采集信息的准确性和效率,影响旅行社的服务质量和工作效果。信息化管理的技术系统改善了各种表格、单据、工作记录、账务和其他数据收集的方式,将有助于管理中提高信息采集的效率和准确性。

2. 信息传递渠道必须畅通

旅行社的信息传递渠道有正式的信息传播渠道和非正式的信息传播渠道两种。信息在传播渠道传递、转换或重新记录的过程中可能会发生差错。如信息的遗漏、错填及移位等。信息技术系统在设计中需考虑自动信息传播渠道接口的规范,保证信息技术系统的数据入口和出口的规范、传递过程封闭,并减少人为因素,实现操作程序标准化,传输渠道电子化,以减少信息传递过程中发生的错误频率,同时保证信息传递渠道的畅通。

3. 主业务的电子化处理

旅行社信息化管理目标必须围绕主业务开展,有些旅行社主业务是地接团,有些旅行社主业务是海外组团,也有些旅行社主业务是台湾游组团。不同的主业务信息化管理重点是不同的,但只有把旅行社自己的主业务都实现了,这时才反映了该旅行社的信息化水平。作为旅行社的高层管理人员,把主业务的信息化管理放在第一位,把握项目的落实、开展和实施等环节,则旅行社全面的信息化管理一定会顺利开展。

4. 消除内部的信息孤岛

旅行社信息化管理不是信息系统越多就越好,而是要把企业内部的数据实现资源化管理,使信息随时随地可使用,而且系统之间能实现数据的相互交换。例如,当一个客户要查询具体的旅游线路,这条线路上所有的服务环节都能查询到服务细节,尽管有些数据可能是跨系统的,但为了提供精准服务,信息化管理就必须把这些系统集成在一起,从而消除内部的信息孤岛。

5. 提高服务效率与质量

提高服务效率与服务质量也是信息化管理的主要目标之一。旅行社的信息化管理提供了现代化的信息处理方式与模式化的工作流程,提高了员工的工作效率,使信息在各部门之间的流转速度与准确性大大提高,从而在对客服务响应时间也大大缩短,也提高了服务效率。在信息的呈现方面,信息化管理迎合了客户的需求,实现了精准服务,从而提高对客的服务质量,提升了客户满意度。总之,旅行社信息化管理的最终目标是以信息为手段有效满足客户的个性化需求,最大限度地提高旅行社服务质量与效率,为旅行社获得最大的收益空间。

按照以上目标要求构建的信息化管理技术系统,肯定是最高效的。

## 8.2　旅行社管理信息系统

旅行社的经营越来越依赖管理信息系统,从局域网的信息系统发展到广域网的信息系统,又发展到今天基于 Web 的管理信息系统,使旅行社基于信息系统可以处理全球化的业务,尤其借助于互联网实现在线的组团服务。没有现代的管理信息系统,旅行社的经营管理就无法想象。

### 8.2.1　旅行社管理信息系统的概念

旅行社管理信息系统是管理信息系统在旅行社行业管理领域的具体应用,它是利用信息通讯技术,对旅行社经营业务和管理活动中所有相关信息进行综合管理和控制的人机综合系统。旅行社管理信息系统主要以旅行接待和内部管理为目的,并围绕旅行社的基本业务,实现旅游线路设计、定价、旅游产品促销、销售、旅游接待服务及网络组团等功能。通过建立企业的客户资料数据库,借助管理信息系统完善客户服务和客户关系的管理,可以方便快捷地处理旅行社的财务核算、决算以及经济活动分析等事务,还可以借助信息资源数据库强大的查询功能,为旅行社的知识管理提供挖掘分析的基础。

管理信息系统运用现代化的管理思想和数学方法,对旅行社经营和管理工作中的信息进行收集、存储、加工、分析,以辅助日常业务处理、决策方案的制订和优选等工作,以及跟踪、监督、控制、调节整个管理过程,实现旅行社管理效益的改善。目前旅行社管理信息系统大多以 Windows 和 Unix 为操作平台,并配备高性能的数据库管理系统。

现代新型的管理信息系统都是基于网络的,系统除了具备管理能力外,还兼做商务,具有电子商务的功能,如网络组团、业务采购等。这里的网络体现的是协作,如利用管理信息系统实现旅行社内部各部门的协作,旅行社上下游之间的协作,以及旅行社与政府相关部门之间的协作等。因此,基于网络的信息系统必须有协作窗口,这个协作窗口就是常见的网站,网站是协作型管理信息系统的重要组成部分,旅行社信息化管理建立的信息系统必须考虑上下游的协作。

## 8.2.2 旅行社管理信息系统的开发方式

作为信息化管理的主要软件,系统实现的途径有多种方式,管理人必须要了解当前实现软件的开发方式或途径。

1. 旅行社管理信息系统开发的原则

旅行社管理信息系统开发是一项系统工程,因为它涉及的环节多、部门多、时间长、过程繁复,因此,在开发过程中应遵循以下原则:

(1)旅行社管理信息系统开发应遵循可扩展性,因为环境在变,需求在变、管理模式在变,系统应通过扩展来适应这些变化,从而延续系统的生命周期。

(2)数据设计应符合标准规范。旅行社管理信息系统要和上下游的企业进行业务数据交换,系统在数据库设计时一定要按照标准规范,首先满足国家标准的数据规范,其次符合行业的数据标准规范,在没有标准规范可参照时,对相关业务数据自己定义一个标准规范。

(3)硬件运行平台设计要高可靠性。在系统的网络平台,硬件方面要做到设备质量可靠、维护保障可靠,尤其是服务器硬件和网络设备硬件,在选型时应重点考虑运行的可靠性。

(4)选择有效的开发方法。对于大型旅行社,管理信息系统的建设可以自己组织开发,对于一般的旅行社,可采用委托开发或直接购买。如果旅行社选择自己开发,则选择开发的方法非常重要。目前开发的方法很多,有面向对象的开发方法,也有结构化的开发方法,更有高效的原型法开发方法。旅行社可根据自己的人才情况、资源情况、财力情况选择合适的开发方法。

(5)分阶段开发的原则。对于大型的管理信息系统,可以采取分阶段的开发方式,按照子系统为单位组织开发。首先选择重要的子系统进行设计开发,然后分别按年度组织实施。当然,在分阶段开发前应先进行统一规划,然后分步实施。

(6)建立严格的开发管理制度。管理信息系统的开发是一个复杂的过程,有技术开发,有文档管理,整个开发过程是一个创造过程、创新过程,需要通过精心管理才能开发出精品,创造出好的应用系统。旅行社必须制定严格的制度来确保管理信息系统的正常开发,确保信息系统建设的顺利开展,以保持信息系统与实际业务管理流程的高度一致。

此外,在旅行社管理信息系统开发过程中,旅行社内部还要有一些关键的工作必须做好。比如,信息的规范、安全的规范以及相关的培训,另外,工作人员人机对话能力的培养等都需要配合开发工作。任何一个环节的疏忽都有可能给整个系统的运行增加障碍,甚至会使管理信息系统建设夭折。

2. 旅行社管理信息系统开发的途径

旅行社通常属于中小规模企业,尤其我国的旅行社都是小规模企业,导致获取管理信息系统的方式出现多样化,究竟选择怎样的开发途径,最关键的是要结合旅行社的经营目标、自身规模、资金状况、人力资源、业务范围与所处的内外环境等方面的条件综合来决定以何种形式进行系统开发。归纳起来,目前旅行社有以下几种管理信息系统的开发方式。

(1)购买现成软件,如旅行社的财务管理系统、劳资管理系统等,只需购买现成软件。也有一些旅行社的办公自动化系统也是购买现成的,对于更小规模的旅行社,几乎所有的应用软件都采用购买的方式。

(2)委托开发。有一定经济实力的旅行社,委托专业的合作伙伴进行信息系统的开发,如浙江中旅、国旅等旅行社,采用的是委托开发,并派出本企业人员参与开发过程的沟通。

(3)联合开发。这种方式适合于有一定的技术力量,希望通过联合开发提高自己的技术队伍,以便于后期进行系统维护工作的旅行社。

(4)自主开发。优点是可以开发出能适合本旅行社特点的系统,便于公司内员工接受和操作,期望开发的管理信息系统具有创新优势。这种开发方式一般是全球化运作的大型旅行社集团,但如果组织得不好,可能会导致开发水平较低,软件的竞争优势不强,可向专业人士或公司咨询或指导避免这种情况。

### 8.2.3 旅行社管理信息系统的特点

基于旅行社业务的特点,其管理信息系统具有以下几个基本特点。

1. 庞大的资源信息基础

旅行社的业务特点是组合产品,因此需要大量的资源信息。旅行社管理信息系统包括接待管理、采购管理、销售管理、财务管理和客户管理等多项功能,信息内容涵盖旅游饭店、餐饮、交通、景区景点、导游、客户资料、财务数据等多个方面,这些信息资料数据库共同构成了旅行社经营管理活动的基础。因此,旅行社管理信息系统不仅是管理系统,还拥有一个相当庞大的资源信息库,便于系统地组合产品设计。为了增强资料信息库的完整性,一般要求与外部专业旅游信息资源数据库相连,以补充自己资料数据库的不足。

2. 信息的时效性较强

旅行社需要的资源信息都与价格相关,具有很强的时效性;游客的旅游动机也与季节有关,旅游的需求信息同样有很强的时效性。因此,几乎所有旅行社经营所需的信息都具有较强的时效性。如景区推出的赏梅特惠票价,饭店推出的限时特价客房,餐厅推出的特价菜肴等,都与确定的时间有关。旅行社管理信息系统必须及时获取有效信息,确保将准确、有效的旅游信息及时地提供给旅游者,形成更好的销售机会。

3. 信息处理需部门间和企业间的协作

旅行社提供产品,往往游客获取的服务并不是旅行社提供的,如住宿是饭店进行服务,用餐是餐馆进行服务等,因此,旅行社的组合产品需要各部门和相关企业的协作。这样就要求旅行社管理信息系统能处理组织客源、计调、产品采购、组团、分销等业务协作,然后向游客提供完整的无缝衔接,财务部门也需通过信息系统做好成本核算及各环节的财务结算等工作,这就要求旅行社管理信息系统必须具备很强的协作数据处理能力。

4. 系统的个性化处理及互动性

现代的旅行社管理信息系统必须提供个性化服务,利用互联网技术和信息处理技术,为个性化游客提供个性化的服务。如旅行社通过完美的信息服务,可以实现自主旅游,旅游者自己确定旅游线路、自己选择住宿的饭店等。因此,旅行社管理信息系统应能处理个性化的"自由行"产品信息,现代旅行社不但组织团队旅游,更可以组织个人外出旅游,通过完美的信息服务系统,向旅游者消费者提供旅途中的各种个性化服务。

### 8.2.4　旅行社管理信息系统的应用范围

旅行社作为为旅游者提供服务的专门企业,与生产有形产品的企业相比,最大的区别在于旅行社的生产过程就是为旅游者提供旅游信息和旅游相关服务的过程。因此,旅行社必须有符合其特征的信息管理系统,一般认为,旅行社管理信息系统主要包括旅游接待服务系统、组团销售系统、业务结算系统和办公事务综合管理系统等四部分。

1. 旅游接待服务系统

旅游接待服务系统是对旅行社接待服务过程的信息化管理,即通过信息系统记录接待旅游者的各种信息并提供目的地旅游线路的完整资源信息,实现游客信息的存储、整理、分类及相关处理。要将旅行社的接待服务过程计算机化,必须从对旅行社的基本业务流程的分析开始。

如图 8-2 所示,从旅行社和旅游者的不同角度来看,旅行社业务包含两个流程,即旅行社旅游产品的销售与服务过程和旅游者的旅游决策与旅游实现过程。

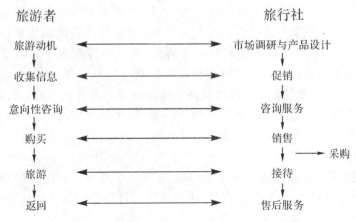

图 8-2　旅游决策过程与旅行社基本业务

(资料来源:陈小春:《旅行社管理学》,中国旅游出版社 2003 年版。)

根据旅行社的基本业务流程,旅行社的接待信息处理包括以下几个方面。

(1)外联地接功能的接待处理

系统应具备接客工作、线路安排、导游管理等处理功能。接客工作主要由导游根据计划具体去落实;线路安排也是根据计划确定具体的游览线路,但系统可以根据游客需求作适当调整,体现个性化的要求,前提是不增加任何费用;导游管理主要是工作安排和调配,记录导游的相关任务。另外,系统还提供线路查询、线路推荐、景点介绍、交通信息等功能,并提供游客信息管理,游客信息输入、修改、查询和确认以及统计报表等功能,生成有关接待的统计报表。

(2)产品销售组团接待处理

旅行社组团产品的销售过程包括:旅行社产品销售渠道的确定,旅游中间商的选择和管理,销售价格的制定以及促销手段的采用等。因此,在旅行社组团产品的销售阶段,旅行社需要处理的信息主要有旅游中间商信息、旅行社组团产品价格信息及促销手段信息,游客接待的基本信息资料和对旅行社组团产品的反馈信息。通过对这些信息的收集和处理,旅行社可以对整个组团产品销售过程进行跟踪和评价,及时发现销售过程中存在的问题和不足之处,并进行随时更正和弥补,以便为今后设计的团队线路产品更加完善。

(3)关于旅游接待的信息处理

旅行社的接待服务工作是很重要的工作,游客的感觉和体验会影响对旅行社的服务质量的评价。作为信息系统,对接待过程的功能设计显得愈加重要,需记录整个接待过程的重要信息,这是旅行社客户关系管理的基础。接待的信息处理除了完整记录游客的基本信息意外,还需要记录游客的偏好信息,因此导游以及接待员都应细致地观察游客的言行,及时把偏好信息收集到接待系统中。如游客的通信方式、生活方式、旅游行为、消费行为都是接待中需要关注的信息。

2. 组团销售系统

组团销售是旅行社管理信息系统的核心子系统。它包括线路产品设计、报价管理设计、分销策略设计、销售策略设计以及网络组团销售等功能。其中报价管理是销售系统的重点内容,报价管理设计要反映九个方面的作用:报价计划维护,完成原始计划的输入、修改、查询、取消、打印等工作;模拟团队在各地的成本及总成本;预算单团利润;完成对外正式报价;确认计划维护,完成确认计划的输入、修改、查询、取消、打印等;跟踪团队收入变更,调整团队成本,并保留每次的修改数据,随时进行利润核算;打印、发送团队接待计划书和价格协议书;审核团队收入、成本;单团利润核算及账务汇总、打印等。

分销和销售策略根据团队线路设计的销售目标来确定,具体在系统中形成多种可操作的分销计划和销售计划。网络组团销售是利用自己的商务网站,通过网络实现组团,游客在线报名后形成团队,所有信息和支付都可以在线处理。

3．业务结算系统

旅行社的业务结算比饭店要复杂得多,旅游管理信息系统应具备地接团的业务结算、组团业务结算以及旅行社采购业务的结算。而且团队在旅游过程中,其费用预算往往会发生变化,因此单团的结算往往无法遵循预算,但作为一个信息系统,应具备团队费用的跟踪和控制功能,一边合理调整一边执行。如组团业务结算,系统应具备五个方面的功能:项目输入、汇总制单、查询、统计、报表输出等。项目输入包括计划报价管理;汇总制单包括团队汇总、制作凭证、记账等;查询管理包括各旅行社送达的结算单的输入、查询、修改等;统计包括费用统计、分类统计等;输出包括往来账查询、打印各种报表等,系统根据需要生成各种统计报表。旅行社采购业务结算主要团队旅游中的消费固定项目,如住宿、餐饮、购物场所等项目的电子结算等。

4．办公事务综合信息的管理

旅行社的日常办公事务信息管理主要表现为人事信息管理、财务会计信息管理和办公事务信息流程管理等,还包括对经营过程中耗用的物资资源(主要表现为各种办公用品和一些低值易耗品)的管理。旅行社对物资资源的管理过程比较简单,所以在此不做考虑。

(1)旅行社劳动人事信息管理

旅行社的劳动人事信息管理体现为两个方面:第一是常规的人事信息管理,负责记录从业人员的姓名、性别、出生日期、文化程度、技术职称、行政级别、工资等内容,实现人事档案管理。这些信息的日常变动不是很大,对它们的利用主要是查询和综合统计。第二是负责记录从业人员的工作表现和考勤数据及其统计结果,这些数据信息的变动比较大,通过记录与汇总,影响的是从业人员的奖金、津贴等工资项目中的变动数据部分,而变动数据中的绩效工资则要通过旅行社当期经营成果的情况来统一考虑。除了传统的人事档案、工资管理外,还可以进行职工培训、社会保险、劳动合同及劳动组织和劳动力管理等,实现人力资源的开发管理,这些都是现代员工管理不可缺少的功能。

(2)旅行社财务会计信息管理

旅行社的财务会计信息管理可以分为收入数据和支出数据的记录处理,有专门的电算化软件处理财务数据。由于旅行社工作的特殊性,有大量的业务需要与其他旅行社或旅游服务的提供者来协作完成,这就导致了旅行社的各种应收及应付往来款项的业务量很大,结算业务的任务比较繁重。财务电算化的自动数据处理过程将会极大地减轻财会人员的工作量及工作强度,并提高工作速度和工作质量,使旅行社经营业务的核算更加科学、合理、高效。常用的财务软件有用友和金蝶财务等软件。

(3)旅行社办公事务信息化管理自动化

旅行社的日常业务有大量的工作需要与其他旅行社及酒店、餐饮、航空公司、旅游景点等旅游服务的提供者相联系;此外,旅行社在旅游产品设计、旅游产品销售及旅游接待服务过程中都有大量的文件、档案资料、信件及公函需要起草、传递、执行和保管,这些工作构成了旅行社行政管理部门日常工作的主要内容。这些日常事务处理是旅行社各部门办公的日常工作,而且大多数事务是企业间的协作事务,管理信息系统可以实现旅行社与其他协作单位往来业务的自动化处理,利用计算机及其网络系统向协作单位收发传真、电子邮件,对旅行社的业务文件、档案资料等实现全方位的信息化管理。该系统具有五个方面的作用:项目输入、汇总制单、查询、统计输出等。项目输入包括计划报价管理;汇总制单包括团队汇总、制作凭证、记账等;查询管理包括各旅行社送达的结算单的输入、查询、修改等;统计输出包括往来账查询、打印、各种统计等,根据需要生成各种统计报表。基于 Web 的管理信息系统可以实现企业间日常事务文件的无缝对接和交换。

# 8.3　旅行社电子商务系统

电子商务系统也是信息系统,只不过它是一个集成型的信息系统,主要处理企业商务。旅行社同样面临电子商务发展的浪潮,通过系统的构建开展旅游电子商务。既然电子商务系统属于信息系统,因此它也属于信息化管理范畴。本节将围绕旅行社的电子商务系统。重点介绍相关概念及其发展。

## 8.3.1　旅游电子商务的概念和特点

在飞速发展的全球电子商务中,旅游业和金融业、软件业、出版业并列为电子商务的四大应用领域。全球电子商务贸易中旅游电子商务就约占20%;在电子商务发达的美国,旅游电子商务则能占到电子商务贸易额的1/3。如在美国,2001 年电子商务总营业额的 530 亿美元中,旅游业营业额就达到 193 亿美元。根据尼尔森(Nielsen)发布的 2008 年美国居民在互联网上购买或使用的产品及服务数据,旅游服务是美国居民使用最多的在线服务,旅游电子商务交易额达到 947 亿美元。预计 2012 年美国旅游在线交易额将达到 1624 亿美元。

1. 旅游电子商务的概念

旅游电子商务是电子商务在旅游业这一特定领域的运用,是在线旅游服务商、各种旅游集团的营销网络特别是在国际互联网的支持下开展的电子化商务活动,包括众多单体旅游企业开展的电子商务活动。

旅游电子商务是旅游企业基于互联网络技术,运用电子手段以实现旅游商务活动的过程。简单讲就是互联网加旅游业务。狭义地说,旅游电子商务是在网上进行的旅游产品电子交易。广义地说,旅游电子商务包括利用网络进行的各种旅游经营活动和商业活动,如网上的宣传与营销推广、市场调查与分析、在线交易、网络营销、客户关怀活动等。

2. 旅游电子商务的特点

旅游电子商务与传统的旅游交易方式相比,具有许多新的特点。这里从旅游企业经营的角度做几点归纳:

(1)超越空间限制。由于旅游电子商务借助于网络进行,因此它也就具备了网络突破空间距离的特性,可将商务活动扩展到网络的任何一个角落,使得企业的经营范围空前扩大,旅游市场更加广阔,企业的商机也随之增大。

(2)信息实时更新。旅游信息具有很强的时间性,比如季节不同、假日不同,经营的价格、项目和对象都可能不同,网络信息与印刷资料最大的区别之一,就是立即更改,立即更新。但这又反过来要求企业必须经常更新网上信息,否则,长期不变的内容会失去吸引力,从而失去网上潜在的顾客。

(3)成本相对稳定。开展旅游电子商务,其成本主要分为建设成本和维护成本。其中建设成本类似于传统商务先期的固定资产投资,维护成本相当于传统商务经营过程的开销。不同的是,旅游电子商务的维护成本具有相对稳定性,即信息的被点击率增大,信息的用户增多,不会导致成本的增加。换言之,交易量的增长不会带来交易成本的同比增长,反过来,用户数量的增加将使平均成本降低。而在传统的旅游商务中,交易量大,甚至只是访问者增多,都会由于业务员接待和宣传品等的增多而导致经营成本的增加。由于网络经营成本一般来说较传统经营方式更低,其网上价格也具有更大的优惠。

(4)快捷方便,交互性强。一方面,通过电子手段,人们可以运用非常方便快捷的方法来完成传统交易中较为烦琐且事必躬亲的商务活动。另一方面,借助于电脑的交互性,现在的旅游电子商务网站也在不断地增强互动性,增加可参与性的项目,以便吸引并留住更多的顾客,从而可了解游客的需求动态。

(5)系统性。旅游电子商务应该是企业进行网络化经营的一个全面解决方案,因而往往都具备系统性,是企业对内实行电子化管理,对外实现电子化营销的整体方案。就对内而言,饭店前厅后台的每一个岗位、旅行社经营的每一个环境都纳入了其相应的计算机管理系统当中。而对其外的信息中常常都包罗了企业各种产品相关资料,可以说是企业对外营销的一个总平台。

(6)系统内容和系统容量的扩展性强。由于电子商务方案在实现时一般都是采用模块化的组合方式,因此要扩张内容较为方便。另外,开展旅游电子商务也要求系统容量的扩展性好。如当企业信息和客户资料大量增加时,系统的存储量能迅速扩大;当访问者大量增加时,系统的接待能力能及时增强。

(7)注重安全。由于电子商务是在一种虚拟的环境中进行的,病毒、黑客、欺诈等非法活动随时都在威胁着电子商务的开展。在这种情况下,安全始终都是至关重要的核心问题,必须下大力气解决。

### 8.3.2　电子商务在旅行社的应用价值

电子商务的应用价值是非常明显的,不管是服务性行业还是制造性行业,都在大力发展电子商务。旅行社作为一个服务性行业,它的经营几乎不产生物流,主要是通过信息流转开展服务,因此特别适合开展电子商务。具体来说,电子商务在旅行社的应用价值反映在以下几方面。

1. 有利于旅行社的品牌传播

网络的信息传播是效率最高的,作为一个品牌的旅行社,通过电子商务系统的建立,有利于自身的品牌传播。旅行社通过电子商务系统的信息发布、网络调查、信息发布、在线交易都是网络形象的一种表现,网上的信息发布可以说是旅行社生存和经营的基础,也是与外界沟通和传递企业价值的一个枢纽,诚信的经营和敏捷的服务在游客中形成了良好的口碑,通过一定的事件驱动形成网络效应,就起到了传播旅行社品牌的作用。

在现代旅游市场的竞争中,旅行社通过国际互联网建立自己的网站,可以把企业自身的优势充分地展示出来,把企业的管理、经营理念和策略向公众很好地进行宣传,及时根据市场调整企业经营策略,为游客提供受欢迎的旅游产品和优质的服务,这本身就是一种品牌营销。台湾雄狮旅行社(http://www.liontravel.com)在利用网站开展品牌营销中,起到了很好的品牌传播作用。

### 2. 降低经营成本,提高管理决策水平

对于旅行社而言,最大限度地降低运营成本是提高竞争力的重要策略,互联网是旅行社降低运营成本十分有效的途径。互联网研究与发展中心发布的《CH 中国电子商务指数报告》测算结果表明,电子商务比传统交易方式节省 11.61% 的费用和 9.34% 的时间。通过电子商务方式可以降低旅行社的交通与通信费用、企业办公费用和人工费用支出,从而大大地降低经营成本。

信息化使旅行社信息的传递更加快捷,给企业管理带来前所未有的便利。企业通过建立自己的内部资料网络数据库,将企业内部信息汇集在数据库内,便于员工随时查询;也可以在网络上存放较为机密的资料,并设定存取权限。例如,销售数字、市场占有率、新旅游项目开发、竞争者分析等。不同级别的员工可以浏览在其权限之内的资料。这样,员工可以最大限度地获取资料,从而提高工作效率和积极性。另外,旅行社通过内部网可以随时召开虚拟会议,交流各自工作情况和出现的问题,彻底改变了传统的工作流程,使信息传递更准确及时,有利于提高经营中的管理决策水平。

### 3. 实现旅行社的网络营销,提高营销效率

旅行社电子商务的本质就是利用网络为主渠道的在线销售,并提供各种旅游产品的在线服务,该服务的核心就是网络营销。旅行社网络营销包括市场舆情分析、需求预测、新媒体传播管控、广告促销等。电子商务的应用使得旅行社更容易获得消费者需求变化、旅游热点、现行营销策略的反馈等,同时更广泛地传播自身服务信息、营销策略等。因此,信息化对于提高旅行社营销效益有着直接、明显的作用,通过信息化实现了营销与服务的捆绑,更利于电子商务的开展。

### 4. 有利于客户关系的网络化管理,提高游客满意度

不再依赖面对面的交流,对电子商务时代来说,网络化、智能化的客户关系管理将使得旅行社及时洞察消费者倾向的改变、需求的变化、旅游热点等信息,尽可能地满足游客变化着的需要,提高服务效率、定制游客满意的个性化产品、提供优质的售后服务。因此,客户关系的网络化管理,拉近了旅行社与游客之间的距离关系,加强了两者之间的互动,有利于旅行社更好地满足消费者需要,提高游客满意度。

### 5. 有利于旅行社开拓新市场

电子商务的全球性使得旅行社可以不断开拓新市场,实现全球化经营。如美国的在线旅行社超过三分之一的业务来自于国际业务,这说明旅行社

的市场开拓是无限制的,因为旅游不分国界。旅行社与地接社、组团社以及上游供应商之间都可以通过电子商务合作。由于旅游电子商务将在很大程度上超越空间的限制,通过网络扩张可以开拓服务新市场;另一方面,互联网没有时间和空间的限制,每天24小时不停运行,遍布世界的每一个地方,这种新的电子销售渠道是旅行社传统渠道的有益补充,可以吸引那些在传统营销渠道中无法吸引到的游客在网上消费。另外,电子商务除了可以帮助旅行社增加开拓市场的宽度和广度之外,还可以帮助旅行社进一步细分和深入市场。电子商务的分析功能以及快捷的响应,而且又不受时间和地理位置的限制,为旅行社创造了新的市场机会。

### 8.3.3 我国旅行社电子商务的发展

20世纪20年代,中国第一家旅行社在上海成立。但我国旅行社大规模的发展却是在20世纪80年代中后期。到1988年底,旅行社数量猛增至1573家,改革开放初期由国旅、中旅和青旅三分天下的垄断局面已不复存在。我国旅行社的这种快速发展,一方面促进了旅行社的产业化,另一方面也造成了我国旅行社总体规模偏小,鱼龙混杂、竞争无序和服务难以规范的局面。我国旅行社业也正是这种情况下进入了20世纪末来临的电子商务时代。

1. 我国旅行社电子商务发展阶段

在我国,旅行社电子商务始于20世纪90年代中期。上海春秋旅行社是较早开展电子商务的,1994年就建立了内部的计算机实时预订系统,并利用该系统的快速、高效、准确、规范、统一和方便等特点,扩大网点、增加网络成员,很快就形成了一个较为合理的代理商预订系统。2000年,上海春秋旅行社组建了春秋旅游网,2001年,又将该网从简单的信息发布改造为可进行旅游电子商务的多功能平台。上海春秋旅行社的这种信息化、网络化的发展,逐步提高了企业电子商务的水平和功能,也使得企业发展不断攀上新的阶段。1997年,春秋旅行社在全国发展网络会员30余家,1998年增加到50家,2000年初已扩大到200余家。目前,春秋旅行社在江浙地区有400余个网络会员,全国网络会员超过4000个,网络营业收入在公司60多亿元总营业收入中的比重超过80%。2010年,公司获得"最具价值企业电子商务奖"和"年度中国最佳商业模式"称号。电子商务已成为春秋旅行社实现跨越式发展的重要助力。

从1994年至今,旅行社电子商务已经经历了低介入方式阶段、信息汇总导向阶段、交易集中导向阶段三个阶段,并且一体化电子商务导向发展阶段已经初显端倪。

(1)低介入方式阶段

低介入方式是指旅行社在互联网上建立网站,制作网页,将有关旅行社的信息向外发布,主要目的是利用网络提高旅行社的知名度,树立企业形象,宣传企业产品,该阶段多数旅行社主要是以网站的形式开始探索电子商务。

旅行社商务是发展电子商务的基础,无论是 B2B(Business to Business,旅行社企业之间),还是 B2C(Business to Customer,旅行社与旅游消费者之间),没有旅行社的参与,旅游电子商务活动就无从进行。旅游电子商务是依托互联网从事商务活动,旅行社没有"触网"就无法实现电子商务。因此,旅行社上网是旅行社电子商务发展的初级阶段。

(2)信息汇总导向阶段

信息汇总导向主要是旅行社通过互联网与外界进行信息沟通,提供旅游综合信息和旅行社产品信息,并支持在线预订,加强与游客之间的信息沟通。互联网的介入改变了传统的交易模式,将传统交易延伸到互联网上,使人们在进行交易时,除了原有的传统交易模式外又多了一种选择。但是,由于我国在电子商务的电信资费、安全保障、法律法规等方面存在问题,这一阶段还存在一些交易安全、交易诚信等不易解决的缺陷因素,交易方式仍以电话预订为主,网上交易最终还要转到线下来进行。因此,在线交易手段只是作为传统交易手段的补充,旅行社的主要盈利渠道仍是通过传统交易手段。信息汇总导向实现了旅行社电子商务的初步功能,这时旅行社基本认可了旅游电子商务未来发展的趋势。

(3)交易集中导向阶段

交易集中导向阶段以发展网上电子交易为主要特征,应用范围大大拓宽,旅行社开始以 B2B、B2C、C2B 和 C2C 等多种形式开展旅游业务。旅行社对电子商务的利用更加深入,不仅仅作为信息传递和产品销售的渠道,还充分利用电子商务的优势,努力实现电子商务的终极目的——利润。盈利是这一阶段的重点问题,旅行社开始探索网上交易的盈利模式。

在这个阶段,旅行社将网上预订、销售作为其主要业务渠道,并重视内部信息化基础的建设。建立健全企业内部网,完善信息技术的基础设施建设(计算机、数据库、内部网络),适应旅行社信息管理的电子化与网络化。信息安全、在线支付及货物配送等环节条件有了较大改善,网上预订大幅增长,但实现旅游电子商务的实时支付仍有一些困难,游客还是通过银行或邮局预付费用。

（4）一体化电子商务导向阶段

一体化电子商务导向凭借强大的后台信息处理能力和分销渠道,对旅行社合作伙伴的产品开始整合,如住宿产品的整合、观光产品的整合、交通服务产品的整合、餐饮产品的整合,满足旅游者电子商务的个性化需求,实现自由行的完全电子商务,向游客提供一体化的在线服务。随着信息技术的飞速发展,旅行社逐步安装 ERP(企业资源规划)系统、客户关系管理系统、供应链系统等,整合企业上下游的信息渠道,消除"信息孤岛"。如通过建设外联网与相关企业的内部网进行互联,实现产品供应链管理的自动化和网络化,实现战略伙伴间的信息共享,这是一体化服务的基本要求。同时,对旅行社业务流程进行有效的改进,不断调整经营模式,达到较高的电子商务盈利水平。

该阶段旅行社电子商务的外在环境如政策法律、信息安全、在线支付等方面大大改善,旅游者的消费习惯进一步改变,对网络交易的信心大幅度增强,开始出现旅行社电子商务在线交易,网络组团开始常态化。

2. 我国旅行社电子商务面临的问题

我国旅行社电子商务虽然发展喜人,但还面临着以下一些问题。

（1）全国性的旅游电子商务市场尚不成熟

美国是旅游电子商务的发源地,也是旅游电子商务高度发达的国家。除了美国旅游企业的信息化程度较高,网络技术的运用能力更强外,互联网用户在人口中所占的比例大,增长快,为旅游电子商务提供了丰足的客源市场,也是其发展迅速的重要因素。早在 1997 年,美国互联网用户就已经超过了 5000 万,1998 年便突破了 8000 万,2003 年更是达到了 1.5 亿。1997 年,美国上网家庭只占总数的 22%,到 2003 年,已达到 56%,正是这群数量庞大的网民为美国旅游电子商务提供了广阔的市场。

而我国,从 20 世纪 90 年代末至今,应该说网民的数量还是处在一个快速增长的阶段,到 2010 年 12 月,上网用户数已达到了 4.5 亿,居全世界第一,2012 年已达到 5.38 亿用户。但是还应该看到,我国网民用户统计数中重复率比较高,特别是与我国的人口总数相比,网民在总人数中所占的比例还是比美国低。从我国网络用户数与游客人数的比例关系和在线旅游者与网络用户的比例来看,还远远低于发达国家的美国所占的比例。以 2010 年为例,我国当年的国内旅游人数为 21 亿人次,上网用户数为 4.5 亿,而通过网络手段进行旅游电子商务的网络用户仅为 3613 万,在网民中的渗透率只有 7.9%,在网民各类网络应用中排名第 17 位,远远低于网络购物的 1.6 亿人次。而在美国,2000 年上网用户数约为 1.15 亿,其中在线旅游者就达

9000万,在各类网络应用中排名第一,其比例在2000年就大大高于我国。

从我国旅游业来讲,要开展旅游电子商务,拓展网上的客源市场还是一项非常重要而紧迫的任务。我国各类网络应用用户规模额使用率如表8-1所示。

由表8-1客源看出,旅游预订的使用率相对偏低,但相比2011年,2012年的旅游预订使用率有增长趋势,这说明旅游电子商务是一种符合社会发展潮流的趋势,但目前还未形成主流趋势,离成为一个成熟的旅游电子商务市场还有一段距离。

表8-1 2011.12—2012.6 中国网民对各类网络应用用户规模和使用率

| 应用 | 2012 年 6 月 | | 2011 年 12 月 | | 半年增长率 |
|---|---|---|---|---|---|
| | 用户规模(万) | 网民使用率 | 用户规模(万) | 网民使用率 | |
| 即时通信 | 44514.9 | 82.8% | 41509.8 | 80.9% | 7.2% |
| 搜索引擎 | 42860.5 | 79.7% | 40740.1 | 79.4% | 5.2% |
| 网络音乐 | 41060.0 | 76.4% | 38585.1 | 75.2% | 6.4% |
| 网络新闻 | 39231.7 | 73.0% | 36686.7 | 71.5% | 6.9% |
| 博客/个人空间 | 35331.3 | 65.7% | 31863.5 | 62.1% | 10.9% |
| 网络视频 | 34999.5 | 65.1% | 32530.5 | 63.4% | 7.6% |
| 网络游戏 | 33105.3 | 61.6% | 32427.9 | 63.2% | 2.1% |
| 微博 | 27364.5 | 50.9% | 24988.0 | 48.7% | 9.5% |
| 电子邮件 | 25842.8 | 48.1% | 24577.5 | 47.9% | 5.1% |
| 社交网站 | 25051.0 | 46.6% | 24423.6 | 47.6% | 2.6% |
| 网络购物 | 20989.2 | 39.0% | 19395.2 | 37.8% | 8.2% |
| 网络文学 | 19457.4 | 36.2% | 20267.5 | 39.5% | −4.0% |
| 网上银行 | 19077.2 | 35.5% | 16624.4 | 32.4% | 14.8% |
| 网上支付 | 18722.2 | 34.8% | 16675.8 | 32.5% | 12.3% |
| 论坛/BBS | 15586.0 | 29.0% | 14469.4 | 28.2% | 7.7% |
| 团购 | 6181.4 | 11.5% | 6465.1 | 12.6% | −4.4% |
| 旅行预订 | 4257.5 | 7.9% | 4207.4 | 8.2% | 1.2% |
| 网络炒股 | 3780.6 | 7.0% | 4002.2 | 7.8% | −5.5% |

资料来源:http://www.cnnic.cn.

(2)旅游电子商务处于无序竞争,多数旅行社处于弱势

在传统旅游业中,不管是批发还是零售,旅游中间商的角色主要是由旅行社来扮演的。随着电子商务,特别是旅游电子商务的兴起,旅游中间商的多元化已不可避免。这其中既有传统型的旅行社、也有实体旅行社和虚拟

旅行社(电子中介),也有旅游综合网、旅游专业门户网站、区域旅游网、其他综合网站的旅游频道和专业的旅游电子商务平台供应商等,如携程、艺龙、去哪儿网等。众多形式的旅游中间商的并存必然打乱原有的市场格局和原有的分工关系,旅游中间代理市场已经进入白热化的竞争局势,企业间的合作与竞争势必进一步加强,投资风险和经营风险也随之加大。因此,旅行社遇到了前所未有的挑战和困难。

(3)旅行社信息化程度低影响了电子商务应用

我国目前的旅游企业中,饭店业的信息化程度较高,信息化对饭店企业的经营管理影响也最大,目前取得的电子商务成果也仅次于航空业而名列前茅。但对旅行社来讲,一方面,信息化和电子商务的普及程度还比较低;另一方面,在开展电子商务的旅行社中,能在经营管理中体现电子商务经营理念的更是凤毛麟角。其中,大多数的旅行社网站主要仅起到网上宣传的作用。然而,在电子商务时代,旅行社的竞争将逐渐从争夺客源市场的直接竞争转向拼比经营模式的间接竞争,能否快速顺应电子商务的发展潮流、能否快速运用电子商务的最新技术、能否快速融会电子商务的最新管理理念,已是决定能否实现创新管理模式,顺利开展电子商务并在竞争中取胜的关键。

尽管我国旅行社电子商务在发展过程中还存在一些问题,面临不少挑战,但我国旅行社开展电子商务也具有一定的优势。第一,旅行社具有开展电子商务较好的先天条件,主要表现在旅游业中旅行社和旅游供应商、旅游交通企业已存在的长期的合作关系,也为彼此间开展电子商务提供了有利的条件;第二,旅行社和我国其他旅游企业一样,在开展旅游电子商务的过程中对物流的需求较小。物流问题历来被认为是阻碍电子商务发展的瓶颈之一。特别是随着电子票务技术的进一步成熟和推广,物流问题对旅游业的负面影响将会越来越小;第三,我国电子商务硬件设施已有很大的改善,技术上与其他发到国家的差距较小,这也为旅行社开展电子商务打下了较好的基础;最后,我国电子商务发展和电子商务市场的不均衡分布与旅行社分布的不均衡基本吻合,这为大多数旅行社开展电子商务提供了一个相对良好的区域环境,这是因为旅游业发达的地区电子商务技术和基础设施相对发达,旅游企业的信息化程度高、旅游电子商务市场相对广阔。

## 8.3.4 我国旅行社电子商务的发展模式

旅行社电子商务发展模式是指一个旅行社从事电子商务的市场定位和盈利目标,以及为了满足目标顾客主体需要所采取的一系列整体的战略组合。构建旅行社电子商务发展模式主要考虑的因素是发展的环境、市场定位、盈利渠道、成本及网站和信息系统建设。我国旅行社电子商务发展的模式包括六种:"水泥＋鼠标"模式、社区模式、政府主导模式、横向联盟模式、专业信息服务模式和买方主导市场模式。

1. "水泥＋鼠标"模式

该模式主要构成是旅行社建设旅游网站,提供酒店预订、机票预订、"酒店＋机票"式的商务套餐和自由行服务以及签证服务、用车服务和量身定制旅游线路的服务等。同时,将网站视为旅行社的一个部门,从企业内部的整体运作考虑,其运营的目的就包括了企业及其产品进行网上推广和实现自身盈利两部分。旅行社在网络上建设自己的品牌,同时将其在酒店预订、线路设计与预订、机票预订等业务搬到网上,吸引更多的旅游者。这样一部分旅游者在浏览网站后,到相关企业购买旅游产品,网站的部分盈利转向了旅游部门,另一部分直接在网上预订和购买,形成网站的直接盈利。旅游网站依托强大的旅游企业资源作为品牌支撑,企业规模优势、品牌知名度和美誉度以及顾客忠诚度都转化成了网站的品牌优势,同时也为网站节省了大量的线上及线下的营销支出。同时,旅游网站依托企业实体,其酒店预订价、线路预订价基本上都可以拿到旅行社报价,因此在价格上比一般旅游网站略低一些。这些模式的旅行社电子商务发展目标是建立高度信息化的在线旅行社。由于这种模式的网站建设及信息系统的建设成本较大,后期的维护成本也较高,适应于大型、中型旅行社,以面向拼团散客、自助游散客和商旅客人提供产品和服务。

【课后案例】

## "鼠标＋水泥"的携程旅行网

1. 轻点"鼠标"起航

携程旅行网创立于1999年5月,最初注册资本200万元,总部设在中国上海,是我国最早从事旅游电子商务的专业公司之一。1999年10月,携程旅行网正式开通。携程旅行网让旅游者通过轻轻点击鼠标就可以在网上预订酒店和机票。到1999年年底,携程共获得多家风险投资公司总计500多万美元的资金,于是,携程开始了近乎疯狂的"烧钱"行为,其中广告经费在一年之内烧掉了1000多万。此时恰逢第一次互联网经济泡沫破灭,许多互联网公司昙花一现。此时携程陷入不断亏损的危险境地。

2. "鼠标＋水泥"创造奇迹

为了能生存下去,携程必须找到赢利点和盈利方式,处于创业困惑中的携程在 2000 年收购了北京现代运通订房中心,这个看似从网上走到网下的举动使携程创造了新的互联网公司发展模式。北京现代运通的主营业务是通过电话预订酒店,是国内第一家用 800 免费电话来实现酒店预订的订房公司,也是当时国内最大的电话订房公司;最繁忙的时候,一个月有 2 万人通过这家公司在全国各大城市的酒店订房。北京现代运通被认为是传统经营方式,而携程则属于全新的网络经营模式。因此,携程收购北京现代运通开创了"鼠标+水泥"的经营模式。

携程之所以要收购北京现代运通,是因为作为国内最大的电话预定中心北京现代运通已经有一定的知名度、一定的品牌价值和一批固定的合作酒店以及相当数量的客户。同时,北京现代运通在开拓市场方面也拥有大量的人才。携程收购了北京现代运通后,又根据新的业务模式调整、开发了相配套的互联网平台——"实时控房系统"和"房态管理系统"。通过"房态管理系统"携程能够跟所有会员酒店实现信息同步,而通过"实时控房系统",携程还可以预先在酒店控制一些房间,客户通过携程预订房价,携程当时就可以确认。这样使得携程在代订酒店房间的同时,也能出售"自己"的房间。通过这样的转型,携程不再是简单的中介商身份。由于携程自己有一定的客房储备,使客户在旺季预定成功的几率大大提高。而在互联网发展初期,受上网条件的限制,电话预订更加便捷、有效,携程有 70% 左右的业务来自于电话预定。通过"鼠标+水泥",携程把现代互联网营销技术优势和传统旅游中介的资源优势整合到一起,实现了公司的快速发展和盈利。2002 年 3 月,携程登上国内酒店分销业榜首。2002 年 10 月,携程当月交易额首次突破 1 亿元人民币,并成为为数不多的最快实现盈利的网络公司之一。2003 年年底,携程网又成功登陆美国纳斯达克股市,而且在纳斯达克创下 3 年来开盘当日涨幅的最高纪录。

3. 不断探索新的网上业务,始终追求领先一步

携程在酒店预订业务取得成功后并没有故步自封、停滞不前,而是加快了创新的步伐,勇于创新是携程在业内保持领先的关键。2002 年 3 月,携程并购北京海岸航空服务有限公司,开始大规模进军机票预订市场,使携程初步实现了商务旅行必需的"机票+酒店"的一站式服务。2002 年 5 月,携程启动全国中央机票预定系统。2004 年 2 月,携程与上海翠明国际旅行社达成合作进军度假市场的意向。当年 10 月,携程推出全新 $360^0$ 度假超市,在互联网上首次推广休闲度假旅游概念。11 月,机票业务向国际航空拓展,建成国内首个国际机票在线预订平台。2006 年 3 月,携程进军商旅管理市场。2007 年 3 月,携程推出在线商旅管理系统。2008 年 1 月,携程牵手旅游卫

视,携手打造携程环球 DIY。2008 年 3 月,携程进军入境游旅游市场,携程旅行网英文网站全新上线。2009 年 2 月,携程推出国内首个航空意外险保单销售网络平台。2009 年 6 月,携程推出"自由·机+酒"产品,2010 年 2 月,携程投资永安旅游控股有限公司旗下的旅游业务。2010 年 4 月 1 日,携程率先在业内推出手机网站,开启了我国旅游电子商务的"无线"时代。

4. 不断加强服务意识和技术,是携程保持竞争优势的核心因素

2004 年 9 月,携程与招商银行联合推出国内首张双币种旅行信用卡。2009 年 7 月,携程又牵手中国工商银行推出"牡丹携程灵通卡",8 月与平安银行合作推出"平安携程商旅信用卡",不断提升旅行金融服务能力,提高客户的电子支付能力。2004 年 12 月,携程斥资 2000 美元建造现代化在线旅行技术服务中心,为客户提供网上虚拟体验旅游。2005 年 1 月,携程斥资100 万人民币设立自然灾害旅游体验保障金,增强对客户发生意外的赔付能力。2009 年 2 月,携程斥资千万设立诚信服务先行赔付基金,加强对客户正当权益维护的保护力度。2009 年 7 月,携程发布透明团白皮书,从住宿、行程、游玩时间、购物等方面对《旅行社条例》中涉及旅游信息透明披露的相关条例进行详尽解读,倡导旅游信息透明化,进一步保护旅游消费者的合法权益。2010 年 3 月 10 日,携程郑重发布"双重低价保证、三倍赔付承诺"——同样在网络预订条件下,携程保证境内酒店价格最低,否则赔付三倍差价。携程不断增强对客户的服务保证,在树立良好社会形象的同时,也极大地提高了竞争能力。

根据艾瑞咨询的统计,2009 年我国在线旅行预订市场规模为 38.9 亿元,而 2009 年携程净营业收入为 19 亿元人民币,约占我国旅游电子商务的半壁江山。其中,携程在机票预订用户中所占的比例达到 40.4%,比第二名的航空公司自身网站的 18.7%还高出 21.7%;携程在酒店预订用户中所占的比例达到 49.1%,比第二名的酒店自己的网站的 9.7%更高出 39.4%。携程已经成为我国旅游电子商务的领军企业。


2. 社区模式

旅行社网站通过开展一些具有特色主题的社区,吸引网上旅游爱好者,使得他们成为网站会员,让他们彼此有某种程度的认识,分享某种程度的信息与资讯,形成友人般彼此关怀的团体,也是网站的常用客户团体。我们称这一模式为旅行社电子商务发展的社区模式。社区模式主要面对具有一定特定爱好的旅游者、自助游散客及城市休闲消费客户、特色旅游爱好者,提供稳定、专业的旅游者交流平台。这种模式下网站建设成本、维护成本低,

所以它适合于小型旅行社,可以自建或委托建立网络社区,也可以是依托于著名的社区,开设一个属于旅行社的版面(社区)。

3. 政府主导模式

旅游目的地营销(DMS)充分整合各旅游目的地的信息资源及优势,借助电子化网络手段,向旅游客源市场宣传旅游目的地的整体形象。从 2002 年起开始实施的国家旅游信息化工程——"金旅工程",把建设"旅游目的地营销系统"作为电子商务部分的发展重点,计划将"旅游目的地营销系统"建设成为信息时代中国旅游目的地促销和服务的重要系统。DMS 建设的重要功能包括旅游电子商务,为目的地企业包括旅行社开展电子商务,提高旅游企业的参与度,改善企业的盈利模式。建设的思路是在信息集聚、市场集聚的基础上,整合区域网络资源,共建一个标准化的旅游电子商务平台,促进全行业旅游电子商务的发展。这一模式适合中小型旅行社,中小型旅行社加入"旅游目的地营销"系统的电子商务平台。可以建立宣传窗口,为游客提供酒店、票务、线路、导游、车辆等网上交易,从而降低企业网络基础设施的投入成本,积极参与电子商务。

4. 横向联盟模式

中小型旅游企业由于资金少、规模小、知名度不高等原因,造成了资源短缺的劣势。为了增强自己的竞争实力,中小型旅游企业可以选择在保存自己核心实力的基础上与其他旅游企业建立战略联盟的策略,整合旅游资源。它可以是加入大型旅行社的电子商务平台,只需支付一定的费用,成本较小,可以充分应用平台的技术、市场优势,面向拼团散客、自助游散客和商旅客人、观光和度假游客开展自己的电子商务;也可以是众多中小型旅行社共建电子商务平台。由于平台网站和系统建设和维护成本由加盟企业共同分担,每个企业所负成本较小,并且相互之间可以整合市场、资源,共享旅游信息资源有利于各企业更有效地从整体上把握市场动态及其趋势,更全面地了解游客的个性需求,使旅游产品及服务更有针对性,更能符合游客的需求。共建平台还可以共享客户资源,各个企业可以共享客户信息,从单个特定产品和整个组合旅游产品两个角度来分析和管理客户信息,有助于各企业在做好自己特色产品及服务的同时加强相互之间的协调与合作。这种横向联盟模式的电子商务将是中小型旅行社开展电子商务发展的方向,目前杭州的中小型旅行社已经建立三个横向联盟,电子商务发展得非常顺利。

5. 专业信息服务模式

在网络环境下,旅游者可以获得大量的旅游信息,但随着旅游者个性化需求日益强烈,从网上搜寻的旅游信息成本较高,同时直接获得的信息较为简单,已不能满足旅游者的在线旅游需求。旅行社可以利用自身的资源和专业的知识,为旅游者提供专业的信息咨询,并可以为旅游者提供信息服务,如帮助旅游者根据其需要设计旅游线路。旅行社这种提供专业的信息咨询和信息服务平台的模式,我们可以称为专业信息服务模式。

这种模式主要面向商务旅游客人和度假游客,如中高收入白领阶层及具有较高审美需求的国内拼团散客和自助游散客,以及特色旅游爱好者,其成本主要集中在信息成本上。由于大型旅行社发展重点定位在旅游产品服务上,小型旅行社的获取旅游资讯的能力有限以及实力不足,因此,专业信息服务模式较适合中型旅行社,将经营重点放在旅游信息的整合与提供上,同时利用网络平台开展旅游产品的在线服务,专门为高档商务客人提供专业信息服务。

6.买方主导市场模式

旅行社属于中介行业,它需要整合吃、住、行、娱、购、游等相关旅游企业的产品,才能为旅游者提供旅游产品。旅行社可以建立 B2B 电子商务平台,在这个平台,旅行社本身是买家,而处于产业链上游的旅游饭店、旅游景区、旅游交通等是卖家,其他一些需要与该旅行社有合作需求的旅行社也是卖家。他们有在该平台发布产品信息的内在驱动力。该旅行社可以与平台选择的企业进行合作,通过 B2B 平台整合自身的供应链和价值链。同时,随着平台上的企业越来越多,会产生聚集效应,平台上的企业可以互相交流信息、发生交易。此时平台可以收取旅游企业会员的年费来拓展盈利渠道。旅行社需要在建设和维护 B2B 平台的基础上,加强电子商务的后台建设,建设完善的旅行社管理信息系统,逐步安装 ERP(企业资源规划)系统、客户管理(CRM)系统、供应链系统(SCM)等,整合信息管理,并建设外联网(Extranet),整合合作企业的信息。B2B 需要企业会员的年费来拓展盈利渠道,旅行社需要在建设和维护 B2B 平台的基础上具备强大的实力、足够的资金、较大的规模。但从长远来看,建设 B2B 平台,开设买方主导市场,仅适合于大型旅行社,这种旅行社电子商务发展模式称之为买方主导市场模式,目的是为了电子采购。

# 8.4 旅行社信息化建设对策

随着旅行社信息化建设的加快、旅行社电子商务的全面推行,制约着旅行社信息化建设的因素开始出现,因为中国整体电子商务尚处在起步阶段,还缺乏电子商务的大环境,包括缺乏一些相关的法律法规、网上安全保证措施等。本节针对旅行社信息化建设的现状,简要分析我国旅行社信息化建设中存在的问题和相应对策。

## 8.4.1　旅行社信息化建设存在的问题

根据对相关旅行社的访谈和实地调查,尤其对中小型旅行社的调查,旅行社的信息化建设还存在以下一些问题。

1. 旅游网站定位、市场细分不明确

现在国内大多数旅行社信息化建设主要还是网站建设,其信息化理念是以网站为中心,网站之间可以链接但沟通不足,无法完全根据消费者的个性化需求设计和提供个性化旅游产品组合和服务,无法运用网站资源有效降低经营成本。

缺乏明确的市场细分是目前旅行社信息化面临的另外一个问题。目前很多旅行社信息化的目标对象是所有能够上网的网民,但其真正的消费群体是收入高、时间少、上网频繁、掌握信息多的白领阶层,这部分人群追求个性化和时尚,不满足于死板的旅行社旅游产品线路的安排,需要在节省时间的前提下,尽可能多地参与和体验。因此,旅行社信息化建设需要兼顾不同细分市场的不同需求,实现旅游商品的供给与使用者个性化需求实现无缝对接,只有这样,才能发挥旅行社信息化的优势。

2. 旅行社信息化建设本身尚不成熟

专业的旅行社信息化建设需要有强大的专业产业资源作后盾,同时品牌、资本投入和支付方式的彻底解决也是一个循序渐进的过程。首先,信息技术人才短缺,信息服务水平有限。这是旅行社信息化建设中的一个重要的制约因素,高端的旅行社信息化建设的复合型人才(既懂得信息化有关知识,又掌握旅游业的基本知识和规律)的欠缺,严重阻碍着旅行社信息化建设向更深层次的发展;其次,信息化的技术基础薄弱,网络设施差,技术储备少。信息技术更新非常之快,很少有旅行社能够跟上信息技术更新的步伐,这就导致了大多数旅行社信息化建设落后,无法满足日益强大的信息资源的需要;第三,信息资源建设相当薄弱,缺乏完整的、实时的数据库,旅游信息分散,更新不够及时,数据无法实现共享;第四,有限的信息化建设还不足以支持旅行社信息化管理的发展。

因此,国内旅行社信息化建设需要从以往"大而全"模式转向专业细分的行业商务门户,将增值内容和商务平台紧密集成,充分发挥信息化建设在信息服务方面的优势,是旅行社真正进入"以用户需求为中心"的电子商务阶段。同时,信息化建设人员应该拓宽视野,及时更新自身知识库。

### 3. 信息安全问题

和所有行业的信息化建设一样,旅行社信息化建设面临着网络安全、技术安全、数据安全等问题的困扰。因此,信息化技术是开放式的技术,更新速度快,并且信息相对开放,那么管理信息系统和电子商务系统中有关支付信息、订单信息、谈判信息、商务往来机密文件、客户信息等都是通过计算机存储、处理并在互联网上传输,而网络诈骗、计算机病毒、黑客攻击、程序错误、操作失误等都会造成信息的被窃取、篡改、破坏、失效,给参与旅行社信息化建设造成巨大的损失,影响信息化建设的有效开展。

其他如旅行社管理人的经营理念以及本身的信息技术知识和能力都是影响信息化建设的制约因素。

## 8.4.2　旅行社信息化建设的应对策略

针对旅行社信息化建设的特点及其存在的问题,结合现代信息化技术的发展,可以通过以下几个方面来应对旅行社信息化建设。

### 1. 完善旅行社信息化建设的宏观环境

体制、法律、理念是旅行社信息化建设发展的重大瓶颈。所以,应建立一个以旅行社竞争为基础,以联合竞争为主题,以国家直接参与和组织竞争为龙头的"大信息化"体系。政府主管部门应成为旅行社信息化应用方面的组织者,在旅行社网站、旅游信息开发、旅行社电子商务开展等各个方面提供法律和政策的保障,制定旅游业信息化发展的全局性和长远性的总体规划,确定其法律地位,以促进旅行社信息网络的建设和旅游信息的开发。另外,要加快制定、完善和修正旅游电子商务的相关政策和法律,如有关数字证书的应用、电子交易法规等,要对电子合同的法律效力予以明确,对数字签名、电子商务凭证的合法性予以确认,对电子商务凭证、电子支付数据的伪造、变更涂销做出相应的法律规定,消除制约旅游电子商务发展的政策和制度瓶颈。同时逐步完善网络安全性控制,加强对网上黑客的防范并制订打击电脑黑客的相关法律。通过政府的力量完善旅行社信息化建设的软、硬件环境和法律环境,建立中国旅行社的电子交易系统,采取降低上网费用和税收等价格杠杆来促进旅行社信息化的发展。

### 2. 建立全国性旅游资源数据库,实现旅游数据共享

旅游资源数据库是旅行社信息化建设的基础和依据,而互联网、移动互联网等可以使旅游信息得以迅速地传递,旅游政府部门应主导资源数据库的建设,让旅行社积极投身自身的信息化建设,同时配合国家级电子商务网和旅游资源数据库建设,实现旅游数据的共享,为旅行社的信息化建设提供

服务。

3. 培养旅行社信息化建设的复合型人才

由于旅行社信息资源和电子商务的整合,应该加快对旅行社信息化建设的复合型人才的培养,只有这样,才能充分发挥信息化建设的优势、把信息化建设的功能和模式密切地与旅行社的组织、管理、业务方式及其特点相联系,因为复合型人才是旅行社实现信息化最重要的战略性资源。

4. 以服务为本,进行特色定位

旅行社应该从以盈利为中心的理念向以消费者为中心的理念转变,尽最大可能去满足旅行消费者的个性化需求,因为散客游队伍的壮大,对传统的旅行社"套餐式"的旅游产品和服务产生了很大的冲击,旅行社只有根据消费者行为、地理、风俗、文化等差异来打造个性化的线路策划、产品提供和服务,才能抵挡住散客潮的冲击。每个旅行社都要通过自身网站,向游客提供特色服务,细分客户市场,定位特色产品。同时,信息化的建设是为了与旅游消费者进行交互式服务,只有利用网站拉近与消费者的距离,才能动态地满足消费者个性化需求。

5. 保障旅行社信息化安全

网络安全性是实现旅行社信息化的关键,在信息化存储和传输的信息中常常包含着有关旅行社和客户的重要数据和机密信息,只有确保网络系统的安全,确保数据信息在存储和传输中的安全,才能保证旅游电子商务安全、信息交换安全,为网络旅游赢得更多的发展空间,也为旅行社电子商务赢得更多的发展空间。在信息化建设中,旅行社需要加强的技术有防火墙技术、入侵检测技术、密码技术、认证技术等,同时信息化核心的数据库安全也不能疏忽。

## 【本章小结】

本章首先介绍了旅行社信息化建设的基本概念,包括旅行社信息化建设的必要性、旅行社信息化建设的步骤和旅行社信息化建设的要求等,这为后续章节内容的展开打下基础。其次,介绍了旅行社管理信息系统,主要内容包括旅行社管理信息系统的概念、开发、特点、应用范围和作用等,系统全面地介绍了旅行社管理信息系统相关知识和理念,是本章的主要章节之一。第三,介绍了旅行社电子商务的基本概念和特点、应用价值以及其在我国发展的状况和模式,指出电子商务是一种新的生产能力,需要新的经营管理方式与之相适用,才能发挥其蕴含的能量。最后,介绍了旅行社信息化建设对策,重点介绍了中小型旅行社信息化建设的应对策略。

【关键概念】

旅行社信息化　旅行社信息系统　旅行社电子商务

网络组团　　　在线旅游　　　　电子分销

网络营销　　　商务网站　　　　网站设计

全球分销系统　计算机预订系统　系统分析

【复习与思考题】

1.旅行社信息化建设的必要性有哪几个方面？信息化后有怎样的竞争优势？

2.旅行社信息化建设的步骤分为哪几步？作为管理者,最困惑的是哪一步？

3.旅行社信息化建设需要满足旅行社发展的哪些要求？如何满足旅行消费者的需求？哪个更为重要？

4.什么是旅行社管理信息系统？其核心技术是什么？

5.旅行社管理信息系统开发的要求有哪些？旅行社管理信息系统开发的途径有哪几种？并举例说明。

6.简述旅行社管理信息系统的特点有哪些？怎样才能满足管理与服务的需要？

7.简述旅行社信息化应用范围有哪些？旅行社管理信息系统的功能模块有哪些？

8.简述旅行社管理信息系统的作用。目前有哪些管理信息系统的应用类型？

9.简述旅游电子商务的概念和对旅游电子商务的理解。

10.谈谈旅行社电子商务有哪些特点？举例说明。

11.旅行社开展电子商务有哪些优势？找一个具体的开展旅游电子商务的旅行社例子,根据其实际情况找出开展旅游电子商务的优势。

12.我国旅行社电子商务发展现状如何？我国旅行社电子商务的发展模式有哪些？分别具有什么特点,适用于哪些情况？

13.什么是网络组团？网络组团需要哪些信息系统的技术支撑？

14.旅行社电子商务有哪些内容？试举例说明之。

15.我国旅行社电子商务发展包括哪几个阶段？你认为,未来旅行社电子商务发展将会进入到怎样的阶段？

16.旅行社信息化建设存在的问题有哪些？你觉得还有哪些存在的问

**319**

题书中没有提到？

17.旅行社信息化建设的应对策略有哪些？作为中小规模旅行社应选择怎样的应对策略？

18.我国旅行社电子商务发展过程中遇到的问题有哪些？如何解决？

19.作为小型旅行社,应如何利用信息通信技术提升自己的经营优势并实现经营模式的转型？试举例说明。

## 【课后案例】

## 中青旅的信息化管理与服务

### 一、中青旅概况

中青旅控股股份有限公司(以下简称中青旅)成立于1997年11月,是国内最早上市的旅行社,作为国内三甲旅行社之一的中青旅经过三十余年的发展,已发展成为一家综合性的国际化大型旅游运营商企业,公司始终"以人为本,创造快乐"为使命,积极利用信息技术创造自己的竞争优势,每年接待外国入境游客人数和中国公民出游人数都名列旅游市场前茅。业务涉及出境旅游、入境旅游、国内旅游、机票酒店预定、汽车服务、会展服务、商务旅游服务、教育旅游服务及体育旅游服务等,这些主业务都已建立了对应的管理信息系统以及信息化服务窗口,其主要信息系统的服务窗口如图8-3所示。

中青旅以市场为导向建立业务纽带,积极追求业务协同效应,强化决策管理、财务管理、过程管理,增强驾驭能力,提高投资效率,逐步实现控股公司与分子公司在战略理念、运营模式、企业管理、企业文化上的协同。通过构建旅游经营网络,低成本、高效率地推动旅游业务规模发展。目前,中青旅拥有12家旅行社类子公司,其中4家获"全国百强国际旅行社"称号。中青旅2011年营业收入突破84亿元,年创纯利润超过6亿多元的企业经营规模。

### 二、信息化管理概况

2000年底,国家旅游局在旅游业启动了"金旅工程",旨在改变传统的行业管理形式,利用信息技术提高全行业的旅游竞争力。而随着入世后的行业开放,旅行社的竞争也越演越烈,信息的快速交换成了为顾客提供优质服务的基础。基于此,从2000年起,中青旅的经营模式开始由"被动坐等客户旅游"向"主动寻找客户旅游"转变。2000年4月,中青旅启动了ERP项目,成为国内第一家全面引入ERP的旅行社,第一期ERP项目主要实现旅游业务处理和财务处理功能,主要包括连锁销售系统、国内团操作系统、出境团操作系统、单团

图 8-3 中青旅官网首页

核算系统、财务系统等,从而实现旅游业务从开团、销售、单团核算到财务的集成处理。第二期项目主要实现入境游子系统、导游和车队管理以及 CRM 系统,以期把客户资源整合起来,更为主动地为客户提供专业的服务。第三期主要实现办公自动化、人力资源管理以及各分子公司的财务和业务管理系统。同年 6 月,"青旅在线"正式开通,主营自己的旅游产品,较好地实现了传统产业化与电子商务的整合,同时中青旅于 2000 年开始建立连锁店,从此中青旅走上了把旅行社搬到寻常百姓、主动为客户提供服务的道路,销售模式也实现了"电子商务十连锁店"的突破。其电子商务的开展主要通过中青旅遨游网(www.aoyou.com),提供在线的旅游服务和网上组团。

业务的发展与迅速扩张都给旅行社的经营管理带来了考验,尤其是中青旅电子商务的快速发展,使得以往公司的管理数据、电子商务产生的数据以及业务数据相互独立,更增加了管理难度和经营成本。随着 2000 年 11 月中青旅 ERP 项目的正式招标,中青旅的信息化建设开始向前跨了一大步。ERP 的实施解决了数据交换的根本问题,将青旅控股、青旅在线的内部网、OA 系统、财务系统这些信息孤岛联为一体,成为一个大的系统,实现了数据的无障碍传输,有力地支持了公司业务的扩展。

中青旅不仅在网下采取了主动出击的策略,同时也将该策略应用到了

**321**

网上。作为中青旅电子商务前台的青旅在线自 2000 年 6 月成立以来,于同年 12 月又推出了面向日语市场的青旅在线日文网站;2001 年 7 月,青旅在线对网站系统进行了全面的升级和改版,使信息更为全面,产品种类更为丰富,并加入了自由行、产品化资讯等个性化服务内容;2002 年 11 月,青旅在线为适应市场需求又推出了英文网站。

随着消费者个性化需求的日益增长,为更好地为顾客提供个性化服务,2002 年 2 月,青旅在线购买了宏道的 ONE-TO-ONE Enterprise 系列产品,由宏道在全球的合作伙伴惠普公司提供总集成服务,包括 B2C、B2B、订单操作处理系统以及与后台 ERP 的对接几大块。新推出的青旅在线,其电子商务的解决方案更趋完整:网站内的资讯更为丰富、全面,各类资讯均由系统智能地与线路等旅游产品紧密结合,网上销售、资讯、网下销售及内部销售管理的紧密结合使得个性化服务更加突出。新网站的推出将中青旅强大的传统资源和青旅在线先进的网络技术结合在了一起,使得服务更贴近顾客需求,如为适应市场竞争的环境,青旅在线首家推出了机票加酒店的销售策略,即将机票与酒店价格捆绑销售。由于该销售方法对系统要求较高,因此在第一版中,顾客不能任意选择所乘坐的航班及入住的酒店,而在第二版中,该问题得到了解决,顾客可以选择任意航班及任意酒店,而价格也随即弹出,给顾客带来了极大的选择权。

### 三、中青旅的竞争优势

几年的发展证明,中青旅的网络营销给企业带来了较好的经济效益与社会效益,青旅在线也成为为数不多的几个盈利的旅游网站之一,中青旅的整合理念及营销策略很是值得国内同行借鉴。在积极拓展网络营销之余,中青旅也没有放松传统主营业务的发展,2007 年,中青旅在成为奥运官方接待商的同时,将国家 AAAA 级旅游景区乌镇收归旗下,成为首家控股旅游景区的上市旅游公司,同时又隆重推出了自营的“山水时尚酒店”,成为首家拥有连锁酒店的旅游企业,至 2008 年,中青旅已与全球 1083 家企业结成战略伙伴关系或业务合作关系,通过全面合作,实现全球旅游产业链上的价值共享。种种迹象表明,中青旅开始走上了产业链整合与全球化的发展道路。

全面预算管理是中青旅主要竞争优势。在业务模式转型的同时,中青旅把全面预算管理作为走向精细化管理的一个重要路径。中青旅的全面预算管理体系由世界知名的埃森哲咨询公司帮助设计,公司自己实施和深化。按照总体设计,中青旅的全面预算管理分为三个阶段。第一阶段目标是实现全面预测未来。在每年年初预测出全年的业绩,以此为基础做简要的对比分析,辅助决策,配置资源。中青旅现已经完成这一阶段的目标,公司对未来业绩预测的精准度达到 90% 以上；第二阶段是把预算做得更贴近实际，控制住主要的成本项目——人力成本。这个阶段的主要诉求是降低成本，同时强化业务计划环节，采取先做业务计划后进行预算编制的流程，当预算执行中出现差异，对照业务计划找出原因，服务于业务决策。目前第二阶段也已经实现；第三阶段是把预算单元的所有投入产出纳入预算，实现对各预算单元经济增加值考核，然后按照考核结果来配置资源，服务于公司战略决策。这一阶段预计于 2012 年可取得成果。

中青旅通过建立完善的客户关系管理体系，提升客户体验和个性化增值服务。成为中青旅会员，可以享受贴心的会员专属服务，以及多重产品和服务优惠。加入主题俱乐部，可以参与丰富多彩的活动，体验特色主题产品服务。这些服务都可以通过网站和相应的信息系统提供技术支持，真正反映了中青旅的信息化服务优势。可以说，中青旅的成功来源于其不断完善的信息化建设，来源于其不断适应顾客需求的创新，而这正是中青旅十几年一直秉承的发展战略的真实写照，即以资本运营为核心，以高科技为动力，构建以旅游为支柱的控股型现代企业。

（更多的信息请查看：www. aoyou. com.）

## 案例分析与思考

1. 试分析中青旅信息化管理与服务的特色，其中有哪些竞争优势？

2. 中青旅的信息化管理主要体现在哪些方面？对其业务的扩展产生怎样的影响？

3. 试通过浏览中青旅的网站，分析其信息化服务的主要内容和特色。

4. 中青旅作为一个传统的旅行社，其电子化服务与携程旅行网比较，存在哪些差异？

5. 通过网络调研中青旅 2012 年的销售情况，目前中青旅的电子商务份额占多少？

# 9 旅游景区的信息化管理

【本章要点】

- 旅游景区信息化的基本内容
- 旅游景区管理信息系统的概念
- 旅游景区信息系统的类型
- 景区电子商务内容及概念
- 旅游景区信息化建设的对策方法

【课前案例】

## 浙江深大的智慧景区解决方案

浙江深大是国内景区经营管理软件和设备提供的主要服务商,其主要产品从电子门检票系统到电子商务系统,以及一卡通系列,为景区的经营管理提供了一系列的智慧管理方案,帮助景区利用信息通信技术提升经营管理的创新能力。

1.电子门票的智能管理方案

目前,旅游景区传统的门票大都采用纸票、人工售票及景区入口人工检票的方式。人工售检票须由人工统计财务报表,存在速度慢,票务漏洞多,出错率高,劳动强度大等缺点。随着信息技术的不断发展,计算机网络和信息加密、识别技术也应用到景点门票管理系统中来。电子门票自动售检票系统融计算机技术、信息技术、电子技术、机电一体化及加密技术于一体,具有很强的智能化功能。采用电子门票系统来实现整个景区售票、检票、票务统计等工作,实现了计算机售票、检票、查询、汇总、统计、报表等各种门票通道控制管理功能及全方位实时监控和管理功能,杜绝了漏票、伪票、复票、人情票及内部财务漏洞等不良现象。电子门票智能管理系统提供先进的财务统计功能和计算机财务报表。强大的数据查询功能,灵活的票种、票价设置,严格的操作权限管理,将给传统旅游业管理带来全新的理念。电子门票智能管理系统提高了景区的门票管理水平,从而适应了现代化管理的需求;同时也提高了景区整体的形象和工作效率。为景区的旅游管理带来了极大的方便,同时也能给游客提供良好的门票系列服务,"电子门票"不仅方便了游客及管理者,而且为旅行生活增添了时尚的亮点,树立了在行业中别具一格的文化形象,它代表了时尚和进步。

- 杜绝因伪造的假票带来的巨额经济损失;
- 取消手工管理和统计,使数据及时、准确、提高工作效率;
- 杜绝财务统计漏洞和减少人情票,杜绝工作人员作弊;
- 提高旅游景点品位及管理水平,提升服务质量;
- 快速精确统计和实时查询票务及参观人员流量、客源地等情况;
- 提供可定制的各种形式的报表数据,以便制订各项决策。

2.电子商务的智慧管理方案

(1)目的地营销方案

系统站在整个旅游资源综合管理和旅游产业现代化高度,以互联网平台和软件平台为核心,以无线通讯设备和票务终端设备为载体,将游客、旅游景区、旅行社、旅游行政主管部门(旅游局)四部分主体联结起来,全面实现游客生动化认知目的地并参与互动、便利化购买门票及相关旅游产品,景区深度网络化宣传和电子化销售,旅行社科学化、数字化管理结算,旅游局信息化管理的一整套集成系统。

(2)景区电子商务方案

该系统集成在手机APP客户端上,实现通过手机即可登录景区电子商务网站,实现对景区相关产品的预订功能。系统划分B2C电子商务,主要针对散客;另一部分是针对电子商务B2B,如旅行社业务,系统可将签约分销商纳入到系统中,可对每级分销商设置不同的价格政策,并支持现金、签单、挂账等多种支付方式。通过该分销系统可实时查看当前及未来1~2天内景区资源的预订情况。通过与历史同期的对比可大致测算出景区未来1~2天的游客量。

3.一卡通解决方案

深大智能科技的一卡通解决方案非常丰富,主要包括一卡通停车场收费管理、旅游项目计时计次收费管理、会员卡收费管理、公园年卡管理、员工一卡通管理、校园一卡通管理等内容。所有一卡通的业务类型可分为会员卡、储值卡、年卡、次卡、打折卡、套票卡等形式,景区可以按照自身需求特点推出适应自身需求的一卡通管理系统。系统通过与关联系统的对接,可实现多卡、一平台的综合使用要求。

目前,景区整合方案利用了移动互联网、基于位置服务以及物联网等技术,正在开发的基于 LBS 的手机 APP,与景区电子商务服务完美结合,实现游客更智慧的体验。可以说现代的信息技术应用已能满足景区所有的管理与服务要求,智慧景区已在新技术的支持下成为可触、可感知的真实体验。

(资料来源:根据深大科技提供的材料整理。)

与饭店和旅行社相比,旅游景区信息化建设开始稍晚,但信息化管理与服务的应用非常广泛。课前案例说明了移动通信已开始在景区全面应用,未来景区的移动服务发展潜力巨大。旅游景区信息化的技术含量较高,因为它涉及了移动监控、环境管理、移动服务等应用。信息化极大地提高了旅游景区的现代化和智能化管理水平,有利于旅游景区的开发与保护。在旅游景区信息化的过程中,旅游、建设、环保等部门和有关地方机构发挥了积极的作用。旅游管理部门对旅游景区等级的评定标准提出了信息化的具体要求,建设部门则积极推进了数字化景区的发展。

# 9.1 旅游景区信息化建设概述

2002 年底,"国家级风景名胜区监管信息系统"(简称"监管信息系统")建设研发和试点工作开始,奠定了今天"数字化景区"建设的重要基础。2004 年,原建设部全面启动了"监管信息系统"的建设工作。该系统综合运用信息技术,以风景名胜区总体规划为依据,对国家级风景名胜区工程建设、资源保护和利用状况进行卫星遥感动态监测,为政府的宏观管理提供技术支撑。2004 年,我国开始试点建设"数字化景区",这是风景名胜区管理模式创新与信息技术结合的产物,用科技实现景区"资源保护数字化、经营管理智能化、产业整合网络化"的管理目标。

旅游景区是旅游目的地的主要吸引物,也是消费者旅游体验的主要活动地。由于旅游景区的类型比较多,如有海滨型景区、高山型景区、湖泊型景区、乡村型景区以及一些人文景观的景区等,这些景区的经营管理存在较大的差异,造成所需的信息系统类型差异较大。旅游景区的信息系统还没有形成统一的模式,这也是目前旅游景区信息化管理程度较差的主要原因。

## 9.1.1 旅游景区信息化建设的内涵

旅游景区信息化是指旅游景区利用信息通信技术,通过内部各种信息管理系统和电子技术系统,对旅游景区环境和各种信息进行综合控制与管理,并提高景区内部的管理效率和效益,改善对旅游消费者敏捷服务的过程。一般来说,旅游景区信息化建设可以从以下三个方面入手考虑,一是通过建立了自己的局域网或内部网,用于内部的信息共享、文字处理、财务管理、计调等工作;二是可以通过建立景区电子商务,用于开展网络营销、推介旅游线路、旅游景点、旅游相关产品、销售旅游产品、提供网上预订服务等;三是通过各种系统提高景区内部的管理水平和对客服务水平,如:游客服务的触摸屏信息查询系统,景区电子门禁系统,景区智能监控系统,GPS 车辆调度系统,LED 信息发布系统等。因此,景区信息化建设的内涵就是利用电子化和网络化的手段,提升景区的管理与服务,保持景区在生态环境下的可持续发展。

## 9.1.2 旅游景区信息化建设的作用及特点

近年来,互联网技术和移动通信技术的发展给旅游景区信息化带来了机遇,各种类型的信息技术系统应运而生。如采用移动技术的四川九寨沟旅游景区启动了"数字九寨"工程;采用 IBM 面向服务架构技术(SOA)的四川峨眉山景区启动了"数字峨眉"信息化工程;杭州西溪湿地公园景区构建了信息化系统工程方案,所有接待设施实现网络互联,并正在构建景区生态预警系统;无锡太湖国家旅游度假区的灵山景区利用移动技术和信息技术启动了"数字服务"工程;张家界市旅游局在全面开展旅游电子商务的同时,制定了完整的旅游景区信息化规划方案;武夷山景区在建立办公自动化系统的同时,计划再投资 3120 万元构建景区智能化管理体系。所有这些都说明了我国旅游景区信息化建设已成为发展的主流趋势,信息技术已经成为景区管理中不可缺少的科学工具。

1. 旅游景区信息化建设的作用

信息化建设对于景区来说还是个新生事物,全国大大小小的几万个景区只有很少部分的大型景区开始进行信息化建设,因此,在旅游景区的信息系统开发上有很大的市场潜力。从目前已开展信息化的景区来看,信息化建设的作用主要体现在以下几个方面:首先是景区资源管理、办公自动化管理以及电子门票售检票管理;其次是旅游地理信息系统对环境的管理、生态预警系统对环境的管理以及信息网站对游客的互动管理等;最后是利用旅游电子商务开展对市场销售和市场营销的管理,景区的电子商务已经开始启动。

第一,对景区资源管理的作用。景区资源计划系统是在企业资源计划

(ERP)基础上提出的一个信息系统,称为旅游景区资源计划系统(tourism-enterprise resource planning,T-ERP),它是一个旅游服务综合信息咨询与显示系统平台,围绕景区资源给游客提供的一个服务平台。系统采用计算机网络管理使景区的管理部门能全面、及时、准确地掌握整个景区的所有情况,便于资源的合理调度和分配,及时发现和处理各种突发事件,管理敏捷、反应迅速。目前 T-ERP 主要适用于大型旅游景区,如针对景区中有各种旅游接待设施的企业(饭店、餐馆、茶馆等),分布在不同的景点区域的情况。采用资源计划系统可以进一步提高景区的管理效率和现代化管理水平,同时又可提高对游客的服务水平。景区的办公自动化系统和电子门票系统都可以接入资源计划系统中,形成对资源和经营综合管理的集成信息系统。

第二,旅游地理信息系统对环境的综合管理作用。旅游地理信息系统(tourism-geography information system,T-GIS)是利用地理信息系统原理构建的一个系统,该系统将地理环境的各种要素,包括它们的空间位置、形状及分布特征和与之有关的社会环境、游览特色等专题信息联系起来,并对空间数据进行获取、组织、存储、检索等处理和分析,并应用于旅游活动的管理与服务中,如游客导览中的电子地图等。利用该系统处理的地理信息和图形数据可为游客提供实时的信息服务,便利了游客对景区位置、距离、相邻与否、地形特征等多种空间信息的了解,从而形成一个关于景区及周边区域的电子地图。T-GIS 的作用还涉及开拓对景区的自助导游、景区环境管理以及信息化服务等几方面,结合移动服务系统还可以构建景区的旅游呼叫中心、基于位置的移动服务等,实现比较完善的景区地理信息服务系统。该系统主要适用于高山类环境比较复杂、规模比较大、覆盖范围在几十公里以上的大型景区。

第三,生态预警系统对环境保护的作用。景区环境的生态管理同样依赖于信息技术,生态预警系统就是体现对环境保护的信息技术系统。景区生态环境预警系统主要收集景区自然环境和旅游活动的信息,构建景区生态信息数据库,经过系统的信息处理和筛选分类,然后按照使用要求分别向游客、景区管委会以及公共媒体发布相关的预警信息。游客、景区管委会及公众所需的信息是不同的,景区管委会需要获得的是用于决策的信息,帮助判断一项旅游开发活动是否可行,是否对环境造成较大的影响。景区内的游客需要知道选择怎样的游览线路能获得最佳的游览效果,缓解游客"对景区人满为患"的不满,这一目标的实现也在客观上缓解了游客"超员"对景区环境造成的压力。公众则要了解景区内的环境质量以及游客状况,决定是否前往该景区。因此,该系统输出的信息分别在三个层面上对景区的环境质量进行了控制。由于景区地理位置复杂,系统构建必须基于 Web 技术,利用中间件技术和数据库管理技术,并结合多媒体信息技术,通过与景区的经营管理系统、游客接待系统、收银系统、电子门票系统等的无缝连接,形成一个能实时采集数据、实时处理并实时发布的技术系统。景区外部的信息互动采用互联网,景区内部的信息互动采用内部网。系统采集生态数据后,进行设定的模型运算,一方面通过信息网站发布预警以帮助游客做出旅游动机的决策,另一方面帮助景区管理部门做出对生态环境保护措施的决策,落实具体的保护措施,避免环境的退化和恶化。

第四,信息网站对销售和营销的管理作用。信息网站的作用已经被大多数的旅游景区接受,目前旅游景区基本有了自己的信息网站,有些景区利用信息网站开展销售(网上订票),大多数是利用网站开展营销,宣传景区的特色和服务功能。互联网的产生使旅游景区大范围地开展营销成为可能,也促使许多景区的营销力量从本地市场走向全国市场。目前信息网站的销售主要是针对旅行社的团体,散客的门票销售还没有真正展开,国内有几家技术公司已经利用网站开展散客的景区门票销售服务,如广州天客信息技术服务有限公司设计的"天下门票",中坤投资正在规划设计的"在线景点门票直销",杭州的引力网络技术有限公司也在规划设计景区的在线销售"门票通"(利用会员卡刷卡检票)。所有这些都说明旅游景区的网上销售和营销已逐渐开展,对销售和营销的信息化管理也逐步完善。饭店先有前台信息系统,后有信息网站,因此在线销售管理比较完善。与饭店企业不同,旅游景区是先有信息网站,大多数景区还没有信息系统,在线销售管理比较欠缺。但有一点可以肯定,即利用信息网站开展销售与营销已经成为一种趋势,对销售与营销的管理作用会随着景区内部信息系统的建立逐渐完善。

2. 旅游景区信息化建设的特点

旅游景区是引导游客游览的地方,游客则处于不间断的流动过程中,虽然大多数游客是自己游览,但他们在自助活动过程中也需要获取服务。获取的服务主要有两方面:一是游览过程中的安全服务;二是信息服务,如景区的特色、景点位置、购物点、用餐点等信息。此外,通过景区的观光游览能得到些什么,体验些什么,对这些都需要提供信息服务来增强景区的吸引力。因此,景区的信息化管理特点不仅是对景区经营的一种电子化管理(经营管理系统),而且需要为游客在游览过程中提供信息服务(地理信息系统),还需要为潜在的游客提供游览前的信息服务(信息网站)。还有一个对旅游景区来说比较特殊的系统,就是对景区生态环境的管理系统(生态预警系统),因为旅游景区的可持续发展对环境保护十分重要。由此可以看出,旅游景区的信息化管理内容比较丰富，与旅游饭店、旅行社等企业的信息化管理不同，后者属于同一个类型的信息系统，都是围绕经营管理与服务。具体来说，景区信息化呈现出以下一些特点：

- 不同类型景区出现多样化信息化管理模式；
- 信息化管理几乎都起步于信息网站；
- Web技术、移动技术和地理信息技术是景区信息化的主要技术；
- 缺乏兼顾管理与服务的集成信息系统；
- 缺乏景区间协同管理的信息系统，单向独立的信息系统居多；
- 信息化管理缺乏标准化支持；
- 管理和商务的信息化管理缺乏有效整合（电子票务还须换票进入）。

### 9.1.3 旅游景区信息化建设的功能要求

首先，旅游景区，尤其是风景名胜区、自然保护区和森林公园等，需要由各级行政管理部门进行直接或间接管理，要求管理信息系统能够满足行政管理的需要。其次，旅游景区往往面积较大，自然、地理环境复杂，面临大量的突发事件和紧急情况，对管理的手段和技术的要求更高。第三，随着选择自助游、背包游等方式的游客数量大幅增加，旅游景区必须通过信息化的方式，更好地满足差异化管理和个性化服务的需要。因此，旅游景区信息化的功能必须满足行政管理、景区内部管理、服务与营销这三方面的需要。

1. 行政管理

在国家级自然保护区、国家级风景名胜区等开发的旅游景区都存在行政管理的机构，它们涉及的主管部门包括住房和城乡建设部、林业部、国土资源部、环境保护部以及旅游局等行政管理部门，在景区通常设管委会机构。行政管理的职能包括景区的动植物资源保护、水资源保护、土地合理利用、防止违法违规建设、森林防火、自然灾害防治、环境监测、景区规划与开发等，景区管理信息系统的功能也基本围绕这些职能展开。如国家级风景名胜区监管信息系统的建设，以风景名胜区总体规划为依据，对国家级风景名胜区环境管理、资源保护和利用状况进行卫星遥感动态监测，为政府宏观管理提供了科技支撑。截至2011年年底，全国已组织完成了全国208余个国家级风景名胜区的监管信息系统软件安装调试和卫星遥感数据采集，组织了200多个国家级风景名胜区监管系统的现场技术指导，先后有900余人参加了景区数字化建设基础理论学习培训。这些信息技术系统的建设和相关培训，基本都是围绕景区的行政管理需要展开。

2. 景区经营活动管理

近年来,旅游业的快速发展给景区管理带来巨大压力,尤其是节日长假。随着游客的增加以及景区管理资金不足等情况的出现,游客的景区服务满意度正在下降,管理的滞后已制约了景区的可持续发展,景区经营活动的信息化管理急需跟上。景区由于游客量的不断增加,经营活动的管理更加复杂,一个热点景区的经营管理包括门票管理、信息服务、通信服务、车辆引导、客流引导、事故救援、视频监控、安全管理、生态管理、人员管理等,这些管理任何一个出现问题,都会影响到游客满意度。景区信息化管理可以有效地解决这些经营中的管理问题,如:景区的"数字化指挥调度中心"就是一个重要应用,黄山、峨眉山等 8 个试点景区已初步建成了综合性的"数字化指挥调度中心"。此外,大部分数字化试点景区建成使用了森林防火或集游客安全、资源保护等多功能为一体的"综合视频监控系统",实现了对主要景区、景点和游人集中地带的实时监控,管理人员可以即时监控景区内的客流、车辆、秩序和安全等具体情况。这些信息技术系统有效地解决了景区安全问题,是景区信息化管理的具体形式,是对景区旅游活动的保驾护航。

3. 服务与营销管理

景区信息化的另一个重要功能是服务与营销管理的电子化。在服务方面,利用网站等信息服务系统为游客提供更加便利、个性化、人性化的服务,具体包括在线沟通、在线门票预订、在线车票预订、在线房间预订、电子地图、客流预报、语音导游、短信提示、呼叫中心和广播等。目前,九寨沟、武陵源等十多个数字化试点景区已开通了门票网络预售,累计销售额超过 10 亿元。旅客可通过游客中心的广播和电视系统、景区内的 LED 大屏幕信息发布系统、自助触摸屏终端(信息查询机)等来查询相关景区信息。如:十三陵、钟山和天山天池等 20 个试点景区已建成 LED 大屏幕信息发布系统,游客可以了解景区票务、客流量、天气及交通等全面的旅游信息。在营销方面,利用网站和电子分销渠道可以开展更加有效的网络营销和促销,开展在线的电子商务。如千岛湖风景区、西湖风景区等与第三方网站——去哪儿网、百度搜索引擎等合作开展网络营销,起到了很好的营销效果。

## 9.1.4　旅游景区信息化建设的内容

旅游景区的经营管理对信息的准确性和及时性要求很高,而作为旅游景区管理重要组成部分的经营管理,对信息处理的要求更高,尤其是网上订票和分销方面。如利用信息技术建成一个高效、稳定、安全的移动服务系统,使旅游消费者通过该系统能得到完美的移动信息服务;旅游景区管理者通过移动服务系统可以及时、准确、完整地采集游客位置信息，提供实时的服务信息，也可以对车辆实施准确定位和有序调动。在现阶段，旅游景区信息化建设的核心内容主要是围绕经营管理、环境管理和游客行为分析展开。

1. 经营管理系统

目前主流的经营管理系统有两种类型：一种是基于地理信息系统的经营管理系统，另一种是基于办公自动化的经营管理系统，前者以资源管理为主，后者以事务管理为主。基于地理信息系统在管理景区资源的同时，向游客提供电子地图服务，并开展一系列的经营管理电子化，如电子门票、电子检票、安全监控、电子营销和电子销售等。基于办公自动化系统在实现一系列的办公事务的同时，也开展一些经营管理电子化工作，如销售电子化、接待管理电子化和营销电子化，以及电子门票售票和检票的自动化等。如四川峨眉山旅游风景区构建的"数字峨眉"就是一个基于地理信息系统的面向服务的经营管理系统。地理信息系统作为一个子系统，可以在经营管理系统中处理实时电子地图信息，供游客随时查询景区的各种动态资源信息。通过整合的经营管理系统，景区所有相关信息都可以在规划监管系统中检测到，以前景区规划监管部门需要几天才能汇总得到的信息，现在只需几分钟就能得到。通过分布在景区中的电子眼、自动抓拍相机以及每辆游览车上安装的全球定位系统，可以实时掌握景区95%的车辆分布信息，并通过整合的管理系统，及时采取车辆调控，疏散游客等决策和行动，实现景区高峰客流的平滑转移与合理分布。

2. 环境管理信息系统

旅游开发会对景区的生态环境产生一定的影响，景区生态环境是一个不断变化、演替的系统，变化和演替的方向有正向的（进化），也有反向的（退化），生态系统变化或演替的原因有自然过程，也有人类活动的影响和干扰。一般情况下，生态环境自身的变化或演替是漫长而缓慢的，除非在灾害或突变等特殊情况下才表现得比较显著；但是，人类活动引起的生态环境变化往往相对激烈，能在短时间内引起生态系统或环境质量较大的变化。对景区而言，由于游客数量众多、时空分布不均衡以及旅游设施的无序建设对生态环境较大的干扰等原因，人为因素对景区环境质量的干扰非常大，有些活动甚至直接造成了不可逆的生态破坏或环境污染行为。因此，在环境还未发生不可逆变化前，对一些旅游开发或旅游活动发出预警，阻止该行为的发生，能有效地防止景区环境的恶化。这样的环境处理需要借助信息技术，构建一个信息技术系统来处理环境信息和旅游活动信息，这就是景区的生态预警系统。

景区环境信息化管理的方式目前主要集中在两方面：一是利用信息技术进行环境容量控制；二是借助信息技术辅助环境治理技术的运用。环境容量控制是目前广泛使用的方式，一些景区环境管理的方式就是确定景区的环境容量，通过电子门票售卖控制的方式将游客量限制在环境容量以内。这种操作方式忽视了游客的动态变化和行为，另外，环境容量的计算也不尽合理，目前还在进一步探索之中，而且许多景区还存在执行力的问题，须决定选择的是环境效益还是经济效益。由信息技术辅助环境治理技术是目前在已建成景区中使用较多的环境管理方式。环境治理技术一般用于景区内已经发生的环境污染或可能产生环境污染的各种设施，通过信息系统处理装置对已发生的及可能发生的污染进行提示性处理。环境治理技术对已经污染的区域是非常必要和可行的，信息技术辅助环境管理可以"预防污染的发生"，而不是"先污染、后治理"。因此，借助信息系统对景区生态信息的分析，可以防范旅游景区生态环境的退化。

在景区环境治理过程中，有必要提出景区生态信息的概念。景区生态信息是指景区环境信息和旅游活动信息交织在一起，并对环境产生影响的动态的信息。信息技术系统就是处理这些交叉影响的信息，并分析其影响效果。景区生态信息主要包含两部分内容：景区内生态环境系统的基础信息，旅游活动对景区生态环境产生影响的信息。在景区内，旅游活动与生态环境是相互影响、相互制约的，其中旅游活动是影响生态环境的主因。如果以维持生态环境为目标，整个旅游活动都能以利用生态信息提供的数据形成管理决策为指导思想，那么环境质量就能维持在可接受的水平。

3. 游客行为分析系统

游客行为分析系统对景区的环境质量有较大的影响，影响游客行为模式的有主观因素，也有客观因素。主观因素有游客的素质、消费习惯等，这些因素会影响游客的行为，进而影响到环境质量。但是这些因素可以通过引导、教育、增加消费经验等方式加以改变。客观因素是游客无法改变的一些因素，例如，节假日出游的方式，景区内游步道的安排等，这些因素引发的游客行为对游客而言几乎不能改变，而是需要管理部门改变方式，以减少客观因素对环境的影响。在景区内，与环境质量相关的游客行为模式要素有：游客的类型、游览时间、景区内游客的时空分布（包括游客在各景点的停留时间、选择的游览线路等）、游客消费习惯等。利用计算机技术可以对游客的空间行为进行模拟，开展对游客空间行为的量化研究，实现对景区每个游客的空间位置、行为状态变化的跟踪分析，然后用信息技术（或电子屏）在游步道、景点、道路节点等景区环境进行显示表达，以引导游客的空间行为。

在景区外,旅游景区可以通过信息网站系统,把计算机现场分析的结果展示给潜在游客,辅助游客做出出游决策,以提醒游客是否选择已经人满为患的景点。

利用信息技术对游客行为的引导有利于景区的环境保护,随着信息技术的深入发展,尤其是全球定位系统的普及应用以及地理信息系统的深入应用,我们可以设计一种电子卡门票,卡中安装有全球定位系统,可以对游客在游览过程中实施定位跟踪,整个游客的分布可以全部反映在地理信息系统中,不仅便于管理者引导游客的分布,还可以指导景区规划,使景区的布局规划更合理,防止某些景点设计容量过度超载,避免环境的生态退化。

## 9.2 旅游景区管理信息系统

旅游景区管理信息系统的核心功能是两方面:一是经营管理方面,景区进行旅游开发后要求产生一定的经营效益,需要信息化管理;二是环境的生态管理,景区旅游开发后对环境会产生一定影响,为了保持景区的环境生态,持续性地开展旅游活动,需要借助于信息技术开展环境的质量管理,这也需要信息系统的支持。因此,景区管理信息系统软件主要围绕经济效益管理和环境效益管理展开。但从目前旅游景区信息系统应用的现状来看,由于许多旅游景区是由自然保护区经旅游开发而成为旅游景区,一般存在景区管委会和经营公司两个部门,而经营公司是对景区实际操作的部门,掌控着经营收入,因此大多数景区的经营公司对经营管理系统的技术投入还比较认可,但对生态预警系统的技术投入就没有那么积极。也就是说涉及技术投入时要考虑经济效益,但生态预警系统是一种环境效益的投入,往往产生两个部门相互推诿的现象,由此影响了环境管理的绩效,使大多数自然保护区经旅游开发后产生较为严重的环境恶化。下面从景区管理信息系统的基本概念开始分析。

### 9.2.1 旅游景区管理信息系统的定义及功能

学习旅游信息化,必须对景区管理信息系统有所了解,每个人旅游都会去景区观光游览,但不一定知道管理背后的这些软件及相关功能作用。

1. 旅游景区管理信息系统的定义

旅游景区管理信息系统是指景区利用信息通信技术及相关通信设备以及其他办公设备,对景区信息进行收集、传输、加工、储存、更新和维护,以提高景区管理效益为目的,并支持景区的高层决策、中层控制、基层运作的集成化人机系统。面向内部运营的景区管理系统也相应可以分成不同的构成部分。一般来说,景区管理信息系统依照纵向标准可以分为基础层管理(经营操作管理)、中层管理(经营控制性控制)和高层管理(战略与决策管理)三个层次;而在横向方面,旅游景区的管理又可以分为不同的职能部门,如市场销售子系统、财务管理子系统、人事管理子系统、质量管理子系统和生态管理子系统等。

2. 旅游景区管理信息系统的功能

旅游景区管理信息系统同时为景区管理者和景区游客提供服务,按照服务对象的不同,可以将其分为三大功能:第一是为旅游景区提供市场推广服务的市场营销子系统;第二是为旅游景区日常经营管理提供服务的内部运营管理子系统;第三是直接为旅游者提供相关咨询和信息服务的服务咨询子系统。

(1)为旅游景区提供市场推广服务的营销子系统

对旅游景区而言,市场营销的意义非常重要,因此,在旅游景区的信息化管理方面,首要的就是要将旅游景区的市场营销管理通过信息化的工具进行优化,增加旅游景区经营决策的科学性和正确性。从旅游景区信息化管理系统的相互关系上来看,营销信息管理是旅游景区管理信息系统的首要职能,随着移动互联网的普及,景区的营销子系统逐步进入智慧营销阶段。

智慧营销采用了移动互联网以外,目前的新媒体主要有微博、微信等手段,结合营销信息的分析和绩效评价,成为景区营销子系统的主要方式。作为景区管理者,应把自媒体营销和新媒体营销结合起来,通过信息传播技术、信息接驳技术形成自己的网络营销体系,为景区经营创造持续的效益。

(2)为旅游景区日常经营管理提供服务的内部运营管理子系统

内部运营管理系统主要是信息流转的协调,实现内部业务的电子化流转。对一般的旅游景区管理系统而言,该子系统下面还划分功能模块层次,这些模块划分成不同的层次,由景区根据自己的需要选用。一级模块可以包括市场部管理、发展部管理、质监部管理、工程部信息管理、人事部信息管理、财务部信息管理、公关部信息管理、采购部信息管理、保安部信息管理等功能。再以质监部信息管理模块为例,其二级模块可以进一步划分为服务质量监控模块、环境质量监控模块、设施设备质量监控模块、产品质量监控模块等子功能。随着物联网技术的普及,景区运营管理子系统逐步进入智慧管理阶段。

景区智慧管理除了采用物联网技术以外,目前移动网络、精准定位技术、遥感技术、数据仓库技术结合景区管理模式和流程模型,已成为景区内部信息化管理的主要方式。作为景区管理者,应把景区的资源、管理、服务结合起来,通过信息通信技术应用的技术系统,为景区创造持续的竞争优势。

(3)直接为旅游者提供相关咨询的信息服务子系统

面向游客体验的服务咨询系统主要是指直接为旅游者提供服务的信息系统和媒介,让游客在景区能便利地获得信息和服务,提高游客对景区服务的满意度。现代景区越来越强调个性化服务,如旅游景区的触摸屏服务系统、旅游景区的电子导游服务、旅游景区游客咨询服务中心等。总之,面向游客体验的服务咨询系统主要借助各种信息系统及工具提升游客在景区中的满意度。随着无线网络和智能设备的普及,景区信息服务子系统逐步进入智慧服务阶段。

景区智慧服务除了无线网络和智能设备应用以外,目前定位技术、二维码技术、移动服务技术结合景区的服务模式和服务流程,已成为景区对客信息化服务的主要方式。作为景区管理者,应把管理与服务结合起来,通过手机的 APP 应用,为游客提供基于位置的移动服务,为景区的服务形象创造品牌。

## 9.2.2 旅游景区管理信息系统的架构

旅游景区管理信息系统开发的目的是提高经营管理与服务水平,本文根据对目前我国景区管理流程和服务流程的需求,提出了一套旅游景区管理信息系统的结构模型,该结构模型共分两大系统,即基础信息管理系统和旅游信息服务系统。其中,基础信息管理系统主要管理所有的资源信息和经营信息,其数据能够在内部网流动,因此,它是旅游景区内部管理和考核评价的重要基础;而旅游信息服务系统主要是对外或对客服务,向游客发布旅游相关的服务信息,并提供敏捷的信息服务,达到为景区改善服务的目的。

### 1. 基础信息管理系统

基础信息管理系统是旅游景区管理信息化建设的重要系统,根据景区类型的不同,有些基础信息管理系统偏重于资源管理,有些偏重于经营管理。这里的基础信息是指在景区开发管理过程中所有关于景区的资源、土地资源利用、自然环境质量评价、景区发展控制管理、景区经营绩效评价、景区生态环境评价等在内的一系列管理与监测,这些管理直接关系到旅游景区的经营管理和质量控制,无论是对景区的经营管理者还是对政府的相关部门都十分重要。在基础信息管理系统内,可进一步细分为下面的六个子系统,具体见图 9-1。

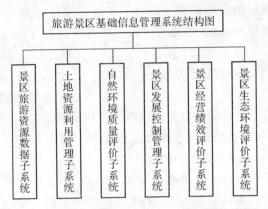

图 9-1　偏资源的景区基础信息管理系统结构图

(1)景区旅游资源数据子系统

资源是景区旅游开发的基础,属于景区的核心资源,其利用和保护是景区旅游开发管理的重点。作为景区管理信息化基础数据库之一的旅游资源数据,将景区内现有的旅游资源利用数字技术进行管理,是景区信息化管理的基础。景区资源数据主要包括地理信息数据库、水资源数据库、生态信息数据库、旅游接待设施数据库以及人文信息数据库等。在这个系统的支持下,旅游景区内资源的利用情况可以实现可视化并不断更新,从而方便相关各方了解景区资源的利用及保护情况,也便于游客进行了解。

(2)土地资源利用管理子系统

土地是旅游景区的重要资源,为了保证旅游景区的正常发展,需要对土地资源的利用和开发进行电子化管理。尤其在国家层面,该子系统就是借助卫星图片或者航拍图片对景区内土地资源及其利用情况进行数字化备案和监管,并按照一定的周期对土地资源的图斑进行更新,以此来持续监控旅游景区内土地资源的利用。

(3)自然环境质量评价子系统

自然环境质量评价子系统利用专门的系统和专用的设备,对旅游景区内部及其周边自然环境的质量,如空气质量、水质、气象、噪声等进行监测和数据分析,通过实时动态的监测数据分析,跟踪环境质量变化趋势并公布和反馈。

(4)景区发展控制管理子系统

景区的发展要以旅游规划作为蓝本,景区在开发和管理时应严格遵照规划的要求具体实施。为了更好地对景区的发展进行控制,景区发展控制管理子系统将景区的旅游规划进行数字化和可视化处理,将规划中的控制性指标录入该数据库,以方便旅游主管部门及景区在开发过程中进行自我监督。

(5)景区经营绩效评价子系统

景区经营绩效评价子系统主要针对旅游景区经营绩效的相关指标进行数据的处理和分析。经营绩效指标应考虑景区经济效益指标和生态效率指标,从而对景区的经济效益和环境效益进行综合评价。

(6)景区市场环境评价子系统

市场环境是景区经营的外在影响因子,该子系统的主要功能是对市场环境的变化实施连续性监测,如监测市场的经济环境、市场的旅游环境、市场政治环境以及社会旅游需求的环境等。监测的目的就是评价景区未来趋势,游客量变化趋势,通过及时发现市场环境的变化,并针对市场的变动态势寻求市场机遇。

2. 旅游信息服务系统

从服务的对象上来看,景区信息服务系统面对的是景区的企业客户、旅游者以及景区员工。因此,信息服务系统应较为全面地对外提供敏捷服务,如通过信息网站或移动终端设备等。从提供的服务内容来看,该子系统可由信息网站子系统、游客咨询服务子系统、互动信息屏子系统三个部分组成,具体见图9-2。

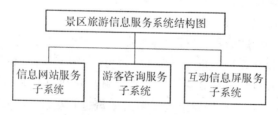

图9-2 旅游景区管理服务终端系统结构图

(1)信息网站服务子系统

旅游景区的信息网站服务子系统以网站为窗口,为游客提供随时随地的信息服务。目前景区的信息网站有传统的信息网站,还有以智能手机为终端的微门户网站,让移动的游客随时可以通过 APP 应用获取信息。近年来由于移动互联网的普及,手机 APP 应用的内容越来越丰富,如通过 APP 可以实现智能导游、智能导览、智能导购、智能导航等。信息网站除了为游客提供信息方便外,还可以实现便捷的电子商务,在景区所有的服务都可以通过智能手机获取。

（2）游客咨询服务子系统

景区的游客咨询服务中心通常设在游客接待中心，对于大型景区还在部分景点设置旅游咨询服务点。游客咨询服务中心除了面对面提供咨询服务外，还提供12301的电话咨询，以及远程咨询服务。远程咨询服务通常借助于网站，可以是文本咨询和语言咨询。为了提高咨询服务的质量，咨询服务中心需要咨询服务软件的支持，咨询员通过信息接驳技术获取实时信息，并通过微博、微信、电子邮件、网站交互等方式提供给需要的游客。

（3）互动信息屏服务子系统

互动信息屏服务系统是电子触摸屏的改进，它利用多点触摸技术、互动交互技术、3D动画技术、GPS定位技术以及RFID技术等，感知和获取游客的需求信息。游客在信息查询过程中，还可以主动与咨询员互动，了解景区的实时信息。另外，互动信息屏还提供娱乐等游戏功能，让游客在旅游过程中可以享受休闲的功能，大多数景区的游戏功能都是与景区生态和人文特点相结合的内容，让游客在旅游中娱乐，在娱乐中获取科学知识。

综合起来，旅游景区管理信息系统的功能结构见图9-3。

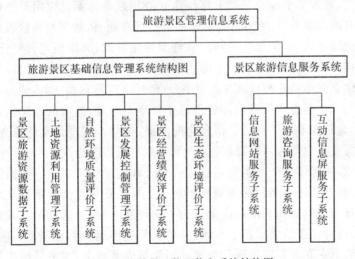

图9-3　旅游景区管理信息系统结构图

## 9.2.3　旅游景区管理信息系统建设的步骤与要点

信息系统建设既涉及软件开发，又涉及管理，作为景区管理者，最困惑的是开发问题，由于景区管理者缺乏开发方面的能力，导致信息系统建设落后于其他旅游业。系统建设应围绕景区的服务质量展开,提升景区的服务是重点,因为以观光为主导的大旅游时代即将过去,迎来的是以休闲为主导体验旅游,景区必须抓住旅游转型的机遇,用软件来提升服务。本节先简要介绍景区信息系统建设的相关步骤和要点。

1. 旅游景区管理信息系统构建的阶段

一般来说,旅游景区管理信息系统的构建大致上可以分为以下三个阶段。

第一,实现景区信息的数字化。景区信息数字化就是通过一定的设备,将景区信息的载体由传统的形式转变成为数字电子信号,实现这个转变的基础设备就是电脑和网络设备。在景区实施信息化的初级阶段,首要解决的问题便是如何将景区内部的各种信息转变成为可以在数字设备网络中流动的数字信息,以便实施后续景区内部和外部的沟通交换。因此,旅游景区可以通过构建内部网和外部的互联网络,通过获取自有域名以及建立独立的网站作为与外界沟通的平台和界面。这样,外界的客户可以通过网站获取有关景区产品和服务,甚至经营管理方面的信息;景区内部的员工则可以借助网络进行沟通及办公文档的流转。

第二,在数字平台的基础上逐步建立应用服务体系。应用服务体系同样也针对内部和外部两个群体,对外部信息受众而言,景区在该阶段应提供实质性的服务功能,例如提供网上信息个性化查询、网络预定、网络消费等B2B的相关服务,拓展前期网站的实用性;对景区内部各部门而言,应该在此阶段建立简单销售和行政管理的平台,包括文件管理系统等,通过内部管理工具的完全信息化提升内部管理运作效率。但是,此时的景区信息化尚不完整,只是在形式上具备了信息化的前提,为完全实现信息化管理,旅游景区还需要在内部管理机制和业务流程上进行适当改造。

第三,从整体上全面实施信息化的整合和建立管理制度。实施信息化管理,此时的景区也被称为智慧型景区——景区管理者能够依据获取的信息进行日常经营活动和战略决策。为了达到这一步,景区的所有软件需要整合,形成协作型的集成信息系统,并建立相应的运行管理制度。例如,景区管理者可在充分获取市场信息和内部信息的基础上,参考景区决策支持系统的信息,对面临的问题进行辅助决策。此时,信息化管理就会体现效益,而不仅仅是提高效率的问题。

2. 景区管理信息系统建设的步骤和要点

信息化管理是景区未来发展的必然趋势,也是目前我国在5A级景区建设过程中对景区管理模式的具体要求。景区管理信息化要以信息技术为基础,对景区的管理流程全面系统地改造,因此,在进行景区管理信息化建设时要有统一的系统规划进而分步骤实施,具体系统规划这里不作介绍,仅对建设步骤进行归纳。一般可以将景区管理信息系统建设按照其先后顺序分为以下七个步骤要点。

(1)组建相关工作机构

旅游景区可以成立景区管理信息化建设工作办公室,使其作为景区实施数字化改造的专项建设管理部门,对景区管理信息化的全过程负责,并组织规划和项目落实,这是系统建设的组织保障。

(2)制订景区管理信息化建设发展规划

在机构的统一组织下,制订管理信息化建设发展规划是对景区管理信息化建设的总体设计和时间安排,通过该规划,可以对景区管理信息化的目标、途径、措施、保障等内容加以明确。

(3)逐步实现景区办公自动化和信息化

景区办公自动化和信息化的建设是旅游景区管理信息化改造的基础工作之一,信息化要以信息技术作为基础,而办公自动化和经营管理的信息化是旅游景区实现信息化改造、建设智慧景区的重要基础。

(4)构建景区电子商务体系

电子商务是景区管理信息化最为外在的表现形式,也是景区管理信息化改造中最为基本的功能之一。构建电子商务体系的核心业务流程规划以及渠道建设,重要的内容是建立电子商务平台(如建立具有独立域名、商务功能的网站)及其网络的拓展(如依托重要的旅游综合类网站),逐步形成景区主业务的电子化。

(5)基础数据资源化管理

景区基础数据、业务数据及采集方式的数字化是实现景区全面数字化管理信息化必需的步骤之一,在景区信息化管理建设中占据重要位置。在业务流程体系、电子商务体系确定后,建立中央数据库形成基础数据资源化管理是应用系统开发的基础。资源化需要数据的完全电子化,并保持其可用状态。

(6)景区内部网建设

通过内部网建设实现内部数据的联网,并可以与外部数据无缝衔接。内部网是利用互联网技术构建的网络,它是开展电子商务的基础,也是实现智慧管理的基础。通过内部网,旅游景区可以实现对自身经营所需资料数据的实时更新,并借助管理信息系统实现科学化决策。在这个步骤当中,重要的是要有相应的配套应用软件系统的支持。因此,内部网建成后,应用软件的开发是关键。

(7)实现与外部信息网络对接

内部网与外部信息网络实现无缝对接,就可以逐步实现智慧服务,并可实现景区的完全电子商务。在完成自身的内部网和应用软件开发后,旅游景区需要与外部信息网络对接,如融入国家或区域旅游业监管信息系统及其他网络体系,以完成旅游景区的全面数字化建设。

在以上七项中,(1)和(2)属于景区管理信息化准备阶段,(3)(4)(5)(6)属于景区初步信息化阶段,(7)为全面信息化阶段。由于景区管理信息化工程投入较大,投资期较长,因此,一般都采取分期逐步投入的方法。对大多数的景区而言,信息化准备阶段和初步信息化阶段中的某些步骤可以较为轻松地完成,例如景区管理信息化办公机构的组建、景区办公自动化、景区电子商务系统的构建等。对参与5A级景区评选的主体而言,完成景区的初步信息化是最为基础的要求,例如贵州黄果树风景名胜区、陕西黄帝陵景区都在景区管理信息化方面做出了一定的成绩。黄帝陵景区建立了拥有独立域名及中文网址的网站,该景区除了利用自身的网站外,还依托陕西旅游网、延安旅游网等官方网站进行旅游的商务推广;在电子商务方面,黄帝陵景区实现了查询未来特定时间段预计游客接待量、网上预订景区门票、网上预订酒店住宿、网上预订旅游商品等远程旅游服务,方便了旅游消费者查询和购买,也使黄帝陵景区的旅游产品销售业绩有了较大的提升。

## 9.3 旅游景区电子商务系统

景区电子商务系统建设是景区信息化管理发展的高级阶段。近年来,电子商务在旅游业中发展迅速,但作为旅游产业链中最重要的一环的景区,电子商务发展却相对滞后,这严重影响了旅游产业链的效率。近年来,旅游景区电子商务的运用受到越来越多的关注,因此,探究制定景区电子商务发展策略就显得尤为重要。本节重点介绍景区电子商务的基本概念及应用类型等内容。

### 9.3.1 旅游景区电子商务的内涵与模式

1. 旅游景区电子商务的内涵

旅游景区电子商务是通过先进的信息技术,以风景名胜区为中心,整合景区门票、酒店、餐饮、娱乐、交通、观光车、演出表演等各方面相关资源,为游客提供饮食、住宿、出行、游玩、购物、娱乐等全方位的商务交易服务。旅游景区电子商务是旅游电子商务的重要组成部分,是电子商务在旅游景区管理中的应用,其本质是以旅游景区商务为核心,通过先进的信息技术手段对外(旅游者和其他旅游企业)进行网络营销、在线交易等电子商务活动,其实质是商务,交易的手段是电子。景区旅游电子商务平台的建立,把过去粗放静态的人工票务管理变成了精细动态的数字管理。景区管理部门每天都能准确把握次日游客总量,提前做好景区交通、餐饮、娱乐等相关服务资源的配置,不仅大大方便了游客,而且减少了管理的盲目性,降低了管理成本,使管理精细化、决策科学化。

2. 旅游景区电子商务的模式

基于不同的研究角度和方法,会有不同的电子商务模式与类型,从电子商务平台网站入手分析,按照旅游景区电子商务网站的控制主体及其所提供的业务内容,可以将旅游景区电子商务分为由销售方控制的第一方电子商务模式、由中介方控制的第三方电子商务模式和由旅游目的地政府主导下创建的地方性旅游服务网站模式等三大类。

(1)第一方电子商务模式

第一方电子商务模式是指由商品或服务提供者控制交易网站的电子商务模式,是由旅游景区通过自建、联盟等方式,凭借强大的影响力建立的网站平台,是整个商务系统的主体位置,旅游者和旅游企业可通过旅游景区网站获取旅游信息、进行电子贸易,政府起到宏观调控和监管作用,第一方电子商务模式包括三种子模式。

第一,旅游景区自建模式。该模式较适合大型旅游景区,旅游景区自建模式主要是景区依托自身丰富的旅游资源,为旅游者提供相关的服务信息,一般包括景区文字影像简介、在线地图查阅、电子门票交易、网上虚拟旅游、旅游线路设计等内容。网站设计上突出当地文化特色和景区特色,主要起到宣传促销的目的,为旅游景区扩大客源、提高知名度、降低业务成本提供便捷有效的手段,如青岛崂山风景区、黄山风景区等。

第二,旅游景区联盟模式。即由多个旅游景区共同出资,筹建一个电子商务平台联盟。这一平台在初期以提供相关旅游景区的服务为主,逐步发展为集提供旅游服务信息、社区旅游计划、增值服务等多种服务于一身的一站式服务平台。随着旅游景区联盟的发展,影响力不断扩大,不仅可以吸引更多的旅游者,而且会吸引众多旅游景区的加盟。这些加盟的旅游景区通过联盟模式这一平台,可以降低分销成本和分享客源,而且随着加盟旅游景区的不断增加,各旅游景区还可从增值服务中获取额外利益,如收取广告费用及向其他相关产业延伸。该模式起点较高,在初期阶段,筹建平台的旅游景区要有一定的知名度和经济实力。

第三,区域联合模式。该模式是将某个区域内的旅游景区进行整合,并对在此基础上建立起来的电子商务平台进行统一的宣传管理。主要是面向旅游者和旅行社,全面开展旅游景区门票、餐饮、酒店、旅游线路等在线预订的电子商务平台。同时,也为旅行社和酒店、航空公司等旅游行业客户提供网络宣传、网络销售、网络支付等一系列的业务服务,这种模式中较为成功的当属九寨沟九网旅游在线交易网站。

(2)第三方电子商务模式

第三方电子商务模式是由电子中介服务商主导建设的一种模式,主要为游客提供综合性的信息服务和电子商务,其特点是旅游信息资源比较丰富,提供的旅游产品也比较丰富,是目前旅游电子商务发展中规模最大一种商务模式。如"驴妈妈"景区电子商务网就是这种商务模式,其核心业务就是帮助景区销售门票,提供相关的休闲度假产品。

(3)旅游目的地电子商务模式

目的地电子商务模式是由目的地机构主导建设的一种商务网站,帮助目的地内中小旅游企业开展电子商务,同时为目的地的景区提供门票销售服务,如订门票、订住宿、订餐饮等业务。这种模式提供的产品都是区域性的,属于一种小规模的电子商务网站。如张家界武陵源旅游局的网站、千岛湖旅游委员会的网站都提供了相应的商务功能。

## 9.3.2　旅游景区电子商务的作用

迅猛发展的信息化技术正在改变着景区的经营管理和营销手段,电子商务必将成为景区门票销售的主流方式。已经有部分景区开始探索景区电子商务系统的建设,其本质就是以旅游景区为核心,通过先进的信息技术手段改进旅游景区的内部管理,对外包括旅游者和其他旅游企业进行信息交换、在线交易等电子商务活动。发展旅游景区电子商务对各方都意义重大,具体来说有以下几个方面。

1. 有利于开拓旅游景区的旅游市场

在我国,散客游、自助游正在成为游客的主要出行方式。与团体游不同,这些旅客面临的最大问题就是如何获得景区充分方便、快捷经济的服务,所以他们会对景区信息表示出极大的渴求,而旅游电子商务无论是在加强与游客的互动交流、提供信息服务还是实现个性化服务增值等方面都有优势。通过电子商务手段,景区景点的产品及形象也能得到高效低成本的传播,这也能满足游客个性化的需求,增加他们选择景区景点的机会。

### 2. 塑造景区品牌

电子商务环境下信息的透明性与对称性将使得旅游景区的品牌形象显得尤为重要,依托独特景观资源的景区开展电子商务服务,可迅速提高景区的影响力、知名度,塑造良好的景区品牌形象,良好的品牌形象可以减少游客的决策成本,提升形象价值,从而使景区成为旅游电子商务市场的赢利者和优胜者。鼓励旅游景区开展电子商务,可以有效地降低旅游市场的信息不对称,实现旅游产品和价格信息透明化,消除暗箱操作(销售业务员拿返利)。

### 3. 提升旅游景区竞争力

为适应旅游业快速发展的需要,现在旅游景区正在由单一观光型向多业态型转变,这就需要景区整合区域内的旅游资源,降低边际成本,提升效益,实现规模效应。传统的整合方式可能会产生庞大的机构,成本巨大,只有运用电子商务的优势,才能加强协同管理,有效整合产业链资源,提高景区的核心竞争力。利用旅游景区电子商务系统将分散的市场资源整合起来,有利于树立旅游目的地的企业服务品牌,降低整个景区旅游业的营销成本,实现产业链的整合和优化,为游客提供便捷的一条龙服务。电子商务还有利于加强旅游市场监控和监测,提高客户满意度,也有利于中小企业间信息共享,增强抗击市场风险的整体能力,使景区旅游各环节的企业在市场中形成共赢的局面。

### 4. 有利于景区对环境的控制

积极开发、有效保护和可持续发展是现代旅游业发展追求的目标。传统开发和保护方式很难把两者协调起来,同时游客逐渐增多,也使景区的安全事故频繁发生。而运用电子商务手段建立起来的景区 OA 系统、景区生态预警系统、景区安全监控系统、ICT 系统等可以相互协同,能使景区人员提高环境管理的质量和效率,及时采取措施,实现景区的经济效益与环境效益协调发展。利用门票预订系统实现网上门票预定,可以有效地预测和控制客流量,利用不同票价调节淡、旺季流量,可分散客源。利用电子商务中的旅游营销功能可进行旅游资源保护宣传教育,使资源保护成为所有旅游参与者的责任,从而缓解文物保护部门、环境保护部门和游客以及旅游开发之间的矛盾。

### 5. 提高旅游景区的管理效率

通过旅游景区电子商务平台,管理部门、旅行社和游客可以随时通过互联网了解到票务情况,根据实际游客量的情况,景区能够提前做好接待工作安排,合理调配观光车、工作人员、餐食等,减少管理的盲目性,降低成本,使景区管理更为科学、有序。景区电子商务还可以带来科学管理流程、有序高效的运作机制,成为景区日常运营和紧急情况下的应急运营的决策依据。以 GPS 车辆调度监控系统为主,结合景区智能监控系统,将景区内的所有观光车分布情况影射在 GIS 地理信息系统上,实现即时调度车辆,提高人车分流效率。景区智能监控系统在整个景区内设置了多个摄像探头,落实到景区的每个主要路段及每个景点,实行全年 24 小时监控。以地面监控系统与人工巡回(3G 手机)相结合,实现图像、视频的协同管理,并以 RS 卫星遥感火险等级预警预报为辅助,可全面有效实施对景区及周边的旅游管理。

6. 有利于景区管理层的科学决策分析

景区电子商务使得管理精细化、功能模块化、信息网络化,对于中层管理者来说,每一个独立的应用系统都能实现其部门的特有功能,为中层管理人员提供科学的决策参考。比如 GPS 车辆调度系统为景区内的观光车调度提供即时化调度决策依据。而对于最高决策层来说,每一个中层应用系统的模块化,直接给最高决策者带来的就是管理精细化,而这些管理上的精细化反过来就成为了最高决策者科学决策的有力参考依据。比如说,景区监控、票务监控、门禁监控是为三个不同部门的管理而设定的,但通过网络权限共享后,最高决策者就能即时了解当前游客的进入景区的情况,再通过景区电子商务发回的当天游客门票预订情况,最高决策者就能科学、及时地调配当天的人员和车辆。

## 9.3.3 旅游景区电子商务系统的基本模块

景区电子商务系统主要能实现网上预订、住宿管理、出行管理、餐饮管理、景区 POS 系统、客户管理、景区信息板管理、UJH-EBS 后台管理等功能。人性化的信息查询功能使用户在任何情况下都可以轻松、迅速地获得旅游信息,系统可以按照多种条件方便、高效地查询相关信息,提供按时间范围、类别等模糊查询功能。依据所需,按照不同方式将搜索结果进行排序。一般来说,景区电子商务系统一般具有以下几个子系统。

1. 门禁票务系统

门禁票务系统是景区电子商务系统最基础的技术系统。该系统结合电子、磁记录、IC 芯片、RFID、精密机械加工及计算机网络等诸多高科技技术,与景区电子商务配合实现计算机售票、验票、查询、汇总、统计、报表等门票控制管理功能,实施全方位的票务实时监控和管理。由门禁票务系统衍生的景区 CRM 系统,它利用“可获利客户”的理论,最大限度地改善客户关系,通过景区对客源地区分布、每日客源预测分析、历年同期客源对比等,可制定相应的营销计划。

2. 商务网站系统

商务网站系统包括门户网站和后台分析系统,门户网站作为窗口,是游客访问和交易的场所,可以查询景区服务产品,包括门票、餐馆、住宿等商务产品,实现在线订购。后台分析系统是对游客访问和交易情况的统计,包括访问量统计、访问行为分析、预订量统计、预订客源地统计等,并分析仅访问却没订购的原因,分析没订购游客后来的去向、分析游客的消费能力等。对于网站的在线订票,须和门禁系统结合起来,应采取不换票的方式让游客直接凭身份证或电子票据直接进入景区,以提高景区电子商务的效率和效益。

3. GPS 车辆调度系统

许多游客在景区有租车的需求,特别是外地游客。该系统能够通过卫星自动获取景区内指定目标车辆的相关数据,实现数据的整理和分析,结合GIS 地理信息系统,在大屏幕上显示景区内所有观光车辆的地理分布情况,为车辆调度等方面的管理提供即时决策的依据。游客通过基于手机的 APP 车辆预订系统,可以直接发出订车的需求,车辆调度系统接收到游客订车的需求信息,就可以即时确认游客的地理位置,迅速调度派出车辆。

4. 多媒体引导系统

多媒体引导系统是基于地理信息技术(GIS)、遥感技术(RS)、虚拟现实技术(VR)、多媒体技术和互联网技术(Web),基于最新的数据以及景区游客量的情况,为游客顺利到达目的地进行的电子引导,这是游客电子商务订购后到达景区的引导系统,可以通过电子导览实现,并结合电子屏等设备。系统可全面展现景区资源、线路、咨询中心、酒店、餐馆等信息,并提供多媒体的、三维的、网络的人机实时交互手段,让游客真实体验电子导览的引导带来的便利。

5. 在线支付系统

景区电子商务系统应便利游客购买服务的支付,尤其是外地游客。包括到了景区的购买门票、预订餐馆以及其他的消费支付。在线支付系统包括无线支付、有线支付,因此景区应规划旅游刷卡无障碍工程,让游客可以使用任何银行信用卡或支付卡。在电子商务系统或商务网站中,也应建立完整的在线支付系统,让游客真正体验不带现金的任意电子游。

6. LED 信息发布系统

景区广场和门口彩色 LED 大屏是集游客提示、天气预报、景区动态、法规宣传、游客公告、旅游知识为一体的信息发布平台,也是景区电子商务系统的组成部分之一。该系统采用先进的数据传输技术,使用千兆网高速数据通讯芯片,防静电,防雷击,支持无中继的远距离传输。支持自行编制显示程序,更可使用流行的各类优秀的图形、图像、动画、视频、现场直播及幻灯片制作软件,来任意编排制作播出节目,为游客提供全面的景区即时信息。

## 9.3.4 旅游景区电子商务发展存在的问题

在国外发达国家,景区的电子商务目前发展得已经成熟了,如美国、日本、芬兰等。在我国,在国家旅游局的推动下,虽然金旅工程和旅游目的地系统的建设已取得了一定的成绩,为我国景区开展电子商务提供了很好的环境。但由于我国景区电子商务起步晚,同时受到各方面条件和环境的制约,虽取得一定成效,但在开展还存在不少问题。

1. 思想认识不足

因为电子商务的投资回报无法用准确的数据来预测,投入和产出效益也难直接衡量,所以很多景区缺乏长远发展战略,注重短期利益,不愿意或者不敢在电子商务上进行大规模的投资。即使投资的,也对电子商务的认识存在误区,认为建立了景区网站就万事大吉;结果还不得不依赖传统方式进行业务活动。还有一些景区虽然知道电子商务是怎么一回事,但不知道如何去完善和实施。

2. 数量少且功能单一

在我国有几千家旅游类网站,但大部分都是旅游中介类网站,景区的信息往往通过与一些热门网站的链接进行发布,能及时提供景区个性化信息服务的网站太少。同时,即使是景区自建网站,由于投入不大,功能也仅局限于旅游线路、产品、景点的信息资讯的介绍与发布。这样的网站很难对游客产生吸引力,所以浏览量不大,产生不了真正的商机。旅游景区网站的定位不准确,网站基本都以静态的信息发布为主,提供的预订仅仅是电话联系,还没有实现网上订购和支付。旅游网站的价格优势还不很明显,旅游网站的增值服务能力总体不佳。

3. 基础设施落后

电子商务的发展离不开完善的电子设施、信息技术的普及以及后台系统的建设。但由于景区一般范围比较大,地形复杂多变,这也给景区的网络基础设施建设提高了成本。而有限的资金大部分更是运用到硬件基础建设上,用于网络运行、软件开发和信息采集发布的资金严重不足,复合型电子商务人才的缺乏又导致景区的电子商务系统缺乏系统性整合、系统维护、网络营销的能力,无法发挥其应有的作用。

### 4. 管理体制滞后

我国目前大多数景区管理采用多个政府部门共同主管的政府模式,一区多主的情况很普遍。由于政出多头,各自有着自己的利益诉求,缺乏总体规划与控制,随着旅游业的发展,使得生态保护与旅游发展之间的矛盾日益凸显。同时由于金字塔的组织结构使景区的决策与执行严重脱节,缺乏有效的沟通环节,造成了内部效率低下,无法对外界的变化做出及时有效的调整。体制和管理模式成为构建景区旅游电子商务平台的主要障碍。

## 9.3.5 旅游景区电子商务发展策略

旅游电子商务的发展对景区既是机遇又是挑战,景区只有立足自己努力发展电子商务,才是实现可持续发展的有效途径。

### 1. 多渠道筹集资金用于完善基础设施建设

资金是制约景区电子商务发展的一大瓶颈,除了政府加大投入外,随着资金需求规模的增加,它的发展必须利用资本市场,而且在今后一个阶段,利用资本市场将成为一条非常重要的融资途径。为了促进我国景区电子商务的发展,应发展具有适合景区发展需要的风险投资市场,争取政策支持,吸引多方资金的投入。在多渠道筹集资金的基础上,必须加大对景区电子商务基础建设的投入。增加硬件基础设施的投资,加快软件设施的更新换代,大胆引进先进的电子商务技术来为景区发展提供技术支持,使景区实现信息化,提高景区电子商务的效益。

### 2. 优化资源配置以便提供个性化的产品与服务

电子商务是一个循序渐进的互动过程,随着电子商务战略的实施,景区能有效整合景区内的旅游资源,通过电子商务平台,景区可以迅速捕捉到旅游者的喜好和消费习惯,预测景区未来客源的变化趋势,并将这些市场趋势及时反馈到景区的管理层,从而促进景区对其有限的各类资源进行合理调配,丰富休闲服务产品,满足未来市场的客源需求。景区的电子商务系统可以根据旅游者的网站浏览习惯和轨迹,分析其需要的旅游产品和服务,推出"小而精"的一对一的个性化旅游产品和服务,并通过景区的 BBS 等平台系统,提高互动效果,这样在提高游客满意度的同时,也可使景区获得良好的效益。

### 3. 再造业务流程利于建立统一的数据平台

传统景区的业务流程是具有层次性的,专门的职能部门处理业务,这样的流程不利于景区迅速决策和灵活处理危机。电子商务系统就必须进行行业务流程整合与变革,合并一些业务流程,形成自动处理的管理部门。这种流程的变更,可以实现跨企业的信息共享和业务集成,最大限度地实现价值链上各环节的价值创造,为景区创造更大的经济效益。电子商务系统的实施,需要相关的技术基础设施,对原有的信息系统数据平台、操作流程进行整合,建立一个统一数据中心的数据库平台,有利于景区业务的集成和电子商务的开展。

4. 改革景区组织结构和管理体制

在电子商务的影响下,景区的内部组织机构、通信、企业文化都在产生演变。在景区内,金字塔形组织无法提供方便、快捷的服务,这就要求景区减少管理层次,进行组织扁平化、网络化的重组改革,使决策者和执行者直接进行沟通联系,提高沟通效率,降低沟通成本,增强景区员工对景区的认同感与归属感,而这样的模式只有建立在完整的电子商务系统上才能实现。景区管理者可利用电子商务系统,把景区的战略合作伙伴联系起来,共同参与旅游开发建设,从而降低沟通和交易成本,提高业务处理中的效率。可以成立一个协调各部门关系,由多方利益主体共同参与管理的综合业务机构。这样就可以理顺旅游电子商务参与者之间的利益关系,使利益之争改变为利益共享。

5. 丰富营销方式,组建电子商务联盟

由于景区电子商务还没有形成成熟的盈利模式,这就需要把网络营销与传统营销结合起来。网络营销方式不仅可以实现与旅行社等企业的 B2B 商务合作,而且可以将营销手段扩展到游客身上,进一步优化营销渠道,减少中间环节,降低成本。还有,景区应抓住电子商务发展的大好时机,加大投入,开发它的网络营销功能,加强与客户交流沟通,分析客户需要,不断进行营销手段的创新,实现传统营销方式和网络营销方式的良性循环。品牌化、规模化经营已经成为景区电子商务竞争的主要手段,大型旅游景区会在电子商务领域利用自身的优势,不断巩固自身的地位。而中小型旅游景区通过建立电子商务联盟,实现景区之间的合作,降低企业电子商务的进入门槛,把景区的单体营销变成联合营销,以共同提高景区的核心竞争力。

6. 制订长期发展规划

电子商务系统的建设是一个渐进式的发展过程,因此必须制定长期的发展规划,做到以旅游发展总体规划为前提,在此基础上提出对应的旅游电子商务总体目标和阶段目标,规划出区域旅游电子商务系统基本架构,规范旅游数据标准,提出信息技术实施的指导方案。旅游电子商务发展规划应反复论证,既要有前瞻性,又应该对不同阶段旅游电子商务发展提出可行的方向性指导建议。在规划中,必须要认识到长远利益和短期利益的结合,资源开发与环境保护的结合。不能实行竭泽而渔的开发模式,利用景区生态预警系统、景区安全监控系统来维护环境;通过电子商务系统,利用浮动价格机制来调节景区淡、旺季游客数量,减少高密度客流对景区造成的损害,以此来实现景区的可持续发展。

## 9.4　旅游景区信息化建设对策

景区信息化建设是从"数字景区"建设开始,主要是在一些高星级的大型景区展开,先试点,后推广。我国众多的中小型景区信息化建设还刚刚开始,许多景区开展信息化建设并不理想,效果不明显。景区如何开展信息化建设,一直是旅游业讨论的热点问题。

### 9.4.1　旅游景区信息化建设存在的主要问题

为了讨论景区信息化建设的对策,下面先从对现存问题的分析开始。

1. 信息化应用范围小

许多景区信息化仅是建网站而已。首先,很多规模不大的旅游景点没有自己独立的域名,只是在各类网站上链接了几个网页,只有最简单的景区介绍、景区图片等,不具备网络营销和开展电子商务的条件。有的景区购买了电脑等设备,但是没有连接互联网,无法进行信息发布,或者缺乏景区信息管理方面的软件,电脑成了摆设。有的景区甚至没有电脑,不具备开展信息化的条件。第二,信息化维护能力弱,景区网站内容更新滞后,缺乏互动。旅游者无法及时获悉景点的新信息、新动向,无法与景区在网上进行交流。据一项调查显示,大部分景区网站都是委托网络公司代为维护的,但日后由于工作人员岗位变化、资金欠缺等原因,已经与网络公司失去联系,所以网站也很久没有更新。游客留言板块是景区网站与游客互动并促进景区建设的重要手段,然而景区管理处的回复往往要等到第二天甚至更久,不能即问即答或迅速回复,无法及时为游客解决问题,这已经成为制约景区网站与游客互动的瓶颈。第三,缺乏电子商务功能。随着旅游大众化、出行散客化的趋势,旅游者在出游前进行网络媒体的信息收集已经成为常态行为。但是,目前国内绝大部分景区网站还尚未建立起电子商务功能。

景区信息化建设仅有网站是远远不够的,应用范围太小。

2. 管理者对景区信息化认识不足

旅游景区主要管理者对旅游信息化认识不足,特别是各级领导缺乏这方面的知识结构,了解不深、重视不大、把握不准、力度不大。虽然认识到景区信息化势在必行,但领导对信息化的要点不清晰;对投资多少、实际效果会如何、目前时机是否成熟,心中都没有底。此外,服务对象错位,以领导意志为核心,而不是以服务游客和客户为中心,景区的旅游网往往变成了政务网。

景区信息化建设管理者必须要有一定的理念和信息化知识支持。

### 3. 基础设施薄弱

旅游产业链较长,涉及旅游业、交通运输业、商业、工业、通讯业、餐饮业等众多行业。旅游景区信息化的发展需要以上行业信息化的协同发展,关键是景区基础设施的协同建设。如景区无线网络覆盖工程、景区数据库建设工程、景区支付刷卡无障碍工程、二维码应用普及工程等,这些基础设施工程是景区信息化建设的基础,有了这些基础工程,景区的管理信息系统、电子商务系统等应用工程才能展开。对于大型景区,应通过无线网络积极推进移动服务的基础性建设。

智能手机已经普及,加强景区手机 APP 的开发,能有效弥补信息化的不足。

### 4. 信息化人才相对比较缺乏

重视系统建设的细节,不重视运营团队的组建,导致系统成为摆设,很多最后无人管理;不重视 IT 部门,最后留不住可用的信息化人才。信息化人才缺乏,在信息中心任职的技术人员只有寥寥数人,与庞大的信息系统相比,其开发、调试和维护显得力不从心。旅游景区信息化建设需要两类人才,第一类是精通信息技术应用的专业人才,第二类是既能熟练运用信息技术,又掌握丰富旅游专业知识的复合型人才。第一类人才随 IT 业的兴起,高等院校对 IT 人才的培养,不再成为问题。目前缺乏的是第二类人才,即复合型人才。此类人才缺口很大,这种人才又恰恰是中国旅游业信息化发展的中坚力量,在旅游景区,这样的人才就更少了。

应开展对景区一般员工的信息化知识培训,以及对信息化人才的培养。

### 5. 景区信息化缺少统一规划

从技术层面来看,最主要的问题就是缺少对网络、计算、存储、通信、安全、管理等层面统筹的规划,没有建立统一的、软硬件运行平台。所以,虽然景区实现了网络化,建成了为数不少的应用系统,如网站、OA 系统等,但各应用系统之间却存在着信息孤岛,信息化建设呈现单点、分散的特征,系统和资源的利用率不高。从管理的维度看,分散的数据、异构的系统,难以实现管理的集中,不能支撑起辅助决策、风险控制、经营管理、突发事件快速反应等业务需求。由于景区信息化发展都采用以自身为主体的发展模式,区域意识过强,很难实现景区间信息的共享与交流,因此阻碍了全国景区信息化的发展水平。

景区应有专门部门开展信息化战略规划的组织与落实。

## 9.4.2 旅游景区信息化建设的对策建议

为了使旅游景区信息化建设顺利实施,笔者根据景区信息化建设的现状及存在的主要问题,提出以下一些对策建议,当然,不同的景区应有不同的建设对策。

1. 完善景区信息化基础设施建设、丰富景区信息化的服务内容

信息化基础设施是景区信息化得以顺利开展的重要前提,领导必须高度重视信息的网络构建和应用系统开发等基础设施建设。从简单的网页介绍最终发展到能够进行电子商务,从单纯的信息管理走向以服务为本的协同一体化服务,做到"四上"(手上、桌上、车上和路上)全程服务,游客或用户在任何时间、任何地点通过咨询平台、手机等便可查看信息或咨询、旅游、举办商务会议,将景区旅游、历史文化教育、学习、工作、咨询等等融为一体,最终形成以公众服务为核心的一体化景区数字中心。第一,可以与大学进行合作开发新的信息化项目,如:九寨沟与四川大学等深入开展基于现代游客流量统计应用的 863 课题,实现基于现代游客流量统计与 3S、3G 技术集成应用,旨在实现均衡九寨沟景点容量与流量的关系,使九寨沟的运营安全有序,扩大景区游客容量,减少环境破坏,提高游客满意度。杭州西溪国家湿地公园与浙江大学合作,构建数字景区升级版智慧景区,为西溪湿地打造智慧服务的体验。第二,可以与移动运营商(如中国电信、中国移动、中国联通)深入开展 GPS 人员和车辆定位管理,在电信运营商现已成熟的 GPS 技术支撑下,以现代游客流量统计游客动态流量为参考依据,基于 GPS 系统实现景区内的人员、车辆的运营和指挥调度,提升景区管理效率。第三,可以与中国电信、中国移动、中国联通深入开展 3G 景区移动管理、移动服务,最终实现景区全面信息化的功能。

2. 建立健全景区信息化工作领导管理机构,提高认识

景区领导要提高认识、转变观念、结合自身特点,成立信息化工作领导管理机构,健全管理体制,责成专人负责,落实技术和管理人员。统一规划、分步实施,确保景区信息化建设快速、健康发展。第一,建议成立有上级部门指导参与的规划小组。只有在上级部门的大力支持下,才能明确规划编制的立项,衔接审核、咨询论证、审批发布、实施监督等程序;才能使规划开展工作有了政策依据;才能促进规划管理工作的规范化、制度化,提高规划

编制的质量。第二,设立信息化专家咨询委员会。为确保景区信息化工作的顺利进行和编制出高质量的规划,建议设立信息化专家咨询委员会,负责就规划中的重大问题提出专家科学建议,并组织专家进一步理清规划体系及分析功能框架的可操作性。

3. 提供必要的资金支持,注重信息化人才的引进与培养

要保证景区信息化建设的资金投入和运行管理费用。信息化建设涉及技术、设备、人才、环境,没有一定的资金支持是无法开展工作的。因此,应将景区信息化建设所需资金列入年度投资计划并确保落实到位,加强景区信息化工作队伍建设,抓好景区信息工作人员知识化、专业化建设,加强业务培训,提高自身素质,建设一支既懂信息技术,又懂景区管理知识,并乐于奉献的信息化工作队伍。积极引进人才、资金、先进技术以及先进的管理、运营经验。因此,人才的培养至关重要。旅游景区和高等院校应联手合作,培养满足旅游业信息化建设需求的人才。首先,在高等院校做好复合型人才的培养工作,既要学习旅游相关知识,又要掌握先进的信息技术的知识,培养实用型人才;其次,对旅游企业的职工和旅游行政管理部门的工作人员,加强培训,使其能尽快适应旅游业信息化发展的需要。

4. 构建统一管理的运营和指挥调度体系

景区信息化进行统一管理非常必要,因为通过高度集中控制的运营和指挥调度体系,可以实现基于多系统采集数据的面向需求的多元化应用,电子商务获取的预订数据能够自动生成次日车辆调度方案、次日景点流量控制方案和次日就餐管理方案;GPS 系统在执行次日车辆调度方案的同时,其GPS 数据又能不断地修正车辆调度方案,并为景点游客流量控制和餐饮服务管理提供依据。以黄山为例,黄山景区内的所有运营和指挥调度均由数字黄山指挥中心统一管理,指挥中心是数字黄山的中枢,承担了数字黄山总体架构中的"一个中心职能"。可以实现整个景区统一的信息管理,命令发布和综合管理调度任务。目前,该中心涵盖了 DLP 大屏显示系统、会议决策系统、景区门户网站、三台合一系统、350 兆无线集群寻呼系统、短信群发系统、景区视频监控系统、管委会办公区内部视频监控系统、电子门禁和 OA 办公系统等。在整合了所有已建和待建子系统后,指挥中心将拥有森防监控及报警、水电调度管理、人员定位管理、客流及车辆调度管理、门户信息发布管理、电子政务管理、酒店经营管理、公安等众多功能。通过打造统一的信息技术平台和指挥调度体系,围绕资源保护、旅游服务、经营管理、安全防范和可持续发展等五个方面的应用,从而更好地保护黄山的旅游资源、树立新的旅游形象、提升景区旅游服务质量和整体管理水平,为景区创造更多的生

态效益、经济效益和社会效益。

5. 注重景区信息化建设中长期统一规划

规划是景区信息化建设方向标，是信息化建设的行动纲领。应该在景区总规划中专门对信息化建设做一个中长期专项规划，将景区的资源保护、旅游服务、经营管理、安全防范和可持续发展等工作与信息化建设工作有机地结合起来，充分运用新兴的信息通信技术，构建统一的信息化管理平台，实现景区的全面信息化管理，同时利用信息技术培育新的营销市场和经济增长点，为景区信息化建设提供科学建设依据。此外，可邀请有资质公司参与各项规划，黄山景区信息化建设经常借用外力，为景区信息化建设的规划提供帮助。

## 【本章小结】

本章对旅游景区信息化建设相关的知识进行介绍，首先，介绍了旅游景区信息化的概论，包括旅游景区信息化建设的内涵、作用及特点、功能要求和内容四个方面；第二节对旅游景区管理信息系统进行了阐述，包括旅游景区管理信息系统的定义及功能、架构、建设的步骤与要点等内容；第三节对旅游景区电子商务进行了介绍，包括旅游景区电子商务的内涵及模式、作用、基本模块、存在的问题、发展对策等内容；最后一节对旅游景区信息化建设的对策建议进行了归纳，包括旅游景区信息化建设存在的主要问题、对策建议等。通过本章的学习，希望读者对旅游景区信息化建设体系有更深入的了解。

## 【关键概念】

旅游景区信息化建设　　　旅游景区资源计划系统　旅游地理信息系统
景区生态环境预警系统　　旅游景区管理信息系统　基础信息数据系统
旅游景区电子商务　　　　门禁票务系统　　　　　办公自动化系统
GPS 车辆调度系统　　　　多媒体展示系统　　　　智能化监控系统
监管信息系统（遥感监测）　智慧景区

## 【复习与思考题】

1. 简述旅游景区信息化建设的内涵。
2. 什么是数字景区？数字景区有哪些信息技术的应用？
3. 结合实例，谈谈旅游景区信息化建设的作用及特点。
4. 简述旅游景区信息化建设的范围及功能要求。

5. 结合实例,谈谈旅游景区信息化建设的内容。

6. 简述旅游景区管理信息系统的定义。

7. 具体论述旅游景区管理信息系统的功能。

8. 简述旅游景区管理信息系统的应用架构。其核心技术是什么?

9. 具体谈谈旅游景区管理信息系统建设的步骤及要点。

10. 简述旅游景区电子商务的内涵与模式。

11. 结合实例,谈谈旅游景区电子商务的作用有哪些?

12. 旅游景区开展电子商务涉及哪些内容? 如何利用电子商务开展景区的增值服务?

13. 结合实例,谈谈旅游景区电子商务系统的基本模块。

14. 作为景区,应如何开展网络营销? 举例说明。

15. 分析当前旅游景区电子商务存在的主要问题。关键的是管理问题还是技术问题?

16. 结合实际,对旅游景区电子商务未来的发展给出对策建议。

17. 结合实际,谈谈当前旅游景区信息化建设存在的主要问题有哪些。

18. 结合实际,谈谈旅游景区信息化建设未来的发展对策。

19. 作为一个中小规模的旅游景区,应如何利用信息通信技术开展信息化建设并实现旅游服务模式的转型?

## 【课后案例】
## "数字九寨沟"的信息化工程

### 一、九寨沟概况

九寨沟位于四川省阿坝藏族羌族自治州九寨沟县境内,是白水沟上游白河的支沟,以有九个藏族村寨(又称何药九寨)而得名。九寨沟海拔在2000米以上,遍布原始森林,沟内分布着108个湖泊。九寨沟有五花海、五彩池、树正瀑布、诺日朗瀑布,风景绝佳,五彩缤纷,有"童话世界"之誉;沟中现存140多种鸟类,还有许多濒临灭绝的动植物物种,并有大熊猫、金丝猴、扭角羚、梅花鹿等珍贵动物。九寨沟为全国重点风景名胜区,并被列入世界遗产名录。2007年5月8日,阿坝藏族羌族自治州九寨沟旅游景区被国家旅游局正式批准为国家5A级旅游景区。

九寨沟景区总面积为6000万平方米,因周围有9个藏族村寨而得名,大约有52%的面积被茂密的原始森林所覆盖。自然景色兼有湖泊、瀑布、雪山、森林之美。沟中地僻人稀,景物特异,富于原始自然风貌。有长海、剑岩、诺日朗、树正、扎如、黑海六大景区,以翠海、叠瀑、彩林、雪峰、藏情、蓝冰这六绝而驰名中外。其主沟呈"Y"字形,即由三条沟组成,总长50余千米。其间有114个湖泊、17个瀑布群、5处钙化滩流、47眼泉水、11段激流,以1000余米的高差,穿行于雪峰、林、谷之间,逶迤50千米。它是中国唯一、世界罕见的巨大的以高山湖泊群和瀑布群为特色,集群海、溪流、瀑布、雪峰、林莽、钙化滩流等自然景观和藏族风情为一体的风景名胜区。沟内最美的景致"海子",是个有108个阶梯形的彩色湖泊,这里飞泉流瀑,奔腾倾泻,山谷轰鸣,蔚为壮观。

九寨沟的水是九寨沟的灵魂,因其清纯洁净、晶莹剔透、色彩丰富、故有"九寨沟归来不看水"之说。水、倒影、石磨、藏寨、经幡和藏羌歌舞等,构成了九寨沟独特的旅游文化。"绿色环球21"证书的取得,证明了九寨沟正在走一条可持续发展战略的生态旅游之路。在资源稀缺的今天,九寨沟立足绿色旅游的观念,服务设施日益完善成熟,现已成为世界目的旅游目的地的一颗璀璨明珠。"鱼游云端,鸟翔海底"的奇特景色层出不穷,水上水下,虚实难辨,梦里梦外,如幻如真。彩池则是阳光、水藻和湖底沉积物的"合作成果"。

近年来,到九寨沟旅游的游客不断增加,给景区的服务管理和景区的环境管理带来了压力,为此迫切需要借助于技术以提高景区管理的效率,而应用信息技术被公认为是提高效率的最佳手段,由此产生了数字九寨沟的规划和具体实施的方案。

**二、数字九寨沟的规划**

数字景区建设是借助信息通信技术而进行的信息化工程活动。其受益人包括:景区管理局、游客、旅游企业、旅游局等。数字化景区的内容是运用信息及通信技术打破旅游的空间界限,构建一个电子化的旅游空间,使得游客可以从不同的渠道取用旅游的信息及服务;而景区管理部门、旅游企业、游客之间也是经由各种电子化渠道进行相互沟通,并依据游客的需求、可以使用的形式、所处的时间及地点,提供他们各种不同的服务选择,享受数字化景区所带来的全面服务;同时实现旅游景区组织结构、工作流程、服务方式的重组优化,超越时间、空间分隔的制约,向包括景区外的所有游客提供内容翔实、功能强大、高效优质的管理与服务。最终建设成一个以旅游市场为核心,以旅游产品为纽带,将信息技术与传统旅游业结合,优化和调整旅游资源的配置和旅游产业结构的综合旅游信息平台。

数字九寨沟建设的具体内容包括:

- 建设和整合统一的景区基础设施;
- 建设和完善重点旅游服务系统;

- 规划和开发重要景区信息资源库；
- 加强景区工作人员的信息化培训和考核；
- 建立并完善景区管理法规和制度。

数字九寨沟建设第一期规划的具体技术系统有以下几个方面：

- 门禁门票处理系统；
- 天气预报显示系统；
- 森林防火和安全监控系统；
- 环境监测和监控系统；
- GPS 车辆调度系统；
- 门户网站和电子商务系统；
- 应急电话处理系统；
- LED 屏信息发布系统；
- 办公自动化系统。

针对"数字九寨沟"项目建设面临实施范围广泛、对象关系复杂、业务类型众多、水平参差不齐、需求差异大、稳定性和安全性要求严格等特点，在规划时必须着眼于全局，从总体上对硬件平台建设、应用架构搭建、数据接口定义、应用功能设计、公文处理流程设计、安全设计、扩展能力等方面进行统一的规划，制订数字化系统统一的实施和评估标准。

数字九寨沟整体系统可以分为两个层面：基础层和应用层。

基础层包括：基础设施平台、数据中心、3S 平台、安全。

应用层包括：自然资源保护数字化、运营管理智能化、产业平台网络化。

基础设施平台是指软硬件的基本环境，如服务器、网络以及安全设备等。

平台建设是指先要为"数字九寨沟"构建一个平台，构建一个稳定、安全、适用、可扩展的平台是极为关键的。数据中心是所有系统数据的汇合点，是贯彻数据集中的体现，九寨沟门户网是应用系统的支撑和载体，同时也是九寨沟对外宣传的重要窗口，与游客直接互动交流的一个平台。

应用层是"数字九寨沟"的各个应用服务系统，满足不同的业务点，具体包括：九寨沟办公自动化系统、网上游系统、景区 ERP、森林防火系统、环境监测系统、LED 屏信息发布系统等、应急电话系统、九寨沟电子商务平台、门户网站系统、门禁票务系统等。

九寨沟景区管理局专门成立技术小组并经过仔细分析和详细论证，根据系统建设的具体要求，全面贯彻"标准、一体化、稳定、扩展、安全、成本"的总体规划思想，构建九寨沟管理局"数字九寨沟"系统的总体设计架构。

### 三、数字九寨沟的具体方案

#### (一)设计原则

当前综合信息系统相关的技术主要包括：Web应用技术、数据库技术、数据仓库、数据通信技术、安全技术等。在这些技术中，对数据和信息进行灵活、有效、多元化的管理非常重要。"数字九寨沟"处理过程中要求能够在异构平台、不同的网络中实现数据交换和业务自动处理，这些必然涉及数据、公文和文档格式的标准化、统一化。

九寨沟管理局应建立一个能够描述内部各部门之间和与旅游电子商务数据交换和业务处理流程的规范标准，以减少数据在处理过程中因标准不统一而引发的诸多问题。因此"数字九寨沟"系统总体上应采用平台化设计的理念，充分考虑"数字九寨沟"的开放性原则，并具备先进性、安全性和实用性等特点。

建设九寨沟管理局"数字九寨沟"应用系统，必须首先考虑使用当前最先进的信息技术，如采用Java技术和J2EE规范，基于WSDL、SOAP、XML和UDDI技术的Web Services规范，利用服务器集中管理的技术部署全局统一、集中的后台数据库平台和基于LDAP的技术集群部署目录服务等。

通过对"数字九寨沟"系统的业务处理和服务范围、需求以及计算机应用情况的分析，景区管理局清楚地意识到"数字九寨沟"应用系统是一个涉及多部门、多层次、多种业务类型的大型业务系统。本系统的建设对于加强内部管理，规范服务，加强与服务对象的有效沟通，实现及时完善的服务、决策和管理、树立形象都有着广泛的意义和影响。具体设计原则如下：

- 安全性原则；
- 平台化原则；
- 标准型原则；
- 开放性原则；
- 可靠性原则；
- 易用性原则。

#### (二)系统的框架结构

根据设计的要求，数字九寨沟划分为基础层和应用层，应用层包括：自然资源保护数字化、运营管理智能化、产业平台网络化。基础层包括：基础设施平台、数据中心、GIS平台、GPS平台、安全。功能结构图如图9-4所示：

##### 1. 基础设施平台

数据中心是数字九寨沟的数据核心，是所有的数据汇合的交点。数据中心能收集、处理、存储数据。数据中心的建立，便于对数字九寨沟的信息数据进行统一管理。

通讯系统负责数字九寨沟的数据传输，是信息数据的运输工具。通讯系统包括光纤通讯、语音通讯系统、数据通讯系统、移动通讯系统。其中绝大部分系统已经建立完备。

信息安全是系统正常运行的保障，包括系统安全、网络安全、数据安全、应用安全方面都要考虑信息的安全。

GIS系统，即地理信息系统。GIS系统能够对旅游业提供大量详尽的信息。旅游资源是和其本身的空间地理信息密切相关的，要科学地管理旅游资料，首先就要完整地掌握这些信息。要能够精确描述山形地貌，对所有旅游设施一目了然。

智能化监控系统。目前九寨沟风景区智能化监控系统已经基本建成。监控点位的设置主要是在各个重要景点、诺日朗餐厅、道路险要路段以及停车场等共90多个点位；并在诺日朗餐厅设立一个监控分中心，在沟口设立一个监控中心。

GPS系统，即全球定位系统，能够通过卫星自动获取该点的经纬度坐标，实现定位功能，如车辆调度与管理可以利用GPS系统的功能。

2. 应用层平台

应用层主要是直接为管理局、旅游企业、游客提供各类旅游服务的信息化系统，这些系统都建立在基础平台之上，主要包括：九寨沟网站、办公自动化系统、门禁系统、自动售票系统、紧急电话系统、环境监测系统、森林防火系统、网上游系统、LED展示系统、呼叫中心系统、智能停车场系统等。

九寨沟门户网站是九寨沟景区在网上的重要平台，包括门户网站、电子商务网站。同用一个平台，两个窗口，共享数据。目前，九寨沟门户网站已建成。

办公自动化系统（OA）实现了九寨沟管理局内部信息化自动办公，提高了工作人员办公效率，提升了管理局整体管理水平，为游客提供了更优质的服务。同时还为工作人员提供远程办公功能，解决了出差人员办公难的问题。

门禁系统和自动售票系统结合电子技术、磁记录技术、单片机技术、自动控制技术、精密机械加工技术及计算机网络技术等诸多高科技技术，从而实现了计算机售票、验票、查询、汇总、统计、报表等门票通道控制管理功能，具有全方位的实时监控和管理的功能。

环境监测系统实施对九寨沟生态环境的监测，是实现数字九寨沟的必要条件。主要包括：大气监测、土壤监测、水质监测、气候监测等。

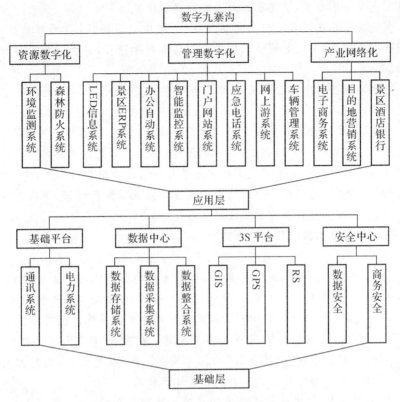

图 9-4  九寨沟数字景区建设框架示意图

森林防火系统是九寨沟信息化建设的重要内容,也是实现数字九寨沟的必要条件。通常旅游景区的特点就在于森林覆盖率高,空气质量高。但是对景区而言,人员流动性高,树木普遍易燃。一旦森林起火,将极大地影响空气质量,污染景区风景点,破坏旅游资源,给景区带来不可估量的巨大损失。

网上游系统也是数字九寨沟的重要内容,主要从三方面实现:网上用户能够通过访问网站,在经过授权后可以对风景区内主要风景点的监控图像进行浏览及控制;局域网用户可以对主要风景点、诺日朗餐厅、沟口出入口、售票处等进行优先控制和查看;同时,前端各个点位的图像都能够在 LED 大屏上进行切换显示。

景区旅游 ERP 就是景区旅游资源管理规划,实现对九寨沟旅游资源的整体整合,有效利用现有资源,将有限资源的价值发挥到最大的效能。

景区 CRM 就是景区客户关系管理。它利用"可获利客户"的理论,最大限度地改善、提高了整个客户关系生命周期的绩效,从而促进景区对游客的

361

个体引起足够的重视,提高景区对游客的满意程度。

其他应用系统还包括应急电话系统、呼叫中心系统、LED展示系统、智能停车场系统等,都是利用信息化手段为游客提供服务,是数字九寨沟的一部分。

景区各保护站系统目前只能用人去观察景点的一切情况,现在可利用网络技术,把各保护站联网,这样可以直接观察到各景点的一切情况。

目前,九寨沟景区正在规划数字九寨沟的第二期。"数字九寨沟"二期的目标就是创新统一管理模式,应用现代科学技术,集成构建面向需求的人工智能决策管理平台。协调旅游经济发展与生态环境保护的关系,将"数字九寨沟"打造成为推动生态、环保、可持续发展的景区经营典范,并向智慧景区发展,代表中国景区管理的未来发展方向。

### 四、从"数字九寨"到"智慧九寨"

随着九寨沟日均游客量将达2万多人次,游客规模远超九寨沟现在的水平,九寨沟将有可能碰到难以想象的、前所未有的管理挑战。如景区安全、车辆调度、景点游客流量控制、乘车站点游客排队、食品安全和气候问题等,任何一个问题解决不好,都会导致游客服务满意度的下降。面对可能到来的压力,九寨沟风景区的管理者们着眼未来,在"数字景区"的基础上,于2009年又提出了建设"智慧景区"的伟大构想。在"智慧九寨"构想的指导下,一系列景区智慧化建设工程如火如荼地开展起来。

2009年8月,以九寨沟风景管理局为主体依托单位,联合四川大学、成都电子科技大学、四川九洲电器集团有限责任公司、四川省地震局成功申报了2008年度国家高技术研究发展计划(863计划)先进制造技术领域"射频识别(RFID)技术与应用"项目——"基于时空分流导航管理模式的RFID技术在自然生态保护区和地震遗址博物馆的应用"课题,探索基于RFID技术的景区管理模式,形成源头创新的基于时空分离导航的景区管理模式,实现RFID技术与其他信息技术综合集成,解决资源电子化、门票智能化、游客行为追溯、智能化引导和时空分流,景点负荷监控等一系列智慧管理方案。九寨沟结合数字化建设取得的成果,将RFID技术与其他信息技术综合集成应用,进一步提高景区管理与服务的质量和效率,促进九寨沟旅游产业的良性发展。

2010年10月,九寨沟景区智能化管理与服务平台正式通过国家验收,成为全国第一家实行"网格化"管理的景区,为"智慧九寨"建设迈出了坚实的一步。通过此平台,管理人员可以监测到整个景区各景点的基本运行情况。例如,景区一线员工若在景区内发现某处栈道损坏,他可以用特制的"景管通"3G手机拍照并上报到指挥中心,由指挥中心转发给相应职能部门,该职能部门处理完毕之后再通报给发现问题的员工,由上报问题的员工核查处理结果。目前,九寨沟已经有100台"景管通"3G手机投入一线使用,整个景区通过"网格"实现了有效管理。目前,九寨沟将导航与位置服务等现代智能服务技术应用到景区的智能化管理,集成综合服务、应急处理、救援救助、游客监控等多方面内容,并融合卫星导航、区域定位、移动通信、微电子、计算机等高新技术,开发智能管理型、搜救型、环境监测型等系列用户终端,这些应用系统正在紧密的研发建设中。

(资料来源:作者整理。)

## 案例分析与思考

1. 数字九寨沟的信息化工程给游客带来了什么?

2. 数字九寨沟信息化工程中的应用层解决了哪些管理问题?

3. 试评价数字九寨沟第一期规划的信息技术系统。还存在哪些不足?

4. 在第一期规划的信息技术系统中,哪些是用于环境管理的技术系统?

5. 在第一期规划和实施的基础上,试对第二期规划提出设想,并构划建设的技术系统框架示意图。

6. 通过网络进一步了解"智慧九寨"的建设项目情况,从"数字九寨"到"智慧九寨",说明了什么?

# 10 旅游信息化管理中的新技术应用

## 【本章要点】

- 旅游信息化建设的新需求
- 物联网的概念及应用
- 云计算机概念及应用
- 移动互联网概念及应用
- GPS定位技术概念及应用

## 【课前案例】

### 智慧旅游成热捧

旅游业对于信息有着特殊的依赖性,旅游目的地与游客之间信息交互程度直接影响到旅游接待、旅游管理和旅游体验的质量。由于旅游业服务具有很强的交叉性、渗透性和综合性,旅游目的地产品中还包括相当部分的公共和公共服务。因此,政府在旅游目的地建设中发挥主导作用就至关重要。但是,由于受现行宏观管理体制机制中的条块分割影响,与旅游相关的社会资源、行政资源和信息资源的整合度差,没能形成有效的共享机制。

智慧旅游建设可以在最大程度上实现公共资源的整合,提高公共服务水平、社会综合整治力度、应急救援能力。例如,目前许多城市都已建有完善的道路交通管理系统,通过建立旅游云计算平台,可以为自驾车游客提供基于智能移动终端(如手机)的个性化服务,以及旅游地的天气预报、客流量实况等;也可以通过物联网平台对运营旅游客车进行全行程监控,从而有效地遏制司机和导游擅自在旅游行程之外的购物商店和自费景点停留,达到根治旅行社"零团费欺诈"的顽症。发展智慧旅游不仅可以最大限度地满足游客的个性化需求,实现旅游资源和社会资源的共享与资源的系统化、集约化管理,更是我国旅游产业适应市场变化,加快转型升级的重要途径。

由旅游景区管理向目的地管理转变。随着国内旅游方式越来越多地向自助游、自驾车等散客化方向发展,游客的旅游不仅仅限于个别景区景点,在一些旅游城市,商业和文化街区、居民社区、产业园区、名牌大学校区等都可能成为游客的到访之地,要提高游客的满意度,增加旅游接待功能,必须由景区管理向目的地管理转变,由粗放式管理向精细化管理转变。旅游服务与工业生产不同,是以满足每个游客的个性化需要为前提的,旅游者对于旅游过程的体验质量取决于每一个服务细节。因此,必须转变过去以供给方盈利为主导的粗放式管理,向以提升需求方满意度为导向的精细化管理转变,这就是去年以来我国智慧旅游受热捧的主要原因,随着移动互联网等新技术的发展,智慧旅游将推进我国旅游的转型升级。目前我国已有 18 个城市成为智慧旅游试点城市。

(资料来源:http://www.aimchinaedu.com/New/news/2012669168.html.)

随着计算机硬件设备的不断更新换代,信息技术的发展也是日新月异。自 20 世纪 90 年代以来,伴随着互联网应用的全面普及,网络宽带技术、"3S"技术、"3G"技术、多元数据库技术、电子商务、虚拟现实技术、无线网络技术、全光网络技术、搜索引擎技术、物联网和网格服务等技术的飞速发展,给各行各业的信息化建设提供了坚实的技术保障。如虚拟现实技术实现的数字故宫,就使得游客足不出户就可以身临其境地访问故宫的每一个角落,对那些不方便出游的受众也提供了一个了解景区、满足出行愿望的机会。同时,景区也通过这个虚拟平台实现了低成本的网上营销宣传。本章将对旅游业中信息技术的新技术应用进行介绍,由于当前很多新技术的应用只是处于初级阶段,因而,本章也只是概括性粗略的介绍。

## 10.1　现代旅游业对信息化建设的新需求

旅游业信息密集性和依赖性决定了旅游业信息化建设的巨大需求,从旅游活动的方式看,在旅游市场流通领域活动的不是商品,而是有关旅游商品的信息传递引起的旅游者的流动。从这个意义上讲,旅游业的核心是信息,因此,对旅游企业来讲,收集、整理、加工、传递信息是重中之重,这是旅游商品的无形性、不可移动性和非贮藏性决定的。因此,信息传播对旅游业而言至关重要。旅游者在旅游过程中所涉及的食、宿、行、游、购、娱并不是在物质上传递给旅游代理商,并且将它们贮藏并出售给旅客。相反,其交流和传递的是有关服务的可获得性、价格、质量、位置、便利性等方面的信息。

旅游经营管理者之间的联系也不通过产品,而是通过信息资源,同时伴随着数据流和资金流。可见,信息是旅游业内部诸环节保持联结的纽带。因而,旅游业快速发展的趋势决定了其对信息化建设的新需求。

### 10.1.1 现代旅游业自身的发展趋势

随着社会的发展和人民生活水平的提高,我国旅游业已经越来越大众化。当前,旅游者的消费需求越来越个性化、多样化,旅游企业也需要越来越多的"一站式"和综合化的旅游产品,这些都必须有强大的信息资讯服务平台和信息传输网络来支撑,而世界范围内旅游电子商务发展已成大势,低成本,高效率的电子商务已开始引领旅游产业的未来。要实现我国旅游业从传统向现代,从粗放向集约转变,实现由旅游大国变为旅游强国的目标,利用信息化对传统旅游业加以全面改造提升已经刻不容缓。

1. 旅游产品和服务供应商的发展趋势

旅游既是劳动密集型行业,也是信息密集型行业,旅游信息对等程度的改变和传统硬件设施的完善,将从根本上改变旅游供应商的工作模式。从而会影响到营销体系、营利模式、管理模式等多个方面。

(1)近年散客游模式发展迅猛

随着旅游信息化的不断完善,跟团观光游已经不再是旅游市场的主导模式。就目前的国内旅游市场格局分析,散客游、自助游的比例已经远超过了传统跟团游模式。这并不是说传统跟团游的模式将逐渐消亡,而是说明旅游者的需求在向多样性发展。受到行业特性和竞争水平的影响,旅游服务商们无法在现有的环境下快速调整经营策略和模式。那么,就需要旅游供应商为旅游者提供成熟的、完整的、多样性的旅游产品,以满足快速发展的散客游需要。

(2)从 B2B 到 B2B2C

过去的旅游供应商们,受到成本、人员、经费和控制能力等多方面因素的影响,很难直接面对游客市场,通常是采用 B2B 的单一模式进行旅游资源和产品的推介,通过服务中介推销更多的产品。当然,旅游供应商们,特别是旅游目的地企业,并不一定要排斥与旅游服务商们的合作关系和模式,可以依然采用批零销售的模式,继续着和不同区域的旅游服务商之间的交往。只是在这个过程中,旅游供应商对市场的把控能力、反馈能力、引导能力都有了大幅的提升。于是将有越来越多的企业开始涉足直销模式,通过大量的在线媒介,直接向旅游者销售自己的产品,以达到企业利益最大化的目的。例如东方航空与淘宝网达成战略合作,利用淘宝平台,面向游客进行机票直销的工作。"7 天"连锁酒店也建立了自己的网络营销体系,将原先缴纳给中间商的利润,返还给了客人。

(3)企业联合的趋势

旅游产业的快速开发,结合信息化的开放特性,必然会带来旅游供应商之间的激烈竞争。在竞争中,优劣势的差距会越来越明显。从宏观的角度看,如果放任资源方之间的无序竞争,必然会导致恶性的结果。因此,企业联合将成为资源方在竞争中达成共赢的重要解决模式。这种联合的模式,通过信息化手段,可以更好地体现。在航空业中,已经出现了不同航空公司票务系统之间的联销形式;在酒店业中,出现了委托管理和经营的模式;在目的地领域中,出现了一卡通的形式。这些都是企业联合经营的模式表现。事实证明,这样的联合是利大于弊的。

2. 旅游市场(消费者)的发展趋势

随着人民生活水平的提高以及整个社会消费个性化时代的到来,越来越多的消费者已经不再满足于传统的组团旅游,个性化,多样化的旅游形式正广泛地被消费者所接受。传统的旅行社组团旅游,虽然可以让旅游者免去为交通、住宿等诸多琐事而操心,但一路走马观花,旅游者看到的几乎是相同的东西,谈起来的感受几乎千篇一律,个人的需求难以得到满足。另外,随着社会的发展,人们生活节奏的加快,人们很难有时间听从旅行社的统一安排,他们更愿意在旅游代理商的帮助下自己设计旅游路线,自己安排旅游时间。专家分析,旅游市场将逐渐步入个性化时代。

在个性化旅游的大趋势下,旅游者对信息服务的依赖程度越来越高。在出行前做旅行决策时,旅行者需要借助各种媒介(旅游报刊,互联网)了解各地的旅游信息,通过媒介提供的文字、图片、视频等各种综合信息来做决策。而且,旅行者还需要借助互联网的信息服务来设计自己的旅行线路、交通工具、入住宾馆等等。专家指出,旅游者的一次旅游决策过程,实际上是一个旅游信息的输入—处理—输出—反馈的过程。在做旅游决策前,旅游者更愿意借助互联网进行信息查询。艾瑞市场咨询的报告显示,网民了解旅游信息的主要渠道是通过亲朋好友介绍、媒体广告和上网查询,其所占比例分别为 69.3%、69.0%和 66.7%,只有 31.4%的网民直接向旅行社查询相关旅游信息①。专家认为,旅行社的咨询服务功能将被互联网的自动查询功能所替代。当旅行者到达旅游地后,旅行者希望了解当地的风土人情,需

---

①　资料来源:http://www.cnii.com.cn/20050801/ca350234.htm.

要了解当地的饮食、购物、住宿、交通等信息,比如旅行者想知道当地的特色菜哪家做得最好,去哪里购物更经济等,这就需要各种信息来决策。旅行结束后,很大一部分旅行者喜欢把自己独特的感受写下来,把文字和图片甚至视频发到论坛上和其他旅友交流,这也是个性化时代彰显自身魅力的方式。

3. 旅游中间商的发展趋势

(1)服务商的发展趋势

面对着上游供应商和下游市场的快速变化,一方面,传统旅游服务商们开始逐渐加大对在线市场的投入;另一方面,新的在线旅游服务商数量快速增长。从 2000 年开始,国内就已经有少数旅行社开始了对在线旅游市场的运作,由于早期的在线旅游市场的竞争环境宽松,使得很多涉足在线旅游市场的旅游服务商获得了很好的回报。而近年来,传统旅游市场的激烈竞争环境,更促使了越来越多的传统旅游服务商将目光移到了在线市场上。其中,港中旅和中青旅都成立了独立的在线旅游企业。除了传统的旅游服务商加大了在线市场的投入之外,我们还关注到越来越多的其他业态企业的加入,主要是网络企业。目前国内最成功的在线旅游企业是携程网,而携程网则是标准的行业新进入者。2009 年,国内的在线旅游企业又赢得了资本市场的关注,去哪儿旅游搜索和酷讯旅游搜索都获得了千万美元级的融资,而定位为 OTA 的途牛旅游网也获得了数百万美元的资本注入。这就使得更多的网络型企业开始关注旅游行业。在未来的几年中,这一类型的在线旅游服务商数量有可能会快速增长。

(2)在线旅游媒介的发展趋势

和经营旅游类产品不同,在线旅游媒介只需要做好对旅游者的吸引,就可以产生一定的媒介价值。在线旅游市场的扩展、旅游供应商和旅游服务商对在线旅游市场的投入加大、资本方的关注提高,都是催化在线旅游媒介在短期内快速增多的主要原因。从 2009 年下半年开始,很多在线门户媒体都纷纷开设了旅游频道和栏目,还有一些生活类的网站,也准备尽快开设旅游类的栏目和频道。

然而,盲目地进入在线旅游媒介行业导致大部分运营商会很快面临运营压力,面对原有的在线旅游媒介所占据的巨大市场份额,在线旅游媒介行业的洗牌也会进入倒计时。在线旅游媒介的价值取决于对用户的黏度水平,国内的在线旅游媒介主要分为几个大类:门户网站的旅游频道、社区网站的旅游频道、视频类网站的旅游频道、旅游搜索、旅游门户网站、旅游社区和旅游点评类网站等。这些在线旅游媒介为了获得足够的用户流量,都必须树立与其他旅游类网站的差异性和独特性,因此,对信息的细分、深度挖掘和再处理将是未来几年在线旅游媒介主要的工作内容。

4. 旅游管理机构的发展趋势

面对整个旅游产业信息化的发展环境,旅游管理部门将主要面临信息化管理水平的提升、对旅游信息化的工作内容的完善、对旅游信息化工作的推动、对旅游信息化应用和研究的扶持。

(1)完善电子政务内容

除了原有的 OA 办公自动化系统之外,旅游管理部门在质量监督、行业管理、人事教育、规划发展等方面的电子政务系统还在不断加强和完善。特别是针对企业、个人的管理和整个旅游行业的服务方面,需要与传统工作方式的对接。

(2)扩展旅游信息化工作范围

旅游管理机构的信息化工作,不仅仅包含电子政务,与全球其他发达旅游目的地的管理机构相比,我国的旅游管理机构在网络营销、旅游信息服务、旅游电子商务等方面的涉足还不够深入。根据"建立智慧旅游目的地"的战略目标定位,以上几块内容都将成为旅游管理机构信息化工作的要求,并将在整个旅游管理机构的信息化工作中占据一定的比例。

(3)加大旅游信息化的推广和扶持力度

事实证明,如果仅仅以市场行为作为基础的自发性发展,我国的旅游信息化工作将会出现混乱和地区性的较大差异格局。而对旅游信息化工作内容的应用操作、理论研究、创新开发等工作,都很难依靠企业来获得稳定、健康的发展。因此,在未来的一段时间内,旅游管理机构对信息化工作的推广和扶持,应从推广和研究方面加大扶持力度。

## 10.1.2　现代旅游业对信息化的新需求

快速发展的旅游业和日新月异的新技术,使旅游业对信息化建设产生了新的需求,旅游业与信息技术出现了高度融合的现象,具体的新需求有哪些呢?

1. 从目的地的角度:需要旅游电子商务和旅游电子政务的整合

作为目的地机构,核心任务是创造旅游的竞争优势,因此,仅为旅游企业提供服务还不够,还需要帮助企业拓展经营,这就需要电子政务与电子商务的整合。旅游电子商务是旅游信息化的中高级阶段,在欧美发达国家,旅游电子商务的应用已经非常普遍,旅游电子商务所产生的价值占整个旅游市场总份额的 60% 以上。旅游电子商务是旅游信息化工作的重要组成部分,是旅游企业应用信息化技术实现盈利的重要途径。在奥地利,目的地信息系统的核心功能就是电子商务。因此,从目的地角度,电子政务应和电子商务集成整合,更好地为企业经营提供商务服务,对目的地的旅游发展有更好的推进作用。又如黄山市帮助和引导各类旅游企业把"旅游专卖店"搬上网络,将旅游整体促销的"大篷车"驶入互联网,实现了黄山区域良好的旅游经济效益。

2. 从游客的角度:需要"一条龙"式和个性化的信息化服务

当前,信息化服务还缺乏特色与个性,信息服务缺乏吸引力。几乎所有的网站都介绍着同样的旅游景点、路线、饭店等,信息内容重复雷同,缺乏自身特色。旅游信息内容一般涉及旅游目的地、景点、饭店、交通旅游线路和旅游常识等普通旅游网站都有的内容,但在根据旅游者的特点和需求组合定制旅游产品,提供个性化旅游线路建议等方面做得好的旅游网站非常少。如何利用游客的手机终端,为游客提供一条龙的个性化服务,将是未来旅游信息化面临的主要课题。从游客的角度,出发旅游及旅游途中,能用手机获取信息是最便利的工具。如目的地的电子地图查询、移动导览、移动服务等都是目前游客的最大需求。旅游者希望一个电话、一个微门户网站就能获得完整的旅游咨询服务。

3. 从企业的角度:需要通过新的技术手段创新营销模式

旅游网络营销的渠道主要是搜索引擎、在线社区、门户类网站、专业旅游网站以及微博、微信等。如有"荔枝之乡"之称的广州增城区将当地特产和有特色的旅游景点以 MLOGO 为媒介向游客进行介绍,让更多的人了解荔枝的知识及增城荔枝的特色,效益显著,销量明显见增。除 MLOGO 外,集团彩铃、旅游企业名片都是旅游企业向游客进行定向营销的便捷渠道。作为旅游企业,虽然知道目前有那么多网络营销的方法和渠道,但如何整合这些方法?如何评价营销的效果?营销信息如何接驳和传播?有否其他新的营销方法?这些都是企业营销过程中面临的新问题,他们需要一种简便的新技术来整合多种营销模式。

4. 从发展的角度:需要信息化提升游客的体验性和互动性

未来的旅游不是观光,而是体验和互动,即休闲旅游。人类社会正进入到体验经济时代,旅游是一种天然的体验活动,旅游活动的目的是为旅游者创造一次难忘的经历,从这个意义上来说,旅游的本质就是体验,就是一次离开家门到达旅游目的地再回去的完整经历。在游客出游的比例中,散客的比重越来越高,已成为人们旅游出行的主要方式。作为一名自助游游客,完全可以通过互联网上平台安排自己的全部行程,完成从设计旅游行程、获取详细的旅游资讯、享受线上预订服务、电子地图查询、虚拟现实体验、实地

GPS导游到通过博客、贴吧等各种社交网站分享旅游经历的完整过程,实现全程的数字旅游新体验。所有这些,都需要技术系统的支持才能提升游客的体验和互动性,游客的这种体验性需求是未来旅游发展的必然趋势。

5. 从行业发展的角度:需要智慧旅游信息服务平台

所谓智慧旅游,就是要让旅游服务信息能够通过智能技术广泛共享、无线传递,让游客在移动中获得全面的、电子化的服务,这些智能技术是指用虚拟现实、GPS、移动通信、物联网、云计算、精准定位技术等打造的旅游智能综合服务平台。该平台集旅游咨询、电子商务、投诉、救援等功能于一体,由政府进行战略部署,旅游部门与电信部门进行强强联合,充分发挥丰富的旅游资源和强大的电信网络资源这两大优势,整合各种信息资源,利用先进的电信网络和技术,将景区、饭店、旅行社、旅游企业及游客结合起来,携手打造旅游智能化综合服务平台,为实现旅游信息资源共享提供可靠支持,为旅游行业的管理创新、体制创新和市场创新探索出一条旅游信息化之路。

## 10.2　物联网技术的应用

以国务院十二五规划纲要发布为契机,作为重点领域应用示范的物联网进入发展快车道,2011年,中国物联网产业市场规模将达到2500亿元,到2015年,中国物联网整体市场规模将达到7500亿元,复合增长率超过30%①。作为物联网应用的重要方向,旅游业的移动性消费与物联网的概念实现了完美融合。首先,旅游信息的海量特征及实时获取的需求,为物联网的应用提供了必备条件。其次,随着自助游比重的提升、旅游地域范围的覆盖及游览深度的提升,旅游的不确定性直接导致旅游服务以及有效管理的难度加大。物联网的出现,将旅游者最大限度地和旅游服务供应商与旅游公共管理部门连接起来,借助于游客的需求并推进物联网在旅游业的应用。本节就物联网与旅游业相关应用进行系统性的介绍。

### 10.2.1　物联网在旅游业的作用

物联网技术将从感知、互动与个性服务等方面对旅游产业产生系列性的促进作用,推进的主线仍在信息服务、体验改善、业务扩展与智能化管理等方面。

---

① 国脉物联网,http://www.im2m.com.cn/Item.aspx? id=41883.

1. 物联网能够提升移动旅游的服务水平

物联网通过红外感应器、GPS（全球定位系统）、RFID、移动终端等信息设备将旅游者与互联网连接起来，实现智能化识别、定位、管理和信息通讯及交换。物联网真正将手机等移动终端作为信息交互平台，能有效提升移动旅游服务水平。在 2010 年世博会，用户可利用 3G 手机下载更多的三维场馆展示，上网浏览各类信息等。对植入了 3G 卡的海宝机器人，能实现远程监控，让其说话、跳舞、提供各展馆信息、开展园区导游、实时发送展会新闻、多国语言介绍等，还会为游客拍照留念，并将照片通过运营商的彩信平台，发到游客手机上等。如旅客出行的目的就是要亲身经历、亲身感知、亲身体验各地景点，此时，RFID 感应技术提供了情景感应查询服务，当游客到达景点某一特定区域时，可能并未知道一件普通器物或普通场景后蕴含的历史事件及文化背景，而系统感应到游客到达其附近时，就能自动启动导游系统进行讲解说明，这就是智慧导游。

2. 物联网能改善游客体验，提高旅游的便利性

物联网技术使旅游变得更加便利，从旅游地点的选取、旅游线路的规划、旅店的订购到参观景点的一体化管理等，均将全方位纳入物联网信息体系。物联网技术有利于旅游资源的整合，特别是信息资源。应用物联网技术可实现景区信息，旅店信息，交通信息都集成共享，并为不同的消费者提供不同的信息支持和建议。

物联网可以提供旅游行程中的诸多便利，借助于手机物联网帮助旅游者自主便捷地处理诸如登机等事务。德国汉莎航空、美国大陆航空等都已经推出了移动登机服务。物联网还可解决在陌生环境中的语言沟通障碍，例如，当旅游者在陌生环境中存在对话需求障碍，解答问题的人员是出发地的服务人员。洲际酒店发布了首个手机房卡方案，旗下两家分别位于芝加哥和休斯敦的酒店将进行该方案的试运行，已解决越来越多的年轻人和商务旅行者希望更简单、高效地办理入住手续和领取房卡的需求。在多样化服务上，系统可通过对客户的识别和定位，提供即时导航与安全保障，这些都能改善客户体验，还能为经营者增加收入。

3. 物联网能扩展业务和实现旅游智能

2010 年 10 月，全球最大的中文在线旅行网站"去哪儿"网则推出了国内第一款旅游小助手软件——基于苹果 iPhone 的 IOS 平台应用客户端产品。该产品功能强大，为旅游者提供最优惠全面的机票搜索、酒店搜索、低价推荐和价格趋势等移动旅行服务。至此，在 iPhone 客户端推出之后，"去哪儿"网便实现了针对 Symbian、Android、iPad 与 iPhone 的智能平台的无线应用

全覆盖。在 2010 年上海世博会,管理者也能动态探测到园区内 RFID 芯片的分布情况,实时了解各场馆的观众数量与流动情况,既能及时向观众发出下一步的参观建议,开展电子预约,又能有效调动车辆,提高交通效率。物联网技术应用于旅游产业可加快旅游信息化的智能,如将传感器技术、RFID 技术、定位技术等物联网技术运用到旅游景点信息管理、商场酒店信息管理、智能导游、电子地图以及特色名优产品防伪等领域,可为消费者提供更为便捷智慧的服务。

## 10.2.2　物联网在旅游业中的应用领域

物联网在旅游业中的应用主要包括在旅游服务环节和管理环节的应用。

1. 物联网在旅游业服务环节中的应用

物联网技术在以下旅游服务中得到了利用:第一,实时信息服务。基于无线宽带网、RFID 与红外感应技术、二维码等,为旅客提供场景与物件定位感应介绍,解说形式可以是录音方式,也可以是手机页面形式,通过不同景点的传感器触发检索。第二,移动商务服务。旅游者在旅游中可购买一些纪念品、工艺品,可通过手机 APP 站点选择商品,进行在线交易和后续服务。第三,个性化内容服务。如旅客在游玩时,遇到不知道的景点或物件,而解说词中又无相应介绍时,可用手机将其拍摄下来并附上问题发送给系统,就能获得专业人士的解答。同样,当其迷路时,也可以此方式获得导航服务。第四,团购服务。如游客可在不同路线、不同团队间自发联系,组织团队,开展团购或其他娱乐活动等。

当然,当前应用物联网技术在智慧服务方面也会存在一些阻碍:第一,利用物联网技术发展智慧旅游基础设施投入较大,智慧服务涉及旅游的方方面面,包含智慧导游、智慧导览、智慧导购、智慧导航等;第二,利用物联网技术发展智慧旅游的缺乏人才支撑。在旅游信息化建设中,很多好的想法没有办法实现,归根到底是因为缺乏相关的技术人才作支撑,如智慧服务系统的技术维护,目前旅游企业非常缺乏懂智慧旅游的复合型技术人才。

2. 物联网在旅游业管理环节中的应用

从目前各国的实践进展来看,利用物联网技术发展智慧旅游的领域十分广泛。在智慧管理方面,主要涉及饭店管理、旅行社管理、景区管理等方面。因此,物联网应用主要集中在智慧景区、智慧饭店和智慧旅行社的应用,相应的智慧型系统包括智慧酒店管理系统、景区 RFID 智能票系统、景区智慧远程视频监控系统、智慧导游系统和智慧旅行社系统等。第一,智慧酒店管理系统。主要通过移动互联网技术随时随地预订酒店,利用 RFID 技术实现员工管理、固定资产管理等。如杭州的黄龙饭店利用物联网、无线网络,在 2010 年构建了全球首家智慧酒店,在酒店的节能管理、接待管理、会议管理、服务流程管理中全部实现智慧化管理,使酒店真正实现了精细化管理和敏捷管理。第二,景区 RFID 智能门票系统。通过 RFID 技术,对景区的门票的防伪、销售和检票进行处理,包括防伪系统和检票系统等,如智慧黄山、智慧千岛湖等。第三,智慧导游系统。包括显示交互子系统、无线数据传输子系统、GPS 定位子系统和处理器等,初步实现了导游的智慧化管理。第四,景区智慧远程视频监控系统。可以整合摄像机、视频服务器和移动技术,对景区环境进行集中监控,便于安全、适时疏散和信息互动,系统包含数据采集系统、图像分析系统和智能信息传递系统等。第五,智慧旅行社系统。主要利用移动互联网、无线通信设备以及其他精准定位技术,实现旅游行程的智慧监管,并建立相应的景点数据库,便于确定旅游线路和查询旅游信息。

### 10.2.3　物联网在旅游领域应用实例

1. 物联网在旅游景区中的应用

物联网技术被认为是继计算机、互联网与移动通信网之后的又一个信息产业热点,有专家预测,10 年内物联网可能会大规模普及,发展成为一个上万亿元规模的高科技市场。物联网是通过射频识别(RFID)、红外感应器、全球定位系统、激光扫描器等信息传感设备,按约定的协议,把任何物品与互联网连接起来,进行信息交换和通讯,以实现智能化识别、定位、跟踪、监控和管理的一种网络技术。将物联网技术应用在旅游景区中,不仅符合“低碳”的理念,还可以大大提高景区的管理效率,具有十分深远的意义。物联网是目前构建智慧景区的核心技术,具体智慧景区一体化应用的结构如图 10-1 所示,其作用有以下几个方面。

(1)用于票务管理

目前国内大部分景区依然使用纸质门票,而纸质门票具有防伪能力差、易损坏、验票时间长等缺点。在客流量比较集中的时段,会给游客的购票、检票带来很大的压力,耽误游客大量的时间。为了解决这些问题,我们可以利用 RFID 电子标签技术建立一个景区电子门票系统,实现计算机售票、验票、查询、汇总以及统计和报表等门票控制管理功能。RFID 标签门票具有以下技术特点:支持特殊信息的写入和读取,可以回收利用,满足了低碳环保和降低成本的要求;超高频技术带有一定的穿透性,读取速度快,不用通过激光或红外线瞄准就能获取数据,达到高效的人性化验票效果;在堆叠的情况下依然能够读取信息,满足大流量识别,识别距离可以达到 10 米左右,能满足景区内对游客和车辆的管理。

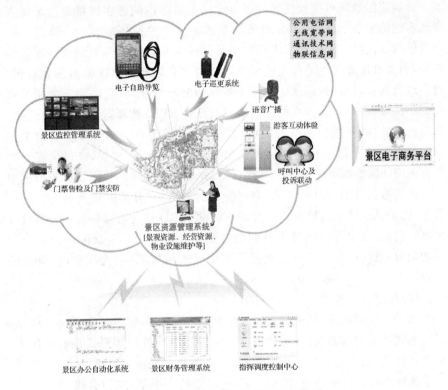

图 10-1 智慧景区一体化应用结构图

（2）用于资源管理

在旅游景区内,无论是自然旅游资源还是人文旅游资源,随着时间的流逝都会因为各种自然因素或人为因素受到损害。更为严重的是,一些恶劣的气候现象甚至会导致旅游景观的消失。当然,旅游资源遭到破坏的原因也与旅游区超负荷开放、游人过多等人为原因有关。采取必要措施对各类旅游资源进行保护已迫在眉睫。目前,各个景区一般是通过在各处设置摄像装置,对景区内的资源实行视频监控。而物联网不仅仅是从视觉上对各个资源进行监控,而是通过射频识别、红外感应器、全球定位系统、激光扫描等技术对旅游资源的温度、湿度、负重程度、色泽度等各个方面进行监测,使得管理者可以对有需要的资源进行及时维护。而设置在景点附近的识别系统及预警系统可以向试图破坏旅游资源的游客发出警告。在使用物联网之后,可以将景区内的各个资源连接为一个整体,并形成相对完善、科学的监测管理系统,使得旅游资源具有更长久的生命力。

(3)用于客流管理

影响旅游景区可持续发展的因素之一是景区内的游客数量超过了景区所能容纳的生态承载量,因此对旅游景区客流量的控制显得十分重要。旅游景区的客流量控制包括区内游客总量的控制和景区内各个景点客流量的控制,前者直接通过电子门票技术就可以轻松获取当前景区内游客总数量。对于后者而言,可以根据景区内各个景点的分布情况,将景区划分为相对独立的小区域,在小区域一些关键的位置点设置 RFID 读写器,配置多对天线,将天线配置在门(或是其他关键点)的位置,覆盖关键点。当游客通过关键点时,RFID 读写器通过不同的天线获取游客的 ID 号,这样,经过位置点的所有 RFID 标签都可以通过读写器获取,并在第一时间将数据发送到数据中心。系统根据读取信息的结果,判定游客的进出,实时了解景点的游客分布情况,做到系统地实时监控。一台高性能的 RFID 读写器能够每秒处理数百张电子门票,完全可以满足大量的游客数据处理工作。当景区内游客分布不均匀时,就可以通过工作人员的适当引导来缓解那些"人气较高"景点的压力。

(4)用于安全管理

通过物联网的应用,可以在景区内形成一套完善的游客安全保障体系。根据不同类型的旅游景区,物联网在安全管理方面的应用形式也有所区别。对于森林公园、山岳等范围较大的景区,经常会出现游客走散、失踪等现象。对于这些地貌环境多变复杂的地区,在有限的人手下,如何合理调配人手,以最快的速度进行现场的救护工作显得非常重要,也很有必要。当游客走失或遇到危险时,可以通过游客携带的电子门票利用 GPS 技术定位,然后通知距离最近的救护人员配置一台带 GPS 的 RFID 手持设备第一时间前往现场救护;对于那些面积范围相对较小,游客密集的景区,很容易成为恐怖分子袭击的目标,因此需要在景区入口处利用射频识别技术进行严格的安全检查,避免恐怖分子将危险物品带入景区内;对于一些有危险系数较高的旅游项目的景区,一方面要在事故易发段安排救护人员,另一方面可以通过物联网的全方位监测来预防安全事故的发生。

(5)用于员工管理

旅游景区的可持续发展离不开每一个员工的辛勤努力。对于十分注重服务质量的旅游景区来说,任何一个员工的失误都可能给景区的形象带来巨大损害。因此,景区需要不断加强对员工的管理,以提高景区的经营效率、维护景区的良好形象。物联网对于景区员工管理方面的应用原理与前面所提到的票务管理十分类似，只是应用形式有所差别。RFID 标签具有唯一的 ID 号，通过给每位员工配备一个带有 RFID 的工作卡，就可以实现对员工的工作点管理，确保他们在适当的时间出现在适当的位置，并为游客提供良好的服务。其次，可以利用 RFID 工作卡的读写功能与信息储存功能让游客直接对工作人员的服务进行打分评价，形成一套以游客满意程度为基础的旅游景区员工评价体系，并以此作为员工薪酬发放的重要参考依据。

2. 台湾休闲农业多媒体移动导览系统

台湾近年来经济快速增长，促进农业整体结构向生产、休闲、观光与体验型综合产业方向发展，政府制定专案规划，以多种措施帮助各地改善软硬件基础设施，开展整合营销，辅导各地利用田园景观、自然生态和当地文化等资源，向公众提供田园体验空间，增加农村就业机会并提高农民收入，发展区域特色的社区农业文化与产业，在适当的技术支持下经营与管理，使城里人在周末假期时能有多样化的休闲选择，拓展农业经营空间，甚至吸引国际游客，整体提升台湾农业效益。基于这一目标，结合台湾高度发达的微电子与信息技术产业以及全球高度普及的移动通信技术，专业机构开发出一套基于 PDA 的移动多媒体及 GPS 导航服务的"休闲农业多媒体移动导览系统"，以"休闲中体验各地农村生活，移动中认识农业生态"为主题，服务解说范围涵盖试点区域的各乡镇。

在内容设计上，该系统有别于一般旅游介绍注重游乐式的景点介绍，重点从文化观光角度出发，以当地生活吸引游客。除详细介绍各景点的交通、饮食、住宿外，更包含人文历史、风土民情、地理环境、自然生态、农业文化及土特产介绍。PDA 的移动多媒体功能让使用者以多元化的媒体解说和互动形式，欣赏并了解各类知识。导览互动模式有多媒体影音主题和分类文化百科解说两种。使用者可自选喜爱的主题，在主题搜索、GPS 定位的协助下，参观不同景点，并针对任一景点利用移动维基（网络百科全书）功能深入了解各项文化、历史与景致等。从 2008 年起，系统进一步升级到 Web2.0 架构理念上，通过移动通信与泛在计算技术，提供给使用者（包含农业生产者、专业人士及公众）农业生产信息服务、深度旅游导览、知识共享、移动商务、社区交流及营销广告等，以求共同应用、共同参与和共享全台湾各地的自然生态、地理环境、人文历史文化等知识，以及住宿、饮食、土特产品等旅游信息服务。结合移动信息与 GIS，使游客通过具有 GPS（AGPS）定位功能及快速响应二维码（QRCode）解码和照相功能的移动载体，如 PDA、3G 手机、智能手机及车用导航等设备，亲身体验当地的农业活动、农村文化及农家生活等。希望以此来加速台湾农村旅游产业经济发展,借助专业平台的聚集效应,吸引公众参与,加强国际行销,实质提升台湾农业休闲旅游的全球竞争力。

平台将向以下用户提供不同层次的服务:①农业生产者向各类农业生产者提供综合内容的移动信息服务,开展精致农业生产,转变生产方式,实现信息化与现代农业的深度融合。②旅游消费者追求乡间休闲的游客和国外观光客可从平台获得远程与近端导航服务,旅游行程安排及在线购买土特产品和预订行程服务等,并可通过移动载体获得个性化的旅游与消费体验。③知识需求者向知识型游客提供各地的农业生产、生态环境、地理物候、人文景观、历史文化、逸闻掌故以及农业招商引资、农村产业经济、农产品商业贸易等服务,进行信息的提供、分享、交流与展示等,以提供经济内容、营销及商业机会等。④内容制作商包括多媒体导航内容制作商、旅游电子读物出版商等,通过平台集聚智力创意产品,节省时间与人力成本,加速探索可运作的商业模式与素材,包装各种旅游产品,开展网络营销等。

### 3. 武夷山推进物联网示范区建设

来自辽宁大连的毕红晖先生一行 12 人于 2012 年 7 月 28 日抵达武夷山后,顺利进入武夷山主景区开始 3 日游。之前,他通过武夷山旅游体验网进行预订、查询,得到确认后,便启动了行程。这是福建推进物联网武夷山示范区建设、开发智慧旅游给游客带来的便捷和实惠。据介绍,武夷山市是福建省确定的两个物联网示范区之一,该项目由省信息化局牵头,中国电信股份有限公司和武夷山市人民政府共同投资建设。去年 5 月 29 日,在省信息化局主持下,《物联网武夷山示范区一期工程智慧旅游建设方案》顺利通过专家评审。

据了解,武夷山智能化旅游是对景区、酒店、购物商家等资源进行整合,搭建数字营销、手机随身游、旅游电子商务、武夷一卡通等平台,以此为游客提供服务,提升旅游形象,延伸旅游产业链。"通过网络选择旅游路线、订酒店;用卡直接付费,还可以在手机上参与景区互动游戏",据相关设计人员介绍,以后一张卡就能玩遍整个武夷山,"还可以凭借接收到的条形码和二维码享受优惠"。该方案从游、住、购、食、行、娱等六个方面进行了旅游智能化设计。据悉,示范区将来还将推进物联网技术在农业、交通、物流、校园、城管、社区、环保等领域的应用,打造智慧武夷山旅游度假城市。

### 4. 乐山市基于物联网旅游公交信息化服务系统

该应用案例主要从以下几个子系统开展旅游公交的智慧化服务。

（1）安装旅游公交车载定位 GPS 系统

利用差分全球定位系统（DGPS）和无线通信技术来实现车辆与公交旅游交通信息管理服务中心间的信息交换和车站及车内的信息发布。装有 GPS 接收机的旅游公交车辆将其坐标通过无线传输传给旅游公交信息管理服务中心，旅游公交信息管理服务中心将这些坐标进行处理，得到各个车站下一次车的到达时刻，再通过数据传输将该时刻显示在车站的显示屏上，与此同时，各景点按一定的站点间隔将其旅游公交即时载客量（即拥挤程度）通过互联网络传给信息管理服务中心，信息管理服务中心再及时将信息在车站电子站牌终端和车辆显示终端上发布，以供旅游者查阅。

（2）建立旅游公交信息管理服务中心

旅游公交信息管理中心主要由通信监控计算机、GIS 服务器、GPS 数据库服务器、Web 服务器、数据挖掘组件等组成。车辆定位信息通过 TDMA 网传输到信息管理中心的 GPS 服务器上。信息管理中心的 GPS 数据库中的数据和其他远端服务器（如旅游目的地信息系统数据服务器、普通公交数据服务器等）共同组成了以 GIS 数据库为底层平台的数据仓库。最后通过射频技术（RFID）将信息告知解读器，而后经过分布式处理 Savant 服务器，通过无线网络或有线网络等方式，将用户所需信息及时发送到各类用户信息终端（如手机、电脑、PDA、车载终端、公交电子站牌）上。

（3）安装旅游公交车载终端显示系统

旅游公交车载终端显示系统包括系统主板、图示播报管理、语音播报管理和信息综合播报 4 个模块。系统主板主要负责车载终端的电源管理、无线信息接收、终端用户管理以及与其他 3 个模块之间的数据传输管理。图示播报模块进行图示播报信息的解码、路网地址信息维护和图示播报信息管理，并通过系统主板实现图示旅游交通信息的图示播报。语音播报模块主要进行旅游交通信息和遥控选择交通信息的语音播报。信息综合播报模块接收系统主板传输的播报信息，严格按照图示播报和语音播报指令要求，正确进行旅游交通信息和其他公共信息的图示播报和语音播报，包括播报前方站点、预计前方到站时间、前方站点景点分布、前方到站换乘信息等。

（4）设置公交电子站台

公交电子站台由两个部分组成：电子站牌公告系统和站台触摸屏游客自助服务系统。第一，电子站牌公告系统。电子站牌公告系统主要由站牌讯号接收器和站台 LED 显示屏组成。通过与旅游公交信息管理中心联网，站台能及时接受和更新旅游公交运营信息、简要的沿线景点信息等内容。其中，旅游公交运营信息主要包括预测停靠本公交站点的各条线路即将抵达的旅游公交的到达时刻和公交即时载客容量(即拥挤程度)信息等;沿线景点信息包括线路沿线景点分布和景点目前拥挤情况等,使游客能合理安排旅游计划。站台 LED 显示屏主要显示内容包含前面提到的旅游交通和其他服务信息及目前时刻等。第二,站台触摸屏游客自助服务系统。站台触摸屏游客自助服务系统为游客提供更多的自助服务,因此在构建过程中需有存储固件的支持,以便存储大量旅游资源等信息,并保证此类信息能够得到及时有效的更新和补充,以满足更多消费者不同类型的需求。旅游资源信息主要包括电子地图资源、城市交通资源、景区景点信息、旅游接待服务信息(包括酒店、旅行社、餐饮企业、相关旅游景点物价信息等)四大模块。同时,该公交自助服务系统通过在城市电子地图上建立公交和景点信息图层,结合有效的智能搜索算法来实现,能提供的信息包括电子地图显示、站点到目标景点的最优乘车方案查找、显示、相关费用计算、景点详细介绍、开放时间、地理位置显示、门票价格等内容,并在简单方便的人机交互界面上完成查询。

## 10.3　云计算技术的应用

云计算技术是近年来应用最广泛的信息技术,它改变了数据的存取方式,改变了程序的运行结构,同时改变了整个应用软件的体系架构,让人们使用软件像使用水、电一样方便。云计算技术在旅游业中的应用同样改变了旅游信息化的建设思路,出现了"云旅游"、"云服务"等新概念。

### 10.3.1　云计算技术的基本概念

1. 云计算的定义

云计算(Cloud Computing),是一种基于互联网的计算方式,通过这种方式,共享的软硬件资源和信息可以按需提供给计算机和其他设备。典型的云计算提供商往往提供通用的网络业务应用,可以通过浏览器等软件或者其他 Web 服务来访问,而软件和数据都存储在服务器上。云计算服务通常提供通用的通过浏览器访问的在线商业应用,软件和数据可存储在云数据中心。

狭义云计算是指 IT 基础设施的交付和使用模式,通过网络以按需、易扩展的方式获得所需的资源(硬件、平台、软件)。提供资源的网络被称为"云"。"云"中的资源在使用者看来是可以无限扩展的,并且可以随时获取,按需使用,随时扩展,这种特性经常被称为像水电一样使用 IT 基础设施。

广义云计算是指服务的交付和使用模式,这种服务可以是与 IT、软件、互联网相关的,也可以是任意其他的应用服务,用户终端仅是一个单纯的输入输出设备,并能按需享受"云"的强大计算处理能力。

2. 云计算的特征

互联网上的云计算服务特征和自然界的云、水循环具有一定的相似性,通常云计算服务应该具备以下几条特征:基于虚拟化技术快速部署资源或获得服务;实现动态的、可伸缩的扩展;按需求提供资源、按使用量付费;通过互联网提供、面向海量信息处理;用户可以方便地参与;形态灵活,聚散自如;减少用户终端的处理负担;降低了用户对于 IT 专业知识的依赖。

3. 云计算的发展

1983 年,太阳公司(Sun Microsystems)提出"网络是电脑"(The Network is the computer)。2006 年 3 月,亚马逊(Amazon)推出弹性计算云(Elastic Compute Cloud;EC2)服务。2006 年 8 月 9 日,谷歌(Google)首席执行官埃里克·施密特上在搜索引擎大会(SES San Jose 2006)首次提出"云计算"(Cloud Computing)的概念。Google"云端计算"源于 Google 工程师克里斯托弗·比希利亚所做的"Google 101"项目。2007 年 10 月,Google 与 IBM 开始在美国大学校园(包括卡内基美隆大学、麻省理工学院、斯坦福大学、加州大学柏克莱分校及马里兰大学等)推广云计算的计划,这项计划希望能降低分散式计算技术在学术研究方面的成本,并为这些大学提供相关的软硬件设备及技术支持(包括数百台个人电脑及 Blade Center 与 System x 服务器,这些计算平台将提供 1600 个处理器,支持包括 Linux、Xen、Hadoop 等开放源代码平台)。而学生则可以通过网络开发各项以大规模计算为基础的研究计划。

2008 年 1 月 30 日,Google 宣布在台湾启动"云计算学术计划",将与台湾大学、交大等学校合作,将这种先进的大规模、快速计算技术推广到校园。2008 年 7 月 29 日,雅虎、惠普和英特尔宣布一项涵盖美国、德国和新加坡的联合研究计划,推出云计算研究测试床,推进云计算。该计划要与合作伙伴创建 6 个数据中心作为研究试验平台,每个数据中心配置 1400 个至 4000 个处理器。这些合作伙伴包括新加坡资讯通信发展管理局、德国卡尔斯鲁厄大学 Steinbuch 计算中心、美国伊利诺伊大学香槟分校、英特尔研究院、惠普实验室和雅虎。2008 年 8 月 3 日,美国专利商标局网站信息显示,戴尔正在申请"云计算"(Cloud Computing)商标,此举旨在加强对这一未来可能重塑技术架构的术语的控制权。戴尔在申请文件中称,云计算是"在数据中心和巨型规模的计算环境中,为他人提供计算机硬件定制制造"。2010 年 3 月 5

日,Novell 与云安全联盟(CSA)共同宣布一项供应商中立计划,名为"可信任云计算计划"(Trusted Cloud Initiative)。2010 年 7 月,美国国家航空航天局和包括 Rackspace、AMD、Intel、戴尔等支持厂商共同宣布"OpenStack"开放源代码计划,微软在 2010 年 10 月表示支持 OpenStack 与 Windows Server 2008 R2 的集成;而 Ubuntu 已把 OpenStack 加至 11.04 版本中,2011 年 2 月,思科系统正式加入 OpenStack,重点研制 OpenStack 的网络服务。

4. 云计算行业的层次结构

云计算的产业按照从高到低分为云软件、云平台、云设备三个层次。

(1)云软件(Software as a Service,SaaS)层次

打破以往大厂垄断的局面,所有人都可以在上面自由挥洒创意,提供各式各样的软件服务,参与者包括世界各地的软件开发者。消费者使用运行在云基础设施上供应商所提供的应用和借助各种终端设备通过一个 Web 浏览器访问的能力。消费者并不管理和控制云的基础设施、网络、服务器、操作系统、存储,但有独立应用能力,但有可能优先接受用户指定应用配置。

SaaS 可以以云模式实现(而这样实现的是经济价值),也可以是不基于云的模式。例如,一个大的 SaaS 提供商对每一个用户分别部署他们自己的CRM 系统。而这比对所有的用户部署单一的系统要昂贵得多。即使采用虚拟化,前者的成本是巨大的,是由于其复杂性、许可证等的成本缘故。多租户模式提供低成本使用,一套系统对所有客户使用。如旅游饭店前台软件采用云架构以后,所有饭店就可以采取租用的方式,按需使用,不需要购买软件,这样节省了购买的费用,又节省了软件运行维护的费用,所有业务数据都在云数据中心,非常安全。

(2)云平台(Platform as a Service,PaaS)层次

打造程序开发平台与操作系统平台,让开发人员可以通过网络撰写程序与服务,一般消费者也可以在上面运行程序。参与者包括 Google、微软、苹果、Yahoo,消费者可以借助于云服务商所提供的编程语言和工具(如Java、Python、.NET)。消费者并不管理和控制云的基础设施、网络、服务器、操作系统或存储,但可以控制部署应用和对应用环境进行配置。

作为对 NIST 定义的一个扩展,PaaS 借助于一些简单的技术,对操作系统或平台进行必要的配置,以引入一个较高的水准。它提供直接加载一些服务到平台的能力,如在一个标准的环境下被预配置成为一个支持指定的编程语言平台。在一个企业或行业平台可以建成一个指定的应用,以完成管理或治理能力。然而,大多数类型的 PaaS 典型地提供一个关键服务集,

而通过升级这一核心服务集以提供一个宽范围的服务。一个例子就是 Force.corn平台提供 Force.com CRM 作为一个核心服务集,而用户可以开发一些附加的服务,作为一些个性化用途来扩展核心服务集。

(3)云设备(Infrastructure as a Service,IaaS)

将基础设备(如 IT 系统、数据库等)集成起来,像旅馆一样,分隔成不同的房间供企业租用。参与者包括 IBM、戴尔、惠普。对消费者提供处理、存储、网络以及基础计算资源的一种能力。其中,消费者可以部署和运行任意软件,包括操作系统和应用软件。消费者不必管理、控制云中的设施,但必须在操作系统和存储上部署应用并且可以选择网络单元(如防火墙、负载平衡设备等)。

IaaS 是一个纯粹的技术组件,经常是一个服务的部署,如谷歌、亚马逊按需提供的所谓"虚拟机"。这意味着所诉求的实际安装机器的过程和时间成本等没有了,而是通过网络得到一个可用的机器。"虚拟机器"的意思在用户方面来讲,就是服务集群的一部分或作为一个独立服务器上的计算网格的可用部分。在 IaaS 模式,每一个增长的需求是通过增加可用的资源来匹配的,并且这些资源可以释放,如果用户不再使用的话(快速弹性)。用户消费资源时可以记账,这些账包括连接 CPU 的时长、每秒的指令数(Mips)、带宽以及存储。

## 10.3.2 云计算技术与旅游业

云计算大张旗鼓地引领着技术变革,改变着我们的生活方式,这其中当然包括旅游,旅游方式也会因云计算的到来而拓展出新的方式,这种新方式的旅游称为云旅游。

### 1. 云计算促进云旅游

云旅游是融合了现代高科技技术的智能化旅游资讯系统,包含了导航、导游、导览和导购四个基本功能,同时面向政府、企业和旅游者,将他们紧密地联系在一起,提供最直观、最便捷和最快速的旅游资讯服务。它将网络应用更深入地植入旅游的吃、住、行、游、购、娱当中;它开辟了游客旅游的一种新的方式;它促进了旅游相关产业的结构调整与发展。云旅游是信息技术应用所引起的一种新的行为方式,更是旅游个性化体验追求的结果。

云旅游的过程中充溢着网络应用,这些应用源于云计算或者由云计算的思想演变而来。在咖啡厅和朋友讨论假期去德国游玩,拿出手机找到旅游应用程序,选定德国,在电子地图上看到很多小镇的图片、视频链接、网友的评论,选定某个小镇并订好当地的住宿,页面下方出现各个航空公司的出行信息,选择合适的时间和航空公司点击预订,马上分享自己的出行信息,有网友立即做出了评论,可以根据网友的反馈对游览路线进行更改,同时还有网友提出一起同去的邀请,接受邀请并参与团购机票活动,这些操作在半小时完成,并且一只手还在不断地拿着筷子夹菜。来到德国小镇后,可以在手持设备的地图程序、旅游程序等多个应用找到同在这个小镇的游客,挑选自己的老乡,联系并邀约一同浏览。走在中世纪的石板路上,拍下这些照片发到微博,马上有人评论;坐下休息时,打开公司的协作平台,看看同事对于某项目的工作进度和文档的修改情况……这是应用程序在旅游方面的应用,现在某些功能已经实现,这些功能不再限定于插着网线的计算机,不再限定于你是否装有 office 软件,不再限定于你的交际圈所带来的信息。它将互联网关于小镇的信息实时地进行了整合;它即时地通过网络让你和其他人分享快乐;讨论你脚下青石板的历史;它及时地告诉你什么地方有什么好吃的;你还可以即时地嘲笑某个人在青石板闹出的大笑话,并告诉他你曾经也在这里走过;它通过网络应用实现了导航、导游、导览和导购的四大基本功能。这就是云旅游。

(1)云旅游促进网络应用生活化、旅游化

网络功能应用于旅游已经不是什么新鲜事了,携程、艺龙等分销平台很早就可以订酒店、订路线,但是云计算的技术趋势促使这样的旅游网络公司去升级技术、去适应现今旅游者个性化的需求。我们可以在很多智能手机、手持设备的程序库中看到旅游预订定以及信息程序;我们同样看到携程、艺龙等网站已经可以在线分享美丽的图片到微博、到网易、到 QQ 等平台;我们现在已经可以看到云计算在物流行业的应用中,可以实时地确定物品运输位置;我们现在已经可以通过基于云计算的导航服务提供实时的路线状况。这些不仅仅是信息技术的革新,也是云旅游应用和成长的一个过程。

(2)云旅游将促进产业结构调整

云旅游不仅仅是技术、服务的概念,其云思想必然会促进旅游业内资源整合与细分。这个资源包括旅游业内的企业。现在越来越多的企业进入到旅游界,同时很多旅游界的企业也都在拓展在行业内的服务,像携程等企业,不仅满足于网络应用带来的利润,已经着手参与现实景区的建设与管理当中;这个资源还包括旅游景区的旅游产品。比如,北京的旅游产品就是越来越丰富,观景、漂流等产品一应俱全,同时则更加细分,八达岭长城、居庸关长城、司马台长城等产品按细分原则打造不同的主题感受;这个资源还包括越来越多的旅游景区的建设与布局方面,十一长假你既想探险,又想参禅,还想晒太阳,没关系,先去 a 地,再去 b 地,最后去 c 地,a、b、c 距离都很近,可以一并游玩。这些调整出现在云计算之前,但是云计算、云旅游带来的资本市场的变化将促进剩余资本更多地进入旅游市场;同时,基于云计算的云旅游应用体验让游客更注重个性化旅游和体验,以及享受方式,这要求产业中的企业、政府、从业人员等更加贴心地为游客设计旅游产品、实施相应服务,改变经营方式,重组和细分相关资源。

2. 云计算支撑的"智慧旅游"

智慧旅游缘起于"智慧地球"的概念,是通过"智慧"的旅游管理平台,来利用全国的旅游资源,然后借助云计算以及物联网技术,实现旅游的集约化、智能化、统一化的管理,这样的结果是使旅游成为系统,与之相关的吃住用行等相关服务部门都成为旅游的一部分,不再是各自分离的运作行业。作为旅游信息化的延伸,智慧旅游指以游客为中心,以物联网、云计算、下一代通信网络、高性能信息处理、智能数据挖掘等技术为支撑的智能旅游信息化。智慧旅游的核心是游客为本、网络支撑、感知互动和高效服务。智慧旅游系统主要由数据中心、服务端、使用端三部分构成,并通过互联网、物联网和传感网等技术相互联结。

目前,全国很多地方都在进行智慧旅游城市建设,但也存在着标准规范不统一、重复开发建设等问题。为此,迫切需要有一个公共的支撑体系为各地的智慧旅游提供服务。镇江借助"国家智慧旅游服务中心"的品牌优势,打造智慧旅游公共平台,为全国的智慧旅游提供标准规范、基础技术和公共服务等支撑。镇江所构建的智慧旅游公共支撑体系,包括一个国家智慧旅游服务中心、一个中国智慧旅游云计算平台、一个中国智慧旅游感知传输网络体系、一个中国智慧旅游产业联盟、一个智慧旅游产业谷。国家智慧旅游服务中心及中国智慧旅游云计算平台将利用互联网、物联网和三网融合等技术,着力建设一体化、敏捷化、数字化、交互式的旅游发展新模式,以江苏省为中心,逐步形成以手机等便携式智能移动终端应用为核心,以身份认证和信息主动推送为特色的旅游信息服务体系,为全国游客提供一站式、全方位、个性化的旅游信息服务,为全国旅游电子商务、一体化旅游服务和体验互动旅游进行探索实践。去年,镇江启动了发展云计算产业的"云神工程",依托它的云平台搭建的"中国智慧旅游云",将是全国范围内第一个云计算平台上的全行业应用范例。据悉,国家智慧旅游服务中心还将建设智慧旅游研究院、二维码数据中心、旅游地理信息系统平台、全国旅游一卡通、身份认证中心、旅游交易结算中心等机构,为全国的智慧旅游提供公共服务。

3. 旅游云讲解管理系统

旅游云讲解系统主要包括 3G 智能手机客户端程序、基于云计算的信息管理系统、旅游景区(景点)讲解语音库三部分。

(1)3G 智能手机客户端程序的设计

现在,全球智能手机操作系统主要有诺基亚 Symbian、谷歌 Android、苹果 iOS、黑莓 RIM、微软 Windows Mobile 等。Android 是 Google 开发的基于 Linux 平台的开源手机操作系统。调研公司 Canalys 最新数据显示,Android 平台发展迅猛,2010 年第四季度市场份额为 32.9% 超越 Symbian 成为全球最大的智能手机平台,2011 年第二季度市场份额为 48%,创历史新高。因此,旅游云讲解系统 3G 智能手机将首先在谷歌 Android 平台开发客户端程序,客户端程序逻辑较为简单,实现起来非常方便。

(2)服务器端的信息管理系统

对于服务器端的设计,主要有两个方面:一是云数据库的建立;二是能够对数据库进行管理的程序。随着旅游景区景点的加入,语音等多媒体数据也将随之增长。云计算系统的可扩展性、可伸缩性更能适应本系统的需求。在程序中要考虑局部区域景区景点的数据导出功能,在数据库的架构中要考虑预留扩充功能。其实,随着 3G 手机的广泛应用,人们不但在景点需要讲解,而且会需要更多的相关故事,比如,名人在这里的留言、留影;在哪个位置从哪个角度能拍出好照片等。

(3)旅游景区(景点)讲解语音库

全国旅游景区景点的语音库建立是一个巨大的工程,我们的设计是制定云讲解系统中语音数字流的制作规范,调动各景区管理者的积极性,这一巨大工程则迎刃而解。云讲解系统的便利将带给游客吸引力,通过宣传,我们可授权粘贴标志,哪些景点已实施云讲解系统,这样可以督促各景点来落实。此外,云讲解系统的运营分利中,景点占有合适比例也能促进景点的云讲解建设的积极性。

## 10.3.3 云计算技术在旅游业中应用实例

盛大进军旅游业是从虚拟世界迈向现实世界的关键一步,公司旅游业务不重复传统模式,而是将创新运用"云服务"打造虚实结合的新旅游消费概念。盛大旅游业主要载体——云游天地(中国)有限公司(下称"云游天地")旗下业务涵盖互联网游玩区、线下创新旅游度假产品及相关服务等多个方面。云游天地不会以目前市场上所看到的住宿、出行、电子商务、景区等传统形式运作,而是借助互联网和物联网等创新科技及运营理念,打造以基于"云旅游"为标志的互动旅游,云游天地将会与旅行、景区、度假酒店和电子商务等上下游产业链者合作。今后,会形成线上建立不同类型的云游区,线下则通过合作伙伴落实实体旅游,还会结合盛大旗下数亿活跃用户及游戏、文学、音乐、影视等多个强势内容平台拓展旅游业务。

### 1. 模式

构建"线上+线下"现实虚拟互动世界,就是运用"云计算"技术使得线上和线下虚拟与现实相结合的旅游解决方案,形成对旅游全过程的服务整合,打造基于云端海量旅游资讯及最具活力的互动运营平台,为互联网时代的用户提供随时随地的休闲度假游乐全程全网服务。例如,可以利用手机定位、连线、信息搜索的方式,实现人与人在现实与虚拟中的交替对话。当某游客进入一个信息覆盖的特定地区,发现对方持手机者是一个"魔兽",于是向对方发起进攻;而对方手机也警报大作,提醒有人向他发难,于是奋起自卫,就是这样一个虚拟和现实交互的游戏,让游客时而在景中,时而在游戏中。

云游天地的线上社区,是以旅游类内容为主,并负责为盛大其他业务平台用户提供旅游活动运营等方面的工作;另一方面则是通过线下的方式具体负责相关旅游活动的实施。云游天地线上的服务预计将会在今年三季度推出,主要涉及互联网和旅游社区方面,而线下产品的具体形态还在研究中。云游天地采取开放的心态与成熟的旅游服务供应商合作,搭建旅游体验平台,满足旅游者个性化的需求,体现旅游消费的个性。

### 2. 目标

云游天地希望打破传统旅游呆板的表现方式,以移动互联网、云为背景,通过移动客户端,实现人与网的联动、文化与旅游的结合,打造新时代旅游的"人联网"。消费者往往旅游时不在线,在线时不旅游。云游天地的诞生,正是要解决这一单靠目前互联网不能很好解决的问题,将利用物联网搭建平台,通过技术手段支持,让用户旅游、在线两不误,实现"全网全服,游客在线"。例如,在某一个特定空间内的用户们,可以通过手机客户端相互联系,完成线下虚拟游戏,接触的过程就是游戏的过程。但是,这一过程既不是完全在线的,也不是完全真实的,是一种虚拟与现实的交互娱乐方式。当你去一个陌生的地方旅游时,当地会有一个熟知情况的"达人",可以告诉你哪里值得游览、哪里有特色小吃、应该采取怎样的旅游路线等信息,为你提供一份符合个性需求的旅游方案。但现在你不知道他在哪里,他也不知道你有这方面的需求。云游天地利用"云服务"理念,在某地的旅游"达人"与来此地旅游的用户之间建立交互关系,让用户通过手机就能够获得丰富的食、住、行、游、购、娱方面的资讯,而服务的提供者既可以是个体,也可以是商户,没有限定,云游天地做的只是把旅游中人与人的需求打通。目前,云游天地只做服务,不卖具体旅游产品。提供主平台通道服务,即把所有个体终端需求汇集起来,通过网络终端向游客提供各类信息服务,在服务中丈量需求,在需求中研制特色产品,而这种产品一定会区别于传统产品。

# 10.4 移动互联网技术的应用

随着移动终端用户数量的激增以及其智能终端技术的飞速发展,移动互联网已逐步渗入旅游业,并改变着旅游业原有的传统商业模式。移动互联网技术的应用正在一点点蚕食着传统旅行社的门店接待与组团服务业务,所以,未来的发展趋势肯定是网络旅游服务和移动互联网旅游服务比重加大,使得传统的旅行社服务业态转型,不再单一化经营,而既有传统的旅行社服务,又会结合方便快捷的网络旅游服务。

## 10.4.1 移动互联网技术概述

1. 移动互联网的定义与发展阶段

移动互联网是移动和互联网融合的产物,继承了移动随时随地随身的优势,并和互联网分享、开放、互动的优势,是整合二者优势的"升级版本"。移动互联网运营商提供无线接入,互联网企业或相关企业提供各种成熟的应用。移动互联网被称为下一代互联网 Web3.0。比如 dropbox,uDrop 这类应用就是典型的移动互联网应用。移动互联网的具体发展阶段见表10-1。

**表 10-1 移动互联网的发展阶段**

| 代际 | 1G | 2G | 2.5G | 3G | 4G |
|---|---|---|---|---|---|
| 信号 | 模拟 | 数字 | 数字 | 数字 | 数字 |
| 制式 | | GSM CDMA | GPRS | WCDMA CDMA2000 TD-SCDMA | TD-LTE |
| 主要功能 | 语音 | 数据 | 窄带 | 宽带 | 广带 |
| 典型应用 | 通话 | 短信—彩信 | 蓝牙 | 多媒体 | 高清 |

2. 移动互联产品的创新方向

移动互联网具有基于用户身份、基于用户位置、随身、用户高度参与等特点,基于这些特征,移动互联的产品创新的总体指导原则就是基于并发挥手机和互联网的整合优势。从另一个角度,移动互联网产品创新都会包括四个层面的创新:平台层、应用层、附加应用层和盈利模式。

(1)平台层的创新

在平台层面,移动互联网更多继承了互联网的特点——开放式这一平台的主要特征。相对来说,移动网络和互联网是完全不同的两个网络,一个是相对封闭的,讲究的是稳定、保障,另一个是相对开放的,讲就是的分享、创新,移动互联是两者的融合,没有理由再来"闭关锁国",当然应该是开放的。事实上,已经有人实实在在地迈出了这一步:2007 年底,搜索巨头Google 正式推出 Android 计划,核心就是通过给手机用户和手机厂商提供一个开放的平台,吸引厂商和用户的使用,从而在移动互联网的平台之争中占据有利位置,甚至独占鳌头;两个月之后,雅虎公司正式宣布全面开放其移动应用平台"Yahoo! Go",允许第三方开发的应用程序运行在新的平台上,总之,移动互联网将实现移动和互联网的完美融合,并且平台融合现行,且这个平台将会是开放的。

(2)应用层的创新

应用层面将是移动互联网产品创新的最精彩之处,是两者整合优势体现的载体。思锐致信许宁认为,移动互联的应用创新的指导原则就如前文所说:基于用户身份、基于用户位置、随身、用户高度参与。基于用户身份和位置的应用将会使移动互联网精彩纷呈,如移动位置服务(基于位置可以开发出如移动导航、移动定位、移动地图、亲子通等多种服务)、移动信用服务(手机支付、手机信用卡、手机担保等服务)等;而基于随身和用户高度参与可以使一些在移动时代步履蹒跚的业务"发扬光大",如移动电子商务、移动博客、移动论坛、移动邮箱、移动 IM、移动服务等。结合目前移动业务和互联网的发展情况,从目前到移动互联网过渡的方式有两个:优秀移动应用的互联网化和优秀互联应用的移动化。

(3)附加应用的创新

这是很容易被忽略的一种创新,其实是最好、最可行、性价比最高的创新。先简单解释一下什么是附加应用创新:附加应用创新就是指在原有应用和核心功能的基础上,拓展更多的增值功能和增值服务。很多互联网企业在这一点上做得非常成功,而电信运营商普遍做得不够,产品开发部门天天绞尽脑汁在想如何开发更多的新应用,以保住自己的市场阵地。这里笔者想举一个成功的例子:"企鹅帝国"——腾讯。腾讯基于一个小小的 QQ,发展到如今季度营收超过 105 亿元(2012 年第二季度数据),靠的就是基于聊天应用 QQ 开发众多这些客户喜欢的附加应用,如 QQ 游戏、QQ 空间、QQ 秀、QQ 宠物,然后抓住客户的消费心理,能向用户收费的尽量收费,不能收费的就收广告费。而且这只是开始,随着移动互联网时代的到来,腾讯还将实现飞跃式的发展。

(4)盈利模式的创新

这是影响到移动互联网整个产业发展生死攸关的环节,如果所有人都不盈利,那么这个产业再美好也是空中楼阁。如果把传统电信产业理解为 FAB(Fulfillment-Assurance-Billing,开通—保障—计费)的话,那么移动互联网就是 CSP(Come-Stay-Pay,吸引客户,客户使用,有人付费)。因此,这对电信运营商来说是最大的挑战,因为他们已经习惯了向最终客户收钱,别的盈利模式对运营商来说实在太陌生,也不习惯。那么,移动互联网时代的盈利模式是怎样的? 思锐致信许宁认为,移动互联网将会实行基础服务免费,增值服务收费和后向收费,当然,部分稀缺性的基础服务也可实现向用户收费,如《国家地理》这样稀缺性的资源。通过免费的基础服务,吸引客户,留住客户,聚集人气。然后基于对客户的了解,针对性地推出一些增值服务,类似游戏道具、QQ 秀这样的产品,并与基础服务结合起来,尽可能实现收费。此外,还可拓展后向收费的模式,如利用人气和影响力的广告收费,通过撮合交易的交易提成等。举个例子,以飞信为例,飞信基础功能可以免费,吸引客户使用,基于飞信可以开发一些增值服务,如表情包、飞信服饰、飞信订餐,可以实现向客户收费。

## 10.4.2  旅游业融入移动互联网的必然性

随着移动通信技术的发展以及用户数量的增加,移动互联网已逐步渗入旅游业,成为旅游业界关注的焦点和追捧的对象。展望未来几年,新一代移动互联技术有望与旅游行业加速融合,并正式拉开旅游市场进入"移动互联"时代的序幕。目前来看,其驱动因素有以下三个方面。

1. 移动互联网迎合了旅游业高速增长的内在需求

移动互联网的发展主要基于网络技术的发展以及智能手机用户数量的增加。中国互联网络信息中心的相关数据显示,国内手机上网人数已从 2006 年的 1700 万人增长到 2011 年的 3.35 亿人,年复合增长率约为 105.42%,手机上网人数占整个网民的比例已从 2006 年的 12.41% 上升到 2011 年的 66.24%。据工信部相关数据显示,2011 年前 10 个月,3G 用户净增 6346 万户,达到 1.1 亿户。而目前,我国已成为世界上第三大入境旅游接待国、第三大出境旅游消费国和全球最大的国内旅游市场。预计到 2015 年,我国国内旅游将达每年 33 亿人次,入境旅游每年 1.5 亿人次,出境旅游每年 8800 万人次①。而目前我国旅游行业长期存在的信息化水平低、产业结构不合理等问题仍十分突出,未来的转型发展需要得到新技术的支撑。在此背景下,旅游业与新一代移动互联网技术相互结合、并驾齐驱,有望加快两者的发展进程。

2. 移动互联网的应用已得到各地旅游政府的大力支持

2009 年,国务院出台了《关于加快发展旅游业的意见》,第 5 条提出:"建立健全旅游信息服务平台,促进旅游信息资源共享。"第 10 条提出"以信息化为主要途径,提高旅游服务效率。积极开展旅游在线服务、网络营销、网络预订和网上支付,充分利用社会资源构建旅游数据中心、呼叫中心,全面提升旅游企业、景区和重点旅游城市的旅游信息化服务水平"。2011 年,全国智慧旅游试点工作座谈会在苏州召开,会上强调,智慧旅游是社会发展和产业发展的需要。目前,智慧旅游所需要的云计算、移动互联网和便携式上网设备等技术已经成熟,具备了发展的技术基础,在国家政策的大力支持下,移动互联技术在旅游业的应用有望得到突飞猛进的增长。

3. 移动互联网的技术优势和特点能满足旅游者的特殊需求

旅游市场对互联网技术在空间上的随机性以及时间上的紧迫感要求较高,游客既需要随时随地对出行信息进行查询,又需要得到所在地的其他相关信息,如当地的文化、周围的商店,特色地商品、景点和饭店等。而旅游社区的出现,使移动互联网的应用更是融合了 LBS(基于位置的服务)、SNS 和微博的相关特点和服务,受到了旅游爱好者的欢迎。游客不仅可以用手机随时随地发布途说、拍照片、与朋友分享户外旅游经历;还可以在陌生的地方查看相关旅游信息,寻求帮助,这些都能更大限度地、更好地满足游客在旅行过程中的需要。

受政策推动以及行业发展的影响,旅游业相关企业对移动互联技术已表现出强烈的兴趣和冲动,各大在线旅游运营商纷纷加大相关投入,除了将传统的旅游业务放到移动终端上之外,还纷纷推出了基于移动互联技术平台的新产品和新服务,以此满足更多消费者的需求。如艺龙网推出了"今日特价"产品,去哪儿网推出了"夜销"产品;携程网近期也推出了类似的产品"全日特价",这些产品在满足旅游者对自由、个性化需求的同时,都能随时随地为旅游者提供酒店、机票查询及预订、航班动态查询、景区门票预订等

---

① 引自中国互联网络信息中心 2011 年度我国网民行为统计报告。

各项服务,致力于让旅游者在旅游中体会更贴心、便捷的移动旅游服务。与此同时,国航、东航、南航、海航、深航、山航等航空公司,以及如家、7 天等连锁酒店也纷纷推出手机预订服务,以此加大对市场的争夺。

### 10.4.3　移动互联网在旅游业中的应用领域

从目前情况看,基于无线互联技术之上的旅游服务有望得到高速发展,其中提供综合、全面的一站式服务有望成为未来国内 OTA 市场发展的主流。而对于传统的旅行社以及航空、酒店供应商而言,也应该顺应市场的发展,根据目前企业的实际情况,适时推出相关的移动服务。据君达信咨询估算,未来几年内,国内基于移动互联技术的旅游服务市场有望以年均三位数以上的速度增长,至 2015 年,整个市场有望达到 4000 亿元的规模,在此过程中,相关的企业将面临难得的发展机遇。

1. 在线旅游商

2011 年,我国在线旅游业正"跑步"进入无线时代。近日,垂直旅游搜索网站去哪儿网宣布将投资 1 亿美元布局无线客户端和手机支付市场。无独有偶,淘宝旅行几乎在同时推出了 iPhone 版本和 Android 版本的手机客户端。航空公司亦不甘落后,有消息称,国航、东航等也将在近日相继发布移动客户端。对于先天就和移动有着紧密结合的旅游业而言,移动互联网的发展正在为整个旅游行业带来巨大的发展机会。

(1)移动互联网正在改变着人们以往的旅游消费习惯

传统旅游业跨入网络是一次变革机会,而网络服务的无线化将成为第二次变革机遇,既有的市场格局将在转型的过程中发生颠覆。Google 旅游经理 Tom Mulder 在日前接受媒体采访时候说:"我们看到,越来越多消费者在旅途中使用移动设备搜索当地的餐厅、酒店,搜索要做的事、要看的东西,以及了解朋友的推荐等。"旅游垂直搜索网站去哪儿网在 2011 年手机用户调研中亦得出了相近的结论。比如,48% 的用户每天使用手机的时间为 2～3 小时,不包括电话、短信、游戏;52% 的用户会用手机购物;超过 80% 的用户每年有 2 次以上的差旅需求。手机用户的飞速增长、频繁的出行需求、逐渐高涨的手机消费习惯为整个旅游业提供了更大的无线市场。这无疑是以淘宝、去哪儿网、携程、艺龙为代表的在线旅游企业发力移动互联网的主要原因。而在国外,Google、Citi、MasterCard、First Data、Sprint、Or-ange 和 Barclaycard 这些互联网巨头们更是早早地推出移动支付服务等相关举措。

(2)通过移动互联网预订旅游产品呈上升趋势

以旅游业的重头业务——酒店预订为例,基于位置的移动应用可以说派上了大用场,当旅客通过手机进行定位查询后,地图将呈现周边酒店名称、位置、价格,同时以不同颜色标注房态,这很可能是酒店在最后一刻卖掉剩余库存的绝佳机会。手机不仅仅可以提供当晚的酒店预订,也使得酒店可以为用户突然改变计划(例如由于天气原因)提供服务。在机票的移动预订领域,客户的踊跃程度也远远超出了预料。在2011年淘宝旅行发布两个客户端之前,手机淘宝在wap页面上曾试运营机票业务,首日机票订单量即超过3000笔,成交金额近350万元,而客户端发布后,交易的相关数据更是出现"大幅提高"。以上种种表现使得业界对于未来的"移动"市场充满期待。总的来说,通过移动互联网,旅客可以掌握消费者的很多信息(如他是否在旅途中、他是谁以及他的地理位置等),移动互联网让旅行服务变得更具可预见性和主动性。

(3)旅游体验带来的机遇与挑战

随着移动互联网的飞速发展,精明的智能手机用户也正在迅速接受新兴的手机应用行为,如:上传照片、签到、玩游戏和做标记等。不难发现,在这些方面,消费者已经表现出浓厚的兴趣,此时,旅游公司面临的挑战是如何利用这股浓厚的兴趣,最好的方式是基于消费者的地理位置,以及他们正在做的事,提供相关的体验,还可以通过了解消费者的时间、地点和意图,挖掘新的收入来源。基于这一点,旅游各个细分领域的应用模式和技术应用正在不断推陈出新,移动互联网应更是渗透到旅游的全过程——从行程计划到预订下单,从增值服务到用户互动分享等。和网上旅行社(即携程式的OTA)的游戏规则完全不一样,如果仅仅把原来淘宝旅行网页上的机票和酒店、景区售卖信息搬到手机上来,显然是行不通的。因为用户真正在手机上预订机票、酒店的频率其实很低,相反,在旅行途中的关于餐馆、交通、景区的各种地理搜索、查询、分享占去了更高的比例。

2. 手机微博

微博即微型博客,是一种用少量的文字或小规格图片实现信息交流、传播和分享的平台。微博面向大众,具有更多的草根性,只要能连接到互联网,任何人均可开通和使用微博。微博内容通常在第一时间发布,信息量小,更新速度快,这正好与手机上网的特性相符,移动互联网将促使手机微博呈井喷式发展。在旅行的过程中,游客可以用手机微博记录旅游中的点点滴滴,并将这些感受及时与大家分享,手机微博将成为游客与外界交流的一种重要手段。相对于博客、旅游论坛、游记、散记等,微博提供的旅游信息更具动态性和时效性,特别是在遇到突发事件或重大事件时,近似于现场直播的手机微博对网友更有吸引力。新浪、网易、搜狐等门户网站均开设了微博频道,并提供手机客户端下载,腾讯更是利用庞大的 QQ 用户群对微博进行了创新应用。随着微博用户数的激增,手机微博也会像博客一样进行分类,旅游内容将是重要的细分市场,那些旅游中的"脖领儿"将对众多粉丝产生影响。旅游专业网站也应尽早开设微博栏目,尤其是旅游景点和旅行社,均应将手机微博视为一种服务、营销和监督的新工具。目前,国内多家景区开通了自己的官方微博,时时更新旅游信息与网民和粉丝共享,手机微博的营销功能已经显现,但深入应用还有待挖掘。

2. 拍客

拍客是指利用移动数码设备拍摄图片或视频,然后上传到网上与他人分享的人群。与手机微博使用者一样,每位游客均可以成为拍客。心理学研究表明,图片或动画比文字更具吸引力,旅游景点的图像比单纯的文字描述更能吸引人的眼球。现在绝大多数的手机上有高清晰摄像头,游客在旅游过程中,不仅可以拍摄图片,还可以录制简短视频,并通过移动互联网实现即拍即发。拍客或用稍纵即逝的机会捕捉旅游中的奇闻轶事,或用镜头记录下自己的旅游心情,拍客提供的图片、音频、视频均为原创资料,更具真实性,对其他游客的影响也更加直接。比如,游客拍摄的天山水怪视频就大大增加了天山景区的魅力和神秘感,让更多的网友产生去天山旅游的冲动。播客是拍客分享原创视频的平台,各旅游专业网站均应开设播客频道,丰富的视频内容可以为网站聚集大量人气,从而形成网络外部效应,页面点击率上升后,还可为网站带来额外的广告收益。

3. 手机电子商务

手机电子商务是指利用手机上网办理的一切商务活动,包括手机购物、手机交易、手机支付、手机订票、在线股票管理、手机邮箱等。中国电子商务研究中心的监测报告显示,2011 年中国电子商务交易额达 6 万亿元,同比增长 33%,其中,移动电子商务交易规模达到 156.7 亿元,同比增长 609.0%,可见,以手机为主的移动电子商务增速最为迅猛[①]。目前,手机电子商务在旅游业中的应用主要以酒店和机票的查询、预订、退订为主,景区门票、导游、租车、旅游线路、特色商品的网上销售等尚待开发,尤其是特色商品的销售市场潜力巨大。

以旅游中的购物为例,在旅行时,游客最希望轻装上阵,对于体积小、价格贵、可随身携带的商品,游客可以通过手机银行进行转账支付,或将手机

---

① 引自 2011 年度中国电子商务市场数据监测报告,2012 年 3 月。

作为电子钱包直接支付,游客不用再携带大量的现金或银行卡。对于体积大、购买量多、携带不便的商品,游客会倾向于用网购的形式购买,比如,游客利用手机淘宝提前看好店家的商品,等到现场看到实物后,再通过手机银行将钱汇到支付宝,商家看到游客付款后,即可安排物流配送,等游客本人或指定的人收到货物并验货后,游客再进行支付确认,从而完成整个交易。由于游客可以看到实物,并且能与店家进行面对面交流,对商品的信任感会大增,淘宝网则起一个担保和监督的中介作用,这样也可对商家形成一种制度约束,防止店家以次充好,避免旅游纠纷,并且如果游客对商品相当满意,还有可能在异地重复网购。景区内的商家应充分借用这种商业模式,以各大购物网站作为营销平台,通过开设网店扩大市场覆盖面,各旅游专业网站或景区网站也应用此模式强化网站的销售功能。

4. 同步虚拟社区

虚拟社区是一种由兴趣、爱好、目的相近的人群通过互联网组成的松散型社会群体,包括同步社区和异步社区,同步社区是实时互动,交流的信息基本不在网页保留,如聊天室、QQ 群;异步社区的信息互动有一定的时间差,发贴、回贴可以不在同一个时间段,如 BBS、论坛、博客。现有的旅游虚拟社区以异步社区为主,如天涯旅游、途牛旅游论坛、遨游网的开心社区、驴友论坛,而同步社区尚未很好地利用。在旅行前,异步社区会有较多的参考建议,而在旅行中,同步社区将对游客有更多帮助,移动互联网有助于同步社区的实现。

同步社区更适用于旅游服务公司和旅行社,旅行社可以根据某一条线路或某个旅行团成立临时 QQ 群,旅行社的客服人员、随团导游、景区导游、游客均为社区成员,客服人员可以通过聊天室及时掌握旅游动态,或与游客直接用手机视频对话,对游客提供及时的指导和帮助,随时处理游客的投诉。同时,还可以利用这种形式对导游进行有效监督,防止导游骗购。等旅游结束,原团游客可以随时退出,同时批准新团游客加入,而那些不退出聊天室的老游客对新成员会提出更多可信的建议。这种方式可以极大提高游客对旅行社的服务质量感知,为旅行社赢得更多的口碑和声誉。

5. 移动医疗

移动医疗是指利用无线通讯技术提供远程医疗服务和信息,是移动互联网应用的蓝海。AT&T、沃达丰等全球主流移动运营商纷纷进军这一领域,国内的电信运营商和医疗服务提供商也在积极谋划这类产品。消费者可以使用移动终端,将身体状况远程传送给医生或医疗数据库,这样既可以及时听取医生的处理建议,又可以获得其他与健康相关的资讯。出门旅行时,人们最担心的就是生病,或发生其他伤及身体安全的事故,尤其是老人和儿童,这种担忧最为明显。移动医疗将为人们的旅行保驾护航,通过专业信息平台,借助移动互联网,游客与专业医疗机构、保健服务提供商建立联系,当游客遇到麻烦时,随时可以获得专业医疗机构的帮助。移动医疗对于CP 或 SP 也有较强吸引力,比如,好大夫在线医疗网站推出了 iPhone 客户端,该软件可以检索到所有常见疾病以及全国各地医院、大夫的相关信息,并有当地医院介绍、科室介绍等内容,也能查询到大夫的简历、出诊时间,当安装了这种软件的游客遇到麻烦时,可以通过搜索选择就近就医。景区管委会、旅行社、导游等均应熟练使用移动医疗,以便在需要的时候在第一时间内为游客提供帮助。在旅游高峰期,热门景点也应设立移动医疗服务站,对于突发某些疾病的游客,可以通过网络请求大医院的专家支持。

6. 信息推送

旅游景点应与电信运营商紧密合作,通过信号技术甄别,当外地的手机号码移动到景区附近时,可将景区相关资料以短信或彩信形式发送给用户,这种宣传推广方式具有较强的针对性,效果更佳,即使用户不会去游览,也会对景区留有印象。铁路沿线的景区更适用这种方式,因为当人们乘坐火车长途旅行时,普遍会感到无聊,铁路沿线的地理风光、途经城市的概况等相关知识会减轻或消除乘客的寂寞感。当游客在景区游玩时,将景点布局、商店分布、特色商品、餐厅位置、服务和管理部门的位置等详细信息发送给游客,游客可以通过手机随时查阅,这种景区电子地图有助于游客节约时间,提高旅游效率。但需要注意的是,这种方式不可滥用,避免让人们产生垃圾短信的感觉,运营商对使用这种宣传方式的景区也应有所甄选。目前,信息推送还在微博、电子邮件、短信之间开展。

## 10.4.4 移动互联网技术在旅游业中应用的实例

根据易观智库数据统计,截至 2011 年底,移动互联网用户规模已突破 4亿,2011 年全年市场规模达 862 亿。作为与移动互联网紧密结合的旅游业,移动互联网市场的飞速壮大以及智能手机的普及为旅游业带来了巨大的发展机会。易观智库研究发现,旅游企业在移动端不断推陈出新,各类旅游应用呈现多元化发展。

1. 票务类预订及服务应用

基于线上 OTA 模式的延续,旅游厂商推出了提供机票、景区门票、火车票相关的查询及预订应用。其中,带有机票查询及预订功能的应用种类最多,包括以携程和艺龙为代表的传统 OTA 企业,及去哪儿为代表的垂直搜索类应用。与互联网不同的是,出现了像航班管家的航班信息查询服务类应用,很好地满足了游客在移动互联网环境的查询需求。另外,打折景区门票也是各类旅游应用主打的功能之一,随着近期景区门票价格的再次上调,此类应用将受到更多游客的热捧,主要厂商包括途牛网和驴妈妈网等。除了机票和景区门票之外,部分应用增加了火车时刻表及火车票查询功能。

2. 酒店及日租房预订应用

与线上酒店预订不同的是,移动端的酒店预订融入了位置服务功能,从而更好地满足了用户在移动互联网环境下的预订需求。同时,移动端还推出了今夜酒店特价和酒店团购等折扣促销模式,在为消费者带来更多优惠的同时,也帮助酒店解决了淡季房屋空置的问题。除了传统的酒店预订之外,短租类的应用成为今年新的热点。由于自助游和背包客人群的日益壮大,越来越多的游客在出行时选择租住景区周边的民房,一是可以有效降低费用,二是可以享有比同价位酒店更多的设施和更大的空间,三是可以体验一些特色的房屋,更好地享受当地文化。因此,以蚂蚁短租为代表的短租平台类应用正受到越来越多人群的关注。

3. 旅游线路及互动分享应用

旅游线路应用主要有三种,一种是以旅游度假产品营销为目的的应用,用户可以通过浏览各种旅游度假线路的介绍,最终完成预订消费,此类应用主要面对有比较明确旅游出行需求的用户。第二种是以各旅游景区介绍为主的应用,应用中会汇集旅游景区的大量图片及介绍,主要满足用户休闲娱乐的目的,而此类应用目前正处于用户积累阶段。第三种是主推互动分享功能的应用,应用中的内容由游客自己创造并添加了点评功能,例如旅游攻略的分享,使得用户的黏性更强,活跃度更高。此类应用的成功代表是蚂蜂窝网,目前蚂蜂窝在该领域相继推出了旅游攻略、旅行家游记、旅游翻译等垂直应用。

4. 智慧旅游

以移动互联网打造的"智慧旅游"新兴旅游业务模式正成为在线旅游的第二战场。由于 Wi-Fi 无线方式可随时随地结合旅游者的信息,满足机票、酒店实时查询,因此被一致认为既延伸了旅游产品的价值链,同时也带来了全新的商业模式和商机。据艾瑞数据发布的信息显示,2011 年中国在线旅游交易规模达 1730 亿元,据该机构预测,2012 年中国在线旅游市场预计继续保持超过 50% 的增长速度,整体市场交易额将超过 2500 亿元。国内的在线旅游商早已发现此"钱景"。2012 年 3 月,同程网宣布与中国电信(微博)号码百事通商旅达成战略合作。同样在 3 月,芒果网开放跨界论坛,携手华为、"愤怒小鸟"等推出多项跨界整合,以期推动不同领域的优势交互。智慧旅游平台系统不仅能将"吃、住、行、游、购、娱"相关信息一网打尽,还能帮助游客策划最合理的行程,是"揣在口袋里的贴身导游"。在不久的将来,游客可以借助物联网、云计算、三网融合、下一代通信网络、智能数据挖掘等新兴技术手段,一部手机就可以轻松玩转一个城市。

5. "去哪儿"无缝对接

2011年,获得百度3.06亿美元的战略注资以后,旅游垂直搜索网站去哪儿网一跃成为了旅行行业的焦点。去哪儿网CEO庄辰超称,这些投资将主要用于发展酒店、团购与无线业务。两个月后,去哪儿网明确宣布,将斥资1亿美元用于布局无线客户端与手机支付市场,目标是"让去哪儿网客户端出现在所有智能移动设备上,扩大去哪儿网的普及率和市场占有率"。现在来自手机的搜索量能够占到PC端搜索量的1%。移动互联网的价值在哪里?对于去哪儿网来说,移动互联网的价值就在于"实现了两个终端,全线覆盖"。两个终端是指PC和手机,在PC领域,去哪儿有网站可以提供旅行前的搜索、比价、预订服务;而旅途中,用户处于PC的"离线状态",这时候手机端将发挥作用,可以处理临时机票、酒店查询预订支付,可以在旅程中分享照片和心得,可以查询附近的景点、交通、餐饮。

旅行结束后,用户回到PC面前,系统梳理自己的旅行感悟和收获,以较为完整的形式(比如攻略)在去哪儿社区进行分享。尤其是"旅行中",传统旅游电子商务的便利性、快捷性大打折扣,移动旅游的优势显露无遗。如此一来,就等于完整地"占领"用户的全部旅行过程,而这正是当下去哪儿网站正在全力去做的事情。

目前,去哪儿网无线已经与诺基亚、摩托罗拉、索爱、联想、华为等手机厂商达成良好的战略合作,基本占据主流终端平台,其客户端分别涵盖了iPhone,Android,Symbian、WP7等系统。值得一提的是,和大多数企业开发移动客户端时,最先首推iphone、Android不同,去哪儿最早推出的却是其Symbian客户端。这其中固然考虑到Symbian当下依旧庞大的智能手机用户占比比例(占去60%以上),同时也是基于去哪儿和诺基亚的一项战略合作。

## 10.5 GPS及精准定位技术的应用

GPS定位技术在旅游业应用已越来越广泛,不管是智慧旅游还是基于位置的服务,不管是旅行社企业还是景区景点的管理,都涉及GPS定位技术的应用。本节将简要介绍GPS的基本概念,及其在旅游业中的新应用。

### 10.5.1 GPS 的定义及特点

GPS 即全球定位系统(Global Positioning System)。简单地说,这是一个由覆盖全球的 24 颗卫星组成的卫星系统,这个系统可以保证在任意时刻,地球上任意一点都可以同时观测到 4 颗卫星,以保证卫星可以采集到该观测点的经纬度和高度,以便实现导航、定位、授时等功能。这项技术可以用来引导飞机、船舶、车辆以及个人,安全、准确地沿着选定的路线,准时到达目的地。GPS 定位技术具有高精度、高效率和低成本的优点,已广泛应用于交通、物流、旅游、农业等。GPS 可以对地球上的任何物体或移动物进行准确定位,具有全天候、全球覆盖(高达 98%)、三维定时定速高精度、快速、省时、高效率等特点。

### 10.5.2 GPS 精准定位技术在旅游业中的应用

当人们自驾驱车到陌生的地方旅游,往往会因为迷路而不能准时到达,即使找到旅游地也难以回到原处,特别是出国旅游更是如此。当徒步进入游区,如果没有导游的帮助,可能找不到你要去的景点。随着 GPS 的全面运行和 GPS 应用研究的不断深入,大量廉价的小型化的手持 GPS 接收器在市场上涌现,GPS 像手持移动电话一样将进入普通民众的家庭。GPS 手持机可与移动通信手持机合于一体,可用以通话,目前掌上型导航接收机已经问世,不久会生产出手表式的 GPS 导航接收机,携带和使用就更方便。可以说,GPS 的应用已进入人们的日常生活,其应用前景非常广阔。

1. GPS 技术促进自驾游

当前,GPS 定位精度已经非常高,精度约在 5 米以内。现在 GPS 的定位速度已经达到 33 次/秒,也就是每 0.03 秒就能完成一次定位和测速工作,因此,GPS 的定位结果和实际的位置误差不会很大,定位效果比较理想。GPS 卫星发出的信号具有很强的抗干扰能力和保密性能,不会因为白天黑夜、下雨下雪等天气因素而影响定位信号的传输,能够实现全天候的作业。目前,GPS 接收器向多领域、多功能、多机型方向发展,功能也越来越完善,体积也越来越小。同时,GPS 接收器也越来越多地和掌上 PDA、手机等终端设备融为一体。比如将某个旅游景区的地图通过地理信息系统软件录入到掌上PDA 中,GPS 接收器在接收到定位信息后就将信息显示在 PDA 屏幕对应的电子地图上,非常直观。这样的组合对于选择自驾游出行的人来说是十分有用的,可以方便地实现自主选择路线、游览目的地的所有景区。

2. GPS 野外考察作用巨大

比如到风景秀丽的地区去旅游,到原始大森林、雪山峡谷或者大沙漠地区去进行野外考察,安装于车内的 GPS 接收机将成为驾驶者最忠实的向导,如提供"前方路口右转"、"您已经偏离航线"等信息提示。即使驾驶者途中出现麻烦,也无须惊慌,因为 GPS 监控服务中心会及时指示、联系最近的救援机构,采取救援行动。GPS 在旅游交通中主要应用于车辆调度与监控,对出行车辆进行路线规划、导航。利用 GPS 技术开发的汽车导航系统,是当今人们野外路线规划中一项重要的辅助工具,它包括自动线路规划和人工线路设计。自动线路规划由计算机软件按要求自动设计最佳行驶路线,包括最快的路线、最简单的路线、通过高速公路路段次数最少的路线等。人工线路设计是由驾驶者根据自己的目的地设计起点、终点和途经点等,自动建立线路库。

3. GPS 系统可以用于旅游度假区游客调查

在旅游度假区,有些时段游客过度集中,远远超过景区环境承载力上限,不利于景区生物多样性保护和文化遗产的保护,而旅游区游客调查是解决环境问题的重要途径。目前,游客调查依赖于游客统计资料、整条游览道路游客估算及手持 GPS 接收机定位与人工记录等三种途径,不仅工作量大,而且效率低、实时性差、不准确、也不够全面与详细。而新方法中,地理信息系统(GIS)与 GPS 结合的集成技术具有强大的空间数据实时采集、实时处理、实时分析与实时定位能力,为旅游信息的实时采集与及时处理提供了强有力的技术支撑,通过旅游信息的采集与分析,达到为旅游管理人员与开发者提供决策依据的目的。

4. GPS 在旅游自然保护和森林防火中的应用

GPS 手持机可与移动通信手持机合于一体,可用以通话和定位,无论在天涯海角,你都能找到你要去的地方,可以把你的足迹告诉家人。在旅游时,你带上你的手持机和带有地理经纬度的详细地图和旅游图,到达你要去的旅游区和各个旅游景点。自然保护区往往是在人迹稀少的边远山区、林区或者海洋、江河,如何标定保护区的边界,如何监视保护区内一些珍稀动物所在位置和活动范围,需要准确定位,GPS 可以协助人们完成这些任务。以下列举两个例子。中华白海豚是世界珍稀动物,我国厦门港的中华白海豚数量约占世界的 1/5,1997 年建立了厦门港白海豚保护区。在建立保护区的过程中,为了掌握白海豚的活动范围,划定保护区的界限,研究工作者用 GPS 接收机测定每次白海豚出没海面的地理位置。科学家在马来西亚国家保护公园用 GPS 跟踪一头大象,以便弄清楚它从丛林移居到保护公园后如何生活。将这头大象麻醉后从丛林运到公园,并在其脖上束上一个 GPS 接收装置和无线电信号发射器,这项计划由美国负责亚洲环境的机构和马来西亚国家公园具体实施。

在森林防火中,侦察直升机上的人员或地面侦察人员可对森林热源位置用 GPS 接收机进行准确测定和记录,并用通信手段将信息发给有关机构,以做出防火的迅速反应。在森林灭火过程中,为控制火势,消防人员必须随时掌握有关火情的最新的准确数据,据此做出决策。但是,由于森林大火蔓延迅速,而且其方向和火势的发展难以预测,因此要做出决策是困难的。为了及时采集数据并绘出火势图,需要一种不依赖界碑或路标的动态定位系统,GPS 满足这种要求。在森林火灾中,森林有关部门可采用 GPS 对火势做出快速评估,调用人力物力控制火情。在森林火灾后,可采用 GPS 和红外热探测系统来测定余热点的位置(火仍在闷烧的小区域),并确定森林燃烧面积,绘出不同程度燃烧的燃烧区域图,评估火灾所带来的损失。

5. GPS 的客车导游系统

客车导游系统与目前的导航系统相比,由于服务对象不同,功能上也存在着很大的差异,具体而言,包括以下功能:第一,车辆实时定位功能。与导航系统类似,导游系统同样具有车辆的实时定位功能,通过定时与 GPS 模块进行通讯,以获知当前车辆位置;第二,车辆定点显示功能。不同于导航系统需要实时更新电子地图,导游系统平时不需要显示车辆当前位置,视频可以照常播放娱乐节目,只有经后台判断车辆已经进入某一信息区,才会自动弹出显示当前信息区的介绍,提供给乘客丰富的旅途信息;等车辆出了信息区,视频自动转回当前娱乐节目;第三,车辆轨迹显示功能,在显示信息区介绍的同时,可切换显示当前车辆的行进轨迹,但只是给乘客一个大致的行进路径,故电子地图不必太精确。第四,信息资料的更新,包括电子地图与信息区介绍内容的更新,可通过 U 盘进行现场更新,也可通过 GPRS 进行远程更新。

# 10.6　旅游信息化管理新业态——智慧旅游

第三代移动通信网络、物联网、云计算等新一代信息技术在旅游业中的应用,必然会促使旅游新业态的诞生,目前,这种新业态系统被称为"智慧旅游"。智慧旅游来源于"智慧地球"和"智慧城市",2008 年国际商用机器公司(International Business Machine,IBM)首先推出了"智慧地球"的商业计划,将"数字地球"的概念具体化和商业化。其核心就是以一种更智慧的方法通过利用新一代信息技术来改变政府、公司和人们相互交互的方式,以便提高交互的准确性、效率、灵活性和响应速度。

### 10.6.1　智慧旅游的定义及主要功能

"智慧旅游"是一个全新的概念,它是物联网、云计算、下一代通信网络、高性能信息处理、智能数据挖掘等技术在旅游体验、产业发展、行政管理等方面的应用,使旅游物理资源和信息资源得到高度系统化整合和深度开发激活,并服务于公众、企业、政府等面向未来的全新的旅游形态。它以融合的通信与信息技术为基础,以游客互动体验为中心,以一体化的行业信息管理为保障,以激励产业创新、促进产业结构升级为特色。

1. 智慧旅游的定义

智慧旅游,也被称为智能旅游,是利用云计算、物联网、精准定位等新技术,通过互联网/移动互联网,借助便携的终端上网设备,主动感知旅游资源、旅游经济、旅游活动、旅游者等方面的信息,及时发布,让人们能够及时了解这些信息,及时安排和调整工作与旅游计划,从而达到对各类旅游信息的智能流转、方便利用的效果。智慧旅游是基于新一代的信息通信技术(ICT),将云计算(SaaS、PaaS、IaaS)、物联网(RFID 技术、传感器等)、互联网(Web 2.0 技术、三网融合技术等)和个人移动终端(3G 技术、PDA 等)、人工智能等技术集成和综合,智慧旅游是信息通信技术与旅游业融合发展的顶层设计。与某种信息技术在旅游业中的应用不同,智慧旅游是信息技术在旅游业中的应用创新和集成创新,是为满足游客个性化需求,提供高品质、高满意度服务,从而实现旅游资源及社会资源的整合共享与有效利用的系统化、集约化的业态变革。

2. 智慧旅游的主要功能

从旅游者的角度出发,智慧旅游主要包括导航、导游、导览和导购(简称"四导")四个基本功能。

(1)开始位置服务——导航

将位置服务(LBS)加入旅游信息中,让旅游者随时知道自己的位置。确定位置有许多种方法,如 GPS 导航、基站定位、Wi-Fi 定位、RFID 定位、地标定位等,未来还有图像识别定位。其中,GPS 导航和 RFID 定位能获得精确的位置。但 RFID 定位需要布设很多识别器,也需要在移动终端上(如手机)安装 RFID 芯片,离实际应用还有很大的距离。GPS 导航应用则要简单得多。一般智能手机上都有 GPS 导航模块,如果用外接的蓝牙、USB 接口的GPS 导航模块,就可以让笔记本电脑、上网本和平板电脑具备导航功能,个别电脑甚至内置有 GPS 导航模块。GPS 导航模块接入电脑,可以将互联网和 GPS 导航完美地结合起来,进行移动互联网导航。

智慧旅游将导航和互联网整合在一个界面上,地图来源于互联网,而不是存储在终端上,无须经常对地图进行更新。当 GPS 确定位置后,最新信息将通过互联网主动地弹出,如交通拥堵状况、交通管制、交通事故、限行、停车场及车位状况等等,并可查找其他相关信息。与互联网相结合是导航产业未来的发展趋势。通过内置或外接的 GPS 设备/模块,用已经连上互联网的平板电脑,在运动中的汽车上进行导航,位置信息、地图信息和网络信息都很好地显示在一个界面上。随着位置的变化,各种信息也会及时更新,并主动显示在网页上和地图上。体现了直接、主动、及时和方便的特征。

(2)初步了解周边信息——导游

在确定了位置的同时,在网页上和地图上会主动显示周边的旅游信息,包括景点、酒店、餐馆、娱乐、车站、活动(地点)、朋友/旅游团友等等的位置和大概信息,如景点的级别、主要内容描述等。智慧旅游还支持在非导航状态下查找任意位置的周边信息,拖动地图即可在地图上看到这些信息。周边的范围大小可以随地图窗口的大小自动调节,也可以根据自己的兴趣点(如景点、某个朋友的位置)规划行走路线。

(3)深入了解周边信息——导览

点击(触摸)感兴趣的对象(景点、酒店、餐馆、娱乐、车站、活动等等),可以获得关于兴趣点的位置、文字、图片、视频、使用者的评价等等信息,深入了解兴趣点的详细情况,供旅游者决定是否需要它。导览相当于一个导游员,我国许多旅游景点规定不许导游员高声讲解,而采用数字导览设备,如故宫,需要游客租用这种设备。智慧旅游则像是一个自助导游员,有比导游员更多的信息来源,如文字、图片、视频和 3D 虚拟现实,戴上耳机就能让手机/平板电脑替代数字导览设备,无须再租用这类设备了。

导览功能还将建设一个虚拟旅行模块,只要提交起点和终点的位置,即可获得最佳路线建议(也可以自己选择路线),推荐景点和酒店,提供沿途主要的景点、酒店、餐馆、娱乐、车站、活动等等资料。如果认可某条线路,则可以将资料打印出来,或储存在系统里随时调用。

(4)等着享受——导购

经过全面而深入地在线了解和分析,已经知道自己需要什么了,那么可以直接在线预订(客房/票务)。只需在网页上自己感兴趣的对象旁点击"预订"按钮,即可进入预订模块,预订不同档次和数量的对象。由于是利用移动互联网,游客可以随时随地进行预订。加上安全的网上支付平台,就可以随时随地改变和制订下一步的旅游行程,而不浪费时间和精力,也不会错过一些精彩的景点与活动,甚至能够在某地邂逅特别的人,如久未谋面的老朋友。

## 10.6.2　智慧旅游发展的背景

当前,全球信息化浪潮促进了旅游产业的信息化进程,物联网/泛在网、移动通信/移动互联网、云计算以及人工智能技术的成熟与发展为智慧旅游建设提供了技术支撑,而智能手机、平板电脑等智能移动终端的普及提供了智慧旅游的应用载体,当然,随着旅游者对旅游体验需求越来越强烈,旅游者对信息服务的需求在逐渐增加,尤其旅游是在开放性的、不同空间之间的流动,旅游过程具有很大的不确定性和不可预见性,实时实地、随时随地获取信息是提高旅游体验质量的重要方式。目前,支撑智慧旅游的技术逐渐成熟和完善,有关政策环境日益优化,打造智慧旅游的时机已经到来。具体来说,有以下三个方面的推动力。

1. 新一代技术是智慧旅游的必要条件

2009 年,温家宝总理在无锡提出"感知中国",拉开了我国物联网建设的新局面。将各种感知设备和识别设备获得的位置、温度、味道、重力、声音、压力、文字、图像、数量等等信息通过网络传递,并由处理中心进行加工、分析和控制,构成了物联网。由通信网、互联网、物联网、云计算构成了泛在网,泛在网实现了人与人、人与物、物与物之间的信息交换,例如人与人之间的通信、短信息、电子邮件、聊天,以及共享信息的社区、博客等等;人与物之间的位置、温度、声音等感知和网络预订、支付、远程控制等等;物与物之间的自动控制、报警、银行结算等。旅游利用物联网/泛在网可以知道位置、知道旅游资源的特征信息、知道哪儿拥挤、哪儿有停车位;可以网上预订、网上支付;可以使用完全无纸化的车、船、机票和门票;可以与家人、同学、同事、朋友、队友、团友、旅友分享旅游乐趣;可以在外了解和控制家居设施等。物联网中被旅游使用最普遍的是 GPS、RFID/NFC 等传感器设备,将用来确定位置、数据交换、确认身份、电子票据、移动支付,甚至可以作为开启宾馆的智能门锁。正是新一代信息技术的应用,才能出现智慧旅游的新业态,没有这些新技术,智慧旅游便无从谈起。

2. 智能终端的发展为智慧旅游提供了强劲的应用载体

智能手机和平板电脑已成为智慧旅游的主要终端。智能手机除了具有手机的功能,也具有电脑的许多功能,如上网、处理电子邮件、看书/文件、交友、玩游戏等;还具有电脑所不具备的功能,如拍照/录像、GPS 导航等。强大的功能使智能手机成为许多人士的偏爱,我国智能手机的占有率已达到10%,而美国、日本等国则更高。世界上许多手机生产商,如苹果、摩托罗拉、诺基亚、三星、HTC和联想等,手机对应的软件系统有苹果的Ma-cOSX、谷歌的Android、诺基亚的Symban、微软WP7等等,都将智能手机作为未来的主要发展方向。

2010年初苹果推出iPad平板电脑大热以后,世界各地掀起了平板电脑热,许多大电脑制造商纷纷跟进,准备推出自己的平板电脑,而小制造商的仿制品正在渗入市场。市场预计在2010年下半年和2011年将是平板电脑蓬勃发展的时期。能上网、拍照片、多点触控是平板电脑的基本要求,未来装有射频或短距离通信(RFID/NFC)芯片、GPS导航模块是平板电脑的发展方向。智能手机和平板电脑的超便携性,为智慧旅游提供了硬件支撑,使移动互联网有了使用的载体。当4G时代到来的时候,智能手机和平板电脑,或者其他目前还未知的超便携终端,将成为智慧旅游发展的强劲载体。

3. 政策环境日益优化

从政策层面上把旅游和云计算(网格计算)结合起来,作为信息产业优先发展的主题,也说明了基于云计算技术的旅游信息平台是智慧旅游的基础。2009年,国务院出台了《关于加快发展旅游业的意见》,第5条提出:建立健全旅游信息服务平台,促进旅游信息资源共享。第5条提出:以信息化为主要途径,提高旅游服务效率,积极开展旅游在线服务、网络营销、网络预订和网上支付,充分利用社会资源构建旅游数据中心、呼叫中心,全面提升旅游企业、景区和重点旅游城市的旅游信息化服务水平。说明旅游信息服务政策已经提上议事日程,尤其是要建立一个能共享旅游信息的大型平台。

### 10.6.3  智慧旅游建设的架构及内容

从旅游业需求来看,智慧旅游的建设应该关注三个重要的方面,包括满足海量游客的个性化需求、实现旅游公共服务与公共管理的无缝整合、为企业(尤其是中小企业和小微企业)提供服务等。其具体的基本框架和内容如下。

1. 智慧旅游建设的框架

智慧旅游首先要构建数据中心,沟通服务端和使用端,因此它包括三个大的部分:数据中心、服务端、使用端,三个部分通过互联网/物联网相互联结。

第一,服务端是直接或间接为旅游者提供服务的企事业单位或个人,如政府管理部门、相关部门、咨询机构、旅游企业等;使用端为广大的旅游者,拥有能够上网的终端设备，尤其是超便携上网终端（如平板电脑和智能手机）；数据中心由大量存储有各类旅游信息的服务器组成，有专门的机构负责进行数据的维护和更新。

第二，数据中心即是智慧旅游的云端，可以称为旅游云，将服务端和使用端联系起来。海量的旅游信息处理、查询等计算问题由数据中心自动完成，这就是智慧旅游中的云计算。服务端将自己的各类信息及时放在数据中心，无须再自己购买服务器和维护信息；使用端根据自己的要求，从数据中心提取信息，需要服务时可以与服务端进行交换，使用端可以直接向服务端付费（网上银行、现场付费），也可以通过数据中心付费（类似于淘宝的支付宝）。

第三，通过使用端软件平台，智慧旅游中的旅游信息以主动弹出的方式出现，配以网络地图，能够让旅游者知道这些旅游服务在什么地方可以得到，距离自己多远，甚至知道某个酒店还有多少房间，某个景点需要排队多长时间，这样不会遗失某些旅游信息和服务（如景点、旅游活动、某个人等等），也不会由于信息不全而采取了不恰当的行为（如走错路、排错队）。在多点触控的超便携终端（如苹果的 iPad，iPhone）上，轻点手指即可展开详细信息。主动显示旅游信息摆脱了输入关键词查询的不便之处，尤其是有许多旅游信息出现的时候，无法一一去查询这些信息。目前有几款手机软件，如街旁、邻讯等，提供类似功能，但也没有达到最方便的程度。如果查找分类信息，用关键词查是比较方便的，智慧旅游也同时采用关键词查找。

2. 智慧旅游建设的内容

智慧旅游的"智慧"体现在"旅游服务的智慧"、"旅游管理的智慧"和"旅游营销的智慧"三大方面。

（1）旅游服务的智慧

第一，智慧旅游从游客出发，通过信息技术提升旅游体验和旅游品质，游客在旅游信息获取、旅游计划决策、旅游产品预订支付、享受旅游和回顾评价旅游的整个过程中都能感受到智慧旅游带来的全新服务体验。第二，智慧旅游通过科学的信息组织和呈现形式，让游客方便、快捷地获取旅游信息，帮助游客更好地安排旅游计划并形成旅游决策。第三，智慧旅游通过物联网、无线技术、定位和监控技术，实现信息的传递和实时交换，让游客的旅游过程更顺畅，提升旅游的舒适度和满意度，为游客带来更好的旅游安全保障和旅游品质保障。第四，智慧旅游还将推动传统的旅游消费方式向现代的旅游消费方式转变，并引导游客产生新的旅游习惯，创造新的旅游文化。

（2）旅游管理的智慧

第一，智慧旅游将实现传统旅游管理方式向现代管理方式转变，通过信息技术，可以及时准确地掌握游客的旅游活动信息和旅游企业的经营信息，实现旅游行业监管从传统的被动处理、事后管理向过程管理和实时管理转变。第二，智慧旅游将通过与公安、交通、工商、卫生、质检等部门形成信息共享和协作联动，结合旅游信息数据形成旅游预测预警机制，提高应急管理能力，保障旅游安全，实现对旅游投诉以及旅游质量问题的有效处理，维护旅游市场秩序。第三，智慧旅游依托信息技术，主动获取游客信息，形成游客数据积累和分析体系，全面了解游客的需求变化、意见建议以及旅游企业的相关信息，实现科学决策和科学管理。第四，智慧旅游还鼓励和支持旅游企业广泛运用信息技术，改善经营流程，提高管理水平，提升产品和服务竞争力，增强游客、旅游资源、旅游企业和旅游主管部门之间的互动，高效整合旅游资源，推动旅游产业整体发展。

（3）旅游营销的智慧

第一，智慧旅游通过旅游舆情监控和数据分析，挖掘旅游热点和游客兴趣点，引导旅游企业策划对应的旅游产品，制定对应的营销主题，从而推动旅游行业的产品创新和营销创新。第二，智慧旅游通过量化分析和判断营销渠道，筛选效果明显，可以找到长期合作的营销渠道。第三，智慧旅游还充分利用新媒体的传播特性，吸引游客主动参与旅游的传播和营销，实现真正意义上的营销与服务捆绑，并通过积累游客数据和旅游产品消费数据，逐步形成具有完整信息接驳技术的自媒体营销平台。

## 【本章小结】

本章对旅游信息化管理中新技术的应用进行了探讨和展望，首先对现代旅游业对信息化建设的新需求进行了分析，通过对现代旅游业自身的发展趋势进行分析，得出现代旅游业对信息化的新需求；接着对物联网技术的应用进行了探讨，包括物联网对旅游业的作用、物联网在旅游业中的应用领域和应用案例；第三节对云计算技术在旅游业中的应用进行了探讨，包括云计算的概述、云计算技术与旅游业、云计算在旅游业中的应用案例；第四节对移动互联网技术在旅游业中的应用进行了探讨，包括移动互联网技术的概述、旅游业融入移动互联网的必然性、移动互联网在旅游业中的应用领域及案例；第五节对 GPS 精准定位技术在旅游业中的应用进行了研究，包括 GPS 的定义及特点、GPS 精准定位技术在旅游业中的应用等；最后一节对信息化管理中新业态智慧旅游进行了述评分析，主要包括智慧旅游的定义及功能、智慧旅游发展的背景、智慧旅游建设的架构及内容等。

## 【关键概念】

| | | | |
|---|---|---|---|
| 云计算 | 移动互联网 | 手机微博 | 拍客 |
| 微信 | 手机电子商务 | 同步虚拟社区 | 移动医疗 |
| 信息推送 | 全球定位系统(GPS) | 智慧旅游 | 精准定位 |
| 智慧管理 | 智慧服务 | | |

## 【复习与思考题】

1. 试简要分析现代旅游业自身的发展趋势。

2. 结合现代旅游业自身的发展趋势,分析现代旅游业对信息化的新需求有哪些内容。

3. 什么是物联网?物联网的核心技术是什么?

4. 试分析物联网对旅游业发展的作用有哪些?有哪些应用?

5. 结合游客旅游各环节,分析论述物联网在旅游业各环节中的应用?并结合实例谈谈物联网对旅游服务提升的作用。

6. 简述云计算的定义及特征。

7. 简述云计算的发展历程。

8. 简述云计算的行业层次结构。

9. 结合实例谈谈云计算在旅游业中的应用。

10. 什么是旅游云?什么是云服务?

11. 云服务软件给旅游企业带来的好处是什么?举例说明之。

12. 简述移动互联网的定义及发展阶段。

13. 简述移动互联网产品的创新方向。

14. 简述旅游业融入移动互联网的必然性。

15. 结合实例,论述移动互联网在旅游业中的应用。

16. 移动互联网在景区管理与服务中有哪些应用?

17. 简述 GPS 的定义及特点。

18. 结合实例谈谈 GPS 技术在旅游业中的应用。

19. 简述智慧旅游的定义及主要功能。

20. 简述智慧旅游发展的背景。

21. 简述智慧旅游建设的架构。

22. 简述智慧旅游建设的内容。

23. 智慧旅游的建设对旅游业意味着什么?作为一个旅游服务企业,应如何利用新一代技术开展智慧旅游的建设？

24. 现在旅游景区有哪些智慧服务的内容？采用的是怎样的技术？

25. 现在旅游饭店有哪些智慧管理的内容？采用的是怎样的技术？

## 【课后案例】

## 大唐电信的智慧旅游平台

### 一、概况

大唐电信的智慧旅游平台是以 3S（RS、GIS、GPS）技术、分布式计算技术、三维可视化技术、虚拟现实技术、数据库技术、数据挖掘和数据融合技术、宽带网络技术、通讯技术（如 3G）、云计算技术、SOA（服务导向框架）等技术作为支撑的一个综合应用平台。游客主要通过手机终端获取服务，包括旅游、交通、购物等信息服务。

### 二、系统架构

平台架构分层有应用层、数据交互层、传输层、感知层、终端用户层五个层次。应用层包括旅游服务、餐饮服务、医疗服务、交通服务、政务服务、地理信息服务等；数据交换层包括感知数据交换、应用数据交换、统一身份识别以及其他的数据库交换等；传输层包括电信、移动、联通、广电等服务商；感知层包括电子导游、景区门票、景区报警、智慧服务、视频导游、智慧护理等；终端用户层包括手机、PDA 终端、e 卡通及其他智能终端。

服务方式：分旅游前、旅游中及旅游后三个阶段进行全面的服务，见图 10-2。

### 三、智慧旅游的层次

智慧旅游服务共分三个层次进行展开。

第一阶段：旅游前。

特色旅游门户网站将当地政府、旅游局、旅游企业及游客等串联起来，达到数据采集目的。同步将建成行业监管、信息服务、政务服务、交通服务、旅游服务、地理信息服务、旅游互动平台等进行展示（如图 10-3）。

第二阶段：旅游中。

以第一步特色旅游门户网站为基础，分别建设各子系统，建立数据共享中心，实现景区景点可视化、数字化。主要推进景区基础通讯网络设施、景区管理与旅游服务的各类应用系统建设，实现对外的全方位展示平台及对内的交流平台。

第一，游客综合智慧服务。系统以游客在第一阶段建设的"特色旅游门户网站"中的预定行程为依据，结合 e 卡通子系统、游客租车及定位子系统及

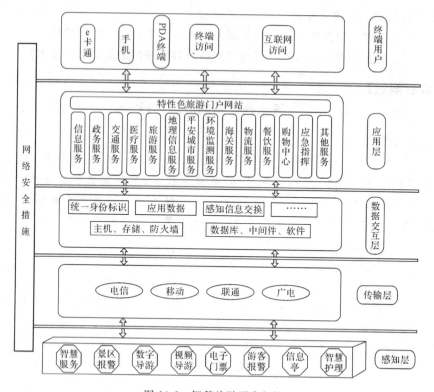

图 10-2  智慧旅游平台架构

智慧交通子系统等多个子系统,利用互联网或当地运营商提供的增值服务进行信息的推送(如图 10-4)。

第二,智慧景区服务。系统以游客在第一阶段建设的"特色旅游门户网站"中的预定行程为依据,结合景区 GIS 信息或电子地图,利用互联网或当地运营商提供的增值服务进行信息的推送。可将预定行程的游客旅行进度推送至游客 PDA 终端、手机或互联网内任意一台客户端。具体见图 10-5。

第三,景区视频监控子系统。景区监控子系统是"数字景区"工程中的业务应用系统,它通过多个摄像头对景区的旅游秩序、道路交通、森林防火、社会治安等进行全方位、全天候的视频监控。同时,还可通过卫星遥感等先进技术对景区的大气、水文、地质等自然资源进行监测,并通过数字信号传送到数据库中,为景区开发提供决策依据。

第四,景区报警子系统。当游客在景区内按下紧急报警系统上的红色报警按键,立刻鸣起警笛声,红色报警灯闪烁。报警系统与派出所接通,通过针孔摄像机、对讲分机等,采集报警人影像声音传输至监控中心。

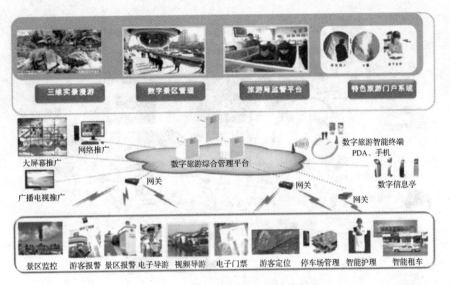

图 10-3　旅游前的智慧旅游平台界面

图 10-4　游客综合智慧服务界面

第五,游客报警定位服务。游客使用移动电话拨打特定号码(如:110、119、122)报告紧急情况时,系统可以通过鉴权,获取游客的位置信息;并支持在

图 10-5　智慧景区服务界面

一定生存周期范围内获得游客的实时位置信息,以方便监控中心进行警员调动、警员接警后的快速反应,最大限度地保障游客利益。具体见图 10-6。

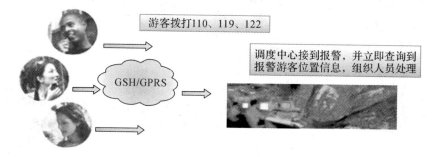

图 10-6　游客报警定位界面

　　第六,数字导游。电子音频和景区动画是同步进行,结合声音讲解和动画视觉展现,将景区的游览线路,游览景点表现得淋漓尽致。在每个景点的动画导游中,视频上对应有讲解的字幕,这一点可以说真正做到了人性化。见下图 10-7。

　　第七,景区视频导游。结合视频监控及数字旅游特色门户网站,实现当地人文信息感知的一种手段。前端通过摄像机进行景区人文信息的采集,传输采用互联网络或电信运营商(电信、移动、联通)提供的 3G 无线网络进

**412**

行传送至网络用户或手机用户客户端上。系统支持 B/S(浏览器/服务器)及 C/S(客户端/服务器)架构(见图 10-7)。

图 10-7　数字导游和景区视频导游界面

第八,数字景区三维实景漫游。在重点旅游景区建设数字体验基地,重点建设动感影视体验馆、三维动感实景历险体验馆、三维动感实景对抗竞技体验馆等,并通过数字体验基地建设,带动当地动漫产业和机电一体化机电设备产业的发展。见图 10-8。

第九,景区管理子系统。数字景区管理体制是指景区的管理组织设计、管理法规制度和管理运行机制的总称。其核心是对景区管理主体之间的权利、义务和责任的配置和互动方式的制度化、程序化的规定。用现代信息技术提升景区管理工作水平。

第十,数字信息亭。建设景区各个公共场所的信息亭自助式终端设备,实现多业务前沿式推广,使得游客和居民在不通过电脑、PDA 及手机终端的情况下依然可以享受数字景区推广的业务。通过数字信息亭的建设,不仅可以提升旅游区的形象,同时更加方便快捷地为游客、居民及工作人员进行服务(见图 10-9)。

第三阶段:旅游后。

在第三阶段,将以第二步的数据为基础,融合旅行社路线、景点门票、飞机票务、车辆租赁、宾馆预订、餐厅预订等全行业信息的电子商务平台,并为游客

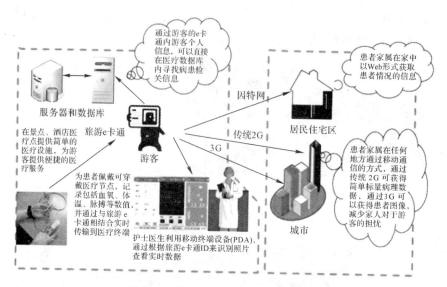

图 10-8 数字景区三维实景漫游界面

图 10-9 数字信息亭

提供论坛、驴友指南及投诉建议等沟通平台,为更好地加强旅游产业的人性化提供第一手资料。提供旅游统计、消费统计、热点地区趋向统计等,可以为当地政府、旅游管理局等部门加强旅游区域管理和资源重组提供翔实资料。

(资料来源:http://www.datang.com/show.php? contentid=117.)

**案例分析与思考**

1. 结合大唐电信数字旅游系统的架构,谈谈目的地城市建设智慧旅游的具体思路和方法。

　　2. 结合案例中智慧旅游层次对旅游前相关界面的介绍,分析旅游前智慧旅游系统应该实现哪些功能。

　　3. 结合案例中智慧旅游层次对旅游中、旅游后的界面介绍,分析旅游中和旅游后的智慧旅游系统应该实现哪些功能。

　　4. 结合案例对智慧旅游的介绍,结合自己所在城市智慧旅游建设的现状,分析存在的问题,给出对策和建议。

# 参考文献

[1] 陆均良,杨铭魁,李云鹏. 旅游信息化管理. 北京:中国人民大学出版社,2010.

[2] 陆均良,沈华玉,朱照君. 旅游电子商务. 北京:清华大学出版社,2011.

[3] 杨磊.传统分销渠道管理 呼唤信息系统整合.商业现代化,2001(9).

[4] 葛存山.论电子商务环境下分销渠道的革新.电子商务,2003(3).

[5] [美]巴里·劳伦斯,[美]丹尼尔·詹宁斯,[美]布赖恩·雷诺兹.电子分销:电子商务环境下的分销模式与工具.北京:电子工业出版社,2005.

[6] [美]布哈里斯.旅游电子商务.北京:旅游教育出版社,2004.

[7] 吕莉.从营销创新角度探析旅游目的地竞争力提升问题.商场现代化,2008(5).

[8] 马春梅.用网络营销提升河北旅游目的地竞争力.经济论坛,2004(23).

[9] 石长波,黄清.影响我国旅游业信息化发展因素的研究.哈尔滨商业大学学报(社会科学版),2005(3).

[10] 唐俊雅,伍世代.旅游管理信息化探析.福建师范大学学报(自然科学版),2002(3).

[11] 王富玉.国际热带滨海旅游城市发展道路探析.北京:中国旅游出版社,2000.

[12] 巫宁,杨路明.旅游电子商务理论与实践.北京:中国旅游出版社,2003.

[13] 翟辅东.旅游六要素的理论属性探讨. 旅游学刊,2006(4).

[14] 朱迎波.基于网络的旅游目的地营销系统.中科院地理所博士学位论文,2005.

[15] 邹容.基于信息服务的旅游目的地网络营销构建.财贸经济,2005(2).

[16] 李斌宁.客户关系管理(CRM)在旅游电子商务的应用.商场现代化,2005(5).

[17] 谢兰云.基于客户关系管理的旅游电子商务.东北财经大学学报,2004(2).

[18] 徐春辉等.电子商务环境下的旅游产业竞争力研究.江苏商论,2007(4).

[19] 马林.依托旅游电子商务优势,提升宁波旅游业的竞争力.特区经济,2005(9).

[20] 国锋.酒店企业电子商务发展的制约因素分析.商场现代化,2009(9).

[21] 朱晓洁.浅谈电子商务环境下CRM在酒店业个性化服务方面的实现.企业家天地,2008.

[22] 王瑞.我国景区门票电子商务现状浅析与思考.商场现代化,2010(4).

[23] 杨晓燕.基于旅行社电子商务BtoC模式的客户忠诚度分析.商场现代化,2008,2(2).

[24] 殷文.网络分销渠道伴中国饭店走向全球市场.饭店现代化,2004(7).

[25] 邵培基,陈瑶,盛旭东,等.四川省重点旅游景区信息化建设研究——以峨眉山景区的游客管理系统构建为例.电子科技大学学报(社会科学版),2011,13(2).

[26] 谭煦.浅析旅游景区的信息化管理——以十三陵风景名胜区的信息化建设为例.旅游纵览(行业版),2011(4).

[27] 汪东亮,刘琼英,胡世伟.乐山市基于物联网的旅游公交信息化服务系统的构建.中共乐山市委党校学报,2012,14(3).

[28] 张补宏,闫艳芳.国内外旅游信息化研究综述.地理与地理信息科学,2012,28(5).

[29] 鲍富元,董卫江.国内旅游目的地信息化研究综述.内江师范学院学报,2012,27(5).

[30] 陈硕,冯学钢.城市旅游信息化建设初探——以杭州市旅游信息化建设为例.华东经济管理,2005(3).

[31] 吕萌,蔡小晓.旅游信息网络发布与旅游网站的信息化建设——以安徽省旅游网站为例.信息与电脑(理论版),2010,228(12).

# 附录:旅游信息化常用术语中英文对照

AI(Artificial Intelligence),人工智能

API(Application Programming Interface),应用程序接口

ARP(Address Resolution Protocol),地址解析协议

ARP(Address Resolution Protocol),地址转换协议

ASP(Application Service Provider),应用服务提供商

ATM(Automated Teller Machine),自动柜员机

BBS(Bulletin Board System),电子公告牌系统

BI(Business Intelligence),商务智能

BPR(Business Process Reengineering),业务流程重组

BSP(Business System Planning),企业计划法

CA(Certificate Authority),(数字证书的)认证

CAD(Computer Aided Design),计算机辅助设计

CAI(Computer-Aided Instruction),计算机辅助教学

CAM(Computer-Aided Manufacturing),计算机辅助制造

CEO(Chief Executive Officer),首席执行官

CIO(Chief Information Officer),首席信息管

CRM(Customer Relationship Management),客户关系管理

CRS(Central Reservation System),中央预订系统

CSF(Critical Success Factors),关键成功因素

CTI(Computer Telephony Integration),计算机与电信集成

CVM(Customer Value Management),客户价值管理

DBMS(Date Base Mananement System),数据库管理系统

DDSS(Distributed Decision Support System),分布式决策支持系统

DBS(Data Base System),数据库系统

DIS(Destination Information System),目的地信息系统

DMO(Destination Management Organization),目的地管理机构

DMS (Destination Marketing System),目的地营销系统

DMT(Data Mining Technology),数据挖掘技术

DMT(Data Mining Tools),数据挖掘工具

DP(Data Processing),数据处理

DPS(Data Processing System),数据处理系统

DSS (Decision Support System),决策支持系统

EAI( Enterprise Application Integration),企业应用集成

EB (Electronic Business),电子商务

EC(Electronic Commerce),电子商务(交易)

EDI(Electronic Data Interchange),电子数据交换

EDP (Electronic Data Processing),电子数据处理

EFT (Electronic Funds Transfer),电子资金转账

ELAN (Emulated Local-Area Network),仿真局域网

EIP(Enterprise Information Portals),企业信息门户

EIS(Executive Information Systems),经理(或主管)信息系统

EM (Electronic money),电子货币

EOS(Electronic Order System),电子订货系统

ERP( Enterprise Resource Planning),企业资源计划

ES(Expert System),专家系统

ESS:(Executive Support System),主管支持系统

FMS(Flexible Manufacturing System),弹性制造系统

FTP( File Transfer Protocol),文件传输协议

GDS( Global Distribution System),全球分销系统

GIS( Geographic Information System),地理信息系统

GPS (Global Positioning System),全球定位系统

HMIS (Hotel Management Information System),饭店管理信息系统

HTML( HyperText Markup Language),超文本标记语言

HTTP ( Hypertext Transfer Protocol),超文本传输协议

IA(Intelligent Agent),智能代理

IaaS (Infrastructure as a Service),基础设施作为服务

IAP (Internet Access Provider),互联网接入服务商

ICP (Internet Content Provider),内容供应商

ICS (Invertory Control System),航空公司订座系统

ICT (Information and Communications Technologies),信息与通信技术

IDSS (Intelligent Decision Support System),智能决策支持系统

IMS (Integrated Manufacturing System),集成制造系统

IP (Internet Protocol),网络协议

ISDN( Integrated Services Digital Network),综合业务数字网

ISP ( Internet Service Provider),互联网服务提供商

ISV(Independent Software Vendor),独立软件供应商

IT(Information Technology),信息技术

JSP (Java Server Pages),Java 服务器端页面

KDD( Knowledge Discovery In Database),数据库知识发掘

KMS(Knowledge Management System),知识管理系统

LAN( Local Area Network),局域网

MAN (Metropolitan Area Network),城域网

MES (Manufacturing Execution System),制造执行系统

MIS (Management Information System),管理信息系统

MRP (Material Require Planning),物资需求计划

MTO( Make to Order),控制拖欠量

MTS (Make-to-Stock),控制库存量

NC (Network Computer),网络计算机

OA (Office Automatization),办公自动化

ODSS (Organized Decision Support System),组织决策支持系统

OOA (Object Oriented Analysis),面向对象分析

OOD (Object Oriented Design),面向对象设计

OOP( Object Oriented Programming),面向对象的程序设计

OPT(Optimized Production Technology),最佳生产技术

OTA(Online Travel Agent),在线旅游服务代理商

PaaS (Platform-as-a-Service),平台作为服务

PDA (Personal Digital Assistant),个人数字助理

PDM：(Product Data Management),产品数据管理系统

RFID(Radio Frequency Identification ),无线射频识别技术

RS (Remote Sensing),遥感技术

SaaS( Software as a Service)软件作为服务

SCM (Supply Chain Management),供应链管理

SEM(Search Engine Marketing),搜索引擎营销

SEO(Search Engine Optimization)，搜索引擎优化

SET (Secure Electronic Transaction)，电子安全交易

SHTTP (Secure HyperText Transfer Protocol)，安全超文本传输协议

SIS(Strategic Information System)，战略信息系统

SOA(Service-Oriented Architecture)，面向服务架构

SQL (Structured Query Language)，结构化查询语言

SSL (Secure Sockets Layer)，安全套接层协议

SST(Strategy Set Transformation )，战略目标集转化法

TCP (Transmission Control Protocol)，传输控制协议

TMIS (Tourism Management Information System)，旅游管理信息系统

TEB(Tourism Electronic Business)，旅游电子商务

TPM(Total Production Management)，全面生产管理

TQM (Total Quality Management)，全面质量管理

URL (Uniform Resource Locator)，统一资源定位器

VAN (Value Added Network)，增值网

VLAN( Virtual Local Area Network)，虚拟局域网

VPN(Virtual Private Network)，虚拟专用网

WAN (Wide Area Network)，广域网

WAP(Wireless Application Protocol)，无线应用协议

WWW (World Wide Web)，万维网

XML (eXtensible Markup Language)，可扩展标记语言